기독교 유아교육기관의 운영관리

김동춘 · 이선경 · 신현정 ·
안혜진 · 김정희 · 김성원 · 정희정

창지사

머리말

지난 30여 년 유아교육현장과 대학교에서 유아교육을 가르쳤는데, 그중 오랜 기간 유아교육기관의 운영관리를 강의했었다. 이 과정을 통해 대표저자는 유아와 기관에 대한 기독교적 관점과 그 이해를 바탕으로 한 가르침의 중요성을 깨닫게 되었다. 내가 가르치는 유아는 어떤 존재인가? 무엇을 위해 가르치는가? 무엇을 가르칠 것인가? 등에 관한 기독교적 이해가 교육의 방향을 바꾸기 때문이다.

그러나 이러한 인간 이해가 교육과정 못지않게 중요한 것이 영유아교육기관의 운영관리라고 생각된다. 많은 기독교인 교육자와 기독교 단체에서 영유아교육기관을 설립하고 운영하는데, 과연 어떻게 운영하는 것이 성경적 원리에 맞는 것인가에 대해서 알려 주는 책이나 전문가, 전문단체를 쉽게 만날 수 없는 것이 현실이다. 열악한 현실 가운데 '신앙'을 잘 전수하려는 신념으로 현장에서 애쓰시는 기독교인 교사와 원장님들을 위한 운영지침서가 필요하겠다는 생각을 하였다. 본서의 초본이 2006년에 출간되었으니 벌써 13년이나 된 옛 자료가 되어가고 있어 안타까워하던 중 최근 총신대학교 출신으로 박사학위를 받은 현장 전문가와 교수 제자들이 본서를 새로 집필하겠다는 의사를 밝혀 감사하게도 본서가 세상에 빛을 보게 되었다. 『기독교 유아교육기관의 운영관리』는 교사에게는 '잘 가르치는 지혜'를, 학습자인 유아에게는 '잘 배울 수 있는 축복'을 누리는 이론과 실제의 다리역할을 할 것이라고 믿어 의심치 않는다. 이러한 기대하에 집필자들은 본서를 다음과 같이 구성하였다.

1장은 기독교 유아교육 행정의 성경적 기초로서, 기독교 유아교육기관의 행정을 성경적, 개혁주의적 관점에서 다룬다. 유아교육 행정의 개념 및 목표, 원리, 운영관리영역, 그리고 교육행정의 과정을 기독교적으로 조명하였다.

2장은 기독교 유아교육기관 운영의 요소로서, 원장의 지도력, 기독교인으로서 대인관계기술, 의사소통, 의사결정, 갈등관리, 시간관리, 변화의 관리를 기독교적으로 조명하였다.

3장은 기독교 유아교육기관 설립에 관하여 저술하였고, 기독교 유아교육의 역사, 유아교육기관의 설립 기준, 기독교 유아교육기관으로서의 조건을 다루었다.

4장 기독교 유아교육과정 개발에 관한 내용으로 기독교 유아교육기관의 개념, 기독교 유아교육과정의 개념 및 중요성, 기독교 유아교육과정의 특징, 기독교교육과정의 개발 과정, 기독교 유아교육과정의 실제를 제시하였다.

5장 기독교 유아교육기관 학급운영에서는 학급운영의 성경적 기초, 학급운영의 중요성과 목표, 영역 및 원리, 기독교인 교사의 역할과 자질을 기술하였다.

6장 기독교 유아교육기관 원아모집과 학급편성에서는 기독교 유아교육기관의 홍보 및 원아모집, 학급편성, 새 학기 준비, 오리엔테이션, 신입원아 적응프로그램을 다루었다.

7장 기독교 유아교육기관 시설 · 설비관리에서는 기독교 유아교육기관의 물리적 환경, 기독교 유아교육기관의 시설 · 설비, 실내 시설 · 설비, 실외 시설 · 설비, 시설 · 설비의 유지 및 관리를 다루었다.

8장 기독교 유아교육기관 비품 및 교재 · 교구관리에서는 비품 및 교재 · 교구의 개념, 필요성, 기준, 종류, 구입 시 고려사항, 보관 관리에 대해 다루었다.

9장 기독교 유아교육기관 인사관리에서는 기독교 유아교육기관의 인사관리, 교원의 자격과 임용, 교원의 역할 및 자질에 대해 다루었다.

10장은 기독교 유아교육기관 영양, 건강, 안전관리에 대한 내용으로 유아의 영양, 건강, 안전관리의 성경적 근거 및 법적 근거, 영양 및 급식관리, 건강관리, 안전관리에 대해 다루었다.

11장 기독교 유아교육기관 문서관리에서는 문서관리의 개념 및 필요성, 내용과 업무분담, 문서의 종류와 작성에 대해 다루었다.

12장 기독교 유아교육기관 재정관리에서는 재정관리의 개념과 성경적 기초, 원칙 및 과정에 대해 다루었다.

13장은 기독교 유아교육기관의 부모교육과 지역사회와의 관계에 대해 다루었다.

14장에서는 기독교 유아교육기관 평가관리를 다루었고, 평가의 성경적 기초, 기독교 유아교육 평가의 목적, 평가의 유형에 대해 다루었다.

본서의 초판 저술 시 기독교 유아교육기관 운영에 관한 선행연구가 없어 어려움이 적지 않았다. 그러나 오랜 시간이 흘렀고 본서를 주춧돌로 삼아 연구물이 추가되고 다양한 배경을 가진 공저자의 아이디어가 녹아 보다 나은 저술로 거듭났으리라 믿어 의심치 않는다. 마지막으로 집필, 출판 과정에 함께하신 하나님께 감사와 영광을 올려드리며 본서가 교육현장에서 기독교 영유아교육기관을 섬기시는 원장과 교사들에게 조금이나마 도움이 되기를 바란다.

2019년 1월

저자

목차

제1장 기독교 유아교육 행정의 성경적 기초

1 기독교 유아교육의 성경적 기초

1) 기독교 유아교육의 확고한 기초

기독교교육 학자들에게 있어 그들의 교육적인 이론과 실제를 쌓아 올릴 기초를 채택하는 것은 매우 중요하면서도 한편으로는 어려운 일이다. 그것은 현대의 기독교교육 학자들이 기독교철학과 기독교심리학보다는 일반철학과 일반심리학에 근거한 교육철학, 교육심리학, 그리고 교육사회학 등에 더 익숙하기 때문이다. 그렇기 때문에 대부분의 기독교교육 학자들에게 있어서도 일반철학과 일반심리학에 근거한 교육철학과 교육심리학은 학습의 본성과 과정에 대해 훨씬 더 깊은 이해를 제시하며, 교육사회학 역시 기독교교육을 위한 가치 있는 정보의 원천으로 간주된다(Anthony, 2001).

그러나 일반철학과 일반심리학에 근거한 교육은 궁극적으로 인간의 자율성을 그 목표로 하고 있다. 철저한 인본주의를 중심으로 하는 이러한 교육의 목표는 신본주의를 내세우는 기독교교육의 목표와는 정반대의 입장에 있다. 예컨대 북미와 서구 세계의 근대 공교육의 틀을 세우는 데 지대한 공헌을 한 호러스 만(Horace Mann)과 존 듀이(J. Dewey)의 기본 교육원리들은 그 공헌에도 불구하고 세속적 인본주의이며, 궁극적으로 하나님을 반대하고 있다. 특히 존 듀이는 그의 저서에서 다음과 같이 하나님의 존재를 부정하고 있다.

"… 기도를 들으시는 하나님에 대한 믿음은 증명될 수 없는 믿음이며 유행에 뒤떨어진 것이다. 하나님은 존재하지 않으며 영혼 또한 없다. 따라서 전통적인 종교도 필요 없다. 영원불변의 진리 또한 죽은 것이며 고정불변의 자연법이나 도덕적인 절대성이란 존재할 여지가 없다(Edlin, 2004, 재인용)."

그러므로 기독교 유아교육의 이론과 실제의 확고한 기초를 확립하기 위해서는 개혁주의 신학에 근거한 기독교철학과 기독교심리학에 따른 교육목적, 교육 내용, 그리고 교육방법론을 세우는 것이 필요하다. 지금까지의 기독교교육에 대한 개혁주의적 입장은 일반적으로 종교개혁 기간 중에 발생한 신학적 특징들을 강조하고 있다(Pazmino, 2002). 따라서 본서에서는 이러한 개혁주의적 관점에서 기독교 유아교육의 이론과 실제를 확립하기 위한 철학적 기초, 심리학적 기초, 사회학적 기초와 더불어 신학적 기초를 살펴볼 것이다.

(1) 철학적 기초

철학은 우리 주변의 실제와 세계를 바라보고 이해하는 방법으로 모든 학문은 철학적 기초를 바탕으로 세워진다. 우리가 알고 있는 이론들과 가정, 그리고 심지어 우리의 사고조차도 어떤 철학의 부산물로서, 의식적이든 무의식적이든 우리의 사고 중심에는 우리를 지배하고 있는 철학이 있다. 고대로부터 지속되어 온 철학의 가장 근본적인 질문은 이 세상의 근원이 무엇인가 하는 것인데, 인간들의 끊임없는 호기심과 질문은 계속해서 이에 대한 답을 추구해 나갔다. 그리고 그 근원에 따라서 그들의 사고의 방향은 각기 다른 흐름으로 이어졌다. 그 흐름은 현대에서 말하는 다양한 철학의 한 조류가 되었고, 이를 바탕으로 교육철학이 생성되었다. 예를 들면, 실재론은 물리적 실재의 세계가 경험상 진정으로 근본적이라는 것을 주장하는 것이다(Jaarsma, 1983). 관념론은 우리 경험에 있어서 자아가 일차적이고 사물들은 이차적인 중요성을 지닌다고 주장하는 것이며, 자연주의는 물리적 자연계를 실재의 전부로 받아들이는 관점이다. 실용주의는 경험을 생물학적 · 사회적 배경에 있어서의 자극에 대한 반응으로 보고 삶에서의 유용성이 중요한 표준이라고 주장하는 것이다.

이처럼 각기 다른 철학사조로부터 출발한 다양한 교육철학은 사실 각기 다른 근원을 가지고 있기 때문에, 그 교육원리와 방법에 있어서도 현저한 차이점을 지니고 있다. 따라서 만약 누군가가 이 중 어느 하나를 교육의 모델로 선택한다면, 자연히 성경을 포함한 다른 모든 교육철학들은 거부하게 될 것이며, 또한 이 선택의 판단기준이 무엇인가에 대한 문제를 제기하게 될 것이다. 이에 대해 반틸과 벌코프(Van til & Berkof, 2011)는 "하나님 없는 교육은 사람이 하나님께 대하여 책임 있는 존재로 창조된 점을 무시하거나 부정한다."고 하면서, 하나님 없는 비기독교적인 교육은 자연적으로 인본주의적이거나 인간 중심으로 된다고 하였다. 즉, 하나님 중심적인 진정한 기독교교육을 원한다면 우리를 둘러싸고 있는 교육철학으로부터 완전히 도망쳐 나와야 할 것을 주장하였다. 그린(Greene, 2004)도 철학이 복음과 상관없는 것을 얻으려고 하는 세속적 추구라고 하는 주장은 기독교의 진리를 파괴하는 이원론의 형태를 아무런 저항 없이 받아들이는 행위라고 하였다. 만일 기독교가 철학이나 철학 연구에 대해서 아무런 할 말이 없다면 그것은 우리가 예수 그리스도가 주(主)가 아니라는 사상과 그러한 삶의 영역을 인정하는 셈이며, 결국 인간의 이성이나 과학적인 방법 또는 다른 피조물을 철학의 주로 받아들이게 될 것이다. 이는 우상숭배를 인정하는 것이 되기 때문에 그린은 기독교인으로서 우리는 성경적인 철학을 개발해야 함을 주장하였다. 성경에서도 "누가 철학과 헛된 속임수로 너희를 사로잡을까 주의하라 이것은 사람의 전통과 세상의 초등학문을 따름이요 그리스도를 따름이 아니니라(골 2:8)"는 말씀을 통해 그리스도를 좇는 철학이 있음을 암시하고 있다.

(2) 심리학적 기초

심리학 역시 철학과 같이 여러 모델의 집합체이다(Anthony, 2001). 심리학의 분야는 크게 기초심리학과 응용심리학으로 나뉘는데, 기초심리학은 인간을 이해하고 설명할 수 있는 이론을 발견하고 다양한 연구방법을 통해 인간의 심리와 행동을 예측하고 통제할 수 있는 기법을 개발한다. 응용심리학은 기초심리학에서 얻은 이론과 연구 결과들을 바탕으로 그 이론과 연구 결과들이 어떻게 도움이 될 수 있는지를 연구하고, 인간에게 적용해 인간심리와 행동을 통제하려는 데 초점을 두고 있다. 사회심리학, 생리심리학, 학습심리학, 인지심리학, 임상심리학, 상담심리학 등 다양한 심리학 이론들은 인간에 대한 보편타당한 원리들을 제시함으로써 인간에 대한 탁월한 통찰을 보여 주었다. 그러나 인본주의 가치에 따른 낙관적 인간 이해는 인간이 가진 악함과 죄성을 간과함으로써 인간의 총체성을 고려하는 데 실패하고 있으며, 따라서 기독교적 관점에서 수용하기에는 한계가 있다(정희정, 2009).

참된 교육의 기초로서 심리학의 부적절함은 어디에 있을까? 첫째, 심리학은 영혼과 정신을 연구하는 학문이다. 심리학은 어떠한 학파에 속하든지 인간에 대한 모든 문제를 심리학적 연구 과제로 생각하고 기억, 정서, 지능, 상상, 원동력과 같은 특수한 정신적 성향과 한정된 기능을 실험적 방법으로 관찰하여 문제를 규명한다. 그러나 심리학은 보다 차원 높은 숭고한 정신적 구성요소로 이루어진 인간적 행동 즉 자유, 도덕적 양심, 종교적 감정 등은 그것들의 본성에 대한 어떠한 철학적 전제 없이는 사실에 대한 유효한 해석을 하기 어렵다. 심리학이 객관적으로 인간에 대한 연구를 할 수 있는 분야는 다만 인간적 요인에 대해서일 뿐이다(윤병주, 1986). 둘째, 심리학자들은 자신의 영역을 경험주의자들의 손에 넘겼다(Johns, 1994). 연구 수단으로서의 과학은 거의 관찰에 의존하고 있으며, 이것은 결국 자신이 관찰하고자 하는 방향으로 인간을 조작한다.

그러므로 심리학은 하나님의 형상으로 지어진 인간의 속성 중 일부에만 초점을 맞추고 있으며 종교적 측면이나 영성적 가치를 고려하지 않는다. 이처럼 심리학의 영역을 넘어선 새로운 접근이 필요함을 인식해야 하는데, 심리학의 궁극적 가치와 기독교의 궁극적 가치가 다르기 때문이다.

(3) 사회학적 기초

사회학은 다양한 특성을 지닌 개인들이 사회라는 조직 속에서 살아가는 방식을 이해하고 사회적 현상을 설명하며 더 나은 사회를 모색하기 위한 학문이다(윤옥한, 2017). 사람들은 사회학이 당대의 사회를 조사하여 사람들의 생각하는 법, 행동하는 법 그리고 요구 사항들을 결정하여 준다고 믿는데, 이에 드종(De Jong, 1985)은 교육자들에게 사회학은 마치 구원의 방주로 인식되고 있으며 사회학자는 상호 우애를 통한 자아 구원의 논리를 적절히 설파한다고 하였다. 즉, 사회학을 통해 자아만족을 위한 당대의 방향을 결정함으로써 우리가 지향해야 할 표준을 발견하게 되는 것이다.

이처럼 사회학자는 사회학 연구에 접근할 때 자신의 세계에서 좋고 나쁜 것을 판단할 수 있는 일련의 기준을 가지고 있다(Pazmino, 2002). 결국 그들이 선험적으로 가지고 있는 원리, 표준은 그들을 유도하고 지시해 가는데, 이에 기초한 실존주의 사회학은 인간의 욕망과 도덕의 바탕을 이루게 된다. 그러나 이러한 사회학적 기초는 행위와 도덕 법칙에서 하나님의 절대적인 표준을 경시하고 무질서와 인간의 타락, 동물적인 우상숭배를 초래하게 된다. 즉, 상황윤리의 무법성을 드러낸 실존주의 사회학은 기독교인을 포함한 인간의 생명과 소유의 가치를 생각하는 사람들에게 경멸의 대상이 되고 있다(De Jong, 1985).

(4) 신학적 기초

앞에서 살펴본 철학적 기초, 심리학적 기초, 사회학적 기초 등은 사실 기독교의 영역에 과학이 사용된다는 것에 대한 선입견 때문에 기독교교육 학자들에게 종종 거절된다. 즉 기독교적인 관점에서 과학적 가정과 관찰, 그리고 실험 이면에는 기독교와 배치되는 어떤 신념이 내재되어 있으며, 따라서 기독교교육 학자들은 그 신념의 실체를 알 필요가 있음을 강조하고 있다. 예를 들어, 진화론에 관련된 토론의 쟁점은 단지 진화론의 문제가 아니라, 현대에서 일어나고 있는 과학의 신격화에 관한 문제이다(Edlin, 2004).

그렇기 때문에 기독교 유아교육의 기초를 세우기 위해서는 무엇보다 신학적 기초로서 하나님 말씀이 그 근거가 되어야 한다. 기독교 철학에 내재되어 있는 신념은 기독교 세계관의 형태로 나타나는데, 그것은 기본적으로 하나님의 말씀을 근거로 한다. 즉, 기독교는 하나님의 말씀 안에서, 그리고 그 말씀을 통해서 모든 것이 존재하게 된다는 주장으로부터 시작된다(Greene, 2004). 그러므로 기독교 교육에 있어서 개혁주의적 관점은 성경 말씀을 기초로 하여 역사, 철학, 사회학, 심리학, 문학 등 모든 학문을 조명해 가는 것이다. 다시 말하면 성경 말씀 자체가 모든 신념, 지식, 그리고 교육적 사고의 기초가 되는 것이다. 성경 말씀에 입각한 개혁주의 신학은 크게 세 가지의 틀을 가지고 접근한다.

첫째, 창조의 언약에 관한 부분이다.

칼빈(Calvin)은 인간의 구조를 육체와 영혼으로 나눈다(Parker, 1983). 그는 『기독교 강요』에서 인간은 흙으로 지음을 받았고 하나님은 이 흙과 티끌에 지나지 않는 인간에게 생명을 주셨다고 했다. 특히 인간의 보다 고귀한 부분인 '영혼'은 불멸적이면서도 창조함을 받은 실재를 의미하며, 이 인간의 영혼이 하나님의 형상과 관련이 있다고 하였다(Calvin, Inst. Ⅰ.15, 1.). 이는 성경 말씀과 일치하는 것으로, 창세기는 태초 인류의 시작을 "하나님이 자기 형상 곧 하나님의 형상대로 사람을 창조하시고(창 1:27)"라고 서술하고 있다.

태초에 인간은 하나님의 형상대로 지음 받아 생육하고 번성하여 땅을 정복하도록 창조되었다. 창세기에서 말하는 하나님의 형상이란 무엇인가? 칼빈에 의하면, 하나님의 형상이란 아담이 처음 가졌던 그 완전함을 의미한다. "아담은 처음에 올바른 지력을 받았으며, 감정을 이성으로 조화하였으며, 일체의 감정을 적절한 질서에 따라 다스리게 했던 것이다(Calvin, Inst, Ⅰ.13, 4)." 그리고 칼빈은 그 형상을 그리스도에게서 발견한다. 즉 그리스도는 최초의 사람인 아담이 가졌던 하나님의 완전한 형상이자 원(原) 형상인 것이다. 기독교 유아교육은 원 형상이신 그리스도를 중심으로 하는 것이고, 그리스도를 닮아 온전함을 향하여 나아가는 것이다. 하나님의 형상을 지닌 사람은 하나님의 나라를 세워야 할 책임을 지니고 있으며, 그것을 위해 준비되어야 한다(Seymour, 2001). 그러므로 교육자가 해야 하는 일은 궁극적으로 창조주 하나님과 관련해 사람들이 책임을 완수하도록 그들을 격려하는 것이다.

둘째, 인간의 타락이다.

하나님께 반항하는 사람은 그들 자신을 삶의 기준으로 삼으며, 하나님을 신뢰하고 순종하는 삶을 거부한다. 아담의 불순종으로 인해 인간의 완전한 모양인 하나님의 형상은 파괴되어 버렸다. 이와 같은 상황을 칼빈은 "그러므로 하나님의 형상인 아담이 타락하기 전에 빛나던 것처럼 인간 성품의 완전한 우월성에 있지만 후에 심히 파괴되어 버리고 혼란되고 훼손되고 더러움에 물들어 버린 것 외에 파멸밖에 남은 것이 하나도 없다."고 했다(Calvin, Inst, Ⅰ. 13, 4). 결과적으로 인간은 자신들의 책임에 대해 혼란스러웠고 그것을 부인했다(Van Til, 1977). 땅을 훼손하였고 다른 사람을 고통스럽게 하며 능력을 낭비하고 우상을 섬겼다. 개혁주의적 관점은 인간 본성의 타락으로 인한 죄의 영향력을 인정한다.

셋째, 그리스도 안에서의 구속이다.

하나님의 아들 예수 그리스도는 하나님의 뜻에 순종함으로써 인간에게 구원의 길을 여셨는데 그것은 십자가를 통한 길이다(요 10:17). 이러한 구속의 언약은 예수 그리스도 안에서의 회복과 재창조를 위한 소망을 모든 인류에게 보여 준다. 하나님은 사람들이 다시 그들 자신, 이웃 그리고 자연, 하나님과의 올바른 관계 안에서 살기를 원하신다. 사람들은 성령의 새 생명을 얻게 하는 능력 안에서 그리스도 안에 거해야 하고, 그들에게 부여하신 문화적 의무와 기회를 받아들여야 한다. 즉 기독교인은 죄를 뉘우치고, 은혜를 경험하며, 자신의 터전에 하나님의 나라가 임하도록 노력하여야 한다. 그리스도의 구속과 은혜는 사명(mission)으로 연결되는데, 하나님이 우리를 그분께로 부르셨기에 우리의 존재 전체, 우리의 행위 전체, 우리의 소유 전체가 특별한 헌신과 역동성으로 그분의 소환에 응답하여 그분을 섬기는 데 투자된다는 것이다(Guinnss, 2000).

2) 기독교적 유아 이해

기독교 유아교육의 현장은 하나님만이 진정한 지혜와 지식, 이해의 근원이 되시고, 성경 말씀을 통하여 자신을 계시하고 계심을 인정하여야 한다. 유치원, 선교원, 어린이집, 교회학교 등 기독교라는 이름으로 운영되는 많은 기관들은 예수 그리스도가 중심이 된(Christ-centered) 교육으로 시작하지만 교수-학습(teaching-tearning)의 과정 속에서 혹은 방법론(method)에서 세속적 인본주의적인 관점으로 향할 때가 많다. 그러나 이에 대하여 채드윅(Chadwick)은 다음과 같이 말하였다.

> "… 우리에게 계시를 통하여 보여 주신 하나님과 그의 말씀인 성경은 기독교 학교 교육과정의 중심이 되어야 한다. 학교의 교실에서 가르쳐지고 행해지는 모든 것들은 하나님 그리고 말씀과 배우는 자들이 올바르고 의미 있는 관계를 맺도록 돕는 것이어야 한다(Edlin, 2004, p. 74, 재인용)."

기독교 유아교육에서도 마찬가지이다. 기독교 유아교육기관에서 유아들을 기독교적으로 올바르게 가르치기 위해서는 앞서 살펴본 창조-타락-구속의 개혁주의적 관점을 통해 유아의 존재를 이해하는 것이 우선시된다. 이러한 존재 이해는 결국 유아들을 올바르고 의미 있게 하나님과의 관계로 이끌 수 있는 확고한 기초가 된다.

(1) 하나님의 형상대로 지음 받은 유아

유아는 어른과 마찬가지로 하나님의 창조물이다. 즉, 하나님의 형상대로 지음 받은 존재인 것이다(창 1:27). 따라서 맑고 순수하다. 성경의 말라기에서는 유아들을 하나님의 경건한 씨앗(a seed of God)이라고 표현하고 있다(말 2:15). 하나님의 혈통이 그 씨에서 생겨난 것이다(김희보, 1982). 하나님께서는 유아를 창조하시고 자신의 형상인 지혜와 사랑으로 충만한 마음을 주셨으며, 하나님을 영화롭게 할 만한 것들을 주셨다. 유아가 아직은 어려서 이성, 감성 그리고 의지의 영역에서 자신을 충분히 발휘할 만한 능력이 부족하다 할지라도 이성적, 영적인 존재로서 성숙할 수 있는 잠재력을 지니고 있다. 유아는 하나님의 사랑의 대상이다.

(2) 죄로 타락한 유아

유아들 역시 죄에서 벗어날 수 없다. 즉 유아들은 원죄를 가진, 구원받아야 할 대상이다. 물론 천성적인 원죄 이외에는 순수함을 간직한 존재이다. 이에 대하여 코메니우스(J. A. Comenius)는 "유아들은 천성적인 원죄 이외에는 어떤 것에도 물들지 않았으며, 또한 무엇이 옳고 그른지에 대한 차이를 알지 못하기 때문에 마치 무죄한 것처럼 보인다. 그런 이유로 하나님께서는 그들에게 위대한 일을 행하시는 것이다."라고 하였다(Comenius, 1996). 코메니우스 역시 유아들이 도덕적으로 순수함을 간직하고 있으며 하나님께 값진 보화와 같은 존재라는 믿음을 가지고 있지만, 동시에 그들은 구원받아야 할 대상임을 말하고 있다. 인간은 출생부터 죄와 실수의 운명을 지니기 때문이다. 타락은 인간이 창조질서에서 이탈되었고 소외된 존재임을 말하는데, 유아들의 죄의 극복은 인간에게서가 아닌 예수 그리스도를 통한 속죄, 화목과 구원의 관계에서 찾아져야만 한다.

(3) 예수 그리스도를 필요로 하는 유아

예수 그리스도의 구속 사역은 유아에게도 필요하다. 유아들은 그리스도가 피로 값을 치르고 사신 그분께 소유된 자들이다. 그리스도 안에서 새로운 피조물로서의 구속은 유아들로 하여금 구원의 기쁜 소식이 되며, 하나님과의 화목의 가르침이 된다(Fennema, 1994). 따라서 유아들은 그리스도가 사신 그리스도께 속한 자로서, 그의 백성이며 또한 그의 양이다. 더불어 어른과 비교해 열등한 존재가 아니며, 오히려 천국은 순수하고 가치 있는 존재인 유아의 것이다.

(4) 하나님 나라를 소망하는 유아

유아들 역시 하나님의 창조사역의 주권적인 영역과 통치 아래에서 살아간다. 유아는 하나님의 영광을 드러내는 특별한 도구이다. "주의 대적으로 말미암아 어린 아이들과 젖먹이들의 입으로 권능을 세우심이여 이는 원수들과 보복자들을 잠잠하게 하려 하심이니이다."라고 하였다(시 8:2). 유아는 하나님의 위대한 일을 찬양하는 특별한 도구이기에 하나님께서 유아들에게 위대한 일을 행하신다. 또한 이것은 현재적으로 유아들에게 하나님 나라가 임한 것이며, 종말론적인 하나님 나라의 소망 역시 그러하다. 그러므로 유아들에게 소개되어야 할 하나님 나라에 대한 내용은 현재적으로 이루어져야 할 창조와 하나님의 주권, 그리스도의 통치이다.

기독교 유아교육의 기초에서 개혁주의적 입장을 요약하면 다음과 같다. 하나님은 자신의 형상대로 인간을 창조하셨다. 그러나 인간은 죄로 말미암아 그 형상을 잃어버렸다. 기독교교육은 교육 대상에게 그리스도를 가르치고 그들이 자신의 삶의 임무를 받아들이게 하는 것이다. 그것은 그들로 하여금 모든 것의 구주가 되시는 그리스도께 응답하도록 권고함으로 회복의 중요한 영역을 준비하게 하는 것이며, 이것은 곧 기독교교육의 의무로 받아들인다. 그러므로 기독교 유아교육은 유아들이 하나님의 원 형상이신 그리스도를 배우는 것이며, 그리스도 예수를 닮아 온전하게 되는 것이다. 즉, 기독교 유아교육은 유아들로 하여금 하나님의 형상 회복을 위한 목적과 사명을 가진다.

2 기독교 유아교육 행정의 개념 및 목표

1) 기독교 행정의 성경적 근거

기독교교육의 행정에 대한 오해가 적지 않다. 이것은 삼중적인 측면으로, 즉 기독교에 대한 오해, 교육에 대한 오해, 더 나아가 기독교교육에 대한 오해 및 행정·경영에 대한 오해라고 생각된다. 특별히 이러한 오해는 두 가지로 나타낼 수 있다. 첫째, 행정이라는 것은 보이는 것을 일목요연하게 정리하거나 획일화하는 것으로 생각하는 것이다. 둘째, 행정은 기독교의 영성(spirituality)에 이율배반적이라 생각하는 것이다. 이것은 기독교 혹은 영적인 일이 행정과는 무관하거나 혹은 무능하다는 논리를 가져올 수 있으며, 행정은 세속적인 것이고 거룩하지 못한 것이라는 관념이 잠재되어 있음을 보여 주는 한 예로 인식될 수 있다.

기독교교육 행정은 어원적으로 보면 기독교가 하고 있는 교육의 행정이다. 또한 '행정(行政)'이란 정치를 행정에 옮기는 것으로 기독교교육 행정을 기능적으로 정의하면 여러 의견이 있다. 그러나 조직의 실천적 차원이 곧 행정이라는 입장에서 본다면, 그것은 곧 '기독교교육을 위한 조직의 실천적 차원'이라 정의할 수 있다(이정근, 2000). 이것은 기독교교육을 보다 효과적으로 실천하려는 수단이라고 정의하기도 한다. 보다 깊은 어원은 성경으로부터 유추된다. 창세기에 나타난 하나님의 창조사역과 인류구원의 경륜은 그 자체가 법과 정치와 행정이라 말할 수 있다. 이러한 현상은 하나님이 인간을 창조할 때부터 이미 존재하기 시작했다고 볼 수 있는데, 이러한 정치 행정적인 원형은 우리들의 조상인 아담과 하와와의 관계(relation)에서 이미 나타났다. 그 구체적인 실천으로는 아담이 동물의 이름을 짓는 행정행위로 드러났다고 볼 수 있다(창 2:19). 그 후 인류는 문명화 과정에서 자신이 '행정적인 존재'임을 드러냈다. 이와 같은 행정의 성경적 근거를 황성철(2004)은 다음과 같이 말하였다.

첫째, 행정의 어원에서 나온 개념이고, 둘째, 은사론과 지혜신학에서 나온 개념이며, 셋째, 직분론에서 나온 개념에서 찾을 수 있다. 그것은 구체적으로 다음과 같이 설명될 수 있다.

첫째, 행정(admini-strare: administration), 즉 'administration'이란 'ad-(앞에)'라는 말에 라틴어의 'minuere(가장 작다, 낮추다)'의 뜻에서 온 'minister(섬기다=to serve)'를 합한 합성어이다. 섬김은 행정의 근본 원리이다.

둘째, 은사론과 지혜신학에서 나온 개념으로 고린도전서 12장 28절의 은사론에서 나온 "다스리는 것"에서 왔다. 이 말은 라틴어나 영어에서 'to govern' 또는 'governments'로 번역되었다. 고린도전서 12장 28절에서는 이 말이 배(ship)의 선장이라는 의미로 쓰였다. 선장은 배의 사정을 잘 알고 배를 목적지까지 인도하는 책임을 진 키(rudder)를 잡은 사람이다. 하나님의 교회에는 이런 은사를 가진 사람들이 있는데, 이들로 말미암아 교회가 세상이라는 망망한 바다를 항해하여 하나님의 나라로 인도되어지는 것이다. 잠언에서 얻는 성경적인 통찰은 괄목할 만하다. 행정을 지혜의 개념으로 말하고 있기 때문이다(잠 1:5). 이것은 사람이 모든 것을 계획할지라도 그 모든 경영이 하나님께 있음을 말하여 주는 것이며, 더 나아가 기독교 경영관리자 혹은 행정가는 언제나 지혜를 구해야 함을 말하는 것이다.

셋째, 직분론에서 나온 개념으로 고린도전서 12장 5절의 "직분은 여러 가지나 주는 같으며"에서 직임이라는 말은 사역이나 봉사활동의 의미와 연관되고 있다. 고린도후서 9장 12절의 직무와 '맡은'이라는 말은 '디아코니아'에서 온 말이다. 그리스도의 자비의 디아코니아의 직무는 '식탁에서 시중들다', '식사를 관장하다', '섬김을 수행하다', '공동체 내에서 어떤 특정한 임무를 수행하다', '헌금을 드리다' 등으로 사용된다. 교회 직무는 그리스도께서 자신의 디아코니아를 위임하신 것이요, 교회 조직 자체가 소유하는 것이 아님을 알 수 있다. 그리스도로부터 권세를 받아 그의 말씀과 성령의 뜻에 따라 이 권세를 수행하는 것이다. 또한 '휘페레테스(ύπηϱέτης)'는 휘포(ύπό)와 에레테레스(έϱτης)의 두 단어가 합쳐진 말인데 '휘포'는 '아래'를 말하고 '에레테스'는 '노를 젓는다'는 뜻이다. 즉 '휘페레테스'

는 '아래에서 노를 젓는다'는 뜻이다. 이 말은 '옛날 노예들이 전함이나 상선에서 노를 젓는다'는 의미에서 나온 말이다. 노예에게는 재량권이 없다는 것은 두말할 나위가 없다. 따라서 교회의 행정은 하나님의 아래서 노를 젓듯이 한다는 뜻으로 결코 사람들 아래서 노를 젓는 것은 아니다. 신약에는 '휘페레테스'가 다양하게 번역되었다. 재판관(마 5:25), 하속들(마 26:58), 일꾼된 자(눅 1:2), 종(요 18:36) 등이다. 이 말이 동사로 쓰였을 때는 '봉사하다', '지시에 의해 움직이다', '준비하다', '뒤를 돌보아 주다', '기쁘게 하다' 등의 뜻을 가져 여기에서 행정의 다양한 개념이 나온다.

2) 기독교 유아교육 행정의 개념

기독교 유아교육기관의 교육행정은 기독교 유아교육기관의 경영관리, 기독교 유아교육기관의 운영관리와 동의어로 사용되며, 본서에서도 같은 개념으로 서술되었다. 그러나 종종 기독교 유아교육 행정은 개념상의 혼동을 빚는다. '행정(administration)'과 '경영(management)'의 개념 차이는 이러한 혼돈을 줄여 줄 수 있다. '행정'은 목적지향적 성격이 짙어 조직구성원으로 하여금 조직의 목적을 달성하도록 영향을 주는 예술이라고 생각할 수 있다. 정부나 공공기관에서 주로 사용되어 공익을 추구하고 정치권력을 내포하고 있어 강제성을 띤다. '경영'은 일상적이고 한정적이며 하나의 결론을 매듭지어 가는 과정으로 주관성과 융통성을 포함한다. 수단 지향적으로 조직구성원들이 목표를 달성하기 위한 수단을 구체화하고 실행하는 보조과학이다. 영리를 목적으로 하는 기업체에서 주로 사용되며 이윤의 극대화에 초점을 두며, 정치권력을 지니지 않는다. 이와 같이 행정과 경영은 교육 측면에서 보면 모두 필요한 개념으로 인식되어 두 개념을 구별하기보다 상호 교차적으로 또는 동의어로 사용되고 있다(이성은, 1999).

기독교 유아교육 행정의 개념을 좀 더 명확히 하자면, 교육행정과 유사한 개념인 학교행정이라는 개념과의 차이를 살펴볼 수 있다. 교육행정은 포괄적 의미로 교육부, 교육위원, 시·도 교육청, 지역청, 대학을 포함한 학교교육은 물론 사회교육과 학교의 교육까지도 포함된 일체의 교육을 위한 행정이다. 학교행정은 고등교육기관을 제외한 단위학교교육을 위한 행정이라고 할 수 있고, 정책을 수립하고 집행하기 위하여 교육에 필요한 인적·물적 조건을 정비·운영함을 뜻한다. 학교행정은 K-12(유, 초, 중, 고)의 공식 교육기관의 교육을 위한 행정으로 교육행정의 하위 개념이라기보다는 학교 단위의 교육행정으로서의 특수성을 지닌다. 즉, 학교에서 학교장에 의하여 실시·운영되는 행정으로 교육적 조직과 관계되는 법규, 재정, 제도, 환경, 행정조직, 정책뿐만 아니라 교육과정 교수법 각 단계의 발달과정에 더 심혈을 기울여야 한다. 따라서 학교행정은 학교장의 창의성과 독창적인 지도력을 활용하여 각 학교의 특색을 최대한 살려 유효적절하게 운영되어야 한다(박성식, 1998; 이성은, 1999, 재인용). 유아교육기관의 운영관리는 운영과 관리의 합성어로, 운영은 능률적인 면에 중점을 두는 용어인 데 반하여 관리는 법규적인 면에 중점을 두고 있는 용어이다. 경영관리도 경영과 관리의 합성어로, 경영은 경제적 합리주의에 입각하여 최소의 투입으로 최대의 산출을 얻으려는 경제성 내지 생산성에 중점을 두는 용어이다. 이러한 용어들은 유아교육 현장에서 거의 동의어로 사용되고 있으며, 두 낱말의 합성어는 하나의 낱말로 통용되고 있다(박재환, 2002).

기독교 유아교육 행정의 개념을 보다 정확하게 정의하기 위해 여러 학자들의 견해를 살펴보면 다음과 같다. 이정근(1994)은 기독교교육 행정을 기독교교육을 보다 효과적으로 실천하려는 수단과 기독교의 교육적 사명을 효과적으로 달성하려는 합리적인 단체행동의 총체라고 정의하였다. 또한 양창삼(2000)은 기독교교육 행정이란 기독교에 입각한 교육의 목적을 효과적으로 달성하기 위해 정책을 입안하고 집행하며 교수-학습에 필요한 여러 조건을 확립하고 교육 조직 성원의 협동적 행위를 능률적으로 조성하고 보조하는 교육활동과정이라고 정의하였다. 따라서 기독교교육 행정이란 '기독교교육의 목적을 달성하기 위해 교육과정과 프로그램을 개발하고 이를 운영하기 위한 인적·물적 자원을 지원하고 봉사하는 교육활동의 과정'이라는 정의를 내릴 수 있다.

한편, 이영자와 신동주(2013)는 유아교육기관의 운영관리란 기관의 목적을 달성하기 위해 주어진 인적, 물적 자원을 동원하여 최대한 효율적으로 기관 운영과 관련된 모든 것을 계획하고, 조직하고, 실행하고, 평가하고 재검토하는 일련의 과정이라고 정의하였다. 또한 이선애 등(2014)은 유아교육기관의 운영관리는 교육활동이 시작되는 단계부터 끝나는 단계까지의 전 과정을 말하며, 운영과정이란 어떤 조직이 그 조직의 목표 달성부터 수행과 평가결과의 송환에 이르는 유기적인 순환과정과 이를 통하여 다시 새로운 목표 설정으로 이끌어가는 과정 전체를 의미한다고 정의하였다.

이상에서 살펴본 정의를 종합하면, 기독교 유아교육 행정은 기독교 유아교육의 목적을 달성하기 위해 교육과정과 프로그램을 개발하고, 이를 운영하기 위한 인적·물적 자원을 지원하고 봉사하는 교육활동의 과정이다.

3) 기독교 유아교육 행정의 목표

기독교 유아교육 행정의 목표는 첫째, 말씀으로 가르치고 양육하는 교육적 행위인 디다케(didache)가 바르고 적절하게 진행되도록 돕는 것이다. 행정담당자와 교사는 언제나 디다케에 관심을 두고 디다케가 바르게 준행되는가에 관심을 가져야 성장하고 발전할 수 있다. 둘째, 행정가와 교사는 변화의 매개자(change agent)로서 변화를 위해 계획하고 교육이 진척되도록 교육의 속도, 방향, 질을 조정하는 역할을 하는데, 이를 통해 기독교 유아교육 행정이 기독교 유아교육의 목표를 달성할 수 있는 방향으로 이루어지도록 하는 것이다. 교육은 인간 행동을 계획적으로 변화시켜 나가는 도구이며, 교사와 행정가는 학생들의 영적 변화와 함께 생활의 변화를 이끄는 사람들이다(양창삼, 2000). 기독교 유아교육 또한 인간을 변화시키고 교회를 변화시키고 사회를 변화시키는 데 목표를 두고 있으며, 기독교 유아교육 행정은 이러한 목표를 달성하는 방향으로 이루어져야 한다.

3 기독교 유아교육 행정의 원리

1) 기독교 유아교육 행정의 두 지평

기독교 유아교육을 위한 행정은 우선적으로 그 방향이 하나님 중심적(God-centered) 혹은 그리스도 중심적(Christ-centered)이어야 한다. 왜냐하면 행정의 목적은 유아들을 위한 교육을 하나님 중심과 그리스도가 중심이 된 교육으로 이끌어 가기 위함이기 때문이다. 따라서 모든 행정에 따른 세부적인 사항들이 일목요연하게 하나님과 그리스도 중심이 될 때 올바르고 바람직한 기독교 유아교육 행정이 될 것이다. 또한 기독교 유아교육을 위한 행정은 인간 지향적(Person-oriented)이어야 한다(Lindgren, 1997). 하나님이 창조하신 고귀하고 특별한 존재로 유아를 지각하고 인식하여야 하며, 그들의 필요(need)에 맞는 교육을 시도해야 한다. 이러한 두 지평의 원리는, 기독교교육의 교육과정이 수직적 통일성과 동시에 수평적 통일성을 이루어야 함을 적절히 말해 주는 것이다(Brummelen, 1996). 따라서 기독교 유아교육 행정은 위로는 하나님과의 관계에서의 수직적 통합을 이루는 동시에 수평적으로는 기독교 유아교육 행정의 각 영역 간의 수평적 통합을 이루는 완전한 통합을 그 원리로 한다. 수직적 통일성이란 창조 세계의 의미가 만물을 창조하신 하나님으로부터 온다는 것이다. "… 만물이 다 그로 말미암고 그를 위하여 창조되었고 또한 그가 만물보다 먼저 계시고 만물이 그 안에 함께 섰느니라(골 1:16-17)."

이와 같이 기독교 유아교육은 전 영역의 통일성을 이루는 완전한 통합을 지향하고 있으므로, 기독교 유아교육 행정도 전 영역에서 통일성을 이루어야 한다는 것이다. 이상에서 제시한 수직적 통합과 수평적 통합의 완전한 통합을 바탕으로 기독교 유아교육 행정의 두 지평의 원리를 구체적으로 살펴보면 다음과 같다.

첫째, 기독교 유아교육 행정은 하나님 중심적이어야 한다.

하나님은 질서의 하나님이시며, 또한 인간의 협력을 통해서 일하신다. 신학적 관점에서 볼 때 기독교 유아교육기관은 조직체이기 이전에 신앙공동체이므로, 기독교 유아교육기관은 하나님의 뜻을 나타내고 하나님을 기쁘시게 하기 위해 하나님 중심의 행정을 해야 한다. 하나님 중심의 행정은 성경이 그 교과서이다. 성경은 유아들을 올바르게 이해하기 위한 지침, 레크리에이션, 일, 상상력, 교육과정 설계 등은 물론 가르칠 내용을 정확히 이해하는 데 필요한 기본원리를 제공해 주는 역할을 한다(Edlin, 2004). 즉, 피조물인 유아들이 하나님을 경외하도록 도와주는 중요한 역할을 한다.

둘째, 기독교 유아교육 행정은 인간 지향적이어야 한다.

코메니우스(Comenius)는 창조, 타락, 구속에 근거하여 인간을 이해했으며, 인간이 하나님 안에서 원래 창조된 상태로 되돌려져야 한다고 생각했다. 따라서 회개와 교육이 모든 인간을 위해 결정적인 것이었다. 어린아이나 나이든 사람이나 부유한 사람이나 남자나 여자나 할 것 없이 모든 인간의 정신은 참된 것을 알고, 돌이켜 행해야 할 것을 행하도록 해야 하는데, 이것은 철저하고 전면적인 교육을 통하여 인간은 가능한 한 하나님의 형상에 아주 가깝게 창조의 목적대로 다가서게 된다는 것이다(Linde, 1999).

행정의 은사는 사람들과 함께 일해 나가는 과정과 분리될 수 없을 정도로 결부되어 있다. 기독교 지도자들은 사람들과 함께 지내는 방법을 알아야만 한다. 인간관계의 기술을 개발하고 발전시키는 것은 성공적인 행정사역의 기본적인 요소이다(Gangel, 1996). 따라서 기독교 유아교육기관의 원장은 경건에 훈련되어 그리스도를 닮아가는 성숙한 모습으로 지속적으로 자라가야 한다. 사도 바울의 교훈대로 "내가 그리스도를 본받는 자가 된 것 같이 너희는 나를 본받는 자가 되라(고전 11:1)"는 주문은 기독교교육 공동체의 삶에서 갖출 지도자의 솔선수범(modeling)을 강조하는 것이다(박창건, 2004).

2) 기독교 유아교육 행정의 기본원리

교육행정의 실제는 교육행정의 이론과는 달리 당위성과 규범을 배제할 수 없다. 따라서 교육행정을 운영하는 데 있어 지침과 준거가 될 원리가 필요하다. 즉, 교육행정의 실제에서는 행정가의 행위에 일관성을 유지시켜 주며, 교육행정의 여러 영역에서 나타나는 문제를 해결하는 데 도움이 되는 지침과 준거가 필요하다(박성식, 1998). 교회학교 교육행정의 효율성과 효과성을 높이는 데 도움을 얻을 수 있는 원리로 하나님 나라의 원리, 기회균등의 원리, 자주성 존중의 원리, 자치의 원리, 적도집권의 원리, 다양성 안에서의 일치 원리, 준법주의 원리, 타당성의 원리, 민주성의 원리, 능률성의 원리, 신축성의 원리, 안전성의 원리, 균형적 판단의 원리가 있다(양창삼, 2000). 그 외에도 유아교육기관의 원장들이 원을 운영하는 데 있어 일반적으로 염두에 두어야 할 기본원리로 타당성의 원리, 민주성의 원리, 효율성의 원리, 적응성의 원리, 안정성의 원리를 들 수 있다(임재택, 2000). 여기에서는 하나님 나라의 원리, 기회균등의 원리, 다양성 안에서의 일치 원리, 타당성의 원리, 민주성의 원리, 능률성의 원리, 적응성의 원리, 안정성의 원리, 균형적 판단의 원리를 중심으로 살펴보고자 한다(김동춘, 2006).

(1) 하나님 나라의 원리

기독교인에게는 하나님께서 창조하실 때부터 부여하신 목적이 있다(Anthony, 2001). 그것은 바로 자신의 삶의 터전에서 하나님의 나라와 그의 의를 구하며 이루어 가는 것이다(마 6:33). 따라서 기독교 유아교육기관을 운영하는 지도자는 그 무엇보다도 어떤 개인이나 기관의 뜻을 나타내는 것이 아니라 하나님의 뜻을 나타내고 그 나라를 확장해야 한다(Edlin, 2004). 기독교 유아교육기관 안에 지켜야 할 원칙이 하나 있다면 그것은 하나님 나라의 원리로, 기독교 유아교육기관 행정은 이 원칙에 충실해야 한다.

(2) 기회균등의 원리

기독교 유아교육기관에 다니는 유아들은 균등하게 교육을 받을 권리를 가진다. 기회균등은 나이, 성, 출신지역 등에 따라 어떤 차별을 두지 않음을 의미한다.

(3) 다양성 안에서의 일치 원리

기독교 유아교육 행정은 획일성의 일치만을 추구하거나 분리된 다양성만을 추구하지 않는다. 개인과 그룹의 다양성을 인정하면서도 기독교 유아교육기관의 공동목표를 향해 더 큰 일치를 추구한다.

(4) 타당성의 원리

기독교 유아교육 행정은 기독교 유아교육의 목적에 타당한 교육계획과 실행계획을 세워 나가야 한다. 기독교 유아교육의 목적과 수단 사이에 어떤 괴리가 있어서는 안 된다. 목적에 비추어 타당한 행정활동이 전개되어야 한다.

(5) 민주성의 원리

기독교 유아교육 행정은 독단과 편견을 배제한다. 교육정책의 수립에 있어서 광범위한 참여를 통해 교직원의 의사를 반영하고, 결정된 정책을 집행할 때도 권한의 위임을 통해 독단을 막는다. 기독교 유아교육기관의 원장은 궁극적인 책임을 갖지만, 교직원의 의견과 요구를 모아 일방적 명령이나 지시보다 협조와 이해를 바탕으로 조직 내의 인간관리 및 의사결정에 있어 민주적인 절차에 의해 사무를 집행해 나간다.

(6) 능률성의 원리

기독교 유아교육기관의 모든 교육행정활동은 합리적으로 수행되어야 한다. 능률은 경제적 원리로 최소한의 인적·물적 자원과 경비를 가지고 최대한의 효과를 얻는 것을 말한다. 기독교 유아교육도 낭비를 극소화함으로써 최대한의 교육 목표를 달성해야 한다. 즉, 재정은 하나님의 것이므로 경제성에 초점을 맞춰 활용되어야 한다.

(7) 적응성의 원리

시대변화에 맞춰 신축성 있게 대응해 나간다. 기독교 유아교육은 시대변화에 순응해 나가지만 그 변화를 질서 있게 조절해 나갈 수 있도록 조정하는 역할을 해야 한다. 과거의 관습에 집착하면 새로운 시대에 적응할 수 없다. 하나님의 말씀은 보수해야 하지만 우리의 행동은 진보적일 필요가 있다. 기독교교육은 인간을 고정화된 과거의 틀 속에 얽매이게 하거나 짐승처럼 길들이기식의 교육은 아니다. 그리스도 안에서 자유와 평화를 누리는 하나님 나라의 교육이다. 교육 행정가는 새로운 방법을 도입하고 과감하게 변화를 시도하는 융통성을 가져야 한다(양창삼, 2000). 대체로 우리나라 유치원, 어린이집은 국가의 행정·재정적 정책이나 지원의 미비, 시설이나 비품의 미비 등 불충분한 환경조건, 재정적 압박, 교사 대비 유아의 높은 비율, 교직원의 낮은 보수와 열악한 근무여건 등으로 그리 좋지 않은 상태이다. 원장은 이러한 문제에 대해 불만을 갖거나 자포자기할 것이 아니라 이를 현실로 받아들여 적절히 대응할 수 있는 운영관리의 방안모색이 요청된다(임재택, 2000).

(8) 안정성의 원리

안정성의 원리란 운영관리에 있어 일관성과 지속성을 유지하자는 원리이다. 사회 변화에 따라 운영관리가 조화적인 변화를 보여 주어야 하지만 지나친 변화는 오히려 혼란을 야기시킬 우려가 있다(박재환, 2002). 기독교 유아교육은 지속성과 안정성을 주기 위해 전통을 계승하고, 그 안에 있는 좋은 부분을 강화, 발전시켜 나가야 한다. 이것은 적응성의 원리에 대한 반작용으로 인식되지만 서로 보완되는 것이다. 하나님의 뜻은 어떤 시대, 어떤 상황에서도 보존되어야 하기 때문이다(양창삼, 2000).

(9) 균형적 판단의 원리

기독교 유아교육 행정에 관한 정책을 수립하고 그것을 집행할 때 사물의 본말과 경중을 분별하여 우선순위를 밝히고, 자원과 노력을 공정하게 배분하여 기독교 유아교육의 목적을 효율적으로 달성해야 한다. 이것은 능률성과 민주성의 원리 사이에서 균형을 얻는 것을 말한다(양창삼, 2000).

4 기독교 유아교육기관 운영관리영역

유아교육기관의 일반적인 운영관리영역으로 교육과정 관리, 원아관리, 교직원관리, 재정관리, 시설·설비관리, 사무관리, 홍보관리, 부모와의 협력 등 여덟 개 영역을 들 수 있다(박재환, 2002). 데커와 데커(Decker & Decker, 1997)는 일반적인 유아교육기관의 경영관리영역으로 프로그램 서비스정책, 행정상의 정책, 교직원의 인사정책, 유아관리정책, 건강정책, 재정정책, 평가기록에 관한 정책, 학부모관리 정책, 대외정책의 아홉 가지를 제시하였다. 신화식 외(2014)는 유아교육기관 운영관리영역을 시설·설비관리, 공간관리, 교재·교구관리, 교직원 인사관리, 원아관리, 유아교육과정 운영, 재정관리, 사무관리, 부모와의 협력관계, 지역사회와의 교류 등 열 가지 영역으로 제시하고 있다. 문혁준 등(2015)은 어린이집 운영관리영역을 영유아관리, 보육교직원 관리, 학부모 관리, 이용 서비스, 행정관리, 건강·영양·안전관리, 지역사회와의 협력, 보육활동 운영, 시설·설비관리, 공간 관리, 교구·교재관리, 재정관리, 사무·평가기록 관리 등으로 제시하였다. 이상에서 살펴본 내용을 종합하여 기독교 유아교육기관 운영관리의 영역을 제시하면 기독교 유아교육과정 관리, 원아관리, 교직원관리, 시설·설비관리, 비품 및 교재·교구관리, 재무관리, 사무관리, 학부모와의 관계, 지역사회와의 관계 등으로 나타낼 수 있다.

① 기독교 유아교육과정 관리: 기독교 유아교육의 목표를 달성하기 위한 기독교 유아교육과정의 계획 및 운영, 일과계획 및 운영, 행사계획 및 운영, 현장학습, 평가, 교사의 교수기술 향상과 교육과정 운영의 개선 등이 포함된다.

② 원아관리: 원아의 모집과 재학, 퇴원에 관한 여러 가지 문제, 학급편성, 출·결석, 생활지도 등이 포함된다.

③ 교직원관리: 교직원의 자격, 신임 교사의 선발 및 임명에 관한 사항, 교직원의 업무 분담, 교직원의 능력 향상을 위한 훈련, 교직원의 평가, 보수 및 근무여건에 관한 사항 등이 포함된다.

④ 시설·설비관리: 교지, 교사, 운동장 등의 여러 가지 시설을 실제 교육에 맞도록 정비하는 것이다.

⑤ 비품 및 교재·교구관리: 교재·교구 등을 실제 교육에 맞도록 정비하는 것이다.

⑥ 재무관리: 기독교 유아교육기관을 경영하기 위하여 필요한 제반 회계, 경영자금의 출처, 예산, 지출항목, 물품 및 서비스를 위한 지침과 세부절차 결산과 회계감사에 관한 사항 등이 포함된다.

⑦ 사무관리: 기독교 유아교육기관 경영활동을 수행하는 과정에서 수반되는 제반 기록과 장부의 작성과 보관, 공문서 처리 등이 포함된다.

⑧ 학부모와의 관계: 부모회의 조직과 운영, 부모교육, 부모상담, 가정통신, 수업 참관 등이 포함된다.

⑨ 지역사회와의 관계: 지역사회기관 및 단체, 관련 행정기관과의 관계, 자원봉사자의 관리 등이 포함된다.

5 기독교 유아교육 행정의 과정

행정은 결과보다는 과정(process)으로 이해되기에, 따라서 운영관리란 공동체나 기관의 목적을 위하여 개인, 공동체 혹은 다른 자원들을 통하여 그것들과 함께 일하는 과정으로 정의할 수 있다. 그러기에 기독교 유아교육 행정의 과정이란 기독교 유아교육 행정의 목표를 합리적으로 달성하기 위한 목표설정에서부터 그 수행과 평가에 이르는 행정의 전체 흐름을 말한다. 일반적으로 행정과정에 관한 최초의 연구는 페욜(Fayol, 1916)에 의해 시작되었다. 페욜은 행정의 요소를 다음과 같이 제시하였다(김창걸, 1996, 재인용). 기획(planning)은 미래를 예측하고 실행계획을 수립하는 것으로 정의하였다. 조직(organizing)은 인적·물적 자원을 확보하고 이를 구조화하는 것이라고 하였다. 지휘(commanding)는 조직의 구성원이 부과된 과업을 수행하도록 하는 것이며, 조정(coordinating)은 각 활동을 조절하고 통합하는 것, 그리고 통제(controlling)는 모든 활동이 이미 정해진 규칙이나 지시에 따라 수행되고 있는가를 감독하는 것이다.

한편, 시어즈(Sears, 1950)는 페욜의 이론에서 통찰을 얻어 최초로 교육행정 분야에 '행정과정'을 적용하는 업적을 남겼다. 이어 그레그(Gregg)는 교육행정에서 행정과정을 지도성(leadership), 집단과정(group process), 그리고 인간관계(human relation) 등의 개념을 강조하며, 행정과정의 요소로 ① 의사 결정, ② 기획, ③ 조직, ④ 의사소통, ⑤ 영향, ⑥ 조정, ⑦ 평가의 일곱 가지를 제시하였다(김창걸, 1996, 재인용). 황성철은 기본적인 행정과정을 계획(plan), 집행(do), 평가(see)로 구분했다. 이러한 행정과정론은 체제론적 관점에서 모든 과정을 동태론적으로 파악할 수 있으므로 행정 절차를 일목요연하게 인식할 수 있는 장점이 있으나, 일의 과정을 중심으로 한 행정 개념은 일이 이루어진 후의 결과를 소홀히 할 수 있고 일의 존재론적인 성격을 무시할 수 있어 일이 갖는 가치성이나 통합성을 무시할 수 있다(황성철, 2004). 따라서 유아교육기관 운영관리의 요소로 계획, 조직,

자극, 조정, 평가를 들 수 있다(박재환, 2002). 이상에서 제시한 여러 학자들의 견해를 토대로 기독교 유아교육 행정의 과정을 기획, 조직, 동기부여, 조정, 평가로 제시하고 이를 살펴보면 다음과 같다(김동춘, 2006).

1) 기획(planning)

과정으로서 행정의 모든 활동은 계획하는 일에서부터 시작된다. 교육의 목표를 설정하고 목표달성에 필요한 최선의 방법과 절차를 마련하는 사전준비활동이 기획이다(주삼환 외, 2003). 기독교 유아교육기관의 전체 프로그램은 기독교 유아교육의 목적과 일치하는 궁극적인 목표를 가지고 있어야 한다. 이것은 궁극적인 목표라는 큰 그림 아래 장기적인 목표와 단기적인 목표가 설정되기 때문이다. 전체적인 교육목표 설정은 곧 뒤이은 개별적인 프로그램을 설정할 수 있게 한다. 기획은 기독교 유아교육기관의 효율적인 운영에 필요한 절차와 방법을 합리적이고 효과적으로 수행하기 위한 준비과정으로 조정 및 평가의 기초가 되므로 일관성 있게 계획해야 한다. 이때 포함되어야 할 내용은 외부 환경과 유아교육기관의 여건 분석, 교육목표 및 운영목표 설정, 운영방침 결정, 활동계획의 작성, 목표와 계획의 평가이다(박재환, 2002).

2) 조직(organizing)

구약에 나오는 이스라엘의 지도자인 모세는 우리에게 조직의 중요성을 말하여 준다. 모세가 이스라엘 민족들을 효과적으로 잘 통치하기 위하여 책임의 경중을 나누어 천부장, 백부장, 십부장 등으로 세분화(출 18:21-27)시킨 것이 바로 그것이다(진요한, 2005). 또한 기독교 유아교육기관이 일반기관과 다른 점은 어디까지나 교육기관은 '집단'이 아닌 '유기적 공동체'라는 사실이다. 즉 '그리스도의 몸'으로서의 조직과 기관이 되어야 한다. 기독교 유아교육의 교육목표는 기획의 단계에서 설정이 된다. 설정된 목표를 달성하기 위해서는 기독교 유아교육기관은 능률적인 조직을 갖추어야 한다. 즉, 성취할 미래의 목적을 이루기 위하여 현재 극복해야 할 문제들을 효과적으로 해결하는 작업을 구체화시켜서 사물과 사람을 적절한 위치에 배치하는 작업을 말한다. 기독교 유아교육기관은 유아, 교직원, 학부모들로 조직된 하나의 유기적 공동체이며, 원장-원감-주임교사-담임교사로 이루어지는 조직형태를 지닌다. 따라서 몸을 이루는 각 지체인 교사들의 창의성과 협동심이 발휘될 수 있도록 인적·물적 자원을 적절하게 배정하여 책임과 과업의 분담 아래 구조적으로 협동적인 관계를 이루어 원활한 경영이 이루어지도록 기획한다.

3) 동기부여(stimulating)

모든 행정은 추진할 동기화가 필요한데, 그 가운데서 가장 강력한 동인은 결국 영적인 동기부여이다. 그 가운데서 행정을 하는 지도자는 하나님의 말씀인 성경을 교과서로 삼고, 늘 기도하는 자세로 유아교육기관을 하나님의 공동체로 이끌어야 한다. 또한 기독교 유아교육기관에서 원장은 기독교 유아교육 목표를 달성하기 위해 교사들에게 교수학습활동, 생활지도, 학급운영 등의 업무를 자발적으로 잘 수행하도록 동기를 유발하여야 한다. 동기부여는 구성원들이 조직의 목표를 자신들의 목표로 받아들여 그것을 달성하기 위해 열심히 노력하는 것이다(주삼환 외, 2003). 실제적인 실천은 여러 가지 리더십을 요구한다. 경영과정에 있어 지도력이란 설정된 조직의 목표를 위하여 구성원들을 이끌어 가는 것이다. 즉 지도력은 구성원들에게 동기를 부여하는 등 여러 가지 요인을 동원하여 자발적으로 업무를 수행하도록 영향력을 끼치는 일이다. 따라서 일방적인 명령이나 지나친 권위의 행사가 아닌 보다 성경적이고 영적인 지도자인 예수 그리스도의 지도력으로 접근하여야 한다. 교사들은 모두 전문적인 자질을 갖춘 전문인이다. 따라서 이들은 유아교육기관의 정책, 프로그램에 관한 사항을 결정하는 데 참여하기를 원한다(박재환, 2002). 참여가 민주적으로 이루어질 때 기관에 대한 일체감을 가지게 되고, 나아가 자아실현의 욕구를 충족하게 된다. 원활한 의사소통 역시 교직원의 행동을 자극하는 데 중요한 요소가 된다.

4) 조정(coordination)

조정(coordination)이란 공동체의 목적을 달성하려는 노력에 있어서 일치(一致)와 조화(調和)를 이루려는 과정이다. 즉, 교육목표 달성에 투입된 교직원의 노력과 각 부서의 활동 및 제반 물적 자원이 최선의 산출을 기할 수 있도록 통합되고 조절되는 것을 의미한다(Anthony, 2001). 이 중에서도 공동목표 달성을 위한 교직원들의 행동의 통일화가 우선되어야 한다(김창걸, 1996). 만일 유아교육기관 내에서 구성원 간의 갈등과 충돌이 있다면 이들을 협력할 수 있도록 조정하는 역할이 있어야 한다. 구성원들 간에 견해의 차이를 해소시키고 조직의 목표를 자신들의 목표로 받아들여 그것을 달성하기 위해 열심히 노력하도록 조정하는 능력은 아주 중요한 리더십이다.

조정의 과정에서 의사소통(communication)은 필연적이다. 서로의 의견을 교환하고 대화가 소통됨으로써 조직의 목표에 일체감을 갖고 나아가서 서로 공유할 수 있기 때문이다. 이러한 과정 속에서 목표를 성취하는 데 필요한 방법이나 절차에 대한 합의점을 발견하게 된다. 또한 조정은 계획이나 정책수립의 초기 단계에서 이루어져야 한다. 이미 어떠한 결정이나 계획이 집행되는 과정에서 이들을 적절하게 조절하거나 통합하기는 더욱 어렵기 때문이다(박재환, 2002).

5) 평가(evaluation)

기독교 유아교육기관의 원장은 하나님께서 맡기신 것을 최대한으로 사용하여 많은 결실을 맺고 기독교 유아교육기관의 행정과정이 효율적으로 이루어지도록 노력해야 한다. 즉, 적절한 평가를 통하여 계획된 교육목표가 어느 정도 달성되었는가를 알아보는 과정이 필요하다. 효과성과 능률성을 분석·검토하는 산출평가와 교육목적 달성을 위한 과업실천과정을 평가하는 과정평가가 이에 포함된다(김창걸, 1996). 평가의 목적은 유아교육 전반에 대한 과학적인 평가를 통해 경영과정에서 나타난 문제, 경영 개선을 위한 아이디어 등을 찾아내어 차기 경영계획에 반영시키고 설정된 목표의 달성 여부 또는 정도를 종합적으로 판정하여 기관 경영의 성과를 높이자는 것이다(박재환, 2002). 평가는 계획한 과업이 실행된 과정과 성과 등의 결과를 분석, 검토하여 합리성과 효율성을 측정하는 것으로 단계 전후와 중간에도 정기적으로 실시하는 것이 바람직하다. 평가 단계는 먼저 평가의 관점을 설정하고, 자료를 수집하며, 평가 실시 및 결과 처리를 하며, 결과를 활용하는 것이다(김연진 외, 2013).

제2장 기독교 유아교육기관 운영의 요소

1 기독교 유아교육기관 원장의 지도력

1) 기독교 유아교육을 위한 성경적 지도력

구약성경에서는 지도자를 묘사하기 위해 로시(Rosh)라는 단어를 사용하였는데, 구약 히브리어 사전에는 다음과 같이 해석되어 있다. 사람이나 동물의 제일 윗부분, 곡식의 이삭, 첫째 우두머리라는 뜻, 제사장, 집안의 어른, 가장 좋은 것 등이다.

지도자가 가지는 성경적인 지도력은 두 가지의 사실에 기초한다. 첫째, 하나님께서 부여하신 부르심이다. 지도력의 재능은 하나님께서 인간에게 수여하신 증여의 일부이다(엡 4:7-12). 부르심은 하나님께서 당신의 목적을 이 땅에 이루시기 위하여 섭리하에 부여하신 것이다. 둘째, 권위는 성품에 달려 있다는 것이다. 권위가 좋은 것인가 그렇지 않은가를 결정짓는 것은 전반적으로 개인의 성품과 관련되어 있다(Blackaby, 2003).

성경적인 지도자와 지도력을 위한 권위는 단연 하나님과 그의 말씀인 성경으로부터 나온다. 성경은 기독교인의 삶은 오직 성령 안에서만 가능하다고 가르친다. 성령께서 오셔서 우리 안에 역사하실 때 우리는 예수님을 우리의 주님으로 받아들일 수 있고, 그분을 영화롭게 하는 삶을 살 수 있다는 것이다. 성령 안에서만 진정한 인격적인 삶이 가능하다고 우리에게 가르치신다.

사실 진정한 지도자 혹은 지도력에 대한 일반적이고 세상적인 관점은 지극히 혼탁해져 있다. 세상적인 목적을 설정하고 그에 따른 방법으로 눈에 보이는 성공을 향하여 달려간다고 해도 과언이 아니다. 따라서 지도자들을 위한 충고와 조언이 모두 들어 있는 분명한 성경적 원리들로 접근하는 것이 필요하다(Edlin, 2004).

그렇다면 일반적인 지도력과 성경이 말하는 영적인 지도력은 어떤 차이가 있는가?라는 질문을 하게 될 것이다. 참된 영적 지도력은 가능한 한 더 높은 차원의 지도력으로 인도한다(Blackaby, 2003). 때로는 비슷해 보이지만, 결국 하나님께서 주신 '소명'의식은 그 차이를 만들어 낸다. 아래의 〈표 2-1〉은 기독교 지도력과 일반 지도력의 차이를 보여 주고 있다.

〈표 2-1〉 **기독교 지도력과 일반 지도력의 차이**

	기독교 지도력	일반 지도력
지도자의 목적	· 구성원을 온전케 하고 봉사의 일을 하게 하며 그리스도의 몸을 세움(엡 4:12)	· 조직의 목적과 목표 달성 · 자신에게 돌아올 인정과 보상 추구
지도자의 신분	· 종(servant): 본질적으로 하나님에게, 그리고 지도력의 대상에게 봉사하는 종(마 20:27)	· 집단의 우두머리
지도력의 방법	· 섬김: 섬김의 모범을 보이신 예수 그리스도를 본받음(요 13:15)	· 섬김을 받으려고 함(권력을 행사하려 함)
지도력의 근원	· 하나님이 주신 권위와 하나님의 초자연적인 힘에 전적으로 의존함(살전 5:12)	· '지도자'의 직위가 갖는 상징적인 의미의 권위와 집단 구성원들이 이를 인정하여 생긴 권위에 의존함

〈표 2-1〉에서 제시한 바와 같이 성경적 지도력과 세상적 혹은 세속적인 지도력은 그 목적, 신분, 행사방법, 근원에 있어 본질적인 차이가 있음을 알 수 있다. 그러므로 원장은 기독교 유아교육기관의 지도자로서 이러한 차이를 알아 하나님의 영광을 나타내는 하나님의 도구로서 올바른 성경적 지도력을 수행해 나가야 한다.

기독교 유아교육기관에서의 성경적인 지도자와 그 지도력을 요약하자면, 하나님의 창조물인 각 개인들이 모여 공동체를 이룬 유아교육기관에서 이루어질 기독교 지도력은 "성도를 온전하게 하여 봉사의 일을 하게 하며 그리스도의 몸을 세우는 데(엡 4:12)" 있다. 이러한 말씀을 토대로 기독교 지도력은 "하나님으로부터 선물 받은 은사를 근거로 '종'된 사람이 그리스도의 몸을 세우도록 섬김의 사역을 통해 다른 사람들에게 영향을 주는 행위 또는 과정"으로 정의할 수 있다. 이 같은 기독교 지도력은 세상적이며 세속적인 지도력과는 달리, 세상에서 임명된 것이 아니라 하나님이 임명해 주신 것이라는 '사명' 의식이 근거가 된다. 이러한 의식을 가진 자만이 성경적인 공동체를 이루는 성경적 지도자가 될 수 있다.

2) 기독교 유아교육 지도력의 모델이신 예수님

기독교 유아교육기관의 지도자는 자신의 능력을 의지하는 것이 아니라 예수 그리스도를 떠나서는 아무것도 할 수 없음을 인정하는 자(요 15:5)로서 자신에게 능력을 주시는 자이신 예수 그리스도가 중심이 된(Christ-centered) 지도자이어야 한다. 그러기에 성경적 지도력을 나타내는 사람은 자기 자신에 대한 신분과 태도를 깨달아야 한다. 성경적 지도력의 모델이 되시는 예수님은 자신이 누구신지를 너무나 분명하고도 명백하게 알고 계셨다. 예수님은 "너희 중에 누구든지 으뜸이 되고자 하는 자는 너희의 종이 되어야 하리라 인자가 온 것은 섬김을 받으려 함이 아니라 도리어 섬기려 하고 자기 목숨을 많은 사람의 대속물로 주려 함이니라(마 20:27-28)"라고 말씀하셨다. 예수님은 기독교 공동체의 지도자가 가질 지도력의 목적과 초점을 분명히 제시하셨다. 기독교 공동체의 지도력을 지닌 자는 먼저 '종(Servent)'이 되라고 하셨다. 섬김을 받는 자가 아니라 섬기는 자가 되라는 것이다. 예수님은 자신의 전 생애를 통해 섬기는 자로서의 사역을 몸소 실천하셨다. 기독교 지도력을 실천하려는 자는 하나님을, 그리고 지도력의 대상이 되는 다른 사람들을 섬기는 종(servant leardership)의 역할을 해야 한다. 추종자가 지도자를 섬기는 세상적인 지도력과는 달리 기독교 지도력은 지도자가 추종자를 섬기는 것이다.

3) 기독교 유아교육 지도자를 위한 지도력 계발

예수님은 지도자를 훈련시키셨다. 예수님의 지도력 훈련은 한 사람 한 사람에게 중점을 두었으며(요 21:5-23), 그 훈련의 중심은 언제나 성경에 있었다. 예수님은 이 땅 위의 사역에 분명한 목적을 갖고 계셨고 그것을 성취하기 위해 예수님 자신이 모범자로 제자들을 훈련하셨다(Gangel, 1996). 그러나 적어도 예수님은 자신의 계획을 세우거나 비전을 내걸지 않으셨다. 그분은 먼저 자신을 보내신 하나님 아버지의 뜻을 구하셨다. 예수님께는 자신과 제자들을 향한 비전이 있었지만, 단연 그것은 아버지께로부터 온 것이었다. 즉, 지도자는 하나님이 세우시며, 지도력은 하나님으로부터 온다는 것이다(Blackaby, 2003). 새로운 미래의 시대에 요구되는 원장은 자신의 소명을 새롭게 하여 새로운 시대를 대비한 성경적 지도력을 갖추고 그리스도의 관점에서 그리스도의 방법으로 지도력을 발휘하는 원장이 되어야 한다.

원장이 원장으로서 기대되는 역할을 수행하였을 때 비로소 지도력이 효과적으로 발휘될 수 있으므로, 원장에게는 다음과 같은 능력이 요구된다.

(1) 원장은 영적 지도력을 가져야 한다

하나님께서는 인간을 영적 존재로 만드셨다(Sttott, 1998). 하나님께서는 모든 곳에서 그리고 모든 상황들 속에서 자신이 세우신 종(servent)을 통하여 일하신다. 또 하나님은 인간들의 관계(relation)를 만드신 분으로, 시간이 지나도 변하지 않는 인간관계의 법칙은 그분 안에서만 지혜를 얻을 수 있다는 것이다. 또한 유아교육기관은 다른 학교 조직과는 달리 유아교육기관만이 갖는 독특한 특징을 갖고 있어, 영적인 지도력이 부여되지 않으면 효과적인 운영과 관리를 행하기가 어렵다. 그러한 특징은 다음과 같다. 유아교육기관의 원장은 대부분 여자이며 교사들도 대부분 여자로 남자가 갖는 지도성과 차이가 있다. 실제 우리나라의 경우 2017년 기준 유치원의 총수는 9,429개원이며 남자 교원 수는 2%, 여자 교원수는

98%로 구성되어 있다(유치원 알리미, 2017). 또한 유아부터 성인인 교사, 직원, 학부모, 교육행정가, 지역사회 인사 등 다양한 연령층의 대상자와 관련을 맺고 있다. 대부분의 유아교육기관은 조직의 규모가 작아 조직으로서의 특징뿐 아니라 비공식 조직으로서의 성격을 동시에 갖는다.

오늘날 기독교 유아교육기관의 원장들은 유아교육기관의 환경변화와 더불어 원장에게 요구되는 다양한 역할 및 책임의 증가로 인해 많은 어려움을 겪고 있다. 그러나 이러한 때일수록 하나님의 능력을 의지하며, 하나님께로부터 부여받은 자신의 사명을 깨달아 더욱 효과적으로 기독교 지도력을 발휘하는 원장이 요구된다.

(2) 변화의 촉진자로서의 지도력을 가져야 한다

기독교 유아교육기관의 목적을 달성하기 위하여 변화의 주체자인 원장은 교육환경의 변화를 정확하게 파악하고 분석하여야 한다. 또한 대응하는 능력을 소유하고 장기적인 관점에서 비전을 제시하여야 하며, 교사와 협력하여 교직원의 잠재능력을 발견, 개발하여 바람직한 행동으로 변화시킬 수 있는 변화의 촉진자로서 역할을 하여야 한다. 즉 높은 이상과 자신감을 가지고, 인간적 가치를 존중하는 사람이어야 한다(황성철, 2004). 변화의 촉진자로서 지도성을 발휘하기 위해서는 전체 파악적 기술(conceptual skill)이 필요하다.

(3) 원장은 문화적 지도력을 가져야 한다

문화는 하나님이 창조하신 세상과 우리에게 주신 능력을 인간의 유익과 하나님의 영광을 위해 경작(cultivation)하는 일이므로 인간에게 주어진 문화적 책임의 근거는 하나님의 뜻에 두고 있다. 사람이 문화적 권리를 행사하는 것은 그것이 하나님의 명령이기 때문이다(박희석, 1996). 문화운동(개발)에 제일 먼저 요구되는 것은 인간의 노동이다. 문화운동은 발전, 유익한 가능성을 실현시키는 것, 그리고 창조와 인간 자체에 있는 것들을 보다 높은 수준으로 끌어올리는 것을 의미한다.

(4) 원장은 교육적 지도력을 발휘하여야 한다

원장은 유아교육에 대한 전문적 지식과 기술, 능력을 갖추어야 하며 유아교육 전문 단체에 가입, 강의, 워크숍, 세미나를 통해 새로운 유아교육에 대한 정보수집 및 활용에 관심을 갖고 풍부한 배움의 기회를 가져야 한다. 오늘날은 구성원들의 권리의식은 날이 갈수록 강하여지고 원장의 권한이 줄어드는 상황이다. 전문직으로서의 교사 집단에 영향력을 행사하기 위해 원장은 교육전문가로서의 탁월한 지식과 식견을 갖추어야 하겠다. 기독교 유아교육기관의 원장은 섬기는 자로서 구성원들이 교수, 학습의 일을 수행해 나갈 때 그들의 필요와 욕구에 관심을 가져 기독교 유아교육기관의 목적을 달성하기 위한 계획, 실행, 평가, 피드백을 제공해 주어야 한다. 그러므로 원장은 구성원들에게 다양한 교육방법, 장학, 인적·물적 관리기술 등을 개발하고 이를 교육현장과 연결시켜 실행을 도와주는 능력이 필요하다. 원장은 경험에 의존하기보다는 새로운 방법을 구체적으로 제시하는 능력을 가져야 한다.

(5) 조직구성원들을 섬기고 봉사하는 지도력(servant leadership) 혹은 보살피는 지도력(caring leadership)이 필요하다

기독교 유아교육기관의 지도자로 부름 받은 원장은 하나님이 자신에게 주신 잠재적인 능력을 스스로 계발시키고 예수님의 탁월한 지도력을 본받아, 군림하는 것이 아니라 하나님이 주신 권위에 근거해 비전을 제시하며, 기독교 유아교육기관의 목표를 구체적으로 설정하고 이를 성취하도록 조직구성원들을 안내하고 상호 협력적인 인간관계를 유지하며 이끌어 주는 영향력을 발휘해야 한다. 이것은 선택이 아니라 부르심을 받은 원장의 사명인 것이다. 그러면 지도력 개발의 과제와 방법은 무엇인가? 이것에 대하여 맥스웰(Maxwell, 1997)은 지위 → 허용

→ 성과 → 인물계발 → 인격의 지도력의 단계 제시를 통하여 지도력 계발을 도와주고 있다.

❶ 제1단계는 지위의 단계이다

지도력의 기본적인 입문에 해당하는 수준이다. 당신이 이 수준에 머물러 있다면, 당신이 가지고 있는 유일한 영향력이란 당신의 직함으로부터 나오는 것뿐이다. 이 수준에 머물러 있는 사람들은 환경적인 기득권, 의례, 전통 그리고 조직표 등에 의존한다. 이런 것들이 권위와 영향력을 행사하기 위한 근거만 되지 않는다면 그 자체가 부정적인 것은 아니다. 하지만 리더십의 기술로 대체되기에는 부적합하다.

❷ 제2단계는 허용의 단계이다

지도력은 머리가 아니라 마음(heart)에서 시작된다. 지도력이란 더 많은 규칙들이 아니라 '의미 있는 관계'를 통해 형성된다. '허용'의 수준에 있는 지도자는 상호관계를 통해 사람들을 인도한다. 개인의 가치와 잠재력을 인정하되, 하나님이 각각의 영혼들을 창조하시고, 보호하시며 사랑으로 이끄시는 그 모습으로 하라. 이러한 견고하며 지속적인 관계를 형성할 수 없는 사람은 장기적이고 효과적인 지도력을 유지할 수 없다. 사람을 인도하지 않으면서 그들을 사랑할 수는 있으나 그들을 사랑하지 않으면서 인도할 수는 없다. 관계는 삶에 필요한 결속력을 제공해 주며, 장기적이고 지속적인 성과를 위해 내구력을 공급해 주는 과정을 포함한다. 2단계의 과제는 다음과 같다.

- 사람들을 진정으로 사랑하는 마음을 가지라.
- 당신과 함께 일하는 사람들이 더욱 성공할 수 있도록 만들라.
- 다른 사람의 시각을 통해서 보라.
- 절차보다는 사람들을 더욱 사랑하라.
- '쌍방이 이기는(win-win)' 길을 택하라. 그렇지 않은 경우에는 일을 추진하지

말라.
- 당신의 계획에 사람들을 참여시키라.
- 까다로운 사람들을 지혜롭게 처리하라.

❸ 제3단계는 성과의 단계이다

3단계에서는 사람들의 필요가 채워지며 목표가 달성되며 최소한의 노력으로도 문제가 해결된다. 조직의 성장에 이바지하는 사람들과 더불어 정규적으로 신선한 전략에 대해 토론한다. 3단계의 과제는 다음과 같다.

- 성장을 위하여 주도권을 쥐고 책임을 받아들이라.
- 설정한 목표를 더욱 계발시키며, 그것을 추구하게끔 하라.
- 업무 할당과 활력을 목표 설정의 필수불가결 요소가 되게 하라.
- 결과에 대한 책임은 당신이 먼저 지라.
- 크나큰 보상이 주어지는 일을 찾아서 하라.
- 조직의 전략과 비전을 사람들에게 이해시키라.
- 변화를 주도하며, 타이밍을 맞추는 일의 중요성을 아는 인물이 되라.
- 결정하기를 두려워 말라. 이것이 상황을 변화시킨다.

❹ 제4단계는 인물계발 단계이다

계승자 없는 성공은 실패이며 지도자의 주된 책임은 사람들이 일을 잘할 수 있도록 계발시켜 주는 것이다. 지도자에 대한 충성은 피지도자가 지도자의 훈육을 통해서 개인적으로 성장할 때 극치를 이룬다. 다음과 같은 과정을 주목하라. “두 번째 수준에 이르게 되면 피지도자는 지도자를 사랑하게 된다. 세 번째 수준에 도달할 때 피지도자는 지도자를 존경하게 되고, 네 번째 수준에서는 피지도자가 지도자에게 충성하게 된다.” 이렇게 되는 이유는 지도자가 사람들을 성장하도록 도와줌으로써 그들의 마음을 감동시켰기 때문이다. 4단계 인물계발과 재생산의 과제는 다음과 같다.

- 당신의 가장 소중한 자산은 바로 사람들임을 알라.
- 사람들을 계발시키는 것에 우선순위를 두라.
- 사람들이 따를 수 있는 모델이 되라.
- 한 모임의 상위 그룹 20%에 당신의 리더십의 초점을 맞추라.
- 중심 지도자들에게 성장의 기회를 주라.
- 가능성 있는 사람들과 생산자들이 동일한 목표를 따라 움직이도록 조치하라.
- 당신의 리더십을 보완해 줄 수 있는 핵심적인 내부 인물들의 중심에 자신을 두라.

⑤ 제5단계는 인격의 단계이다

대부분의 사람들이 이 수준까지 도달하지 못하나 인정받는 지도력을 위한 평생의 노력만이 이 수준에 도달하며, 이 수준에 도달한 사람에게는 영원한 만족을 주는 보상이 주어진다. 5단계의 과제는 다음과 같다.

- 당신의 추종자들은 충성스럽고 희생적이다.
- 당신은 지도자들을 지도하며 훈련하는 데 몇 년을 보냈다.
- 당신은 정치력이 있는 인물이 되었으며, 컨설턴트가 되었고, 사람들이 찾는 인물이 되었다.
- 당신의 가장 큰 즐거움은 사람들이 성장하며 발전하는 것을 지켜보는 일이다.
- 당신은 조직을 초월해서 영향을 주는 인물이다.

지도자는 태어나는 것이 아니라 만들어지는 것이기 때문에 적성이 부족하다고 해서 지도자가 되는 자격을 박탈하지는 않는다. 하나님은 모세, 예레미야, 그리고 사도 바울에 대해 지도자로 세울 것을 계획하셨다. 그러나 그들은 복음사역의 부름을 받은 사람이 어떻게 설교해야 하는지를 배워야 하는 것처럼 지도자적 기술을 배워야 했다(Haggai, 1996).

2 기독교 유아교육기관에서의 대인관계기술

1) 기독교 유아교육기관에서의 대인관계기술의 중요성

하나님은 인간을 영적으로 만드셨다. 기독교인이든 불신자이든 간에 모든 인간은 영적 필요를 지닌 영적 존재이다(Anthony, 2001). 근로자나 고객이나 관리자 모두 영적 필요가 있으며, 하나님은 유아들의 교육기관 속에서 일어나는 모든 상황과 관계 안에서 역사하신다. 교사와 유아의 상호관계의 질이 교수-학습에 중요한 요인인 것처럼 원장과 조직구성원들(유아, 학부모, 교직원)과의 상호작용의 질은 원장의 효과적인 업무 수행에 중요한 역할을 차지한다. 이와 같이 유아교육기관의 원장은 유아, 학부모, 교직원, 프로그램, 재정의 영역에서 책임을 져야 한다. 기독교인으로서의 지도자는 삶의 모든 영역에서 사고와 행동의 기초가 되는 기독교 세계관에 입각해 조직구성원들이 그리스도 안에서 한 지체이며 동반자임을 경험할 수 있는 인간관계, 대인관계를 배움으로 성경적인 관점에서의 하나님 나라를 이루어 가도록 해야 한다.

2) 기독교 유아교육기관에서의 성경적인 대인관계

(1) 성경적인 대인관계 형성의 기본원리

하나님과 사람, 사람과 사람과의 모든 관계의 원리는 성경 속에 있다. 기독교 유아교육기관의 원장은 그리스도의 마음을 갖고 그리스도 안에서 전체 조직 구성원들과 동반관계를 증진시키고 그리스도를 닮아가며 관계를 맺는 인간관계 형성의 기본원리를 성경 속에서 찾아야 한다.

하나님께서는 우리들이 그리스도의 마음을 갖고 매일매일 화목한 관계를 맺으며 서로 하나 되어 동반관계를 증진시키면서 그리스도를 닮아가며 서로 관계를 맺는 참된 교제를 통해 하나님께 영광 돌리기를 원하신다. 이러한 대인관계를 이루기 위한 기본적인 원리는 다음과 같다.

첫째, 기독교 유아교육기관의 원장은 각 교직원들의 모습 속에서 예수님의 모습을 볼 수 있어야 한다. 살아계신 하나님의 시각에서 성장하는 것은 간단히 말하면 실재를 점점 더 하나님의 눈으로 보게 되는 것이다. 하나님을 향해, 우리를 둘러싼 세상을 향해, 우리 자신을 경청함으로 살아계신 하나님이 성장하기를 원하시는 것이 무엇인지를 규정하기 시작한다(Seymour, 2001). "… 내가 진실로 너희에게 이르노니 너희가 여기 내 형제 중에 지극히 작은 자 하나에게 한 것이 곧 내게 한 것이니라 …(마 25:40)" 하나님의 형상대로 지음 받은 우리 인간의 모습 속에는 하나님의 형상이 있으며, 이러한 하나님의 형상을 지닌 인간은 서로 관계를 맺어야 한다. 우리는 각각의 인간 안에서 예수님을 발견할 수 있어야 한다. 원장이 각각의 교직원들의 모습 속에서 예수님의 모습을 볼 수 있다면 그 관계는 자연히 안정되고 신뢰감을 형성할 것이다.

둘째, 대인관계의 기본원리는 사랑이다(고전 13:1-8, 13). 예수님께서는 "내 계명은 곧 내가 너희를 사랑한 것 같이 너희도 서로 사랑하라 하는 이것이니라(요 15:12)"고 하셨다. 성경 말씀은 우리에게 그리스도가 우리를 사랑한 것 같이 우리도 서로 사랑하라고 가르치고 있는 것이다. 또한 성경은 "자녀들아 우리가 말과 혀로만 사랑하지 말고 행함과 진실함으로 하자(요일 3:18)"라며 우리가 사랑을 알고 이해하는 것에 그치지 않고 실제로 사랑을 행할 것을 강조하였다. 또한 예수님은 "너희가 서로 사랑하면 이로써 모든 사람이 너희가 내 제자인 줄 알리라(요 13:35)"고 말씀하시며 서로의 사랑을 강조하셨다. 이와 같이 일반유아교육기관과 달리 기독교 유아교육기관의 구성원들이 그리스도 안에서 하나님의 형상을 드러내며, 공동체적 사명을 행하는 동반자임을 경험할 수 있는 차원 높은 인간관계 기술의 기초는 바로 사랑인 것이다.

셋째, 겸손이다. 성경은 "아무 일에든지 다툼이나 허영으로 하지 말고 오직 겸손한 마음으로 각각 자기보다 남을 낫게 여기고(빌 2:3)"라고 말한다. 그리스도의 몸된 지체로서 원장이 겸손하게 교직원, 유아, 학부모들을 소중히 여기고 사랑한다면 유아교육기관의 구성원들은 '우리'라는 공동 유대감을 통해 소속감을 느끼고 유아교육기관의 공동목표를 달성하기 위해 동기화되고 서로 섬기는 가운데 성취감을 느낄 수 있다.

이처럼 기독교 유아교육기관의 원장은 성경의 기본원리를 중심으로 대인관계의 어려움을 극복하고 구성원들과 바람직한 대인관계를 형성해야 한다. 그러나 본질상 죄인인 인간이 속해 있는 집단에서는 끊임없이 갈등과 문제가 생기게 마련이다. 그러한 갈등과 문제가 발생했을 경우, 효과적인 문제해결 방안으로써 문제들의 원인은 무엇이고 협조 관계로 되돌리는 방법은 무엇인지 아는 것은 매우 중요하다.

(2) 바람직한 대인관계 형성을 위한 원장의 역할

기독교 유아교육기관의 원장으로서 유아교육기관의 조직구성원들과 하나님 보시기에 화목하며 바람직한 대인관계를 형성하는 것은 원장의 중요한 임무이다. 이를 달성하기 위한 원장의 역할을 살펴보면 다음과 같다.

❶ 유기적 공동체 의식의 창출

기독교 유아교육기관은 유기적 공동체가 되어야 한다. 예수님께서는 선택하신 열두 제자들을 공동체를 통해 훈련시키신다. 위로는 하나님과의 관계 회복을 점진적으로 이루어 가시며, 안으로는 서로 사랑할 것을 권고하셨다. 아울러 밖으로는 복음을 전파할 것을 말씀하셨다(요 17:20-23). 원장은 먼저 수직적으로 하나님과의 관계를 회복하고 수평적으로 구성원들이 서로의 다양성을 인정하며 서로 사랑하여 기독교 유아교육기관의 목적인 하나님의 영광을 나타내는 일에 힘쓰도록 공동체의식을 창출해야 한다. 공동체는 같은 목적을 가짐으로써 바람직한 인간관계를 맺을 수 있다. 아울러 원장은 이들을 위해 교육과 훈련, 지원과 격려를 제공한다(골 3:16; 살전 5:11; 히 10:24-25). 이 결과 소명감을 갖는 구성원들은 공동목적을 달성하기 위해 더욱 헌신적이 된다. "우리는 하나님의 동역자들이요 너희는 하나님의 밭이요 하나님의 집이니라(고전 3:9)"는 말씀을 믿음의 토대로 한 공동체의식은 하나님의 영광을 나타내는 데에 공동의 목적을 가진 구성원들의 헌신을 극대화시키는 원동력이다. 그러므로 원장은 함께 일하는 동역자들에게 공동체의식 창출을 위한 지원을 제공하는 지도자로서 최선의 노력을 기울여야 하겠다.

❷ 예수님처럼 모범을 보임

부모는 자녀에게 말로만이 아닌 본을 보임으로 교육이 가능하게 한다. 곧 모델링(modeling)이 가장 효과적이라는 것이다. 바울은 "너희는 내게 배우고 받고 듣고 본 바를 행하라 그리하면 평강의 하나님이 너희와 함께 계시리라(빌 4:9)"라고 하였다.

유아교육에서 교사의 행동이 유아에게 큰 영향을 미치는 것과 마찬가지로, 원장 개인의 행동은 지도력을 통해 사람들과 관계를 맺을 때 유아교육기관의 구성원들에게 큰 영향을 미친다. "혹 위로하는 자면 위로하는 일로, 구제하는 자는 성실함으로, 다스리는 자는 부지런함으로, 긍휼을 베푸는 자는 즐거움으로 할 것이니라(롬 12:8)"고 하신 말씀처럼 원장은 다스리는 자로서 부지런함으로 모범을 보여야 한다. 원장은 "그런즉 너희가 어떻게 행할지를 자세히 주의하여 지혜 없는 자 같이 하지 말고 오직 지혜 있는 자 같이 하여(엡 5:15)"라는 말씀과 같이 교직원, 유아, 학부모에게 바람직한 모범을 보여 주어야 한다.

그러나 가장 바람직한 모범은 곧 예수 그리스도의 삶을 자신의 교육 현장에서 몸소 실현하는 것이다. 하나님과 그리스도께서 화목을 성취하시는 일에 함께 일하셨다는 것과 실로 하나님이 화목을 이루신 것은 그리스도를 통하여 하신 일이다(Stott, 1998).

❸ 긍정적인 분위기 창출

어느 유아교육기관이든지 그 기관 고유의 분위기가 있다. 인간에게 개성이 있듯이 조직에도 그 나름대로의 성격이 있는 것이다. 기독교 유아교육기관의 환경은 신앙을 토대로 조직 구성원들이 서로 신뢰감을 갖고 동일 목적을 공유한 단결된 공동체이며, 공동의 목적을 달성하기 위한 동기부여를 하고 헌신감이 있으며 사랑을 실천해 서로를 세워 주고 용납하는 긍정적인 분위기여야 한다. 그러므로 원장은 기독교 유아교육기관의 목적 달성을 위해 허용적이고 수용적이고 긍정적인 분위기를 창출하여 조직 구성원들이 유아교육기관의 기대에 잘 적응하고 개인적으로 소속감과 안정감을 느끼며 구성원들 간에 긍정적인 관계를 발달시키도록 노력해야 한다.

❹ 위임하기

성경은 그리스도의 지체인 각 개인에게 각자 자신들이 수행해 나아가야 할 기능과 업무가 있음을 알려 준다(롬 12:4-5). 하나님은 사람들에게 서로 다른 일들을 수행하도록 각기 다른 능력을 주셨다(고전 12:4-7). 개개인 모두는 하나님 앞에서 특별하고 중요하나, 그리스도 안에서 '한 몸'이 되어 자신의 기능과 역할을 제대로 감당해야 할 책임을 지닌다.

그러므로 원장은 하나님의 뜻을 분별한 후 교직원들에게 각각 적합한 일이 무엇인가 파악하여 교직원들에게 특정업무와 특정업무를 수행하는 데 필요한 권한과 책임을 부여하여야 한다. 이때 원장은 각각의 교직원에게 특정업무와 권한과 책임을 위임한 후 기대되는 것이 무엇인가를 정확히 알려 주고 교직원의 목소리에 귀를 기울여야 한다. 원장이 교직원에게 위임을 할 때 고려해야 할 사항을 살펴보면 다음과 같다.

첫째, 원장은 유아교육기관의 직무(job)에 대한 분명한 기준(description)을 파악해야 한다. 원장의 고유한 직무와 교직원에게 위임할 직무에 대한 분명한 기준을 알고 구분하여 원장의 직무를 교직원에게 떠맡기는 일이 없어야 한다.

둘째, 원장은 교직원에게 직무를 부여하기 전에 반드시 각 교직원들의 달란트, 흥미, 욕구, 기술, 장점과 단점, 경력 등을 잘 파악하여 각각의 교직원들에게 개인의 적성과 능력에 적합한 직무를 위임하여 동기를 부여한다.

셋째, 교직원에게 특정업무를 부여할 때 권한과 책임감을 동시에 부여해야 한다. 위임은 단순히 교직원에게 특정업무를 수행하라고 지시하는 것이 아니라 교직원을 인정하고 특정업무를 수행하는 데 필요한 권한을 부여하여 일하는 보람을 느끼게 하며 수행한 특정업무에 대한 책임감을 부여하는 것이다. 만일 교직원에게 직무 수행에 대한 책임감만을 강조하고 직무 수행에 필요한 권한을 부여하지 않는다면 교직원들은 직무 수행에 대한 의욕이 생기지 않기 때문이다.

넷째, 의사소통의 경로를 개방해야 한다. 위임은 원장의 모든 업무를 위임하고 책임을 포기하는 것이 아니다. 따라서 원장은 교직원이 결정하고 위임된 권한을 적절히 해석하는 데 필요한 정보를 제공하여 원장과 특정업무를 위임받은 교직원들 간에 자유로운 의사소통이 이루어지도록 의사소통의 경로를 개방하여야 한다.

다섯째, 적절한 통제권을 확립해야 한다. 교직원에게 위임이 되었다 하더라도 원장은 원장의 책임을 포기할 수 없다. 원장은 교직원에게 위임한 업무에 대한 최종 책임은 자신에게 있음을 충분히 인식하고 교직원에게 위임할 때 위임받은 자의 개인 권한의 한계에 대한 명확한 지침을 문서 형식으로 제공해야 한다. 이것을 토대로 위임받은 자는 자신의 업무 수행과정을 정기적으로 점검하는 자기 진단 체크리스트를 만들어 활용할 필요가 있다.

여섯째, 위임을 받은 교직원이 성공적으로 업무를 행하였을 때 원장은 다양한 방법으로 보상을 해 주어야 한다. 이때 보상의 형태는 금전적인 것에서부터 많은 권한을 부여하는 것 등 다양한 형태가 있다. 때로는 금전적인 것보다 교사의 발달단계에 따라 보다 많은 권한을 부여하는 것이 훨씬 더 효과적일 수 있다.

❺ 영적인 동기부여

영적인 동기부여에는 단연 영감(inspiration)을 손꼽아야 할 것이다. 카리스마적인 동일시가 없어도 영감은 발생한다. 영감은 성경에서 하나님의 감동으로 표현되어 있다(딤후 3:16). 지도자는 공유목표와 무엇이 옳고 중요한지에 대한 상호 이해를 발표함으로 부하들에게 영감을 제공한다. 영감 있는 지도자에 의하여 부하는 비전의 성취를 위하여 무엇을 하여야 하는지에 대한 필요성을 제공받는다. 기독교 유아교육기관은 원장이나 교직원들에게 단순한 직장이 아니다. 셔먼과 헨드릭스(Sherman & Hendricks, 1995, pp. 15-16)는 하나님께서는 우리의 직업을 귀히 여기시며, 그렇기 때문에 우리들의 일은 여러 가지 목적에 아주 유용한 수단이 됨을 다음과 같이 제시하였다.

첫째, 일을 통해 다른 사람을 사랑하고 섬긴다.

둘째, 일을 통해 자신의 필요를 채운다.

셋째, 일을 통해 가족의 필요를 채운다.

넷째, 일을 통해 다른 사람을 도울 재물을 얻는다.

다섯째, 일을 통해 하나님을 사랑한다.

이와 같이 원장과 교직원이 하는 일에 대한 '가치'의 기준으로 볼 때, 우리의 일에 대한 태도와 행동에 큰 변화가 일어날 수 있다. 즉 날마다 우리가 하는 일을 통해 하나님의 일을 이루는 일에 동참함으로써 하나님의 동역자가 될 수 있는 것이다. 그러므로 우리가 하는 일에 대한 가치를 깨달음으로써 우리는 자발적으로 매일매일 영적이며 내적인 동기를 부여받을 수 있다. 원장이 교직원들을 동기화시키는 데에는 급여 인상, 복지 혜택, 작업환경 개선을 위한 시설 · 설비의 확충, 다양한 교재 · 교구의 구입, 교직원 개발을 위한 다양한 교육 훈련의 기회 제공, 성공적인 위임 등 다양한 방법이 있다.

교직원 발달을 위해 사용되는 기술들은 교직원의 능력, 기술, 흥미에 적합한 훈련 내용을 포함해야 한다. 데커와 데커(Decker & Decker, 1997)는 교직원의 발달에 사용되는 다양한 기술들을 다음과 같이 제시하였다.

첫째, 수업관찰이다. 다른 사람의 수업을 자유롭게 관찰하거나 자기 자신이 가르치는 모습을 본 후에 관찰된 사실들을 토론함으로써 도움을 줄 수 있다. 토론은 잘못한 것보다는 잘한 점에 집중해야 한다.

둘째, 토론이다. 교직원은 토론을 통해서 배우고 문제를 해결할 수 있다. 교사들은 그들 자신의 수업을 숙고하고 개인적인 이야기를 나눔으로써 많은 정보를 얻을 수 있다. 이렇게 듣고 반응하는 과정을 통해 교수의 변화를 일으킬 수 있다. 특별히 프로그램의 목표와 정책들에 관한 신뢰와 가치에 관한 문제는 교직원이 다양하기 때문에 반드시 토론을 통해 조절되어야 한다.

셋째, 유아관찰이다. 유아를 관찰하고 훈련자와 함께 관찰된 내용을 토론하는 것은 연령에 적합한 유아 행동이나 명확한 행동 유형을 통찰하는 데 도움을 준다.

넷째, 개인적 협의회이다. 원장은 유아를 관찰하고 토론하는 방법에 대해 각각의 교직원에게 피드백을 제공해야 한다.

다섯째, 워크숍이다. 워크숍은 가장 보편적인 훈련 형태로서 외부 자원을 통해 제공될 수 있고 교직원 스스로에 의해서도 개발될 수 있다.

여섯째, 조언이다. 조언에는 다음의 세 가지의 모형이 있다.

- 전통적 모형: 조언자는 문제의 원인과 특징을 이해하도록 도우며 가능한 해결책을 발견하도록 한다.
- 권력자 접근: 조언자는 문제와 사람을 알고, 교직원 자신의 해결책을 찾도록 도움을 주는 '권위자'로 대우된다.
- 심리 교육적 치료 접근: 조언자는 전체 프로그램을 향상시키는 데 이용할 수 있는 지식 기술, 자원들을 적용함으로써 제시된 문제들을 해결할 수 있다.

일곱째, 전문적 지원이다. 모든 프로그램들은 전문적 잡지, 책, 시청각 자료들을 이용함으로써 유익을 얻을 수 있다.

여덟째, 인증과정이다. 인증과정은 교사 발달의 주요 방법이다.

아홉째, 멘토링이다. 멘토링(mentoring)은 두 사람 사이에 이루어지는 관계로 이상적인 멘토링 관계에는 마음과 마음이 이어지는 긴밀한 유대가 형성되고 멘토링은 교사의 교직 발달에 유망한 방법이다. 새로운 교사가 들어왔을 때 경험이 많은 교사가 교육 경험이 없는 초임교사에게 기독교 유아교육에 관한 지식, 기술을 알려 줄 뿐 아니라 초임교사의 영적 부분을 포함한 삶의 모든 영역에서의 발전에 관심을 갖고 도와주어 초임교사를 기독교 유아교육 전문인으로 발달할 수 있게 도와줄 뿐 아니라 하나님이 주신 잠재력을 발견할 수 있게 도와주어 성숙한 기독교인으로서의 성장을 돌보아 주고 도와준다(Collins, 2004).

원장이 교직원의 전문적 성장과 발전을 위해 교직원들에게 도전할 만한 책임과 권한을 부여하고 계속적인 훈련과 교육의 기회를 제공하며 유아교육기관 운영에 대한 책임 분야를 확대한다면 교직원들은 내면적 동기부여를 통해 자신의 일에 대하여 도전과 비전을 갖게 될 수 있다. 중요한 것은 기독교 유아교육기관에서 일하는 유아교사가 지금 헌신하고 있는 일이 하나님의 영광을 위한 일이며, 자신이 하나님의 대리자임을 깨달을 때 진정한 의미의 영적이며 내적인 동기부여가 되어 자신의 삶의 변화와 유아교육기관의 질적 향상을 꾀할 수 있다는 것이다.

3 기독교 유아교육기관에서의 의사소통

교육 신학자 모어(More, 1968)는 하나님을 믿는 사람에게 있어서 커뮤니케이션과 기독교인 행위 간의 밀접한 관계는 단순히 언어적 유연성에 의하여 지배되는 것이 아니라 효과적인 신앙정신에 대한 효과적인 커뮤니케이션의 역사성을 대표하는 것이라고 보았다. 의사소통의 어원은 '공통', '공유', '나누어 가지다'의 뜻을 지니고 있으며, 라틴어 동사인 'Communicare'는 '같이 이야기하다'의 뜻을 지니고 있다(차배근, 1990). 성경에서는 "악한 사자는 재앙에 빠져도 충성된 사신은 양약이 되느니라(잠 13:17)", "지혜자의 입의 말들은 은혜로우나 우매자의 입술들은 자기를 삼키나니 그의 입의 말들의 시작은 우매요 그의 입의 결말들은 심히 미친 것이니라(전 10:12-13)"라는 말씀으로 지혜자와의 의사소통의 중요함을 나타내고 있다. 또한 의사소통의 단절로 인한 심각한 영향은 바벨탑 사건(창

11:1-9)에서 나타난다.

기독교 유아교육기관은 특별히 인간들의 관계를 중심으로 성립되기 때문에 의사소통과 인간관계기술이 중요한 역할을 하게 된다. 특히 그 기관을 대표하는 원장은 유아, 교직원, 학부모 등 연령, 지위 등을 넘어서 모든 사람을 상대해야 하므로 의사소통의 기술은 필수적으로 요구된다.

1) 기독교 유아교육에서의 성경적 의사소통의 개념

성경적 의사소통은 기독교 유아교육기관의 구성원들을 영적으로 연결시키고 구성원들 간의 역할 관계와 상호관계를 유지시켜 주는 집단행동의 중요 요소로, 기독교 유아교육기관에서 가르치는 일, 행정하는 일 등은 복음을 전달하기 위한 의사소통의 방법이다. 그러므로 원장은 하나님이 인간에게 주신 능력인 의사소통이 하나님의 존재와 속성에 대한 표현임을 알아야 하며, 인간관계의 친밀한 교제에 사용되는 의사소통의 본질과 중요성을 깨달아야 한다. 따라서 원활한 의사소통을 도와주는 기술은 원장뿐 아니라 유아교육기관의 모든 구성원들이 익혀야 할 기술이다.

기독교 유아교육기관의 원장은 비전을 제시하고 의사소통을 통하여 비전을 전달할 중요한 책임이 있다. 이와 같이 기독교 유아교육기관의 비전과 가치, 이념, 목적, 생각, 태도, 정보, 사실 등이 원활한 의사소통으로 전달되어 기독교 유아교육기관 내에 공동 합의가 이루어지면 조직 구성원들은 강한 응집력을 갖게 되어 기독교 유아교육기관의 목적을 달성할 수 있다. 따라서 의사소통은 원장의 효과적인 지도성으로 간주되고 있다.

2) 기독교 유아교육기관에서의 성경적 의사소통 기술

포드(Ford, 1994)는 최고의 의사소통 모델인 예수님을 통하여 배울 수 있는 의사소통기술을 다음과 같이 제시하였다.

첫째, 당신이 향하고 있는 곳이 어딘지를 알라. 예수님께서 행하시고 말씀하신 모든 것은 그분의 십자가와 부활에 잇닿아 있었다. 즉 말의 명료함은 목적의 명료함에서 나옴을 예수님께서 우리에게 보여 주셨다. 따라서 원장이 기독교 유아교육기관의 목적을 분명히 알 때 원장의 사명에 따라 비로소 분명한 의사소통이 가능하게 되는 것이다.

둘째, 당신의 공급원과 정체를 알라. 신뢰성은 조용한 확신감에 비례하여 나타난다. 예수님의 확신은 자신이 하나님의 아들임을 알았던 내면적 느낌으로부터 나온 것이며, 그분 뒤에는 하나님의 모든 능력이 있었던 것이다. 따라서 원장의 은사가 원장 자신으로부터 나오는 것이 아니라 하나님을 통해서 나온다는 것을 알 때 타인에게 신뢰감을 주어 신뢰감을 바탕으로 의사소통이 이루어질 수 있다.

셋째, 말의 힘을 알라. 말의 힘은 영원히 살아 있다. 그러므로 믿음으로 말을 사용하라. 그러나 조심해서 말을 사용하라. 말은 우리의 마음과 동기를 드러낸다. 예수님께 있어서 복음 전파는 하나님에 대한 말이 아니라 하나님이 말씀하시는 것이다. 즉 '하나님 나라의 복음이 전파될 때'의 전파는 사실상 하나의 문을 열어 "사람마다 그리로 침입한다(눅 16:16)"는 말과 같이 그 문이 열려 있는 동안 사람들이 밀려들어 가는 것이다. 따라서 원장이 말의 힘을 알고 믿음으로 의사소통을 하면, 말의 힘은 영원히 살아 있기 때문에 구성원들은 마음을 열고 받아들인다.

넷째, 청중을 파악하라. 예수님은 자신의 메시지와 청중을 연구하셨다. 그분은 아버지께서 말씀하기를 원하시는 것이 무엇인지 주의 깊게 들으셨을 뿐만 아니라, 자신에게 가까이 다가오고자 했던 사람들을 바라보셨고 그들의 두려움과 편견과 갈망을 바라보셨다. 또한 예수님께서는 그 메시지를 전달할 수 있는 가장 좋은 방법을 아실 때까지 사람을 연구하셨다. 따라서 원장은 수신자가 어떻게 듣는가 하는 것이 원장이 무엇을 말하려고 하는가 만큼 중요하므로 수신자를 잘 파악하여야 한다.

다섯째, 당신의 기술을 터득하라. 원장은 자신의 메시지를 전달할 때 수신자를 바르게 파악하여 듣는 사람에게 적합한 의사소통의 매체를 사용하여야 한다. 쉽게 얻을 수 있는 기술이 아니지만 지도자라면 기도를 통해, 연구를 통해, 사람에 대한 관찰을 통해, 그리고 내적인 하나님의 음성의 인도를 통해 구해야 할 지혜이다. 따라서 원장은 의사소통 시 수신자에게 가장 적절한 시기를 선택하여 의사소통을 함으로 의사소통의 장애를 제거해야 한다.

일곱째, 요점을 파악하라. "먼저 하나님 나라를 구하라"는 말과 같이 그분은 언제나 하나님 나라의 목적을 의식하고 계셨고, 그분의 결연한 말씀은 그 목적의 단순함을 되비춰 주셨다. 그분의 대화에는 필요 없어 버릴 말이 하나도 없고, 쓸모없이 생색내는 말과 피상적인 상투어가 전혀 없다.

여덟째, 당신의 책임이 어디서 시작되고 어디서 끝나는지 알라.

아홉째, 원수를 알고, 동맹자를 알라. 결코 당신의 반대자를 낮게 평가하지 말라. 그러나 언제나 당신의 숨어 있는 자원을 기대하라. 원장은 지위고하를 막론하고 상호 간에 비판이 가능하도록 허용해야 한다. 원장을 비롯한 누구의 의견에 대해서도 비판이 허용된다면 비판에 대한 풍부한 대안이 나올 수 있기 때문이다.

이상에서 성경에 기초한 효과적인 의사소통 기술을 알아보았다. 원장은 성경에 기초한 효과적인 의사소통을 하기 위해 자신의 힘과 은사의 공급의 원천이 그리스도임을 알아야 한다. 또한 구성원들과 믿음을 토대로 한 의사소통을 해야 한다.

4 기독교 유아교육기관에서의 의사결정

1) 기독교 유아교육의 성경적 의사결정

성경에서 말하는 '회의'는 다음과 같이 나타나 있다. 유대인들은 선민의식에 가득 차 있어서 이방인이 입교하더라도 신자와의 교제가 불가능하였다. 예루살렘

회의의 지도자들은 문제의 심각성을 느꼈다. 외적으로 세례 대 할례의 문제 같으나, 그 중요성은 배후에 있는 것으로 '기독교가 민중종교냐 세계종교냐'라는 것이다. 교회는 결정을 못 내리고 지내왔는데, 바울과 바나바는 예루살렘 회의를 소집하였다(유형기 편, 1980). 이 회의는 협의성을 중심으로 협의회 형식으로 나타나며, 이는 교회가 갖는 의사결정 행위의 독특한 표현 양식이었다.

기독교 유아교육기관 안의 구성원들이 서로 다른 의견을 갖고 있을 때 원장과 교사들이 선택한 행동 방식과 태도를 통해 참된 일꾼이 가려질 수 있다. 문제의 사실을 직시하는 것이 교사를 언제, 어떤 문제, 얼마나 참석시켜야 하는지를 결정하는 데에 중요한 열쇠가 될 것이다. 그러므로 원장이나 의사결정의 위임을 맡은 사람들은 다음과 같은 사항을 염두에 두어야 한다(양창삼, 1996).

첫째, 성경의 가르침에 충실해야 한다. 일반적인 지도자와 기독교인 지도자는 교사들을 이끌고 세상을 바라보는 눈이 달라야 한다. 특히 유아교육기관은 인원도 적고 부모들과 부딪히게 되는 윤리적인 문제들이 있다. 이럴 때 기독교인 지도자는 자신의 경험이나 전문적인 지식도 중요하지만 성경의 말씀과 가르침을 기반으로 문제를 바라보고 교사들과 대화하고 윤리적인 문제들을 해결해 나가야 한다. 특히 교사들이 참여할 때 재정 부분이나 인사행정을 원장의 고유 권한으로 여기어 교사들과 의견을 나누지 않는 것은 무엇보다 정직함을 지녀야 하는 원장의 자격과 성경의 가르침에 어긋나는 것이다.

둘째, 모든 문제를 객관적으로 알 필요가 있다. 원장은 사실과 생각을 주의해서 구분해야 한다. 개인의 생각이 사실을 앞설 때 사실 자체가 왜곡되어 결정이 잘못될 수도 있다. 특히 재정이나 인사의 문제에 있어 객관성이 필요한데, 원장이 이 모든 일을 교사와의 합의 없이 혼자 이끈다는 것은 객관성을 잃기 쉽다는 것을 의미한다.

셋째, 교사들의 수용도를 살펴라. 원장은 자신의 결정이 목표를 추구하고 문제를 해결함에 있어서 적당하고, 실현 가능하며, 모든 교사들이 수용하였는가를 살펴야 한다. 의사결정과 마찬가지로 결정된 내용의 수용도 중요하다.

넷째, 결정이 합의에 이르렀는지도 검토해야 한다. 의사결정이 다수 교사들의 동의 없이 독단적으로 이루어졌다면 그 결정은 효력을 크게 상실할 수밖에 없다. 독단적인 결정보다 집단합의과정을 통한 소산물일 경우, 그 결정은 효력을 크게 발휘할 수 있다.

다섯째, 성급한 의사결정이 아니었는지 따져 본다. 성급한 결정은 여러 대안들을 적절하게 평가하지 못할 뿐 아니라, 의사결정자들 사이에서 반대자의 의견이나 비판이 무시된 채 결정되었을 가능성이 높기 때문이다.

여섯째, 효과적인 것부터 활용하라. 가능한 여러 대안들을 점검하고 문제해결에 가장 긍정적인 효과를 가져올 수 있다고 생각되는 것부터 활용해야 한다.

일곱째, 의사결정을 할 때 감정적이어서는 안 된다. 사람들은 그동안 나와 관계가 적거나 약해 보이는 사람, 평소 자기와 사이가 좋지 못한 사람편향을 가지기 쉽다. 원장은 이러한 오해를 범해서는 안 되며, 원장에 대하여 적대감을 가진 사람이나 또는 반대 성원들에게 공평해야 한다.

의사결정의 궁극적인 목적은 하나님의 영광을 드러내는 최선의 방법을 찾아 실행하는 것이므로 의사결정에 이르는 과정을 인도하는 분은 주님이라는 경험을 해야 한다(잠 16:9). 의사결정 후 결정사항을 실행에 옮길 수 있도록 실행과정에서 지원을 계속하고, 발생되는 문제점에 대해서 열린 대화를 통해 대안을 마련하는 등 점검을 위한 노력을 지속해야 한다.

2) 기독교 유아교육기관의 의사결정 과정

유아교육기관의 의사결정과정에서 원장과 교사들을 도와줄 수 있는 의사결정 단계는 다음과 같다(Rodd, 1994).

- 1단계: 상황, 문제, 목적을 정의내려서 결정을 위해 필요한 정보들이 무엇인지 조사해라.

- 2단계: 결정을 위한 기준을 세워라. 의사결정과정에서 중요한 문제로 대두되는 특성들을 확인해라. 관련된 의견들, 사실들, 그리고 정보들을 연구하고 수집해라.
- 3단계: 대안적인 해결책을 발달시키고 선택들을 명확하게 제시하라. 이용 가능한 다른 대안들을 모두 확인해 보는 것이 중요하다. 이 단계에서 평가를 내리는 것은 피하라. 정당하고 지혜로운 결정을 확실히 하기 위해 모든 존재하는 가능성들을 연구하는 것은 운영자의 책임이다.
- 4단계: 어떤 방향을 선택함으로 인해서 생기는 있음직한 결과들에 대한 대안들을 평가하라. 각각의 대안이 가지고 있는 장점과 한계는 2단계에서 세운 결정을 위한 기준의 상대적인 중요성과 비교해야만 한다. 각각의 대안에 대한 느낌은 그들이 특별한 대안을 위해 합리적인 이유들을 가지고 변경시킬 수 있기 때문에 이 단계에서 고려되어야 한다.
- 5단계: 최선의 대안을 선택하라. 가장 적절해 보이는 최상의 느낌을 가지게 하는 해결책을 선택하라. 결정을 미루고 꾸물대는 행동은 하지 말아라. 그 당시에는 가장 최상의 해결책이었다 할지라도 나중에는 주관적이고 부적절한 선택으로 밝혀질 수 있다는 사실을 인정하라.
- 6단계: 결정을 실행에 잘 옮길 수 있도록 지지해 주어라. 결정을 지키고 실행할 사람들에게 개인적으로 지원해 주어라.
- 7단계: 첫 번째의 문제를 해결하면서 결정의 효과성을 평가하라. 첫 번째 선택이 비적절했을 경우 열린 마음을 유지하고 유연해질 필요가 있다.

3) 기독교 유아교육기관에서의 의사결정을 위한 구성원들의 참여

의사결정의 참여자는 결정사항이 무엇인가에 따라 달라질 수 있다. 그러나 기관이 집합이 아니라 공동체로서의 개념을 가질 때 그 자체가 생명을 가지게 되며 그 개념이 확장된다. 공동체 안에서 상호보완적이며 개별이 아닌, 전체적이며 공동의 유익을 위하여 유지되고 봉사하며 하나의 목적을 성취하기 위해 연합되고 통일이 되어 그 자체의 일을 잘 표현하여야 한다.

호이와 미스켈(Hoy & Miskel, 1996)은 의사결정과정에서 교사들의 참여 문제에 대하여 잘 제시해 주고 있다.

① 정책형성과정에서의 참여 기회는 교사들의 사기와 학교 조직에 대한 열의를 위해 중요한 요인이 된다.
② 교사들의 의사결정에의 참여는 전문직으로서의 교직에 대한 만족도와 긍정적인 관계가 있다.
③ 교사들은 그들을 의사결정에 참여시키는 원장을 좋아한다.
④ 교사들은 모든 의사결정에 참여하게 되기를 기대하지도 않고 원하지도 않는다. 실제로 지나친 참여는 거의 참여시키지 않는 것과 같은 부정적 결과를 가져올 가능성도 있다.
⑤ 의사결정에서 참여는 상황에 따라서 다양한 결과를 가져온다.
⑥ 교사의 의사결정 참여 정도는 내외적 요인에 의해 영향을 받는다. 의사결정에서 교사와 행정가의 역할과 기능은 문제의 성격에 따라 달라질 필요가 있다.
⑦ 의사결정에서의 교사의 참여 정도에는 외적인 요인이 영향을 준다.

따라서 원장은 교사의 참여적 의사결정의 효과를 극대화시키기 위해서는 어떤 조건하에서 교사들을 의사결정에 참여시킬 것인가의 문제의 중요성을 인식하고 문제의 상황에 따라 누구를 언제 어떻게 참여시킬 것인지를 결정해야 한다. 예를 들면 교직원들이 결정할 문제와 관련이 되어 있고 전문적인 지식을 갖고 있다면 그들을 의사결정과정에 참여시켜야 할 것이다. 그러나 결정할 문제와 관련성이 적고 결정한 문제에 대한 전문적 지식이 부족하다면 참여를 제한해야 할 것이다. 지나친 참여는 부정적인 결과를 가져올 수 있기 때문이다.

기독교 유아교육 현장에서 의사결정을 하려면 다양한 요인들이 작용하게 된다.

이런 과정에서 어려움을 겪게 될 때 원장은 다음의 요인들을 잘 고려해야 한다.

첫째, 정보의 문제이다. 의사결정을 위해서는 의사결정의 의제와 관련된 많은 정보를 수집해야 하며, 수집된 정보의 유용성을 검토해야 한다. 그러므로 원장은 갖고 있는 정보를 공개하여 제공해야 한다. 그러면 교직원들은 유아교육기관의 문제점을 직시하고 해결책을 모색하게 된다. 원장 혼자서 모든 문제를 해결하려고 애쓰지 말아야 한다.

둘째, 참여의 문제이다. 의사결정에는 원장 이외에 다양한 사람들이 참여하게 되는데 특히 가장 좋은 답을 얻을 수 있는 사람은 결정한 문제와 직접 관련된 사람이므로 참여할 사람의 선정과 참여하는 정도, 참여 시기에 관한 문제가 중요하다.

셋째, 의사결정 시기의 문제이다. 유아교육기관의 의사결정은 긴급을 요하는 의사결정과 결정을 하기 위해 시간을 요구하는 의사결정 등 결정을 해야 하는 시기가 다양하다. 따라서 원장은 의사결정 사항에 따라 적절한 의사결정 시기를 잘 선택하여야 한다.

넷째, 결정과 관련되는 개인과 관련 집단에 대한 고려이다. 현재 기독교 유아교육기관 운영이 점차 민주화되어 가기 때문에 기독교 유아교육기관에서의 의사결정과정에 교직원의 참여의 폭을 증대시키려고 노력해야 한다.

이러한 맥락에서 기독교 유아교육기관의 목적을 달성하기 위해 의사결정의 문제 사안, 상황, 교직원들의 관심도, 기여도에 따라 의사결정에 교직원들을 참여시키기 위해서는 원장의 의사결정 능력이 중요하다. 효과적인 교직원 회의를 준비하기 위한 전략을 제시하면 다음과 같다.

첫째, 목표를 갖고 교직원 회의를 소집하라. 만일 토론이 필요 없다면 교직원 회의를 소집할 필요가 없으며 일상적인 공고는 E-mail, 게시판 등 다른 방법을 사용한다.

둘째, 결정을 위해 결정된 사항에 대한 책임을 참여 교직원에게 알려 준다. 교직원 회의를 소집할 때 참여 교직원의 수를 결정한다.

셋째, 교직원에게 적합한 시간에 회의를 소집한다.

넷째, 회의 개최 며칠 전에 회의 주제와 관련 자료를 참여할 교직원에게 미리 배포한다. 이 방법은 의사결정에 참여하는 교직원들에게 미리 회의 주제와 관련된 자료를 검토하여 심사숙고할 시간적 여유를 제공하므로 즉흥적 임기응변식의 의사결정을 막아 주어 의사결정의 질적 수준을 향상시킨다.

다섯째, 시간제한을 지킨다. "모든 것을 품위 있게 하고 질서 있게 하라(고전 14:40)"고 하신 말씀을 따라 정해진 회의 시간을 지킨다. 회의의 주제 항목을 생략하거나 추가하고 시간 배정에 변경이 있을 때는 교직원들의 여론에 따른다.

여섯째, 토론하는 동안 교직원 개개인의 의견을 경청한다. 성경에 "사연을 듣기 전에 대답하는 자는 미련하여 욕을 당하느니라(잠 18:13)"고 하였다. 원장은 그 문제에 대한 해결책이 있다 하더라도 교직원들의 의견에 귀를 기울여 문제해결을 위한 토론 시간을 가짐으로 해결의 최선책을 찾도록 노력해야 한다.

5 기독교 유아교육기관에서의 갈등관리

1) 기독교 유아교육기관에서 일어나는 갈등의 성경적 이해

우리는 하나님의 자녀로서 화평을 이룩하기 위한 삶을 실천할 때 인간관계 속에서 항상 존재하는 갈등을 해결할 수 있게 된다. 갈등관리에 관여하는 일은 진정 화평을 이루는 일이고, 하나님의 자녀로서 하나님의 의로우심을 실천하는 일이 된다. 갈등의 문제는 조직의 심리적 요인으로 조직의 목표 달성의 장애 요인이다. 기독교인은 예수 그리스도의 죽음과 부활에 의하여 하나님과 화목하게 된 것과 같이 갈등에 대처할 때는 세상적인 방법과는 다른 방법으로 대처하기 위하여 부르심을 받았다고 믿으며 그리스도와 닮은 모습으로 성장하기 위한 기회라고 믿는다. 그러므로 과업 수행과정에서 갈등관리(conflict management)는 기독교 유아교육기관의 질적 성장을 위한 원장의 중요 과제이며 매우 시급히 해결해야 할 원장의 핵심 과업이라 할 수 있다.

갈등에 대한 성경적 관점은 다음의 네 가지로 말할 수 있다(Sande, 2000).

첫째, 오해이다. 인간의 교만과 질투, 지혜의 부족, 이해의 결핍에서 오는 서로에 대한 오해에 의해 갈등이 발생한다(행 15:22-29).

둘째, 서로의 차이이다. 사도 바울은 우리에게 몸은 하나지만 지체가 많다고 하였다. 따라서 우리는 각각 가치관, 목표, 은사, 소명, 우선순위, 기대, 관심, 의견 등에 차이가 있으며, 결국 이러한 차이가 갈등을 유발하게 된다(고전 12:12-31).

셋째, 제한된 자원 때문이다. 창세기 13장 1-12절에서 아브라함과 롯이 한 지역에서 거할 때 그에 속한 사람들 간에 제한된 자원으로 인해서 자원을 서로 차지하기 위해 다투게 된다.

넷째, 인간의 죄 때문이다. "너희 중에 싸움이 어디로부터 다툼이 어디로부터 나느냐 너희 지체 중에서 싸우는 정욕으로부터 나는 것이 아니냐(약 4:1-3)"라고 하신 말씀과 같이 죄악된 말과 행동을 야기하는 죄악된 태도와 정욕들, 이기심, 비교의식, 마음의 우상에 의해 갈등이 유발된다. 간과할 수 없는 갈등에 직면했을 때에는 성경에서 제시한 하나님의 방법으로 갈등을 해결해야 한다.

그러므로 기독교 유아교육기관의 원장은 하나님의 사랑과 은총에 의지하여 갈등에 처한 교직원들이 회피적인 반응이나 공격적인 반응을 하지 않도록 도와주어야 할 책임이 있다.

2) 기독교 유아교육기관의 갈등 원인

유아교육기관 내에서의 갈등이 조절되지 못할 때 교사의 직무 스트레스를 높이거나 교사의 사기를 떨어뜨릴 수 있기 때문에 궁극적으로는 유아들에게 양질의 교육을 제공할 수 없다(김신영, 1998; 이윤경, 1999). 그러므로 유아교육현장에서 발생하는 갈등을 효과적으로 다루기 위해서는 갈등을 다루는 지침을 제공하는 원인을 이해할 필요가 있다. 유아교육현장에서 발생하는 갈등의 원인을 로드(Rodd, 1994)는 다음과 같이 설명하고 있다.

첫째, 집단의 구조이다. 유아교육기관의 물리적 환경은 다른 조직에 비해 갈등을 증가시키는 구조적인 요소가 많다. 교직원들은 분리된 교실에서 일하기 때문에 의사소통에 안일해지기 쉽다. 교직원들 자신의 필요가 충족되지 못할 경우 그들은 화가 날 수도 있고 집단 안에서의 불화를 조장할 수도 있다. 원장은 물리적 환경이나 집단 구조를 당장 바꿀 수는 없을지라도 교직원과 교직원 간 또는 원장과 교직원 간의 의사소통을 저해하는 요소들이 갈등을 가져오는 중요한 원인임을 알아야 하겠다.

둘째, 유아교육기관의 목표와 정책이다. 잘못된 전문화 개념으로 인해 몇몇 유아교육가들은 이 영역을 교직원들의 소관이 아닌 것으로 간주한다. 그러나 모든 기관은 그 운영의 방향을 결정하는 교육철학, 목적, 목표, 정책을 가지고 있다. 이러한 것들이 교직원들의 참여 없이 일방적으로 부여된다면 서로의 의사소통을 이루지 못하고 공통점을 찾기 어려워 교직원 모두가 그러한 목적과 정책을 받아들이고 동의할 수 없는 경우가 많이 있다. 이러한 문제를 토의하기 위한 기회를 제공하는 것은 유아교육기관에서의 갈등을 최소화하는 데 필요하다.

셋째, 가치이다. 가치체계를 달리하는 유아교육 종사자들 간에 서로의 이해와 관심의 차이가 커서 유아들의 행동, 필요, 집단 운영, 계획, 조직, 교재, 학습과 발달, 유아들의 특성, 교육과정, 교육적 놀이, 평가, 가정, 부모 등의 실제와 관련된 영역에서 갈등이 발생하는 것은 흔한 일이다. 유아교육기관의 원장은 유아와 가족에 대한 의사결정에 있어 개인 가치의 중요성을 인정하는 동시에 실제에 관한 가치 신념을 명확히 하고 전문적인 가치와의 관련성을 인정해야 한다.

넷째, 지도성의 유형이다. 갈등의 정도에 영향을 미치는 지도성의 유형을 이해하는 것은 중요하다. 지도성의 유형은 때때로 교직원들의 성숙과 경험의 정도와 관련된다. 일반적으로 개인의 권리와 요구에 대한 관심의 부족은 교직원이나 부모에게 지침 역할을 하는 기준이 거의 없기 때문에 갈등을 불러일으킨다. 민주적인 지도자는 유아교육기관 안의 갈등이 의사소통과 상호관계에 있음을 알고 갈등을 해결하기 위한 문제해결과정에 교직원들을 동등하게 참여시킬 것이다.

다섯째, 직무 기대와 요구이다. 교직원에 대한 기대를 명확히 하지 못한다면 긴장과 갈등을 불러일으키고, 교직원들은 그들의 기대와 요구가 명확하지 않은 상황에서 스트레스를 경험할 수 있다. 스트레스는 교직원들로 하여금 방어적이 되거나 요구가 적절하지 않음에 대해 원장을 비난하는 것으로 나타날 수 있다. 그러므로 이러한 갈등을 막기 위해서는 모든 교직원이(가능하다면 부모들까지) 그들에게 요구하는 것을 명확히 이해할 수 있도록 해 주어야 한다.

여섯째, 원장의 권위에 대한 교직원들의 불신이다. 교직원이 원장과 원장의 동기에 관해 불신하고 있다면 교직원은 원장에 의해 제시된 것을 지지하지 않고 적극적으로 참여하려 하지 않을 것이다. 만약 이러한 불신으로부터 기인한 갈등이라면 원장은 교직원들을 정책과 실제에 대한 결정에 참여토록 함으로써 자신과 교직원 간에 기본적인 신뢰를 형성할 필요가 있다. 의사결정과 문제해결에 교직원들을 참여시키는 것은 원장에 대한 불신을 극복하는 데 도움이 된다.

일곱째, 수행한 일에 대한 피드백과 비판을 제대로 하지 못하는 원장의 무능력이다. 효과적인 의사소통을 하는 사람, 즉 효과적인 지도자의 특징은 교직원들의 수행에 관한 건설적인 피드백을 전달하는 기술이다. 많은 지도자들이 하는 실수는 피드백의 긍정적인 측면보다는 기대되는 결과를 성취하지 못한 교직원들을 비난하고 비판하는 부정적 측면에 초점을 맞춘다는 것이다.

여덟째, 정보와 오보이다. 효율적이고 존경받는 원장들은 공개적으로 정보를 나누기를 원하며, 정보의 교환과 보류를 권력 행사의 수단으로 사용하지 않는다. 그러나 교직원 회의에서 논의된 정보와 의견은 비밀이 보장되어야 하며 다른 사람, 특히 다른 부모에게 전달되어서는 안 된다. 원장은 부모와 교직원들에게 비밀을 지킬 책임이 있다. 부적절한 정보관리로 인한 갈등은 교직원, 부모들 사이의 기본적인 신뢰감을 무너뜨릴 수 있으며, 프로그램의 질을 감소시킬 수 있다.

아홉째, 인성의 대립이다. 유아교육 종사자들 간의 갈등은 '인성의 대립'의 관점을 통해 설명되어 왔으며, 각기 다른 인성은 천성적으로 고정되어 있기 때문에 갈등은 피할 수 없고 해결될 수 없다고 보았다. 전형적인 '인성의 대립'은 그들의 차이를 해결할 의도를 가지고 있지 않거나 갈등에 대한 개인의 책임을 회피하려는 사람들에게서 나타난다. "아무도 비방하지 말며 다투지 말며 관용하며 범사에 온유함을 모든 사람에게 나타낼 것을 기억하게 하라(딛 3:2)"라는 원칙이 갈등해결에 적용되어야 할 것이다.

열째, 편견과 고정된 사고이다. 어떤 사람들은 반대되는 증거가 있음에도 불구하고 일반적인 인성의 경향 때문에 그들의 편견이 지속된다. 유아와 가족에 대한 지식과 이해가 복잡하게 발전되어 가고 있는 유아교육의 분야에서 교직원들은 그들이 사용하게 되는 새로운 사랑과 기술을 감쌀 만한 융통성을 가질 필요가 있다.

열한째, 변화에 대한 저항이다. 원장과 교직원들의 변화에 대한 태도가 갈등의 원인이 될 수 있다는 사실을 아는 것은 중요하다. 유아교육 프로그램의 질은 사회, 문화, 경제, 정치적 변화에 따라 달라진다.

이상에서 제시된 바와 같이 유아교육기관 내에는 정도의 차이는 있으나 다양한 형태의 갈등이 존재하고 있으므로 원장은 기독교 유아교육기관의 성장을 저해하는 갈등에 대하여 관심을 갖고 효과적인 갈등관리를 해 나가야 한다.

3) 기독교 유아교육기관에서의 성경적 갈등관리 전략

갈등은 대개 순기능과 역기능으로 나뉜다(Dublin, 1984). 유아교육기관의 원장은 갈등을 일과 삶의 자연스러운 부분으로 긍정적으로 받아들여 갈등의 근원을 알아내야 하고, 갈등 상황에 따라 적절한 갈등관리 전략을 사용하여야 한다. 유아교육기관 내의 내부 갈등을 조절하는 역할을 수행한다면 갈등은 긍정적으로 유아교육기관의 변화를 통한 질적 수준 향상의 중요한 자원이 될 수 있다. 그러므로 업무수행 시 갈등의 문제에 부딪힌 교사들을 효과적으로 도와주는 기술, 즉 갈등관리는 유아교육기관의 질적 성장을 위한 중요한 과제이며 시급히 해결해야 할 핵심 과제이다. 그러므로 유아교육기관의 원장은 유아교육기관 내의 갈등을 발견하고 노출시켜 갈등을 해소시키는 효과적인 갈등관리를 해야 한다.

이와 같이 갈등을 기회로 여기는 것은 세상의 지혜와 근본적으로 다르다.

기독교 유아교육기관의 원장과 교직원들이 기독교인으로서 취해야 할 갈등에 대한 태도를 살펴보면 다음과 같다.

첫째, 성경적인 관점을 가지라. 창세기 1장 27절에서는 "하나님이 자기 형상 곧 하나님의 형상대로 사람을 창조하시되 …"라고 말씀하고 있다. 갈등 해결에 있어서 가장 먼저 생각해야 할 것은 타인이 자신에게 불신과 분노를 불러일으키는 갈등의 대상이라 할지라도, 그가 하나님의 피조물이라는 사실을 기억하는 것이다. 따라서 어떠한 상황에서든지 상대방이 하나님의 형상을 따라 지음 받은 피조물임을 인식하고 상대방의 인격을 존중하며 상대방의 판단과 의견을 귀하게 여기는 자세를 잃지 않아야 한다.

둘째, 겸손해야 한다. "누구든지 자기를 높이는 자는 낮아지고 누구든지 자기를 낮추는 자는 높아지리라(마 23:12)", "아무 일에든지 다툼이나 허영으로 하지 말고 오직 겸손한 마음으로 각각 자기보다 남을 낫게 여기고(빌 2:3)"라는 말씀을 되새기며 그리스도 예수의 마음으로 하나님 앞에서 자신의 부족을 인정하고 남에게 자신의 실수와 잘못을 솔직히 사과하고 타인을 자기보다 낫게 여겨 용서하고 화해를 먼저 청하는 겸손의 자세를 가져야 하겠다.

셋째, 갈등 해결을 미루지 말라. 에베소서 4장 26-27절에서는 "분을 내어도 죄를 짓지 말며 해가 지도록 분을 품지 말고 마귀에게 틈을 주지 말라"고 말씀하고 있다. '분을 내어도 죄를 짓지 말며' 이 말씀은 우리의 상처를 씻게 하고, 다른 사람에게 상처를 주었을지도 모르는 우리의 행위를 돌아보게 하며 갈등 해결의 실마리를 제공해 준다. 갈등을 해결하는 것을 결코 미루어서는 안 된다. 갈등이 존재하는 한 다른 사람들에 대한 적대감은 마음속에 숨어 있게 마련이다. 따라서 갈등을 빨리 해결하기 위해 전력을 다해야 한다.

넷째, 갈등은 좋은 기회임을 기억한다. 갈등이 사람을 힘들게 하고 고통스럽게 한다는 것은 사실이다. 그러나 "… 네 오른편 뺨을 치거든 왼편도 돌려 대며 또 너를 고발하여 속옷을 가지고자 하는 자에게 겉옷까지도 가지게 하며 또 누구든지 너로 억지로 오 리를 가게 하거든 그 사람과 십 리를 동행하고(마 5:39-41)"라는 말씀과 같이 갈등은 성경의 원리인 다른 사람을 섬길 수 있도록 다른 사람을 위해 무언가 좋은 일을 할 수 있는 기회가 된다.

다섯째, 실제의 사실을 확인하라. "사람의 모든 악에 관하여 또한 모든 죄에 관하여는 한 증인으로만 정할 것이 아니요 두 증인의 입으로나 또는 세 증인의 입으로 그 사건을 확정할 것이며(신 19:15)"라는 성경 말씀은 갈등 해결에 있어서 중요한 원칙을 제시해 준다.

여섯째, 격렬한 논쟁을 피한다. "노하기를 더디 하는 자는 크게 명철하여도 마음이 조급한 자는 어리석음을 나타내느니라(잠 14:29)", "유순한 대답은 분노를 쉬게 하여도 과격한 말은 노를 격동하느니라 지혜 있는 자의 혀는 지식을 선히 베풀고 미련한 자의 입은 미련한 것을 쏟느니라(잠 15:1-2)"는 말씀을 따라 감정을 자제한다면 두 사람 간의 긴장감과 화를 누그러뜨릴 수 있을 것이다. 이렇게 하면 원만한 해결을 하기가 훨씬 쉬워진다.

일곱째, 관련된 사람과 개인적으로 만나 이야기하라. 성경말씀은 "너는 이웃과 다투거든 변론만 하고 남의 은밀한 일은 누설하지 말라 듣는 자가 너를 꾸짖을 터이요 …(잠 25:9-10)", "네 형제가 죄를 범하거든 가서 너와 그 사람과만 상대하여 권고하라 …(마 18:15)"고 말씀하고 있다. 많은 지도자들이 갈등관계에 있는 사람들을 공개적으로 비난하는 잘못을 저지르고 있는데, 공개적인 비난은 문제를 가중시키고 사람들이 가지고 있던 신뢰감을 무너뜨린다. 성경에서는 갈등을 겪고 있는 사람들을 개인적으로 만나 그 일을 은밀하게 해결할 것을 분명히 밝히고 있다. 상대방이 찾아올 때까지 기다리지 말고 자발적으로 솔선하여 갈등관계에 있는 사람을 만나 해결해야 한다.

여덟째, 승-승 접근방법을 택한다. 승-승은 어느 쪽에도 패배를 안겨 주지 않고 함께 승리하는 것이다. 실제의 생활을 들여다보면 '너는 죽더라도 나는 살아야겠다.'는 승패의 원리가 지배적이기는 하지만 기독교인들은 기본적으로 '나는 죽더라도 너는 살아야 한다.'는 패승의 원리가 가장 바람직하다고 생각한다. 하나님과 인간 모두에게 좋은 것이 가장 최선의 방법이다. 양쪽 모두가 승리할 수 있는 방법을 선택하는 것이 중요하다.

아홉째, 끝까지 갈등 해결의 노력을 하라. 상대방이 동의하고 갈등 해결을 위해 노력하고자 한다면 그 사람과 화해하고 갈등이 계속 발생하는 한이 있더라도 관계를 지속시켜 가야 한다.

이상 성경에서 제시한 갈등을 관리하는 다양한 전략들을 살펴보았다.

하나님은 우리 영혼이 갈등 속에서 방황하는 것을 바라지 않으시며, 우리들이 갈등 가운데 사는 것은 하나님의 뜻이 아니다. 이에 해결방안을 제시해 주셨다. 이러한 상황에서 갈등 해결의 방법을 성경을 통해 구체적으로 알 수 있음은 우리에게 얼마나 큰 은혜인지 모른다. 이것이 아마도 갈등 해결에서 기독교인만이 가질 수 있는 특권이며, 하나님의 사랑을 몸소 실천해야 할 분쟁이 있는 곳에 평화를 심어야 할 하나님의 자녀된 우리의 임무이며 바람직한 갈등관리자로서의 원장의 역할이다.

6 기독교 유아교육기관에서의 시간관리

1) 시간관리의 정의

시간관리란 스트레스를 적게 받으면서 주어진 시간 내에 가능한 한 빨리 일을 하기 위해 계획적으로 시간을 관리하는 능력이다. 참된 시간관리란 이 세상을 창조하시고 나를 창조하신 창조주 하나님, 시간의 주인이신 그분에게 접속할 때만이 비로소 이루어지는 것이다. 하나님을 알게 되어야만 우리는 무엇을 위해 인생을 살아야 하는지에 대한 분명한 목표를 가질 수 있다(한홍, 2005).

유아교육 현장에서 교사들이 수업 외의 과도한 업무로 인해 수업 준비 시간의 부족, 자기 개발을 위한 시간의 부족을 호소하는 문제는 교사의 사기를 떨어뜨리며 궁극적으로는 유아교육의 질적 수준을 저하시키는 심각한 문제이다. 또한 원장도 다양한 역할 및 책임을 수행할 때 무한정 많은 시간이 있는 것이 아니므로 시간에 대한 압박감을 느낀다.

자신에게 주어진 시간의 소중함을 알고 효율적으로 시간관리를 하는 사람은 타인의 시간의 소중함을 알고 있다. 특히 원장에게 요구되는 다양한 역할 및 책임으로 인한 스트레스와 교사의 사기 저하는 유아교육기관의 목적을 달성하는 데 중요한 장애 요인이므로 시간관리 능력을 개발하여 효율적으로 시간을 관리하는 기술은 유아교육기관의 질적 향상을 위해 원장과 교직원에게 매우 필요하다.

2) 시간관리의 전략

우리는 하늘의 가치를 가지고 거룩한 목표(푯대)를 정하는 것을 가장 우선으로 삼아야 한다. 그리고 그 틀에 따라 우리에게 주어진 순간순간을 관리해야 한다(한홍, 2005). 맥도날드(MacDonald, 1996)는 주님의 효과적인 시간 활용에 대하여 얻을 수 있는 교훈을 다음과 같이 제시하였다.

첫째, 주님은 자신의 사명이 무엇인지 분명히 아셨다.

둘째, 주님은 자신의 한계를 잘 아셨다. 영적 전쟁이 시작되면 우리의 약함을 보강하기 위해 내적 힘과 결단을 규합해야 하는데 그러자면 미리 계획을 세워 시간을 잘 활용해야 한다. 스스로 한계를 아셨기에 그와 같은 혼자만의 시간들은 예수님의 시간 계획상 필수 항목이었다.

셋째, 주님은 제자들을 훈련시키는 시간을 따로 내셨다. 주님은 가장 중요한 시간을 성경 말씀을 가르치시며 하늘로부터 오는 당신의 통찰력을 나눠 주시는데 투자하셨다. 주님은 진정한 의미에서 무엇이 중요한지 무엇이 첫 번째 우선순위인지를 아는 분이셨다.

따라서 원장은 스스로 무엇을 위해 부르심을 받았고, 행정가로서 원장이 왜 그곳에 있는가를 기억하여 시간관리의 올바른 목표를 설정하여 시간활용의 우선순위를 정해야 하겠다. 원장은 첫 단계로 며칠 동안의 시간 사용 내역을 사소한 것까지 구체적으로 적어 시간 사용을 어떻게 했는지 분석한다.

우선순위를 지키기 위해 점검해야 할 사항은 다음과 같다(Maxwell, 1997, p. 50).

[Box 2-1]

우선순위의 원리들

1. **평가하라:** 3R(필수성, 성과, 보상)을 매달 되새기라.
   - 필수성(Requirements): '내가 꼭 해야 할 일인가?'를 파악하여 내가 해야 할 일과 다른 사람에게 맡겨야 할 일을 구분한다. 나의 업무 가운데 나를 꼭 필요로 하는 일을 생각해 그 목록을 작성한다.
   - 성과(Return): 투자된 노력은 기대치에 근접해야 한다. '나는 내가 가장 잘하는 일을 하고 있으며 조직을 위해 좋은 성과를 거두고 있는가?'에 대해 자신에게 끊임없이 질문한다. 자신의 업무 가운데 가장 큰 성과를 줄 수 있는 일의 목록을 작성한다.
   - 보상(Reward): 무엇이 가장 큰 보상을 가져다주는가? 최선의 일은 우리가 그것을 즐기면서 할 때 성취할 수 있다. 자신의 일 가운데 가장 만족스러운 일의 목록을 작성한다.

   자신이 하고 있는 일의 필수성, 성과, 보상이 비슷할 때 성공의 가능성이 훨씬 높아진다.

2. **제거하라:** 당신 자신에게 이렇게 질문하라. '다른 사람도 할 수 있는 일을 하고 있지 않은가?'
3. **예상하라:** 이번 달에 하게 될 가장 중요한 일은 무엇이며 시간은 또 얼마나 걸리겠는가?

우선순위의 원리에 의해 자신에 일에 대한 우선순위가 정해진다면 그 계획을 세워야 한다.

원장이 시간 계획을 짤 때 고려해야 할 사항을 제시하면 다음과 같다.

① 먼저 원장의 직무 기술을 토대로 원장이 해야 할 목록을 짠다. 이것은 일에 따라 매일, 매주, 매월, 분기별로 해야 할 일들을 제시하여 원장이 해야 할 일을 장기, 단기로 구분하는 데 유용하다.

② 원장이 해야 할 일들의 목록을 중심으로 우선순위를 정해 우선순위에 따라 일간, 주간, 월별, 분기별 시간 계획을 세운다. 이 때 원장이 꼭 해야 될 일과 원장이 하고 싶은 일 등을 고려해 시간계획을 세운다. 원장실의 문은 항상 열려 있어야 하는가? 항상 열려 있는 문은 협동, 상호작용, 감정 이입에 도움이 되나 반면에 원장이 집중해 일할 수 있는 시간이 적어 원장의 업무를 효율적으로 수행할 수 없는 단점이 있다. 그러므로 원장 개인의 업무 수행 유형과 교직원의 요구와 타협을 통해 원장실의 문을 닫고 집중해 업무를 수행할 수 있는 시간을 가져야 한다.

③ 시간계획에서 성취해야 할 과제들을 수행했다면 목록에서 지운다. 만일 과제를 성취하지 못하였다면 이유를 분석한다. 과제 수행을 위한 시간대가 적절했나? 과제 수행을 위한 시간이 충분했나? 원장 자신이 그 과제에 흥미가 있나? 너무 어렵지 않았나? 과제 수행에 필요한 정보가 충분했나? 타인의 방해가 많이 있었나? 이러한 분석을 통해 좀 더 합리적인 과제 수행을 할 수 있다.

이상에서 제시한 원리를 사용해 시간계획을 세울 때 사용할 수 있는 목록을 제시하면 〈표 2-2〉와 같다.

〈표 2-2〉 시간계획

날짜: ________________

전화통화 완료	
1. ______________________________	□
2. ______________________________	□
3. ______________________________	□
4. ______________________________	□

개인적인 사항 완료	
1. ______________________________	□
2. ______________________________	□
3. ______________________________	□
4. ______________________________	□

우선순위	20/80시간 허용된 시간 내용 (매우 중요함/매우 긴급함)	지금 해야 할 일들의 목록 완료
1.	______________________________	□
2.	______________________________	□
3.	______________________________	□
4.	______________________________	□
5.	______________________________	□
6.	______________________________	□
7.	______________________________	□
8.	______________________________	□
9.	______________________________	□
10.	______________________________	□

해야 할 일 (매우 중요함/긴급하지 않음)	위임해야 할 일 (크게 중요하지 않음/매우 긴급함)
1.________________ □	1.________________ □
2.________________ □	2.________________ □
3.________________ □	3.________________ □
4.________________ □	4.________________ □
5.________________ □	5.________________ □
6.________________ □	6.________________ □
7.________________ □	7.________________ □
8.________________ □	8.________________ □

출처: Maxwell, J. (1997). 당신 안에 잠재된 리더십을 키우라, p.50.

유아교사들이 매일 쫓기지 않는 하루를 살아가기 위한 시간관리의 전략을 제시하면 다음과 같다(김동춘, 임희옥, 2005).

① 일일계획과 주간계획을 세운다.
② 누수되는 시간을 찾는다.
③ 교사로서 삶에서 추구하는 숨어 있는 목표를 정해야 한다.
④ 계획을 글로 정리하면 더 좋다.
⑤ 일일계획안의 평가란을 활용한다.
⑥ 일의 우선순위를 정한다.
⑦ 하루를 긍정적으로 시작한다.
⑧ 자신이 가장 능률이 오르는 시간을 확인한다.
⑨ 조용한 시간을 비워 둔다.
⑩ 업무 분담을 할 줄 알아야 한다.
⑪ 다이어리를 활용한다.

원장은 스스로 해야 될 일과 타인에게 맡겨도 될 일에 대하여 알 수 있어 교직원들에게 효과적으로 업무 분담을 할 수 있으며, 이로 인해 얻는 시간을 유아, 학부모, 교직원과 함께 일하는 데 사용할 수 있게 되고 교직원들에게는 미래의 운영자로서의 훈련이 이루어지게 할 수 있다. 즉 자신의 업무에 대한 정확한 역할, 권한, 책임을 알고 행할 수 있다. 그러므로 원장은 기독교 유아교육기관의 성공적인 운영을 위해 시간의 소유자이신 하나님께 전적으로 의존해야 한다. '하나님의 뜻과 하나님이 주신 나의 사명은 무엇인가?'에 따라 시간관리의 목표를 세우고 시간 사용에 대한 계획을 세워 하나님의 도우심과 인도하심으로 계획한 시간을 효율적으로 사용하여 주어진 업무를 수행해 나가야 한다.

7 기독교 유아교육기관에서의 변화의 관리

1) 변화의 필요성

교육의 위기상황인 현 세대에서 기독교 유아교육기관은 어떠한 역할을 수행해야 할 것인가?가 중요한 과제로 대두되고 있다. 그러므로 이러한 유아교육기관의 대·내외적 환경의 변화 속에서 기독교 유아교육에 대한 진정한 변화가 요구된다. 유아교육기관은 질적 수준의 향상을 통한 경쟁력 강화를 요구하는 변화의 위기에 직면하고 있다.

그동안 유아교육기관은 최소의 투자로 최대의 산출을 얻고자 하는 교육의 효율성에 관심을 가졌다. 그러나 이제는 교육의 효과성에 눈을 돌려 교육 소비자인 유아와 학부모의 요구를 분석하여 유아교육기관의 구성원들이 조직에 대한 만족도를 높여 유아교육기관 간의 경쟁에서 생존할 수 있는 수월성, 즉 교육의 질적 향상을 꾀해야 한다.

유아교육기관의 조직 효과성은 유아교육기관 내의 교육력과 유아교육기관 자체가 갖고 있는 목표 달성을 위한 조직적 능력 또는 운영의 특징으로 나타난다. 하퍼(Harper, 1995)는 교육적 위기를 가져온 요인을 세속화 및 공교육의 질적 저하로 지적하고, 지금이야말로 기독교 학교라는 기관이 필요하다고 제시하였다. 기독교 세계관의 가치 정립을 통해 삶의 전 영역에서 성경의 계시를 바탕으로 한 삶의 안목이 생명과 평화의 삶의 안정을 준다는 것을 보여 주어야 한다(Palmer, 2000).

2) 기독교 유아교육기관의 변화관리

기독교 유아교육 실천의 현장에도 역시 변화의 소용돌이가 일고 있다. 그러나 기독교 유아교육자는 그 변화와 아무런 상관이 없는 자들인가?

첫째, 변화의 시기에서 요구되는 것은 기독교 유아교육 담당자들의 의식의 전환이다. 이를 위해 제일 먼저 재고되어야 할 것은 기독교 유아교육의 목적에 대한 재인식이다. 기독교 유아교육기관의 궁극적인 목표는 하나님을 알고 그를 영원토록 영화롭게 하는 것이다(황성철, 2002, 재인용).

둘째, 원장은 변화를 주도하여 변화를 계획하고 실행할 수 있는 지도력을 발휘해야 한다. 기독교 유아교육기관의 원장은 교직원들에게 변화를 일방적으로 요구하는 경직된 권위주의에서 탈피하여 개방된 의사소통 경로를 통해 변화의 필요성을 인식시키고 동기를 부여하며 변화를 수행해 나가는 데 필요한 교육 프로그램들(의사소통 프로그램, 변화를 위한 교육 프로그램, 평가 프로그램, 보상 프로그램 등)을 계획, 실시하고 평가를 제공하고 지원하는 유아교육기관 운영의 변화를 실행해야 한다. 원장이 교직원들에게 변화를 위한 명확한 비전과 변화를 위한 계획을 제시하면, 그들은 함께 비전을 공유하고 확인해야 하며, 계획을 수행해 나가는 데 필요한 지식, 기술, 정보 등을 교육과 훈련을 통해 습득해야 한다.

3) 변화를 위한 전략

원장이 변화를 인식하고 변화를 계획했다면, 변화와 성장을 격려하고 변화를 일으킬 수 있는 방법을 보여 주어야 한다. 로드(Rodd, 1994)는 원장이 변화를 수용하고 성공의 가능성을 높이기 위해 변화를 위한 계획에 포함시켜야 할 특징들을 다음과 같이 제시하였다.

- 조직에게 목표 의식을 심어 줄 뚜렷한 목적
- 현실적이고 제한된 범위-작게 시작하고 변화가 성공적이고 조직이 변화를 좀 더 받아들일 수 있을 때 확장
- 변화의 역할에 대하여 개인적, 전문적, 조직적인 발달과 생존을 조직구성원들이 인식함
- 조직의 문화와 일치하는 적절한 중재 전략의 선택
- 적당한 시간과 적절한 속력-변화가 너무 이르게 또는 너무 늦게 도입되거나, 혹은 너무 느리거나 너무 빠르지 않도록 하기
- 관련된 사람, 특히 저항하는 세력들의 참가를 통한 주인의식
- 특히 최고 관리자를 포함한 주요 세력 그룹들로부터의 지지
- 제2인자나 로비 그룹과 같은 존재하는 힘의 구조의 참여
- 변화를 시작하기 전에 평가와 진단을 개방함
- 저항을 줄이기 위한 교직원 다수의 지지
- 유능한 구성원의 지지는 성공의 가능성을 낙관하게 함
- 훈련과 다른 이용 가능한 필요한 지원들
- 기존에 설정된 것들과 새로운 정책, 절차와 실행의 통합된 구조
- 평가를 지속하는 계획안
- 변화를 강화시키는 피드백과 공적인 인정 같은 적절한 보상

이상에서 제시한 특징들을 변화를 시작하기 전에 반드시 계획에 포함시켜야 성공적인 변화 수행의 기반을 마련할 수 있다. 기관의 궁극적인 변화의 대상은 유

아교육기관의 구조 변화가 아니라 조직구성원들의 행동 유형의 변화이다.

원장이 변화를 시도하기 전에 점검해 보아야 할 목록은 다음과 같다.

[Box 2–2]

변화를 위한 사전 점검 목록

- 추진하려는 변화가 조직구성원들에게 유익한가?
- 추진하려는 변화가 조직의 목적과 일치하는가?
- 추진하려는 변화는 구체적이고 명확한가?
- 교직원 중 영향력 있는 사람들이 이 변화를 찬성하나?
- 이 변화를 성취하기 위해 물리적, 경제적, 인적 자원을 충분히 활용할 수 있나?
- 이 변화가 단기적, 장기적으로 유익한가?
- 원장을 비롯한 모든 구성원들이 이 변화를 이끌어 갈 수 있는 능력을 가지고 있나?
- 시기적으로 지금이 적절한가?

변화를 위한 사전점검을 통해 원장은 변화의 필요성을 감지하고 긍정적 변화를 이끌어 내기 위한 전략을 세워 변화에 효과적으로 대응하여야 한다. 유아교육 현장에서 변화를 시도하는 단계는 다음과 같다.

- 1단계: 녹이기(unfreezing)

녹이기 단계에서는 변화의 필요성을 인식하기 이전 단계에서 구성원들이 갖고 있던 폐쇄적이고 상호 불신적인 태도 등에서 벗어나 고정된 가치관과 사고방식을 완화시켜 보다 개방적이고 상호신뢰적인 대인관계, 성취 지향적 과업 행동에서 얻을 수 있는 자신감을 갖고 새로운 가치관을 수용하도록 하는 것이다.

- 2단계: 변화로의 전환(change conversion)

변화로의 전환은 변화를 실제로 주입하는 것이다. 변화에 대한 새로운 가치 인식, 태도 등으로 구성원들의 행동이 변화한다. 행동 변화의 기초는 변화가 구성원들에게 좋은 결과를 가져올 것이라는 확신감이다. 변화에 대한 믿음으로 변화에 대한 긍정적 인식과 태도를 가져 변화된 행동을 하게 된다.

• 3단계: 다시 얼리기(refreezing)

2단계에서 형성된 변화에 대한 새로운 가치관, 신념, 태도를 토대로 한 실제 행동변화가 일상의 한 부분으로 인식되어 다시 반복되고 강화되므로 변화는 안정되어 정착하게 된다. 그러므로 원장은 상호 신뢰적인 관계에서 변화를 인식하고 수용하고 실행한 교직원들의 노력을 보상하고 새롭게 실행한 직무 내용, 직무방법, 전략 등에 대해 계속적인 피드백을 제공하는 등의 환경 개선을 통해 교직원들의 새로운 행동을 강화시켜 주어 변화를 안정시켜야 한다.

변화에 대한 성공은 고정적이지 않다. 성공적인 변화는 또 다른 변화를 필요로 한다. 즉 기독교 유아교육기관은 유기적이고 역동적 조직체로서 변화의 필요성이 계속적으로 필요하기 때문에 피드백(feed back)의 필요성이 지속적으로 요구된다. 새로운 변화의 압력이 이미 작용하여 또 다른 변화를 필요로 하게 되므로 앞서 제시된 변화를 위한 조직 개발 단계는 정지되지 않고 각 단계의 순환이 계속되어 변화의 필요성이 점차로 내면화되어 변화지향적인 조직으로 발전하게 된다.

제3장 기독교 유아교육기관 설립

1 기독교 유아교육기관의 역사

유아교육에서 가정은 가장 중요한 교육의 장이지만, 신앙교육에 있어서 교회, 놀이그룹 등이 중요한 역할을 한다(박신경, 2008). 기독교 유아교육은 유아들에게 신앙교육을 실시하는 것과 일반 유아교육 내에서 기독교 세계관에 기초한 교육을 하는 두 가지 방향이 가능한데, 전자는 가정과 교회에서 후자는 교회부설 유아교육기관이나 기독교 신앙을 가진 원장이 운영하는 유아교육기관에서 이루어지고 있다. 후자의 경우는 신앙이 없는 부모들도 자녀들을 기독교 유아교육기관에 보낼 수 있기에, 기독교 유아교육기관은 하나님 나라를 확장할 수 있는 효율적인 방법이 될 것이다(마송희, 2000).

본 장에서는 유아의 신앙교육에 중요한 역할을 하고 있는 한국 기독교 유아교육기관의 역사와 설립기준에 대해 논함으로 그 가치와 설립 가능성에 대해 살펴보도록 한다.

1) 유치원

유아교육의 중요한 장인 기독교 유치원의 역사를 살펴보는 일은 기독교 유아교육의 중요성을 엿보게 하는 중요한 단초가 될 수 있다. 왜냐하면 기독교 유치원의 역사는 한국의 유치원 역사와 맥을 같이 하기 때문이다(이영옥, 2006).

미국 선교사들은 1894~1896년 사이 추진되었던 갑오경장 이후 한국에 들어와 교육과 의료를 통해 복음을 전했고, 서양의 근대문명을 소개하며 일본의 식민통치로 고통받는 한국인들에게 항일, 구국운동의 지원자가 되어주었다(박신경, 1998). 이 시기 문호가 개방되어 서구식 근대 교육이 도입되면서 선교사들에 의해 세워진 '매일 학교(day school)'라는 초등교육 기관이 있었는데 여기에 유치과 또는 예비과가 있어 소학교 이전의 유아를 수용하는 체제가 기독교계의 사립학교에 일반화되고 있었다(이상금, 1995).

현존하는 유치원으로서 가장 오래된 이화유치원은 한국 어린이를 위한 최초의 유치원으로 1914년 미국인 감리교 선교사 브라운리(C. G. Brownlee)에 의해 개원되었다(이화여자대학교 사범대학 부속유치원, 2014). 따라서 우리나라의 형식적 유아교육의 출발이 기독교 유아교육의 형태였다고 보는 의견도 있으나(조정아, 조은진, 2008), 설립자와 교사가 외국인인 점과 선교를 목적으로 하였다는 점에서 전적인 한국 유치원이라고 볼 수 없다는 주장도 있다(김규선, 1993; 박신경, 1998, 재인용). 1903년 평양의 유치원에서 교회 유아들을 대상으로 찬송가와 율동을 가르쳤던 기록, 1910년 선교 기부금으로 평양 4개의 교회에서 유치원을 정식으로 운영했다는 기록 등은 이화유치원 이전에도 한국인 유치원이 있었음을 보여 준다(이윤진, 2006). 한편 기독교와 민족주의 정신을 바탕으로 1916년 박희도 선생이 세운 중앙유치원은 서울 인사동 중앙교회 부설 유치원으로서 한국인에 의한 한국인을 위한 최초의 유치원이다(박신경, 1998; 조형숙 외, 2018). 정신유치원, 배화유치원, 영화유치원 등 기독교 유치원들이 연이어서 설립되었고 이후 기독교인들에 의해 유치원은 전국에 급속도로 보급되어 1921년까지 전국에 모두 47개의 유치원이 설립되었고, 1930년대 3/4 이상의 유치원이 교회에서 세운 유치원인 것으로 알려져 있다(박신경, 1998). 일제 강점기 동안 개신교가 한반도 전역에 분포되어 있었고 많은 유치원이 예배당이나 교회에 부속된 형태로 존재했었다(이윤진, 2006). 기독교 유치원이 단시간 내에 빠르게 설립될 수 있었던 것은 교회 자체의 조직력과 인적 자원면에서 유리하고 예배당이나 교회 부속건물을 이용하기에 편리한 점이 있었으며 지역분할 선교정책으로 산간벽지까지 교회가 설립되었고 일본으로부터 규제를 받지 않고 미인가 방식으로 설립이 가능했기 때문이다(이상금, 1995).

1954년 감리교 선교사들의 선교사업 평가와 미래 사업 관련 회의에서 서울에서 교육받은 유치원 교사들이 학업 종료 후 고향으로 돌아가지 않는다는 사실에 주목하여 서울 이외 지역에 유치원 교사 양성기관 설립 제안이 제시되었다. 1955년 교통의 요충지인 대전에 대전보육초급대학(현 배재대학교) 설립을 결정하였다(이화여자대학교 사범대학 부속유치원, 2014).

한국 근대 유치원은 기독교교육의 일환으로 시작되었고 기독교의 영향력이 컸다. 1926년 인가받은 한국인 유치원이 93개였는데 이 중 개신교 유치원이 53개로 57%에 해당하였다(이윤진, 2006). 1971년도 당시 유치원의 수가 512개였는데, 이 중 기독교 유치원이 225개였다는 것은 천주교 118개, 불교 12개와 비교해 볼 때 기독교의 영향력이 컸음을 입증하는 것이다. 그러나 1985년 유치원 수가 1971년도와 비교하여 거의 12배 이상 증가했던 것에 비해 기독교 설립 유치원 수는 4배에도 미치지 못하고 있다. 2001년과 2004년에는 유치원 총수의 증가에도 불구하고 기독교 유치원의 수는 오히려 감소하는 추세를 보이고 있다. 이후 교육통계연보에서는 이후 종교별 설립 수를 제시하지 않고 있지만 기독교 단체에 의해 설립된 기독교 유아교육기관은 그 성격이 약화되고 정체성에 있어서 갈등을 겪고 있는 것으로 보여(권미량 외, 2016) 기독교 유아교육의 문제점을 지적하는 목소리가 높아지게 되었다(조정아, 조은진, 2008).

〈표 3-1〉 설립별 유치원 수의 변동 추이

연도	총계	종교별 유치원 설립 수							
		기독교	천주교	불교	유교	학교 부속	개인	공립	기타
1971	512	225	118	12	1	21	127	1	7
1979	794	283	185	10	-	40	244	15	17
1985	6,242	802	208	70	-	1,037	1,258	2,737	130
2001	8,407	317	199	127	-	4,261	3,274	-	229
2004	8,246	299	206	117	-	4,362	3,048	-	274

출처: 권미량 외(2016).
기독교세계관에 기초한 한국의 유아교육 현황과 쟁점에 관한 연구, p. 52.

전술한 기독교 유치원 교육의 역사에서도 나타났듯이, 한국의 유치원 교육은 기독교와 뗄 수 없는 밀접한 관계에 있다. 다수의 유치원이 기독교 지도자들에 의해 설립되고 신앙인에 의해 교육이 이루어졌으며 기독교 정신에 입각한 교육 내용과 봉사활동을 전개했다. 더 나아가 초창기 기독교 학교교육이 단순히 신앙교육에서 그치지 않고 민족의식의 고취와 민족의 지도자 양성으로 사회에 미친 영향을 고려할 때 사회적 영향력 또한 간과할 수 없다(이영옥, 2006).

2) 어린이집

우리나라의 보육은 1921년 태화기독교 사회관의 탁아 프로그램으로부터 시작되었고(박경자 외, 2013; 조복희 외, 2013) 빈민 아동 구제사업의 일환으로 출발하였다. 6·25 전쟁 후에는 외국의 원조에 의해 전쟁고아나 기아, 미아 등 요보호 아동 수용보호시설이 전국 각지에 설치되었다(조복희 외, 2013). 1961년 「아동복리법」의 제정 이후 탁아시설이 일반 수용시설로부터 분리되어 저소득층 가정의 어린이를 보호하기 위한 시책으로 채택되면서 보육 사업이 적극적으로 전개되기 시작하였다.

초기 보육기관은 탁아소로 통용되었고, 탁아소는 곧 어린이집으로 바뀌게 되고 다시 보육기관으로 불리우게 된다(김영옥 외, 1995). 어린이집의 설립은 1970년 전반에는 높은 증가율을 보였으나, 1970년대 후반에는 답보상태로 이 시기 유치원의 증가추세와 대조를 이루고 있다(김영옥 외, 1995).

보육제도는 5공화국 출범과 함께 변화를 겪게 되는데, 1982년 「유아교육진흥법」을 제정하면서이다. 이 법의 제정으로 기존 보건사회부에서 관장하던 691개소의 '어린이집, 농업진흥청에서 관장하던 382개소의 '농번기 탁아소', 1981년 새마을 사업의 일환으로 내무부에서 설치 · 관장하던 263개소의 '새마을협동유아원' 및 개인에 의해 설립된 28개소의 민간유아원 등 유치원을 제외한 1,374개의 시설이 새마을 유아원이라는 명칭으로 일원화되었다(박경자 외, 2013; 조복희 외, 2013).

그러나 새마을 유아원에 대한 지원체계가 내무부, 노동부, 문교부, 보건복지부 등으로 다원화되어 있어 효율적으로 사업을 수행하기에는 어려움이 많았으므로 주관 부서의 일원화와 탁아 관련 법률을 입법해야 할 필요성이 제기되었다(박경자 외, 2013). 주관부서의 다원화와 아울러 취업여성의 증가와 핵가족화로 인해 영유아보육이 사회적 문제로 제기되었고 이와 같은 요구를 해결하기 위하여(김영옥 외, 1996) 1991년 「영유아보육법」이 제정 · 공포되었는데, 이 법은 보육 관련 주무 부서를 보건복지부로 일원화하였고 기존의 새마을 유아원을 '어린이집'으로 변경하였다(김영옥 외, 1995; 박경자 외, 2013).

이후 1998년에는 장애전담 보육시설의 강화, 민간보육시설 교재 · 교구비 지원 강화, 보육료 특별 소득공제의 신설, 연말정산 시 보육 소득공제액 확대, 1999년에는 보육시설 설치절차의 간소화, 2001년에는 만 5세 무상보육 대상 지역 확대 등의 변화가 일어났다. 그러나 급격히 증가된 보육수요에 대한 대응으로 보육시설 설치를 인가제에서 신고제로 전환한 것은 보육공급 구조를 민간위주로 고착시키는 결과를 낳았다는 비판을 받는다(조복희 외, 2013).

1990년 1,919개소였던 어린이집이 2012년 4만 3천여 개로 22배 이상 증가, 어린이집 이용 아동 수는 1993년 15만 3,270에서 2012년 147만 8,361명으로 약 75배

증가, 정부의 보육예산은 2003년 약 3천억 원에서 2013년 4조 1,400억 원 정도로 13배 이상 증가한 것을 통해 최근 20여 년간 우리나라 보육제도의 확장을 엿볼 수 있다. 아울러 2013년에는 3~5세를 위한 어린이집과 유치원의 공통 교육과정인 누리과정의 채택, 모든 영유아를 대상으로 한 보육료의 지원 등 보육정책에 커다란 변화가 있었다(박경자 외, 2013).

1921년 태화기독교 여성관 탁아프로그램을 시초로 출발된 우리나라의 보육역사는 1991년「영유아보육법」제정을 기점으로 급격하게 변화해 왔다. 태화기독교 여성관의 탁아프로그램이 빈민가정의 아동을 구호하는 것이 목적이었다면 현재 보육은 모든 계층, 모든 연령의 영유아를 대상으로 하는 차이가 있다(박경자 외, 2013). 이처럼 기독교는 보육역사의 출발점에서부터 어렵고 소외된 어린아이들을 섬기는 일에 앞장섰고 오늘날에는 빈민아동을 섬기는 사회복지 측면과 아울러 기독교 어린이집에서 영유아들에게 복음을 전하는 일에 힘쓰고 있다.

3) 선교원

우리나라의 유아교육 역사를 살펴보면, 유치원이나 유아원, 어린이집 이외에 어린이 선교원이나 골목유치원, 학원 유치부 등의 유사 유아교육기관이 설립, 운영되었다. 1957년 대한기독교연합회 어린이 선교회에서는 어린이 선교를 주목적으로 전국 각 교회에 어린이 선교원을 설치·운영하였다. 어린이 선교원은 교회의 유치부를 평일까지 연장 교육하는 종교교육과 어린이 목회 개념에 기초하는 기독교 선교기관으로서, 유치원이 운영, 감독을 받는 교육기관인 반면 선교원은 종교법에 의해 운영되는 선교기관이다(이강무, 1994). 이처럼 선교원은 기독교적 색깔을 가장 잘 나타낼 수 있는 교육기관임에도 불구하고, 정식 유아교육기관으로 보기에는 한계가 있다. 교사의 전문성이 부족하거나 임용 보고가 될 수 없는 부분, 상위 기관의 지도 감독이 없어서 정식 교육기관으로 인정받지 못하고 있는 실정이다(이영옥, 2006).

1970~80년대 두세 교회마다 한 곳이 운영할 정도로 보편적이었던 선교원은(국민일보, 2018. 3. 28., '어린이들의 교회' 선교원을 아시나요?; 최윤정, 2006) 취학 전 어린이들의 신앙교육은 물론 유아교육까지 도맡았던 곳으로 '어린이 교회'라고 불렸다. 하지만 요즈음에는 어린이집, 유치원, 학원 등이 증가하고 교사의 경력도 인정이 안 되며 정부 보조금의 혜택을 받지 못해 교회 재정만으로 운영이 어려워 현재는 300여 곳만 남았다(국민일보, 2018년 3월 28일, 어린이들의 교회' 선교원을 아시나요?). 정부의 재정적인 지원이 가능한 어린이집으로의 전환이 일어나고 있는 것이다. 최윤정(2006)은 한국교회 부흥의 초석을 마련했던 어린이 선교원이 다른 유아교육기관과의 경쟁력을 상실하고 도태되어 가는 이유에 대해 체계적인 기독교 유아교육과정의 부족, 재정적인 지원 부족, 교사의 전문성 부족, 어린이 선교원의 네트워크의 무너짐 등으로 제시하고 있다.

하지만 현행법에는 어린이집에서 예배를 드리는 것이 금지되어 있고 말씀은 성경동화를 들려주는 것으로 대체하고 있어 이러한 상황은 심각한 신앙교육의 위기를 가져올 수 있다(최윤정, 2006). 현재 어린이집에서는 기도와 예배, 하나님 말씀을 전하는 것이 금지되어 있다. 식전 기도와 예배를 드리는 교회 어린이집이 있지만 학부모 등이 민원을 넣으면 이를 실시할 수 없다. 이러한 상황에 대해 보건복지부 관계자는 "정부 지원을 받은 단체에서 종교행위를 하면 헌법상 종교의 자유(원치 않는 종교교육을 받지 않을 자유 포함) 규정을 위반할 소지가 있다."고 설명했다(국민일보, 2018년 3월 28일, 어린이들의 교회 선교원을 아시나요?). 이러한 시대적 상황 가운데 선교원은 법적 제재를 받지 않고 영유아에게 하나님의 말씀을 체계적이고 충분하게 가르칠 교육의 장이 될 수 있다.

4) 기타

19세기 후반 우리나라가 외국과의 수교를 확대해 나가며 서구식 근대교육이 도입되면서 선교사가 설립한 기독교 학교가 우리나라 유아교육의 초기 발전에 공헌하게 된다. 매일학교는 선교사들이 설립한 학교의 한 유형으로 보고서에는 'day school'로 기재되어 있다. 이것은 주일에만 가르치는 주일학교인 Sunday school과 비교하여 날마다 열리는 학교를 의미하는 초등교육기관이었다(이상금, 1995). Day school의 개념을 유아에게 적용한 것이 아기학교라도 볼 수 있다.

아기학교를 가장 먼저 시작한 충신교회에서는 아기학교를 '아기의 첫 사회생활을 엄마가 도우며 엄마와 함께 하나님 말씀을 배우고 함께 활동하는 주간 교회학교 유아교육 프로그램'으로 소개한다(충신교회 아이학교 소개). 좀 더 구체적으로, 아기학교는 24~48개월 유아와 보호자를 대상으로 하는 교육 프로그램으로서 자녀 양육의 책임이 있는 부모가 함께 유아의 교육활동에 참여하는 형태의 교육 프로그램이다(공경혜, 2008). 아기학교는 신앙 유무에 상관없이 참여할 수 있기에 교회에서 진행되는 아기학교를 통해 전해지는 복음과 기독교적인 내용을 통해 선교의 방편으로서의 역할을 하기도 한다(공경혜, 2008; 조용선, 임순덕, 2010). 아기학교는 아기를 말씀으로 양육할 뿐 아니라, 부모에게도 말씀으로 양육해야 할 동기부여를 제공한다. 아기학교 교사들과 만나고 아기학교 예배를 드리면서 아기들은 신앙의 토대를 형성할 경험을 쌓는다. 아기가 엄마와 함께 놀이를 하며 애착관계를 형성하고 엄마가 부모교육을 통해 신뢰할 수 있는 양육자로 세워져 갈 수 있다(조용선, 임순덕, 2010).

영유아교육에 관심을 가진 일정 수준의 규모가 되는 교회에서 관심을 가지고 실행하는 아기학교는 영유아뿐만 아니라 양육자에게까지 말씀을 선포하고 돌봄과 부모 세우기 사역을 하는 효과적인 기독교 영유아교육의 현장이다.

한국교육사에서 근대학교 설립주체는 정부, 민간인, 선교사로 분류하고 있을 만큼 선교사가 한국 근대교육에 미친 영향력은 컸다. 격동의 한말, 근대교육은 풍전등화였던 조선을 구원해 줄 수 있는 희망으로 인식되었으며 문명개화의 표상인 개신교, 개신교계 학교, 그리고 그 설립자는 호평을 받았다(이윤진, 2006). 1970년 이후 유아교육 전문 인력이 양성되기 시작하면서 유아교육기관 수가 증가하고 전문적이고 내실 있는 유아교육 실천을 위한 노력이 나타났지만 일반적인 교육기관 속에서 기독교 유아교육의 정체성을 찾기는 쉽지 않다(조정아, 조은진, 2008). 아울러 정부에서는 생애 출발선에서의 균등한 교육기회 제공 및 학부모의 교육비 부담 경감을 실현하고자 2012년부터 유치원과 어린이집에 공통 교육·보육과정(누리과정)을 도입하고, 보호자의 소득수준에 관계없이 전 계층의 유아학비·보육료를 지원하기 시작하였다(교육부, 2018). 이와 같은 유아 공교육 체제의 원리가 도입되면서(월간교육, 2017. 1. 12.) 기독교 유아교육의 실천은 더욱 어렵게 되었다. 다음세대 교육에 관심을 가지고 헌신할 교회, 기독교 단체, 교육자가 많아져 국가의 제재와 경제적 지원에서 자유롭게 교육할 유아교육의 장이 많아지길 기대해 본다.

2 기독교 유아교육기관의 설립 기준

전술한 바와 같은 역사와 특징을 가진 기독교 유아교육기관을 설립하는 준거를 알아보기 위해 현행법에서 제시하는 유치원과 어린이집, 선교원을 설립하는 기준을 살펴보고 이에 덧붙여 기독교 유아교육기관이 되기 위한 추가의 요소들에 대해 알아보고자 한다. 유치원 자료는 서울시교육청의 사립유치원 설립인가 공통 심사기준(시행 2013. 7. 1.)에서 발췌하였다.

1) 유치원

유치원의 설립은 계획된 일정을 따라야 하는데 그 시기는 다음과 같다. 매년 3월 31일까지 설립계획 승인 신청서를 제출한 후 승인을 받은 경우 개원 예정 8월 이전까지 설립인가 신청서를 제출하는 것이다. 유치원 설립인가 공통 심사기준은 다음과 같다.

(1) 기본 사항
① 건물의 용도: 교육 연구시설(유치원)
② 임대유치원은 인가 불허
③ 교직원 확보
· 유자격 원장: 인가 추천 기준 대상자 취임예정 승낙서 첨부
· 교사 임용 예정 승낙서 첨부
④ 유아수용계획상 신설 적정 여부
⑤ 「학교보건법」 적정 여부: 유흥업소, 숙박업소, 극장, 기타 유해업소가 없을 것

(2) 시설·설비 조건

〈표 3-2〉 **유치원 시설과 교사 기준**

시설 기준 면적(단위: ㎡)

구분	40명 이하	41명 이상	비고
교사	5×학생정원	80+3×학생정원	
체육장	160	120+학생정원	

교사
(1) 건물의 1층 또는 2층을 사용할 것. 다만, 건물의 3층 이상을 사용할 경우 보통교실은 최대 3층에까지 설치할 수 있고, 4층 이상은 교수·학습활동에 간접적으로 필요한 지원시설(자료실, 원무실 등), 체육장, 강당으로 활용할 수 있으며(단, 체육장, 강당은 4층까지로 제한), 유치원이 사용하는 전체 건물의 연결되는 중간층에 유치원 용도 이외의 시설은 설치할 수 없음
(2) 지하실은 유치원의 시설로 사용할 수 없음
(3) 보통교실의 기준 면적: 최소 면적 44㎡
- 보통교실 1실 면적 66㎡(30명 기준): 원아 1인당 2.2㎡
(4) 교사의 내부환경
① 조도(책상면): 300럭스(ℓx) 이상
② 소음: 55데시벨(dB) 이하
③ 온도: 18℃ 이상
(5) 온수공급시설 및 급수시설을 갖추어야 함

(3) 교재·교구 설비 조건
· 교육감이 정하여 고시한 교구를 갖추어야 함

(4) 어린이 활동공간 환경 안전관리 조건
· 어린이 활동공간에 설치된 시설의 소유자나 관리자는 환경안전관리기준을 준수하여야 함

(5) 사무직원 배치기준

〈표 3-3〉 사무직원 배치기준

사무직원 / 학급수	일반직	기능직	계	비고
~4학급 미만	1	0	1	
5학급~8학급	1	1	2	
9학급 이상	1	2	3	

(6) 설립인가 구비서류

① 설립인가 신청서 1부
② 유치원 규칙 1부
③ 설립자가 사인인 경우 경비의 유지방법 1부
④ 설립자가 법인인 경우 등기 및 출연금에 관한 증빙서류
- 출연재산목록[기본재산(교육용, 수익용, 보통재산)] 각 1부
- 법인정관 사본 및 법인 이사회 회의록 각 1부
- 법인 등기부 등본 및 법인 인감증명서 각 1부

⑤ 설립자 관련 제출 서류(법인인 경우 그 대표자의 것)
- 설립자 인감증명서 및 주민등록등본 각 1부
- 설립자 이력서 1부
- 신원진술서 및 기본증명서 각 2부
- 성범죄경력조회 동의서 1부
- 설립자 각서 1부

⑥ 유치원 시설·설비 관련 서류
- 유치원 약도(위치도, 지적도, 토지이용계획 확인서) 1부
- 건축물 및 체육장 평면도(내부면적 기재) 각 1부
- 토지 및 건축물(평면도 포함)대장 각 1부
- 토지 및 건축물 등기부 등본 각 1부
- 유치원 교구·설비 보유현황 1부
- 시설설비 조서 1부
- 소방시설완공검사필증(방염 후 처리성능검사 결과서) 1부
- 어린이놀이시설 설치검사 합격증 1부
  - 어린이놀이시설 안전교육 수료증(설치 후 6개월 이내) 1부
  - 어린이놀이시설 보험가입 증서(설치 후 30일 이내) 1부

⑦ 유치원 원장 및 교원 임용 관련 서류
- 원장 취임승낙서 및 경력증명서(자격증 포함) 각1부
- 교직원 확보계획서(원장, 원감, 교사) 1부

2) 어린이집

이하에 제시한 어린이집의 인가 규정은 2018년도 보육사업안내를 참고하였다.

(1) 인가절차

ㅁ 신규(변경)인가

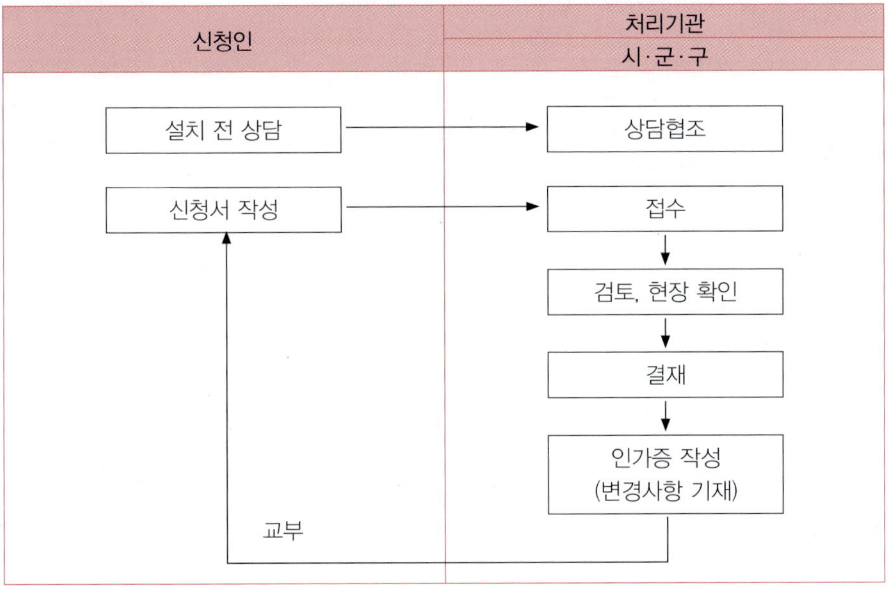

[그림 3-1] **어린이집 인가 절차**

(2) 인가신청

- 국공립어린이집 외의 어린이집을 설치하고자 하는 자는 시설의 소재지를 관할하는 시장·군수 또는 구청장의 인가를 받아야 함(「영유아보육법」 제13조)
- 어린이집을 설치하고자 하는 자 또는 설치인가사항을 변경하려는 자는 보육수요 등 지역여건 및 어린이집 설치 기준에 관하여 관할 시장·군수 또는 구청장에게 사전에 설치 전 상담을 요청할 수 있음(「영유아보육법 시행규칙」 제4조의 3)
- 어린이집의 설치를 신청하고자 하는 자는 어린이집 인가신청서를 관할 시장·군수 또는 구청장에게 제출(「영유아보육법 시행규칙」 제5조 제1항)
- 어린이집 인가신청서에 첨부하여야 할 서류(전자문서 포함)는 「영유아보육법 시행규칙」 제5조 제1항 각호에 따름

1. 법인의 정관 및 출연금 등에 관한 서류(법인인 경우에만 해당한다)
2. 단체의 회칙 또는 규약(단체인 경우에만 해당한다)
3. 임대차계약서(부동산을 임차하는 경우에만 해당한다)

4. 어린이집의 구조별 면적이 표시된 평면도와 시설 및 설비 목록
5. 어린이집의 원장의 자격을 증명하는 서류
6. 보육교직원 채용계획서
7. 어린이집 운영계획서(운영경비와 유지방법을 포함한다)
8. 설립자가 개인인 경우 경비의 지급 및 변제 능력에 관한 서류
9. 인근 놀이터 이용계획서(영유아 50인 이상의 어린이집으로서 옥외놀이터나 옥내놀이터를 설치하지 아니하는 경우에 한한다)
10. 「도시가스사업법 시행규칙」 제25조 및 「액화석유가스의 안전관리 및 사업법」 제37조(정기검사 및 수시검사)에 따른 정기검사 증명서
11. 「소방용품의 품질관리 등에 관한 규칙」 제5조에 따른 현장처리물품의 방염성능검사 성적서 및 방염성능검사 확인 표시

· 어린이집을 설치·운영 중인 자가 인가받은 사항 중 중요사항(시설의 종류·명칭·대표자·소재지·정원)을 변경하려는 경우, 어린이집 변경인가 신청서를 사전에 제출(「영유아보육법 시행규칙」 제5조의 2 제1항)
· 어린이집 변경인가신청서에 첨부하여야 할 서류(전자문서 포함)는 「영유아보육법 시행규칙」 제5조의 2 제1항 각호에 따름

(3) 인가 시 유의사항

① 어린이집의 설치 전 상담 협조
· 지방자치단체의 장은 어린이집을 설치하고자 하는 자가 사전에 상담을 요청하는 경우, 관할 지역의 보육수요, 어린이집 입지조건 및 설치기준 등에 관하여 사전 고지하는 등 적극 협조하여야 함(「영유아보육법 시행규칙」 제4조의 3)

② 설치 전 상담 시 유념하여 고지할 사항
· 어린이집의 인가관련 법령 준수 여부 확인
- 영유아보육법령 및 건축관계 법령, 소방관계 법령, 「장애인·노인·임산부 등의 편의증진 보장에 관한 법률」, 「장애인차별금지 및 권리구제 등에 관한 법률」, 「어린이놀이시설 안전관리법」, 「실내공기질 관리법」, 「환경보건법」 등 어린이집 인가 관련 법령 및 인가절차를 고지하고, 법령 준수 여부를 확인 후 인가함
· 어린이집의 입지 관련 사항
- 시행규칙에 의한 옥외놀이터 및 비상재해 대비시설 설치
- 건축물의 일부를 어린이집으로 사용하면서 건물의 2층 이상에 어린이집을 설치한 경우, 2005년 1월 30일부터 대표자·정원(증원)·소재지·종류의 변경 등이 제한
- 시행규칙의 어린이집 입지조건 중 위험시설
· 경비의 지급 및 변제능력에 관한 서류
- '경비의 지급 및 변제능력'이란 국가 및 지자체가 지급한 부담금·보조금 등의 반환에 필요한 경제적 능력 등을 의미
- '경비의 지급 및 변제능력에 관한 서류'는 어린이집을 설치·운영하고자 하는 자(개인)의 '자산 및 부채현황' 등 경비의 지급 및 변제를 입증할 수 있는 서류

③ 보육계획 수립 등 유의사항

- 보육계획의 내용
  - 지방자치단체의 장은 어린이집이 지역별로 균형 있게 배치되고 지역 주민의 보육에 대한 요구를 반영할 수 있도록 지방보육정책위원회의 심의를 거쳐 보육 계획 및 연도별시행계획을 수립하고 인가 시 이를 판단기준으로 활용할 수 있음(「영유아보육법」 제11조, 같은 법 시행령 제19조, 같은 법 시행규칙 제5조)
  - 보육계획은 보육사업의 기본방향, 어린이집의 설치 및 수급에 관한 사항, 어린이집 보육교직원에 관한 사항, 어린이집의 운영 및 평가에 관한 사항, 보육비용에 관한 사항, 그 밖에 영유아 보육에 관하여 필요한 사항을 포함하여야 함
  - 시·도지사 및 시장·군수·구청장은 일정수준 이상의 어린이집이 균형 있게 배치되도록 어린이집 평가인증 목표율을 정할 수 있음
  - 시·도지사 및 시장·군수·구청장은 해당 지역 어린이집의 수급현황을 분석하여 보육계획에 반영하여야 하며, 어린이집이 난립하거나, 어린이집의 질적 수준이 낮은 지역에 대하여는 이를 인가 시 판단기준으로 활용할 수 있음

예시 인가제한 판단 기준

- 해당지역의 어린이집별 정원이 '보육수요'보다 많을 경우
- 해당지역의 어린이집 평가인증률이 전국 및 각 시·도 평가 인증률 미만이거나, 자체 수립한 평가인증 목표율 미만인 경우

  - 보육계획은 5년마다 수립하고, 매년 2월 말까지 연도별 시행계획을 수립함
- 보육계획 및 어린이집수급계획에 의한 인가 제한 금지
  - 국공립어린이집, 공동주택 단지 내 의무어린이집, 직장어린이집, 협동어린이집, 사회복지법인 어린이집의 경우
  - 인가제한 기준일 이전에 「영유아보육법 시행규칙」 제4조의 3에 의하여 어린이집 설치 전 상담을 하고, 상담 시 설정한 유효기간 이내에 어린이집을 설치한 경우
  - 재개발, 토지수용 등으로 불가피하게 폐지 후 동일지역에서 신규인가를 원하는 경우에 한하여 폐지일로부터 재개발 등 공사완료 시점과 해당 지역의 영유아 보육수요 등을 고려하여 시장·군수·구청장이 정하는 기간까지 인가제한을 하지 않을 수 있음
- 인가 제한 시 주의사항
  - 「영유아보육법」 제16조(결격사유)에서 정하지 아니하는 사유로 어린이집의 설치·운영자의 자격을 제한할 수 없음
  - 신규 인가를 제한하면서 어린이집의 종류를 선별하여 신규 인가를 허용하는 것은 법적 형평성에 어긋날 수 있음
  - 어린이집 간 거리 제한 또는 공동주택 세대수를 기준으로 인가를 제한하는 경우는 해당 지역의 보육수요에 대한 합리적 근거를 마련하고 이에 기초하여야 함
  - 법적 근거 없이 건물의 용도 등을 이유로 인가를 허용하는 사항

- 신규인가가 제한된 지역의 어린이집 정원충족률이 전국 평균치(매 연도 말 기준)를 초과하는 경우, 초과 범위 내에서 어린이집 신규 인가 허용
  * 시장·군수·구청장은 해당 지역의 향후 보육수요의 증가 전망, 어린이집 평가인증률 등을 고려하여 지방보육정책위원회 심의를 거쳐 초과범위는 어린이집 정원충족률 전국 평균치 내에서 자율적으로 결정

· 변경인가 시 유의사항
- 어린이집의 대표자·종류 변경 시, 현장 확인 후 인가하는 것을 원칙으로 하며, 필요하다고 판단되는 경우 건축물대장등본, 시설의 평면도, 임대차계약서(임대시설)를 확인할 수 있음
- 「영유아보육법」 제45조 제1항에 각호의 사유로 행한 행정제재 처분(시설폐쇄, 운영정지)의 효과는 어린이집의 양수인 등에게 승계됨. 따라서 행정재제 처분절차가 진행 중이거나 처분 이후 대표자 변경 신청이 있는 경우, 위반 내용 및 행정제재 처분의 승계 효과에 대하여 어린이집의 설치·운영자 및 양수인 등에게 사전 고지한 후 변경 인가
- 가정·민간어린이집의 대표자가 양도에 따라 변경되는 경우 해당 지역의 보육수요를 고려하여 보육정원 감원을 조건으로 변경인가 가능
- 직장어린이집의 경우 대표자명에 사업주 개인의 명이 아닌 'ㅇㅇ사업장의 사업주'로 기재할 것

ㅇ 2015. 1. 28. 이후 원장 변경
- 어린이집 원장이 변경되는 경우는 변경인가 대상에서 제외함
- (변경방법) 원장 임면권자의 임면신청 및 시·군·구 승인으로 원장 변경

※ (임면권자) 국·공립-시·군·구청장, 부모협동-조합대표자, 기타-어린이집대표자
- (인가증 교부) 어린이집 인가증은 신청이 있는 경우 발급

어린이집 유형별 종류변경 등 가능 여부

구분	국공립	사회복지법인		법인·단체 등	민간		가정	부모협동	직장
		장애아	기타		공동주택(관리동)	기타			
종류변경 가능 여부	X	X	X	X (시행령 제18조의 2 제1호, 제3호 및 제4호) ㅇ (기타)	X	ㅇ	△	X	X

· 인가제한을 받지 않는 어린이집*은 원칙적으로 어린이집 유형 변경 불가
- 유형 변경을 원할 경우 폐원 후 신규인가 절차 진행
  * 국공립어린이집, 사회복지법인 어린이집(국가·지자체로부터 신축비 지원을 받은 장애아 전문 어린이집), 공동주택 단지 내 의무어린이집, 직장어린이집, 협동어린이집

· 인가제한을 받는 어린이집은(정원 증감과 용도변경을 전제로) 유형 변경 판단
- 사회복지법인 어린이집은 어린이집 설치·운영이 정관에서 정한 목적 사업에 해당하는 바 타 유형으로의 변경 불가

- 법인·단체 등 어린이집 중 「영유아보육법 시행령」 제18조의 2 제1호, 제3호 및 제4호에 따라 설치된 어린이집은 당해 목적 수행을 위해 설치된 어린이집으로서 타 유형으로의 변경 불가
- 기타(종교단체 등이 설치한) 법인·단체 등 어린이집은 민간과 가정어린이집(정원 감원, 용도변경 전제)으로만 유형 변경 가능
- 관리동 의무어린이집(민간)은 주민공동시설에 설치하는 바 주민공동시설을 벗어난 곳으로의 소재지 변경 불가
- 민간어린이집은 가정어린이집(정원감원, 용도변경 전제)으로만 유형 변경 가능
- 민간어린이집 매입 등을 통한 국공립어린이집 설치의 경우 민간어린이집 폐원 후 국공립어린이집 신규설치 절차 진행
- 가정어린이집의 민간어린이집으로의 유형변경은 정원 증원과 용도변경이 전제된다는 점에서 변경 불가 원칙. 다만, 정원 증원과 용도변경이 가능한 경우 예외적으로 검토

④ 종전 규정에 의해 설치된 어린이집의 유의사항
- · 2009년 7월 3일 이전 설치 어린이집
  - 2009년 7월 3일 이전에 이미 인가받은 어린이집이 비상재해 대비에 지장이 없다고 판단할 경우 종전 인가당시 기준을 적용할 수 있음(「영유아보육법」 제15조의 3)

⑤ 어린이집 인가신청 시 대표자(설치자) 유의사항
- · 어린이집의 대표자를 공동명의로 할 경우 대표자 상호 간 어린이집 운영에 관한 의견대립이나 재산권 문제 등 보육환경에 불안을 초래할 수 있는 잠재적 요소가 내재하게 되므로 안정적인 보육환경 조성을 위해 어린이집 대표자는 1인이 될 수 있도록 유도
- · 다만, 직업선택의 자유 및 사유재산권 보장, 헌법상 혼인과 가족생활에서의 양성평등의 원칙의 취지상 어린이집의 토지·건물을 공동 소유(부부 포함)한 경우 공동대표 인정

(4) 어린이집의 설치기준

① 어린이집의 입지조건
- · 지방자치단체의 장은 "어린이집은 보육수요·보건·위생·급수·안전·교통·환경 및 교통편의 등을 충분히 고려하여 쾌적한 환경의 부지를 선정"하여야 하므로, 영유아의 신체적·사회적 안전에 위험하다고 판단되는 시설(폐기물처리시설, 유흥업소, 전염병원 등) 인근에 어린이집이 입지하지 않도록 인가를 제한할 수 있으며, 위험시설 또한 어린이집 인근에 입지하지 않도록 노력하여야 함

가. 어린이집의 입지조건
- · 지방자치단체의 장은 "어린이집은 보육수요·보건·위생·급수·안전·교통·환경 및 교통편의 등을 충분히 고려하여 쾌적한 환경의 부지를 선정"하여야 하므로, 영유아의 신체적·사회적 안전에 위험하다고 판단되는 시설(폐기물처리시설, 유흥업소, 전염병원 등) 인근에 어린이집이 입지하지 않도록 인가를 제한할 수 있으며, 위험시설 또한 어린이집 인근에 입지하지 않도록 노력하여야 함

- 어린이집은 「주택건설기준 등에 관한 규정」 제9조의 2 제1항에서 규정하고 있는 위험 시설로부터 수평거리 50m 이상 떨어진 곳에 배치

나. 어린이집의 구조 및 일반기준

- 어린이집은 1층 또는 건물 전체(5층 이하)에 설치하여야 함
- 어린이집의 건물구조 및 보육실·화장실·놀이기구 등이 영유아의 안전과 이용에 편리하도록 설계·시공되어 있는지 확인
  ※ 기본시설(「영유아보육법 시행규칙」 [별표 1]) : 보육실, 조리실, 목욕실, 화장실, 옥외놀이터(정원 50인 이상 시설), 급배수 시설, 비상재해대비시설, 교사실*
  * 2018년 6월 13일 이후 신규인가 또는 변경인가(정원 감원은 제외) 시설부터 적용
- 어린이집은 하나의 건물에 설치하여야 함
  - 다만, 담 또는 울타리로 둘러싸인 동일 대지 안에 여러 개의 건물(모두 5층 이하여야 함)이 있는 경우 모든 건물의 전체가 어린이집으로 사용되고 옥외놀이터가 설치된 경우에는 예외적으로 여러 동 건물에 어린이집 설치 허용
- 보육실은 건축물의 1층에 설치하며, 당해 어린이집이 1층에 해당하는지 여부는 건축법상의 층수와 관계없이 실제상의 층수를 기준으로 함
  - 건물전체가 어린이집인 경우 및 사업주가 직장어린이집을 설치하는 경우, 1층부터 5층까지 보육실을 설치할 수 있음
  ※ 건물전체를 어린이집으로 사용하는 경우도 영아반 보육실은 1층에 우선 배치
  - 건물전체를 어린이집으로 사용하는 경우, 건물전체(지하층 포함)가 건축법상 노유자시설(어린이집)로 용도가 지정되어 어린이집으로 전용되어야 함
  - 300세대 이상의 아파트 전체가 「건축법 시행령」 제119조 제1항 제3호 다목에 따른 필로티나 그 밖에 이와 비슷한 구조의 경우 그 위층에 설치가 가능하나, 비상시 양방향 대피가 가능하도록 반드시 비상계단 등을 설치
- 조리실은 1층 이상에 설치하는 것을 원칙으로 하되 아래와 같은 경우 지하 1층에도 설치를 허용하나, 영유아들의 식사를 위한 테이블 등 식당시설을 설치할 수 없음
  - 「식품위생법」에 의하여 집단급식소로 신고한 경우
  - 조리실 면적 이상의 성큰(Sunken)이 설치되어 있는 경우
- 유치원과 같은 건물에 설치된 어린이집은 유치원의 조리실을 함께 사용할 수 있음
- 사업주가 직장어린이집을 설치한 경우로서 직장어린이집이 설치된 건물에 집단급식소를 운영하는 경우에는 조리실을 별도로 설치하지 아니할 수 있음. 이 경우 영유아를 위한 음식의 조리공간은 분리 또는 구획되어 있어야 함
  ※ 전담영양사 및 전담조리원이 배치될 수 있도록 행정지도 및 밀폐 가능한 냉온조절 운반차 등을 사용할 수 있도록 행정지도하여 조리된 음식물의 오염 방지
- 화장실은 보육실과 동일한 층의 인접한 공간에 설치하며, 목욕실은 보육실과 인접한 공간에 설치(건물외부 설치 불가)
  ※ 영유아용 수세식 변기는 가능한 한 10~15인당 1개 이상을 설치하는 것이 바람직함. 다만, 가정어린이집의 경우 성인용 변기에 디딤판 및 탈부착식 유아용 변기를 설치하고 이동식 어린이용 변기를 갖춘 경우 유아용 변기를 설치하지 아니할 수 있음

- 시설규모에 따라 사무실, 양호실, 식당, 자료실, 상담실, 강당, 놀이터 등 설치 가능
  ※ 어린이집 원장 사무실은 보육실과 동일 층 설치가 바람직
- 보육정원이 21명 이상인 어린이집은 교사가 교육활동을 계획·준비하고 자료 제작 등을 할 수 있도록 구획된 교사실을 설치하여야 함

- 어린이집 내에 사적 용도를 위한 시설 등 영유아의 보육 목적에 부합하지 않는 시설은 설치 불가(「영유아보육법 시행규칙」 [별표 1] 제3호 가목 1))
  - 다만 관할 특별자치도지사·시장·군수·구청장이 지역적 특수성을 고려하여 필요하다고 인정하는 경우에는 보육교직원 기숙시설 설치 가능
  ※ 보육교직원 기숙시설에 보육교직원이 가족과 함께 거주하는 것은 불가

다. 어린이집 내부의 마감재료 등에 관한 기준

- '어린이집 내부의 마감재료'에 관한 세부적인 사항은 「건축법 시행령」 제61조 및 「건축물의 피난·방화구조 등의 기준에 관한 규칙」 제24조 규정을 준용
- '방염'에 관한 사항은 「화재예방, 소방시설 설치·유지 및 안전관리에 관한 법률」 제12조 및 같은 법 시행령 제19조 내지 제20조의 규정에 의함
- '어린이 활동공간의 환경안전관리기준'에 관한 세부적인 사항은 「환경보건법」 제23조 제5항, 제29조, 제33조 제1항, 「환경보건법 시행령」 제22조 제1호, 제22조 제2호, 제22조 제3항의 규정에 의함

출처: 보건복지부(2018). 보육사업안내, pp. 25-40.

3) 선교원

2017년 서초구 S교회 부설로 설립된 선교원 원장님과의 통화를 통해 확인한 선교원 설립 조건은 다음과 같다. 선교원은 교육청이나 구청의 인가, 허락을 필요로 하지 않고 법적인 감독, 점검, 보호가 없다. 따라서 성경을 가르치는 주중학교로서 교사의 자격이나 교사 대 유아 비율에 법적인 제재가 없지만 부모의 요구를 생각할 때, 인근 유아교육기관과 수준을 맞추는 것이 바람직하다. 교육과정에 관하여 누리과정을 참고할 수는 있으나, 누리과정을 기본교육과정으로 하는 대신 기독교 유아교육과정을 운영한다고 소개하는 것이 바람직하다.

이러한 정보는 이미 오래전 허광재(1983)가 선교원 설립에는 복잡한 순서가 필요 없으며 종교법의 자유 안에서 교회마다 그리고 지역마다 선교원을 설립할 수 있다고 언급했던 것과 같은 원리이다.

3 기독교 유아교육기관의 조건

기독교 유치원과 어린이집은 전술한 법적 기준을 최소한의 기준으로 하되 여기에 기독교 학교의 조건을 갖추어 설립하고 운영해야 할 것이다.

기독교 학교의 정체성은 학교의 모든 영역에서 기독교적 가치관이 스며들어 있는가의 여부에 달려 있다(박상진, 2005). 기독교 학교란 구조적이고 행정적으로 기독교 학교로서 머무르는 곳이 아니라 기독교적 관점에 의해 모든 교과목과 교육활동이 실행되는 학교를 의미한다(박상진, 2006).

솔터(Salter, 2011)가 제시한 기독교 학교의 요소는 성경적 기초(기독교 철학), 거듭나고 성숙하며 전문적 지식과 비전을 가진 교사, 기독교교육과정, 교사의 노력에 자발적으로 순종하는 기독교인 학생, 현시적 교육효과에 소홀하지 않으면서 동시에 영원을 염두에 둔 기독교 목표이다. 유사하게 임희옥 등(2010)은 기독교 학교의 정체성은 기독교 학교의 설립 주체, 기독교인 교사, 기독교 학교의 교육과정, 기독교교사 양성기관을 통해 나타난다고 보았다. 아울러 신기영(2002)은 교육적 비전을 구성하는 세 가지 요소를 '교육의 대상', '그 대상에 대해 기대하는 미래의 모습(목적)', '기대를 달성하는 방법'으로 보았다. 이 중 교육의 대상은 비전의 중심 요소로서, 그 대상의 선정에 따라 설립될 학교의 교육과정과 선발할 교사의 기준, 건축 양식이 달라진다고 보았다(김동춘, 2006). 이와 같은 특성을 가진 기독교 학교의 본질은 하나님을 아는 경건의 회복에서 시작되며 그것은 초월성(목적)의 상실, 윤리성(덕)의 상실, 실천성(행함)의 상실로부터의 회복을 가능하게 한다(박상진, 2006).

교육의 목적, 인성(윤리), 바른 실천을 상실한 한국의 교육 실정을 감안할 때, 형식적 교육을 받기 시작하는 유아들이 기독교교육의 원리를 적용한 기독교 유아교육기관에서 성경적 목표하에 기독교인 교사들을 통해 성경적으로 통합된 교육과정에 의해 하나님의 자녀로 구분되어 자라나길 기대한다.

제4장 기독교 유아교육과정 개발

1 기독교 유아교육기관의 개념

기독교 유아교육의 장은 신앙교육에 초점을 두는 가정과 교회 그리고 수, 언어, 과학, 미술, 동작교육 등의 내용을 기독교 정신과 통합시켜 가르치는 교회나 기독교인 원장이 운영하는 선교원, 어린이집, 유치원 등의 유아교육기관으로 구분된다(마송희, 2000). 박상진(2006)에 의하면, 기독교교육의 장(場)은 교회를 비롯한 학교, 가정, 사회, 사이버 공간까지 포함하며, 그중 학교는 기독교교육의 중심적인 장이 되어야 한다고 보았다.

기독교 학교는 학생들에게 그리스도의 왕국에서 책임 있는 시민이 되도록 가르치고 이렇게 되기 위한 과정과 방법을 가르치는 기관이다(Zylstra, Testament of Vision; De Jong, 1985, 재인용). 차별화된 기독교교육을 제공하고자 한다면 그 학교의 특성, 건학이념이 학교 운영의 제반영역에서의 실제로 나타나야 한다(박상진, 2007; Salter, 2011). 기독교 학교의 전제조건은 그 학교의 터전과 권위가 되어줄 기독 철학의 형성, 학교의 기본철학이 반영된 교육과정을 수행할 기독교인 교사의 확보, 교사의 보호와 통제 등의 교육적 실천에 자발적으로 순종하는 기독교인 학생, 교수 과목을 기독교적 시각으로 제시하고 교사들의 가르침을 지원하는 기독교 교과서, 현재의 교육적 결과에 관심을 소홀히 하지 않으면서도 영원을 염두에 둔 기독교적 목표 등이다(Salter, 2011). 임희옥 등(2010) 역시 기독교 학교의 정체성은 기독교 학교의 설립 주체, 기독교인 교사, 기독교 학교의 교육과정, 기독교인 교사 양성기관을 통해 나타난다고 보았다.

기독교 유아교육기관은 '기독교 세계관에 입각해 하나님을 알고 하나님을 영원토록 영화롭게 하는 교육목적을 달성하기 위하여 유아, 교직원, 학부모들이 모여 이룬 공동체'이다(김동춘, 2006, p. 135). 정갑순(2010)은 기독교 유아교육기관을 "기독교교육은 유아들을 위하여, 유아들에게 실시하는 기관이다, 즉, 유아의 영적 성장발달과 전인발달을 도모하기 위한 교육과정, 교육환경, 시설·설비, 경영관리, 가정 및 지역사회와의 관계가 구조적 또는 기독교적 세계관으로 연계된 영적, 심리적, 물리적 환경체계이다."라고 정의하였다(p. 413). 전술한 기독교 학교의 전제조건을 반영하여 기독교 유아교육기관을 정의하면, 하나님의 자녀인 유아가 하나님의 사람으로 온전하게 자라도록 하는 목적하에 구원받은 기독교인 교사가 하나님의 말씀을 기초로 통합된 기독교 유아교육과정을 가르치는 교육의 장이라고 볼 수 있다.

2 기독교 유아교육과정의 개념 및 중요성

기독교 학교는 일반 학교에서 다루는 것과 같은 실재를 다루고 있지만 경험된 실재를 의미화하는 데 성경이 중심이 되는 원리를 붙잡는다(Green, 2000). 그러므로 기독교 유아교육의 정체성은 성경과 기독교 전통에 뿌리내리고 있는가에 의해 결정된다고(양금희, 2011) 해도 지나치지 않는다.

기독교 유아교육이란 일반적인 유아교육 프로그램에 단순히 기독교적 요소를 가미하는 정도의 교육이 아닌, 유아교육에 관계된 모든 요소와 행위들이 성경적인 종교적 동인(religious ground motive)과 성경적인 세계관(worldview)을 바탕으로 조직되고 추진될 때 가능하다. 유아교육의 주체와 대상에 대한 관점, 유아교육의 기초와 내용, 방법, 행정과 평가 등의 유아교육 요소들이 성경적 세계관의 관점에서 이해되고 실천될 때만 기독교 유아교육이라고 평가할 수 있다(김성수, 1996). 기독교 유아교육은 기독교적인 세계관을 가진 교사가 유아를 대상으로 실시하는 교육으로 유아에게 하나님에 대해 알고 경험하게 해 주며 하나님을 따르는 자들의 생활이 어떠해야 하는지를 배워 내면화할 수 있도록 돕는 교육이다. 하나님이 주신 자연세계를 잘 보호하기 위해 자연세계를 잘 알아야 하며, 하나님이 주신 재능과 소질을 발견하여 개발함으로써 하나님과 이웃을 섬기며 자연을 잘 관리할 수 있도록 이끌어 주는 것이다(정희영, 2004).

기독교 유아교육 실천을 위해 가장 중요하나 현장에서 어려움을 겪고 있는 부분은 바로 교육과정의 구성과 실천이다. 기독교 유아교육기관 교사들은 표준화된 기독교 유아교육과정의 부재로 교사가 교육과정을 만들고 활동을 계획하는 데 많은 시간과 노력을 기울이고 있었으며 참고할 수 있는 지도서나 관련 서적이 적어 어려움을 겪고 있는 것으로 나타났다(양주혜, 2015). 교회부설 어린이집 교사를 대상으로 한 교육과정 실태에 대한 연구에서 응답자들은 기독교 유아교육을 위한 특별 프로그램의 필요성, 표준보육과정을 기독교적으로 재해석하여 접근할 필요성, 유아의 신앙교육 정도, 표준보육과정을 기독교적으로 적용하여 사용하고 있는지의 여부, 성경 내용을 바탕으로 한 활동 여부, 주간교육계획안, 일일교육계획안에 기독교교육 내용을 포함하는지에 대한 여부 순으로 점수를 보였다(김윤희, 2009). 응답자들이 가장 낮은 점수를 보인 항목은 기독교교육과정의 계획과 실천에 관한 내용으로 현장에서 기독교교육과정의 실천의 필요성을 부각시키는 결과이다. 기독교인 유아 교사 중에는 기독교 세계관을 이해하고 적용하는 것에 어려움을 겪기 때문에 기독교 유아교육과정 실행 초기에는 기독교 세계관의 요소 중 '창조'만을 교육과정에 적용하기도 하였다. 기독교 세계관을 강의와 세미나 등을 통해 배운 후에도 교육과정에 적용하는 것에 어려움을 겪었다. 그 이유는 기독교적 개념을 적용하는 것을 영적인 영역에 국한시켜 이해하거나, 성경만을 교육 내용의 한 부분으로 인식하는 것, 하나님의 창조를 일회적인 것으로 인식하기 때문이라고 볼 수 있다(정윤, 정희영, 2015). 이는 한국에서만의 문제가 아니다. 미국 역시 기독교 학교가 직면하는 가장 큰 문제는 교과과정의 자료가 불충분하다는 점이며 교과과정 선택의 폭이 좁음과 결함을 경험하고 있다(Richards, 1995).

기독교 유아교육과정은 기독교 단체나 교회가 설립하여 유아를 대상으로 유아교육을 하거나 기독교인 원장과 교사가 원을 운영하는 의미가 아니며(권미량 외, 2016), 일반 유아교육과정에 신앙교육을 추가하여 적절히 조화한 교육의 차원이 아닌 교육의 목적, 내용, 방법, 평가를 기독교 세계관에 기초하여 운영하는 것을 의미한다(권미량 외, 2016; 조정아, 조은진, 2008). 즉, 지식의 본질과 가치의 기준을 성경에 기초하여 가르치는 모든 영역에 기독교 정신이 스며드는 통합교육과정을 이루는 것이다(조정아, 조은진, 2008). 그러므로 모든 우주의 중심을 인간으로 보는 유아교육과정 모형과 달리 기독교 유아교육과정은 하나님이 우주의 중심이시고 모든 지식의 원천이라는 데서 출발하므로 기독교 철학에 근거를 두어야 한다. 기독교 유아교육과정의 중심은 하나님이며 기독교교육철학에 기초하며 성경이 교육과정의 기초가 된다(김미경, 2003).

이하에서는 기독교 유아교육과정의 정의에서 중복적으로 강조되고 있는 기독교 세계관과 교육과정의 통합이 무엇을 의미하는지 구체적으로 살펴보고자 한다.

1) 기독교 세계관

교육과정을 바라보고 계획하는 방식에는 여러 가지 요인과 배경이 영향을 미친다. 교사의 세계관은 교육과정과 그 계획을 바라보는 방식을 지배한다. 반대로, 교사가 내리는 모든 교육적 결정 역시 그의 세계관을 반영한다(Van Brummelen, 1996). 기독교 세계관은 성경의 권위와 하나님의 주권사상을 기초로 그 위에 세워진 존재론, 인간론, 인식론, 가치론을 의미한다. 즉 성경의 말씀은 정확무오하다는 믿음과 모든 영역에서 하나님의 주권을 인정하는 전제하에 성경적인 존재론과 인식론, 가치론을 다루는 것이 기독교 세계관이다(정희영 외, 2016). 열방대학의 교사지침서에는 기독교 세계관을 다음 〈표 4-1〉과 같이 소개하고 있다.

〈표 4-1〉 기독교인의 세계관

철학적 관점	질문	비기독교인의 접근 방식	기독교인의 접근 방식
존재론	우리는 어디서 왔는가?	자연적 원인(진화론)	초자연적 원인(창조)
인식론	우리는 어떻게 아는가?	인간의 이성과 직감	하나님께서 계시한 말씀과 이성과 직감의 능력
가치론	궁극적으로 가치 있고 진실하고 옳은 것은 무엇인가?	인간, 물질	하나님과 그의 법(계명)
목적론	인간의 궁극적인 목적은 무엇인가?	현세에서의 삶	하나님의 나라

출처: 열방대학교 교육대학(2002a). 학령전 어린이 교육을 위한 성서적 기초, p. 8, 재인용.

세계관을 크게 존재론, 인식론, 가치론, 목적론으로 나누어 성경적 입장과 그렇지 않은 세속적 입장을 대조하여 설명하고 있다. 성경적 입장에서는 하나님 자신과 그분의 말씀, 그의 통치가 있는 하나님 나라가 강조되고 있다.

기독교 학교 교육과정 개발에서 고려되어야 할 중요한 원리는 성경적 세계관에 기초한 통합이다. 성경은 우주와 인간 삶을 이해하는 틀로서 세계관을 제시하며 '모든 진리가 하나님의 진리'라고 하는 진리의 통일성을 선포하기에 이원론적 사고는 기독교의 본질에 위배된다. 그러므로 기독교 학교 교육과정에 있어서 모든 지식은 어떠한 영역이든지 간에 지식의 근원이 되는 하나님과 성경 말씀과 적절한 관계 속에서 이해되어야 한다(Gaebelein, 1991; Knight, 1989). 따라서 기독교교육과정은 성경적 세계관과 진리의 통일성에 기초하여 개발이 이루어져야 한다(이정미, 2010, 재인용).

2) 통합

기독교교육은 성경을 중심으로 한 교육이지만 성경만을 가르치는 것은 아니다. 또한 성경을 단순히 주변 상황을 설명하기 위해 사용하는 것도 여러 영역 중에 가장 으뜸이 되도록 가르치는 것도 아니다. 여기에 통합적 접근이 필요한 것이다(정갑순, 2010). 기독교 유아교육의 내용은 성경이 중심이 되며 그 성경을 기초로 한 기독교적인 세계관에 의해 여러 영역들이 조명되어져야 하며 이것에 근거하여 서로 통합되어야 한다(정희영, 2004). 기독교교육의 통합의 구심점은 "성경이 하나님의 말씀이며, 이 우주는 살아계신 하나님의 창조물임을 믿으며 또한 인간의 타락과 속죄, 믿음에 의한 의인, 부활의 확실성, 그리고 믿는 자들의 예수 안에서 교회라는 한 몸을 이룸(p. 46)" 등을 중심 진리로 삼는 것이다(Gaebelein, 1995). 통합적 접근이란 일반교육에서 영역 간의 통합을 의미하는 수평적 통합뿐 아니라 하나님에 대한 지식과 연결하는 수직적 통합을 포함한다(문순애, 2010b; 정갑순, 2010; 정희영, 2004). 인간이란 다차원적인 존재이며 특별히 하나님과의 관계를 맺는 영적인 존재이기 때문에 기독교 유아교육의 내용은 수직적, 수평적인 면에서 통합이 이루어져야 한다. 수직적, 수평적 의미에서의 통합을 다른 말로 표현하면 성경적(기독교적)인 것과 자연적(일반적)인 것과의 통합을 말한다(정희영, 2004). 더 나아가 기독교 유아교육은 유아들이 그리스도의 인격에 이르도록 하는, 즉 그리스도의 분량으로 성숙케 되는 인격 통합에 이르는 수준까지 고려해야 한다(문순애, 2010b; 정갑순, 2010).

기독교 학교 운동이 가지고 있는 관심의 주요 초점은 학습 내용과 성경적 세계관의 통합에 있다(Richards, 1995). 그러나 현장에서 교사들은 교육과정의 통합에 어려움을 느끼고 있는 것으로 나타났다. 기독교 세계관에 기초한 기독교 유아교육과정 실행 경험에 관한 연구(정윤, 정희영, 2015)에서 교사들은 기독교 세계관 학습 이후에도 교육과정에 적용하는 데 어려움을 나타냈다. 기독교 개념을 영적인 영역으로 제한함, 성경만을 교육 내용으로 인식함, 또는 하나님의 창조에 대한 잘못된 인식 등이 그 원인인데, 그 근본적인 이유는 이원론적 사고라고 볼 수 있다. 따라서 이원론적 사고는 기독교 유아교육 실행의 장애물이 되고 있다. Van Dyk(2009)는 이원론의 문제점을 세 가지로 들었다. 첫째, 그리스도의 주되심을 '영적인' 일이라는 가상영역에 제한시킨다. 둘째, 학교 전체 영역이 복음과 관계없이 방치될 수 있다. 셋째, '영성' 개념의 잘못된 해석으로, 영성이 교수 및 학습과는 구분되는 경건 활동만을 의미하게 된다. 현장에서 많은 기독교 학교들이 인본적인 교과교육과정을 유지한 채 성경과목과 기도 및 예배를 첨가하는 방식을 취하고 있다. 채드윅(Chadwick, 1982)은 이러한 접근에 대하여 인간 중심 교육이라는 케이크에 기독교라는 크림을 덧바르는 것이라고 비평하고, 기독교 학교 교육과정이 필요로 하는 것은 집 옆에 덧붙여 짓는 새로운 차고가 아니라 새로운 기초라고 보았다. 아울러 진정한 의미의 기독교 학교 교육과정은 초석인 성경과 성경적 세계관에 기초하여 근거하여 모든 교과가 해석되고 통합되어야 함을 강조하였다(이정미, 2010, 재인용).

기독교교육과정의 통합의 유형에 관해 프리스켄(Frisken)은 세 가지 종류의 초코케이크에 비유하였다. 첫 번째 유형의 초코케이크는 평범한 스펀지케이크 위에 초코를 덧씌운 것에 비유된다. 이 유형은 얼핏 보기에는 기독교 유아교육과정을 운영하는 것 같지만 일반교육과정에 일주일에 한 번 예배를 드리거나 성경 이야기를 들려줌으로써 기독교적인 요소로 살짝 초코를 덧씌운 것과 같다. 이러한 기독교적 요소를 제외하면 나머지 교육과정은 일반교육과정과 차별이 없다. 두 번째 유형은 초코칩 케이크인데 이는 케이크 믹스에 초코칩을 더한 것으로서 일반적 교육과정에 약간의 기독교적 요소가 통합되어 있는 형식이다. 이 교육과정에서는 종종 성경 이야기를 들려주거나 찬양을 부르거나 예수님의 교훈을 들려주거나 개별 유아를 위해 기도할 수 있다. 그러나 이러한 기독교적 요소 외에는 성경적 세계관이 반영되어 있지 않다. 세 번째 유형은 케이크 전체에 골고루 초코가루가 섞여 있어 케이크 전체에서 초콜릿 맛이 나는 초코케이크이다. 이 유형이야말로 진정한 통합 기독교교육과정이라 할 수 있는데, 과학실험을 하거나 세시풍속에 대한 활동에서조차 하나님의 말씀이 적용되어 다루어진다(임희옥 외, 2010).

3 기독교 유아교육과정의 특징

기독교 철학자인 월터스톨프는 개혁주의 세계관에 의해 운영되는 기독교교육과정은 다음과 같은 원리와 준거에 의해 이루어져야 한다고 주장하였다(Stronks & Joldersma, 2002; 정희영 외, 2016, 재인용).

첫째, 기독교적인 교육과정의 개발이어야 한다. 교육의 목적을 문화전수 목적, 성숙 목적, 기독교적 목적, 혹은 사회화 중 어디에 두느냐에 따라 교육의 내용은 달라진다. 반 브루멜른(Van Brummelen, 1977)은 기독교적인 관점에 의해서 교육과정을 구조화할 때 비로소 기독교적 지성을 개발할 수 있으며 학생들이 직면하는 모든 문제들에 대해 기독교적으로 사고하는 것을 가르칠 수 있다고 언급하고 있다.

둘째, 교육과정은 통합교육과정이어야 한다. 가르치는 모든 내용이 하나님과의 관계 속에서 해석되어야 하며 이것은 또한 수평적인 관계 속에서 해석되어야 한다.

셋째, 시대적 배경을 고려한 교육과정이어야 한다. 학생마다 독특한 소명과 능력을 지니고 있으며 관심사가 다르기에 개별화된 교육이 필요하다. 아울러, 현 시대가 다원주의 시대임을 고려할 때 다원성의 문제를 진지하게 고려하여야 한다.

넷째, 국제화를 지향하는 교육이어야 한다. 국제화 교육이 필요한 이유는 하나님께서 우주를 창조하시고 그 우주를 우리에게 맡기셨기 때문에 전 우주를 아우르는 교육이 되어야 한다.

다섯째, 전통과의 대화를 통한 교육이어야 한다. 현시대가 전통과 단절되고 개인주의를 지향하는 경향성을 갖기 때문에 기독교 공동체가 지니고 있는 심오하고 풍부한 가치를 배울 수 있도록 전통과의 대화가 필요하다.

정갑순(2002)에 의하면, 일반 유치원 교육과정과 기독교 유아교육의 효율적인 통합적 접근을 이루기 위하여 다음의 전제 조건을 따라야 한다.

첫째, 교사는 반드시 성경적 관점에서 사고하며 삶을 살아야 한다.

둘째, 교사는 교수-학습-과정과 생활에서 이분법적 사고에서 벗어나야 한다.

셋째, 교사는 모든 학습 내용, 학습 방법, 활동들을 성경에 기초하여 재해석할 수 있어야 한다.

넷째, 유아의 성장 목표는 일반 유치원 교육목표를 초월하여 기능할 수 있는 영적 통찰력을 가져야 한다.

다섯째, 유아교육기관, 교회, 가정에서의 교육과 생활이 연계성을 갖도록 해야 한다.

여섯째, 성령 하나님의 개입을 인식하고 의지해야 한다.

4 기독교 유아교육과정의 개발 과정

기독교 학교의 궁극적인 목적은 교육과정을 학생들이 성장하는 수단으로 사용하는 데 있다. 학생들의 성장은 창조와 구원이 화해하는 가운데, 학생들의 삶에서 기독교적 세계관이 표현되는 가운데, 그리고 하나님에 대한 그들의 지식 안에서 이루어져야 한다(Green, 2000). 이러한 목적하에 기독교 학교 교육과정의 세 가지 목표는 다음과 같다. 첫째는 창조와 구원을 조화시키거나 화해시키는 것이다. 둘째는 창조와 타락 그리고 구원에 대한 기독교적 관점을 삶에서 보여 주는 화목한 생활을 격려하는 것이다. 셋째는 학교 공부를 통해 하나님을 깊이 경외하고 사랑하고 찬양하고 섬기는 생활을 하도록 양육하는 것이다(Green, 2000).

기독교 학교 교육의 목적은 단지 오늘날 세상을 살아가는 데 필요한 기술들을 얻게 하는 데 있지 않다. 기독교 학교의 우선순위는 학생들이 지식과 능력을 겸비한 예수 그리스도의 참 제자가 되도록 돕는 데 있다(Green, 2000; Van Dyk, 2009). 그리스도의 참 제자가 되기 위하여 학생들은 단지 복음을 이해하는 것뿐만 아니라 창조된 세상을 그들을 둘러싼 문화와 다른 방법으로 보는 시각을 배워야 한다(Green, 2000). 기독교 학교는 다음의 네 가지 목표를 통해 그리스도의 책임 있는 제자를 양육하는 목적을 이룰 수 있다. ① 삶에 대한 기독교적 안목의 기초, 틀, 의미를 밝히 드러내기, ② 개념, 능력, 창의성 발달 촉진하기, ③ 기독교 세계관에 기초한 삶의 의미를 경험하기, ④ 기독교인의 생활양식에 헌신하고 하나님과 이웃을 섬기기(Van Brummelen, 1996).

기독교 세계관은 기독교교육의 목적과 방향을 설정하는 데 근거가 되며, 따라서 기독교 유아교육과정을 개발하는 데에도 중요한 부분이다(문순애, 2010b). 기독교 유아교육과정은 기독교 세계관으로 교육의 철학적 토대를 삼기 때문에 교육의 목적은 학생들로 하여금 삶의 모든 영역에서 주님이신 예수 그리스도의 제자가 된다는 것이 무엇을 의미하는지를 탐구하고 경험하도록 돕는 것이다(정윤, 정희영, 2015). 기독교 유아교육의 목적은 하나님의 자녀된 유아들이 하나님을 알고, 하나님과 관계를 맺으며, 하나님께서 창조하신 목적을 따라 살아갈 수 있도록 돕는 데 있다(김윤희, 2009). 이와 같은 목적하에 기독교 유아교육의 목표는 다음의 세 가지를 포함할 수 있다(김미경, 2003).

① 유아들이 하나님의 뜻을 발견하는 것
② 유아들이 예수 그리스도를 개인적인 구주로 영접하는 것
③ 예배, 바른 생활, 봉사 등의 기독교인의 특성을 드러내는 것

이처럼 그리스도의 제자로 성장하고 하나님의 창조의 목적와 구원의 의미를 따라 조화롭게 화목하게 사는 하나님의 사람을 키우기 위한 목적을 이루고 그에 합당한 목표를 세울 때 다음의 원리를 따라야 한다.

첫째, 성경적 교육의 기초와 일치되어야 한다.
둘째, 궁극적 목적과 일치해야 한다.
셋째, 이미 설정된 목표와 일관성을 유지해야 한다.
넷째, 인간의 본성에 대한 성경적 개념에 입각해야 한다.

다섯째, 성경이 요구하는 인간상에 기초를 두어야 한다.

여섯째, 전인 교육을 지향해야 한다.

일곱째, 교육과정상의 모든 국면에 적용 가능해야 한다.

여덟째, 학교 내의 모든 학생에게 적용되어야 한다.

아홉째, 달성 가능해야 한다.

열째, 실용적인 면뿐만 아니라 본질적인 측면에서도 가치 있는 것이어야 한다.

열한째, 명확하고 기능적으로 기술되어야 한다(De Jong, 1985).

교사에게 있어 교육과정 재구성은 기존의 교육과정을 기독교 세계관에 기초하며 학교와 교실 환경에 적합하게 해석, 조직, 변경하는 일련의 활동을 의미한다. 따라서 기독교사에게 있어 교육과정 재구성이란 개발자인 교사의 기독교 신앙과 가치에 따라 재개념화된 교육과정의 이념과 가치들이 기존의 이론이나 지침을 바탕으로 자료 수집, 체계화 및 활용 방안의 모색을 통해 실현 가능한 수업 계획으로 옮겨가는 활동이라고 해석할 수 있겠다(박영주, 2013).

[그림 4-1]은 교육과정 기획을 위한 모델로서 가운데 원은 프로그램 구성요소이며, 중간에 있는 원은 교육과정 전략들에 대한 심의 과정, 그리고 가장자리 원은 근본적인 틀을 형성하는 요인에 해당되고 각 원들 간에는 다양한 상호작용이 일어나기 때문에 점선으로 표시되었다. 이 모델의 가장 안쪽 원에는 프로그램 구성 요소들인 의도, 학습 활동, 학습 자료, 학생 평가 등이 있다. 먼저 목적을 설정했을지라도, 학습 활동과 자료들을 계획하고 수행하고 평가하면서 목적을 명확히 하고 때로는 변경하기도 한다. 중간 원은 심의 과정을 나타낸다. 그것은 교육과정 기반과 상황을 프로그램 구성 요소로 연결시켜 준다. 교육과정 제작은 상호연결되어 있으면서도 각기 독특한 세 가지 요소, 기획, 수행, 프로그램 평가를 포함한다. 마지막 바깥 원은 교육과정 계획의 틀을 형성하는 요인들을 보여 준다. 교육과정을 결정하는 사람들은 삶에 대한 신념을 가지고 있다. 그들은 특정한 맥락 속에서 작업한다. 다음의 핵심 질문에 대한 답이 그들이 하는 작업의 틀을 형

성하도록 한다. 그들의 비전은 무엇인가? 교육에서 중요한 가치는 무엇인가? 학교는 무엇을 위해 존재하는가? 지식의 본질은 무엇인가? 과목을 어떻게 선택하고 구조화하는가? 인간을 바라보는 관점은 무엇인가? 그것이 교육과정에 주는 함의는 무엇인가? 미래에 영향을 미치는 경제, 정치, 사회, 문화적 상황은 무엇인가? 등이다(Van Brummelen, 2006).

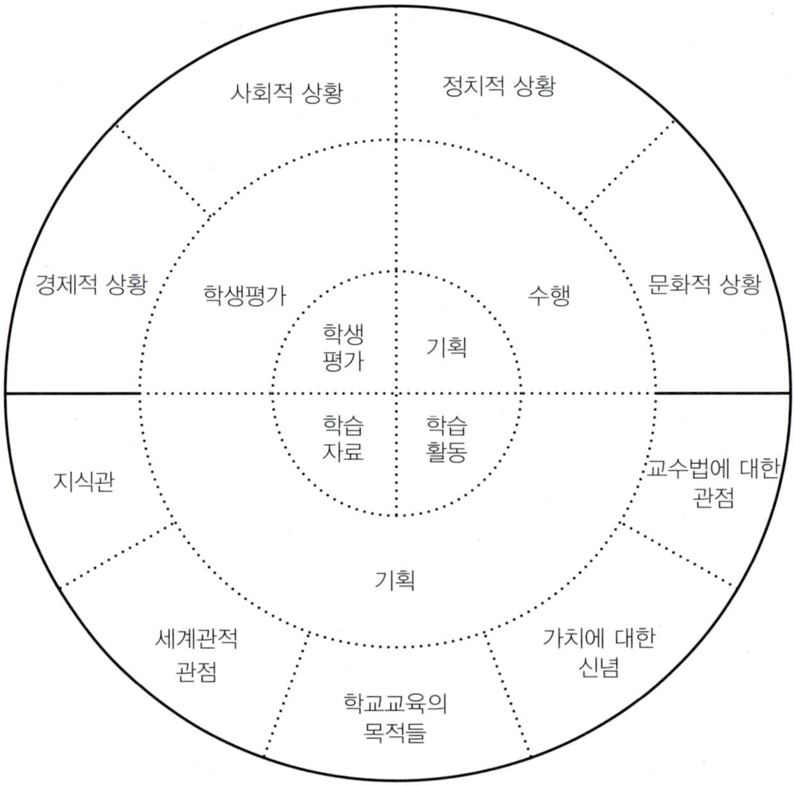

[그림 4-1] **교육과정 기획 요소들**

출처: Van Brummelen(2006). 기독교적 교육과정 디딤돌, p. 54.

이하에서는 반 브루멜른(Van Brummelen, 2002)과 오버만과 존슨(Overman & Johnson, 2003)이 제시한 기독교교육과정의 개발 절차를 소개한다.

〈표 4-2〉 Van Brummelen(2002)의 교육과정 단원개발 모형-교육과정 개발 절차

단계	내용
1단계: 중요하고 적절한 주제 정하기	· 이 주제는 학생들에게 기독교적 세계관과 가치 및 문화유산을 소개해 주는가? · 이 주제는 학생들의 이전 지식을 확대시키고 중요한 이슈들을 다루는가? · 이 주제는 학생들의 흥미를 불러일으키고 개인적으로 의미 있는 응답을 장려하는가?
2단계: 아이디어 브레인스토밍하기	· 마인드맵을 통해 가르칠 소주제 및 개념들의 집합을 다루기 적절하고 통일된 느낌을 나타낼 때까지 수정하며 그려 보기 · 단원 주제를 위한 기독교 세계관적 기초 탐색하기 · 실재의 어떤 양상들이 주제의 일부분이 되는지 고려하기
3단계: 단원의 초점을 명확히 하기	· 주제 진술하기: 학생들이 습득하기 바라는 영속적인 이해, 주요 개념, 핵심 기능들 및 육성하기 원하는 가치, 성향, 헌신들을 포함하여 단원의 전반적인 목표를 기독교적 관점에서 기술하기 · 탐구를 안내할 핵심 질문 만들기: 깊이 있는 학습을 인도할 질문을 작성하기 · 의도된 학습결과(목표) 진술하기
4단계: 학습활동 계획하고 선택하기	· 학습활동이 주제진술과 의도된 학습목표들을 달성하기에 적절한가? · 학습활동은 개인적으로 의미 있는 학습이 일어나도록 돕는가? · 높지만 달성할 수 있는 성취수준에서 중요한 개념, 가치, 영속적인 이해사항 및 고차적 사고를 통한 학습을 고무시키는가? · 동기유발을 위한 도입활동과 학습 내용을 종합하여 재음미해 보는 적절한 활동이 있는가? · 적절한 학습지도안 양식을 구성하여 사용하기
5단계: 국가교육과정 기준(목표)을 통합시키기	· 국가 교육과정 지침서에 있는 학습목표를 만족시키고 있는지 점검하고 필요한 경우 추가하기
6단계: 계획된 학습활동의 일정표 계획하기	· 한 주간 동안 이 단원에 매일 어느 정도의 시간을 할애할 것인지 결정하기 · 이 단원을 몇 주간 동안 할 것인지 연간 계획표 검토하기
7단계: 학습 자료들 선택하기	

단계	내용
8단계: 학습평가 계획하기	· 가능한 한 학습목표, 학습활동, 학생의 성취결과, 평가 전략을 나란히 맞추기 · 다양한 평가 전략을 사용하기 · 외부평가로서 대학수학능력시험 같은 것은 평가 전략 중 하나의 방법으로 활용하기 · 모든 의도된 학습목표가 즉시 평가될 수 있는 것은 아님을 기억하기 · 학습개선을 위한 형성 평가적 피드백하기 · 점수산정의 기준 포함하기
9단계: 단원의 효과 제고하기	

출처: 이정미(2010). 기독교적 교육과정, p. 270에서 재인용하여 편집.

반 브루멜른(Van Brummelen, 2002)의 교육과정 모형은 주제의 적합성부터 출발하여 주제의 기독교적 통합 가능성, 목표 설정, 학습활동 선정, 일정표 계획, 학습자료의 선정, 평가에 이르기까지 주도면밀하고 상세한 과정을 잘 묘사하고 있다.

〈표 4-3〉 Overman & Johnson(2003) 교육과정 단원개발 모형

단계	내용
1단계: 성경적 세계관 통합을 원하는 교과목 결정하고 개발자와 적용대상의 정보 적기	· 교과목, 참고도서, 학년, 교사이름, 소속학교, 연락처 적기
2단계: 단원제목과 목표 진술하기	· 목표 진술에는 학습해야 할 교과 내용과 학습자의 학습활동 사고수준이 포함되도록 한다.
3단계: 학습활동 계획하기	· 학습활동의 기본절차는 도입, 전달, 정리단계로 구성하기 · 2단계에서 진술된 사고수준의 활동과 목표가 달성되도록 구성하기 · 각자 교사들이 유연성 있게 이용하도록 대략적 개요만 진술하기
4단계: 단원학습 내용이 성경적 세계관 요소에 어떻게 연결될 수 있는지 규명하기	· 성경적 세계관의 다섯 가지 요소인 하나님, 창조, 인간, 도덕적 질서, 목적 중 가장 적절한 하나의 요소와 어떻게 연결하여 학습할 수 있을지 규명하기
5단계: 단원에 통합되어야 할 구체적인 성경적 진리 명료화하기	· 4단계에서 찾은 일반적 세계관 요소와 관련되어서 교과지식에 연결되어야 할 보다 구체적인 성경적 진리를 찾아 정리하기

단계	내용
6단계: 성경적 세계관 통합을 위한 목표 진술하기	· 여기서의 목표 진술은 2단계에서 진술한 목표에 포함된 내용 목표를 반드시 포함하고, 학습활동의 사고수준은 같은 수준을 유지하여야 하며, 여기에 통합되어야 할 성경적 진리를 포함하여 새롭게 진술하기
7단계: 성경적 세계관의 통합을 위한 학습활동 계획하기	· 이 단계에서는 학생들이 단원의 교과지식과 구체적인 성경적 진리를 연결하여 생각하도록 돕기 위한 질문이나 활동을 준비하기 · 성경적 진리는 교사가 직접 제시할 수도 있고 학습자들이 스스로 연결하여 보는 기회를 제시하는 것 가능
8단계: 수업 후의 의견 쓰기	

출처: 이정미(2010). 기독교적 교육과정, p. 271에서 재인용하여 편집.

오버만과 존슨(Overman & Johnson, 2003)의 교육과정 개발 모형은 일반 목표 진술과 성경적 세계관과 통합된 목표의 재진술이 구분되어 있는 것이 특이 사항이며, 4~7단계에서 단원의 학습 내용이 성경적 세계관과 통합되는 절차를 강조하고 있어 바람직한 개발 모형이라 볼 수 있다.

5 기독교 유아교육과정의 실제 1

이 장에서는 외국의 기독교 유아교육과정으로 널리 알려진 열방대학교 교육과정과 알타비스타(Alta Vista) 교육과정의 배경과 교육과정 구성에 대해 알아본다. 열방대학교 교육과정은 성경을 중심으로 한 기독교적 주제를 일반적 내용과 통합시킨 교육과정이고 알타비스타 교육과정은 일반적인 주제를 기독교적으로 전개한 교육과정이다(문순애, 2010a).

1) 열방대학교 교육과정

열방대학(University of Nation)은 국제 예수전도단의 세계적인 대학으로서 마태복음 28장 19-20절의 그리스도의 대사명을 이루기 위해 헌신한 대학이다. 이 대학의 교육과정은 15년간의 연구를 통해 개발한 정규 유아교육기관을 위한 기독교 유아교육 프로그램으로서 성경 내용에서 유아 발달단계에 적합한 내용을 발췌하여 창조-타락-구속의 순서 개념으로 단원을 선정하고 피조세계의 교육 내용을 통합하였다. 이 교육과정은 1년 동안 사용하도록 고안되었지만, 2년 혹은 3년째 유치원에 오는 유아들은 같은 영역을 좀 더 자세히 깊이 있게 배우도록 권장하고 있다(임희옥 외, 2010).

교육과정의 내용은 총 7권으로 구성되어 있다. 1권은 성경적 원칙들과 실제적인 기술을 소개한 교사지침서이다. 2, 3, 4권은 교육과정 내용으로서 2권은 '하나님 우리 아버지를 알자: 구약 성서시대가 주는 성서적 원칙들', 3권은 '예수님을 알자, 우리와 함께하시는 하나님: 예수님의 삶에서 나온 성서적 원칙들', 4권은 '예수님을 알자, 성령님의 도우심으로: 첫 번째 성탄절이 주는 성서적 원칙들'에 대한 내용을 다루었으며 5권은 '의로 훈계하다: 어린이의 갈등을 다루는 성서적 훈계 지침서'로 구성되어 있다. 6권 '내 마음에 주의 말씀을 두었나이다'는 단원에 맞춘 42개의 성경구절을 쉽게 배울 수 있도록 하는 노래를 수록하였고, 7권은 수업에서 활용할 수 있는 포스터로 구성되어 있다.

기독교 유아교육과정의 실질적인 유아교육 프로그램인 2권부터 4권까지 세 권의 책은 42개 단원에 대해 실제로 어떤 활동을 전개해야 할지 구체적으로 제시하고 있다. 그중 2권 '하나님 우리 아버지를 알자'의 내용은 다음 〈표 4-4〉와 같다.

〈표 4-4〉 열방대학 기독교 유아교육과정 내용

단원 번호	단원명	성경	기도	실천적 적용	피조세계
F-1	나는 네가 여기 있어서 기쁘다. 그리고 하나님 우리 아버지도 네가 여기 있어서 기뻐하신다.	성경은 하나님의 말씀	하나님 우리 아버지와의 의사소통	존경심을 보이자	창조의 날들
F-2	하나님은 우리의 아버지시다: 우리는 그의 자녀이고 아버지는 우리를 똑같이 사랑하신다.	우리는 모두 하나님의 자녀	다른 사람을 위해 기도하기	사람은 가치가 있다.	인체
F-3	하나님은 우리의 아버지시다: 나는 그분의 자녀이다	나는 신묘막측하게 창조되었다.	하나님은 내 목소리를 들으신다.	서로의 유일한 점에 대해서 감사하기	나는 유일하다!
F-4	하나님은 우리 아버지시다: 우리는 그분에 대해서 무엇을 알 수 있을까?	하나님의 성품	하나님의 성품은 우리의 기도에 영향을 준다.	우리에 대한 하나님의 합리적인 기대	하나님이 만드신 것, 사람이 만든 물질들
F-5	하나님 우리 아버지는 우리에게 가장 좋은 것이 무엇인지 아신다.	타락하기 전의 아담과 하와	성경이 없는 사람들을 위한 기도	성경은 우리에게 어떻게 살아야 하는지 말해 준다.	인간의 기본적 필요
F-6	하나님 우리 아버지는 우리가 순종하길 원하신다.	아담과 하와의 불순종: 노아의 순종	불순종에 대해 어떻게 해야 하나?	순종에 대해 배우고 연습하기	무지개
F-7	하나님 우리 아버지는 우리의 감정을 이해하신다. 하나님도 감정을 가지고 계시기 때문이다.	요셉의 이야기	우리는 하나님과 우리의 감정을 나눌 수 있다.	우리의 감정을 열기	옷감을 얻는 방법
F-8	하나님 우리 아버지는 우리가 할 수 없는 것을 시키는 분이 아니시다.	모세가 백성들을 이집트에서 인도해 내다.	예배와 찬양	하나님 우리 아버지는 우리가 그분의 명령을 따를 수 있도록 도우신다.	곤충
F-9	하나님 우리 아버지는 우리가 그분에게 말할 때 기뻐하신다. 그분은 항상 듣고 계신다.	목자이자 작곡가인 다윗	우리가 우리 자신을 하나님께 표현하는 방법들	듣는 기술 발달시키기	양

단원 번호	단원명	성경	기도	실천적 적용	피조세계
F-10	하나님 우리 아버지는 선하신 분이다.	과부의 기름	하나님의 선하심을 인식하기 위해서 기도하자.	하나님의 선하심을 표현하기	기름
F-11	하나님 우리 아버지는 가장 위대한 하나님이시다. 오직 하나뿐인 진리의 하나님이시다.	불 속에 있는 세 명의 히브리 사람	유일하시고 참된 하나님을 모르는 자들을 위해 기도하기	사람이 만든 나무, 돌, 철, 종이신들	불
F-12	하나님 우리 아버지는 항상 신뢰할 만한 분이시다.	사자 굴에 있는 다니엘	위험한 상황에 처한 기독교인을 위해 기도하기	하나님 안에 신뢰를 둔 사람들	사자

출처: 열방대학교 교육대학(2002b).
학령전 어린이 교육을 위한 성서적 기초 2: 구약 성서시대가 주는 성서적 원칙들, pp. xvi-xvi.

2권에 수록된 12단원은 하나님 아버지의 속성과 성품에 대해, 그리고 그 하나님과 자녀인 우리가 맺는 관계에 대해 소개하고 있다. 각 단원마다 성경 이야기, 기도, 실천적 적용, 그리고 하나님이 만드신 자연과 창조물을 탐색하고 활용하도록 제시하고 있다. 열방대학교 교육과정은 모델링 주체로서의 교사의 역할을 중요시하므로 기독교적 자질과 성경에 대한 지식이 없는 교사는 교육과정의 의도에 맞는 수업을 하거나 내용을 전달하는 데 어려움이 있을 것으로 평가되고 있다(문순애, 2010a).

2) 알타비스타 교육과정(Alta Vista Curriculum)

알타비스타 유아교육과정의 교육 이념은 기독교교육과정의 교육철학과 이념에서 출발한다. 기독교교육과정의 교육 이념은 기독교 학교 국제 연맹인 ACSI(The Association of Christian Schools International)의 공인 출판물인 Steppingstones to Curriculum(Van Brummelen, 2002)를 통해서 발견할 수 있는데, 세 가지의 성경적 책임 혹은 명령과 이에 대한 교육과의 관련성에 근거한다. 즉 성경적 책임은 창조 명령(혹은 문화 명령)과 예수 그리스도의 대명령 그리고 대위임령

세 가지이다. 이러한 성경적 책임의 명령에 근거하여 알타비스타 교육과정은 '책임 있는 청지기 정신, 이타적인 사랑과 섬김의 가치, 하나님의 형상으로서의 인격의 존엄성과 가치 존중, 의와 공평에 기초한 인격적, 공동체적 제자도'를 교육철학 및 이념으로 하며 하나님을 창조주로 바라보고 모든 것을 하나님의 말씀 안에서 밝혀야 함을 강조한다. 다만 성경을 분리된 과목으로서 가르치는 것이 아니라 자연스럽게 각 과의 도입 부분에서 성경적 관점에 따라 교수에 대한 지침을 제시하여 삶의 모든 영역에서 필요한 지침서로 바라볼 수 있도록 돕는다(홍말순, 2013).

알타비스타 교육과정은 1991년 Alta Vista College의 교육과정 개발팀이 개발한 유아교육 프로그램이다. 편집 책임자는 Bellevue Christian School의 설립자이며 Alta Vista College의 설립자 겸 실행 책임자인 알버트 그린(Albert E. Greene, Jr.)이다. 교육과정의 수준은 A수준은 유아/유치원 단계, B수준은 1학년부터 3학년 단계, C수준은 4학년부터 6학년 단계, D수준은 7학년부터 9학년 단계이다. 이 프로그램은 단원을 선정하고 이를 중심으로 모든 교과영역에 대해 성서적 관점을 적용하고자 하였다(임희옥 외, 2010). 알타비스타 교육과정의 각 단원은 15과로 구성되어 있는데, 각 과는 15개의 서로 다른 학과목과 연결되어 있다. 구체적인 교육 내용은 식물, 집단 속의 사람들, 지구와 우주, 개인과 사람들, 동물들, 전통적 집단으로서의 사람들로 매년 동일한 6개의 주제를 다른 수준으로 배우게 되는데(홍말순, 2013), 구체적인 내용은 〈표 4-5〉와 같다.

〈표 4-5〉 알타비스타 교육과정의 내용체계

단원명 학문영역	식물	세계의 여러 인종	지구/우주, 무생물	개인으로서의 사람-자기와 타인	동물
논리학	생물과 무생물: 식물의 종류	여러 인종들	하나님께서 무생물도 창조하셨다.	개인의 정체감	하나님은 많은 종류의 동물을 창조하셨다.
물리학	식물의 각 부분들	자연지리: 대륙과 해양	무생물의 특징	개인의 신체: 인간 감각	동물의 몸과 표면(날개, 비늘, 털, 피부)
수학	식물 부분 세기: 식물의 수	인구 밀도	시간 측정	개인의 수: 연령, 무게, 신장	동물의 수와 동물 신체 부위는 셀 수 있다.
기하학	식물의 크기 변화: 씨앗에서 성장한 식물까지	여러 가지 집	지역, 위치, 방향, 거리	개개인의 모양, 크기, 공간사용	동물의 신체 크기와 적합한 서식처
생물학	식물은 햇빛, 물, 토양, 공기를 필요로 한다.	여러 가지 음식	태양계: 지구는 살아 있는 행성이다.	좋은 음식, 휴식, 청결, 물에 대한 욕구	동물이 살아가는 데 음식, 물 공기가 필요하다(새, 물고기).
역학 (운동적)	식물의 운동: 빛을 향해 자라고 바람에 따라 굽어진다.	여러 가지 여행 방식	밀기와 당기기	개인의 움직임: 운동	동물은 서로 다른 방식으로 움직인다(파충류).
심리학	식물에 대한 감정: 인간 감각	인사를 통해 자신의 감정을 표현하는 다양한 방식(악수, 뽀뽀하기, 끌어안기)	하나님의 세계에 관한 느낌	개인의 정서와 자아개념	동물과 정서
미학		다양한 미술과 음악	우리는 무생물을 주신 하나님을 찬양하기 위해서 미술과 음악을 이용한다.	미술에 대한 개인의 미학	하나님은 동물의 아름다움을 통해 자신의 영광을 드러내신다(새와 나비).
언어학		다양한 언어	하나님과 이야기 나누는 방법	개인의 의사소통: 말하기와 듣기를 배우기	문학 속의 동물: 신화, 우화

단원명 학문영역	식물	세계의 여러 인종	지구/우주, 무생물	개인으로서의 사람-자기와 타인	동물
사회학	벌과 꽃: 남과 더불어 살기	다양한 가족형태	가족 휴가	인간 관계: 집단 속의 개인	우리 사회의 동물: 애완견, 맹도견, 경찰견, 사냥개, 서커스 동물들
경제학	식물의 산물: 음식, 옷	다양한 직업	물, 열, 힘의 경제학	개인의 소유: 하나님의 것과 나의 것, 자기 점심을 나누는 소년에 대한 성경 이야기	동물은 음식, 의복, 노동과 즐거움을 준다.
역사학	A: NW연안의 아메리카 원주민 B: 현대와 과거의 식물을 사용하는 방식 비교	순례자와 왕파노아그(Wampanoag, NW의 아메리카 원주민)	A: SW연안의 아메리카 원주민 B: 개척자들(양철공, 대장장이)	개인의 역사: 성장과 발달	A: 말, 속달, 우편 B: 넓은 평원의 원주민, 교통 수단인 말과 들소
윤리학	씨의 비유: 식물 돌보기	나와 다른 사람의 차이 수용하기	공기, 물, 토양의 오염: 원인과 예방	개인의 봉사: 사랑, 적절한 접촉과 부적절한 접촉	멸종된 동물과 위기에 처한 동물
법학	들판과 숲에 있는 식물에 대한 규칙: 아담과 하와	다양한 정부형태(군주제, 의회 민주주의)	중력과 마찰	사람의 규칙: 권위	애완동물을 돌보는 규칙
신학	하나님에 대한 우리의 사랑을 보이는 한 방법은 식물을 잘 돌보는 것이다.	사도 바울의 선교 사역	무생물을 주신 하나님을 찬양	개인의 신앙: 하나님과의 관계	노아와 방주

출처: 임희옥 외(2010). 기독교 세계관으로 조명한 유아 교육하기, pp. 126-127.

위의 표를 통하여 알 수 있듯이, 일반 주제가 교과목과 통합되어 그 속에서 성경적 관점을 녹여내는 것이 알타비스타 교육과정의 특징이다. 이 교육과정은 학습자가 교사로부터 배우는 만큼 또래로부터 배우게 된다는 것을 전제로 하고 있기 때문에, 토론과 협력학습을 권장한다. 그러나 토론과 합동학습의 교수학습과정이 교사와 학생 간의 쌍방적인 과정이 되지 못한다면 학습은 흥미가 없게 될 수 있다(문순애, 2010a).

〈표 4-6〉은 Wilma Van Brumelen의 「연간 유치원 과정 개요(Kindergarten Course Outline)」에 나오는 아홉 가지 주제를 소개한 것이다. 한 예로, 2월 초부터 5주간 일본에 대한 단원을 진행한다. 학습자들이 일본 음식 문화를 체험하도록 일식당 현장 견학이 포함된다. 이 단원의 주제 진술문은 다음과 같다.

> "이 땅을 창조하셨을 때, 하나님은 사람들에게 하나님의 형상으로서 이 세상을 발견하고, 탐험하고, 개발하고, 돌보라고 명령하셨다. 하나님은 우리에게 선한 창조 세계를 주셨다. 그러나 죄로 인해, 우리가 하나님의 형상으로서 하나님과 다른 사람들을 사랑하는 능력은 왜곡되었다. 또한 바벨탑 시대에 사람들이 하나님께 불순종했기 때문에 하나님은 모든 민족을 흩으셨다. 하지만 예수 그리스도 안에서 나타난 하나님의 구속적 사랑은 우리에게 또 다른 기회를 주셨다. 따라서 우리는 우리에게 주신 하나님의 사랑을 주위의 사람들에게, 또 여러 다른 문화의 사람들에게 나타낼 수 있다. 사람들은 각자의 신념, 언어, 사회적 상호작용, 경제적 상황, 물리적 환경 등에 기초하여 문화를 형성한다. 이 단원의 학생들은, 우리 지구촌의 이웃인 일본 사람들이 어디에서 살고 있으며 또 어떻게 문화를 발전시켰는지를 학습하게 될 것이다. 또한 죄로 인해, 사람들이 언제나 서로를 공정하게 대하지는 않는다는 것을 배우게 될 것이다. 학생들은 다른 문화적 배경을 가진 사람들에 대하여 어떻게 하나님의 대명령과 대위임령을 수행할 수 있는지를 탐구할 것이다. 그리고 그리스도 안에서 자신의 독특성과 은사들뿐 아니라 일본과 같이 다른 문화에서 사는 사람들의 독특성과 은사들에 대해서도 축하하게 될 것이다. 이 단원의 주요 초점은, 우리 고유의 문화와 다른 문화적 배경을 가진 사람들과 상호 작용을 할 때, 하나님을 제일 사랑하고 또 이웃을 내 몸과 같이 사랑하는 것이 무엇을 의미하는지 배우는 데 있다(Van Brummelen, 2006, p. 159)."

〈표 4-6〉은 Wilma Van Brumelen이 개발한 기독교 유치원 교육과정 개관표이다. 본 교육과정은 월별 주제를 하나님 또는 하나님의 창조물, 제자도 또는 영성, 성경 말씀과 연관시키고 더 나아가 언어, 문학, 작문, 수학, 과학, 심미성(미술, 음악), 체육에 해당하는 발달개념과 활동과도 연계하였다.

〈표 4-6〉 기독교 유치원 교육과정 개관표

<table>
<tr><th>유치원</th><th>9월</th><th>10월</th><th>11월</th><th>12월</th><th>1월</th><th>2월</th><th>3월</th><th>4월</th><th>5월</th><th>6월</th></tr>
<tr><td>주제/단원/논제</td><td>창조 세계</td><td>추수</td><td>하나님께서 나를 특별하게 만드셨어요</td><td>침엽수, 성탄절 가장 행렬</td><td>교통수단, 우주</td><td>일본</td><td>농장</td><td></td><td>꿀벌</td><td>물</td></tr>
<tr><td>학습 영역</td><td>사람, 동물, 식물, 무생물</td><td>하나님의 선물: 과일, 채소, 낙엽수</td><td>하나님의 선물: 사람, 조부모</td><td>봉사를 위한 하나님의 선물로서 무생물들</td><td>봉사를 위한 하나님의 선물로서 무생물들</td><td>다른 문화, 관용, 하나님의 영광과 즐거움 위해 창조된 피조물</td><td>우리에게 공급해 주시는 하나님의 선물: 젖소, 닭</td><td>하나님의 공급 방법: 수분 작용하고 꿀을 만들어 주는 벌들</td><td colspan="2">창조에서 하나님의 법과 그것이 어떻게 하나님의 영광을 위해 사용되는지를 발견하기</td></tr>
<tr><td>제자도, 영성, 사랑, 아름다움</td><td>청지기 정신, 봉사</td><td>미학, 균형 잡힌 생활, 청지기 정신</td><td>개성, 공동체, 윤리</td><td>지구촌, 청지기 정신</td><td>소명, 봉사</td><td>모든 사람을 위한 정의</td><td>소명, 봉사, 청지기 정신</td><td>의사소통, 청지기 정신</td><td>신중함, 청지기 정신</td><td></td></tr>
<tr><td rowspan="2">성경교과</td><td colspan="10">성경 이야기: 창조에서 계시록까지의 이야기를 순차적으로 시간표 구성, 개관, 하나님의 언약적 광맥, 창조, 타락, 구속, 봉사, 청지기 정신</td></tr>
<tr><td>에덴 동산</td><td></td><td>시편 139</td><td>들의 나무들</td><td>성경 시대와 현대의 여행 비교</td><td>마태복음 22, 이웃을 사랑하라</td><td>최초의 농장: 에덴 동산</td><td>성경에서 언급된 꿀</td><td>물에 대한 성경의 상징적 용례</td><td>청지기 정신</td></tr>
<tr><td>언어 교과/Phonics/철자, 듣기, 말하기</td><td colspan="3">· ABC 이름 배우기
· 소리와 글자
· 음소 인식
· 초성(종성, 중성)
· 쓰기와 읽기 입문 교육
· 안전한 환경에서 위험 감수하기에 대해 글쓰기
· 보여 주고 말하기, 크고 분명하게 말하기</td><td colspan="2">· 뚜렷한 발음
· 묵독 배우기
· 공동 기도
· 표 쓰기/읽기
· 따라 하기
· 쓰기 (읽기) 입문 교육 모델링
· 대화식 쓰기</td><td colspan="5">· 장문이란 무엇인가? 설명은?
· 비판적인 사고 능력
· 일본어 노래 배우기
· 일본어 회화
· 정확한 문장구조 듣기
· 언어 이해하기
· 어휘력 키우기</td></tr>
<tr><td>문학/소설 읽기, 문예 전략</td><td colspan="3">· 이야기에 참여하기
· 이야기 줄거리
· 이야기 공연하기
· 큰 그림책 따라 읽기
· 추측하기
· 결말 바꾸기
· 이야기 만들기
· 시작, 중간, 마지막</td><td colspan="2">· 시, 노래, 운율
· 대화식 쓰기
· 소리 나는 책
· 수화
· 주의 집중 시간, 집중
· 이해
· 고난도 사고
· 비교하기(책크기, 제본 방식)</td><td colspan="5">· 이야기와 관련된 물체 수집하기, 이야기의 내용 추측하기
· 일본 문학
· 네 영역과 관련된 논픽션 책들
· 소설
· 반복 구조, 이야기책들
· 순환 구조 이야기
· 음소 인식 전략</td></tr>
</table>

유치원	9월	10월	11월	12월	1월	2월	3월	4월	5월	6월
이달의 저자	Robert Munsch	Robert Munsch	Paulelte Bour-geois, Brenda Clark	Paulelte Bourgeois, Brenda Clark	Donald Crews	Tena Ho-ban	Brian Wild-smith	Dr. Seuss	Frank Asch	Bill Peel
작문 과정, 책의 형태	그림 사용하기; 필사하기; 왼쪽에서 오른쪽으로 쓰기; 주제에 대한 소책자들		서명하기; 초성, 중성; 일기 쓰기		라벨 붙이기, 책 만들기, 안전한 환경에서 위험 감수하기		발달상으로 준비가 되면, 이야기를 쓰고 조사하기			
수학, Their Way와 Quest 2,000 묶음	숫자 배우기, 10, 20, … 100 숫자 세어보기: 1:1대응, 용기 자유 실험		달력 활동, 자유 실험, 유형		유형 학습, 그래프 그리기, 정렬하기	분류하기; 2, 5, 10 단위로 세어 보기, 비교하기	100이나 그 이상까지의 방정식(+ -); 다소, 반, 전체 측정하기			연중 내내 용기 자유 실험
과학, 개념, 실험, 들쥐, 물/쌀, 계량컵, 식물, 사람	우주, 세계, 중력, 하나님의 놀라운 능력	식물의 생활주기, 물 내용, 사가와 식물의 부분들, 음식으로 쓰이는 식물	청진기, 심장 박동, 골격 체계, 피부 관리법	나무의 부분들, 산소/이산화탄소, 물, 씨앗	공기, 땅, 물의 운동, 중력, 외계	쌀 계량법 측정, 낚시, 일본의 고품 생산과 속 전철, 화산, 지진	재생, 포유류, 조류, 식수단	곤충의 부분들, 꿀 만들기, 수분작용, 양봉 수단	꿀 만들기, 과즙에서 꿀로	가라앉히기/띄우기, 사람, 동물, 식물, 사람들에게 영향을 끼치는 물; 물의 성분
심미적; 미술/음악, 고전음악 듣기, 음악 감상, 배경 음악	하나님을 찬송하기, 율동, 노래, 음악 수업	미술-만들기 활동은 주제와 통합된다. 학생들은 다양한 미술 프로젝트를 경험하게 된다. 가령, 자유롭게 그리기, 지시대로 그리고, 자르기/붙이기, 찰흙 놀이, 콜라주, 천으로 만들기, 스텐실, 색칠하기, 인쇄하기, 손가락으로 그리기, 기본색 탐구하기, 종이가방 인형, 고양이 만들기, 종이접기, 크레용 그리기, 악기 만들기, 그 밖에 아주 많은 활동 등								
체육 교육	체육 교사의 지도									
현장 견학/강연자	윌리암 공원	데이브 과수원	양로원	더비 리치 공원, 우리 집	론 스 데 일 부두	일본인 방문자의 강연	젖소 목장, 양계 농장	양봉 전시, 테디 베어 소풍		물놀이 공원, 엔더슨 풀장
제자 훈련	마칠 때까지 매주 2단계 프로그램; 여기서 배운 기술들을 매년 교실에서 적용하기									

출처: Van Brummelen(2006). 기독교적 교육과정 디딤돌, pp. 176-177.

6 기독교 유아교육과정의 실제 2

본 장에서는 국내에서 출간된 기독교 유아교육과정을 소개하고자 한다. 이하의 저술들은 기독교인 유아교육 전공자들이 성경과 통합된 교육과정을 개발한 후 현장에 적용하고 소개한 것이 공통점이다.

1) 기독교 세계관으로 조명한 유아 교육하기

『기독교 세계관으로 조명한 유아 교육하기』는 이화여자대학교 출신 임희옥, 유혜숙, 서광일, 김정준이 저술하였고 기독교 세계관에 기초한 유아교육과정의 이론과 예를 소개한 저서로 2010년도에 창지사에서 출판되었다. 1부 이론적 배경에서는 1장 기독교교육과 기독교 학교, 2장 계몽주의 사상과 교육, 3장 기독교 세계관, 4장 기독교 세계관으로 바라보는 교육철학, 5장 기독교 세계관으로 바라보는 심리학, 6장 기독 교사론, 7장 기독교교육의 내용, 8장 기독교교육과정 유형, 9장 교육과정의 유형과 설계를 소개한다. 2부 기독교 세계관에 따른 유아교육의 실제에서는 '이름-유치원과 나'와 '풀-식물'을 주제로 기독교교육과정이 성경과 어떻게 통합되는지를 소개한다.

2) 기독교세계관에 기초한 유아교육과정

백석대학교 박사학위논문을 보완한『기독교세계관에 기초한 유아교육과정』은 문순애가 현장에서 기독교 유아교육에 대해 고민하고 실천한 바를 글로 옮긴 내용으로서, 2010년 창지사에서 출판되었다.

1부 이론편에서는 기독교세계관, 유치원 교육과정, 통합 교육과정, 기독교 유아 통합 교육과정 고찰, 기독교세계관으로 통합한 단원개발 모형, 기독교 유아교육과정의 절차에 대해 다루었으며, 2부 실제편에서는 기독교세계관에 기초한 유아교육과정의 구성과 주제별 다섯 개 성경적 영역 활동을 다루는데 즐거운 유치원, 봄/동물과 식물, 감사하는 나와 우리가족, 이웃과 우리 동네, 음식, 귀중한 물 등 열두 개 주제의 월안을 제시하며 나와 가족에 해당하는 주안, 일안의 샘플을 제공한다. 일 년 치 월안을 제시한 점과 주제와 성품을 연계한 교육과정을 상세하게 제공하는 것이 이 책의 특징이자 장점이다.

3) 기독교 세계관에 기초한 누리과정의 재구성

총신대학교부속유치원 원장, 원감, 주임교사이던 정희영, 최영해, 박은아가 저술한 『기독교 세계관에 기초한 누리과정의 재구성』은 2016년 공동체에서 출간되었다. 본서는 기독교 세계관에 기초하여 누리과정을 재구성하는 이론적 기초와 실제로 구분되는데, 기독교 세계관에 기초한 누리과정 재구성의 필요성, 누리과정에 담긴 세계관, 재구성을 위한 이론적 배경을 이론편에서 다루고, 실제편에서는 누리과정의 다섯 개 영역인 신체운동·건강영역, 의사소통영역, 사회관계영역, 예술경험, 자연탐구영역별로 목표, 내용, 활동의 실제를 제시하고 있다.

4) 기독교 세계관으로 가르치는 유아교육과정

허계형과 그녀의 박사 제자들이 집필한 『기독교 세계관으로 가르치는 유아교육과정』은 2017년 학지사에서 출판되었다. 1부 이론편에서는 기독교 세계관이란 무엇인가, 기독교 세계관으로 가르치는 유아교사, 기독교 세계관으로 가르치는 유아교육과정 이해하기를, 2부 사용 지침에서는 기독교 세계관으로 가르치는 교육과정 개발의 필요성, 기독교 세계관으로 가르치는 유아교육과정의 구성요소, 기독교 세계관으로 가르치는 유아교육과정 사용하기를, 3부 활동의 실제에서는 3~12월 주제마다 성경과 통합되고 인성적 요소가 반영된 목표와 주제의 성격적 해설, 월안과 활동이 소개되어 있다.

기독교 유아교육기관의 수준을 결정하는 기준 중의 하나는 양질의 기독교 유아교육과정 운영 여부이다. 현장의 교사들은 성경/기독교 세계관을 토대로 일반 유아교육의 목표와 내용을 통합하는 일의 중요성을 인식함에도 불구하고 실천에 있어 어려움을 보고한 바 있다(권미량 외, 2016; 양주혜, 2015). 선행연구자들은 기독교 유아교육과정의 필요성 인식과 더불어 기독교적 세계관의 확립과 아울러 물리적·인적 환경과 다양한 프로그램, 교수방법의 구축을 중요한 과제로 제안한 바 있다(권미량 외, 2016). 이러한 필요성에 기초하여 본 장에서는 기독교 유아교육과정의 이론과 실제 예를 제시하였는데, 이러한 자료를 토대로 현장에서 하나님 말씀에 기초한 유아교육을 보다 원리에 충실하게 효과적으로 실천할 수 있기를 기대한다.

제5장 기독교 유아교육기관 학급운영

1 학급운영의 성경적 기초

1) 학급운영의 개념

학급 조직은 교육목표를 효과적으로 달성하기 위해 인위적, 합리적, 의도적으로 구성된 집단이다. 즉 학급은 학년 초에 신체적, 정신적, 사회적 발달단계가 비슷한 유아들을 대상으로 인위적이고 의도적으로 만든 학습집단이며 생활집단이다(류윤석, 2002). 학급운영을 교육 운영으로 보는 입장에서 정의하면, 학급의 목적을 수립하고 이를 효율적으로 달성하기 위하여 인적·비인적 자원을 확보하고 활용하여 학급활동을 계획, 조직, 지도, 조정, 통제하는 일련의 활동과정이다(박병량, 주철안, 2006). 학급운영의 주체는 학급 담임교사이며 대상은 학급 구성원이다. 이상의 개념을 토대로 기독교 유아교육기관의 학급운영을 정의하면, 학급운영이란, 학급의 목표를 달성하기 위해 기독교 유아교육기관 운영과 상호 유기적인 관계를 맺으며 운영되는 것으로, 학급 담임을 중심으로 한 비교적 독자적인 교육활동이다(김동춘, 2006).

2) 학급운영의 성경적 기초

학급은 예수 그리스도의 완전한 몸을 이루기 위한 작은 지체로서 교육적 효과를 가장 많이 기대할 수 있는 교육의 핵심 장소라 할 수 있다. 학급은 유아들이 타인과의 관계 속에서 각자의 능력을 받아들이고 사용하는 것을 배우며, 공동의 목표를 위해 협력하는 가운데 즐거움과 어려움을 겪고 배우는 장소가 될 수 있다. 학급은 하나님이 주신 중심 계명인 사랑을 실천하는 장이 되어야 한다(Palmer, 2000). 이곳에서 유아들은 세상의 물질에 마음을 쏟지 않으면서 동시에 이 세상에서의 삶을 위해 하나님이 주신 은사들을 받고 사용하는 것을 배운다. 브루멜른(Brummelen, 2006)은 교육과 관련하여 기독교적인 세계관의 핵심적인 성경적 명령(Biblical Charges) 또는 대명령(Great InJunction)을 다음과 같이 언급하였는데, 이를 토대로 기독교 유아교육기관 학급운영의 성경적 기초를 제시하고자 한다.

(1) 창조명령(창 1:26-28, 2:15; 시 19:1-2, 8)

타락 이전에 하나님은 아담과 하와에게 생육하고 번성하여 땅을 정복하고 하나님의 동산을 경작하며 지키라고 말씀하셨다. 이 구절들은 창조명령 혹은 문화명령이라고 불린다. 창조명령은 기독교인들에게 문화를 형성하는 데 참여할 것을 요구한다. 따라서 우리는 현 사회의 구조와 관행 속에서 어떻게 유아들이 성경적인 방향에서 교육받을 수 있는지 도전하는 교육과정을 계획해야 한다. 교사는 창조 명령에 근거하여 유아들에게 하나님이 사람을 위해 어떻게 세상을 창조하셨고 사람들이 그것을 어떻게 돌봐야 하는지 가르쳐야 한다. 또한 유아들은 각 개인이 그리스도의 몸의 지체로서 사회의 각 영역에서 하나님을 섬기도록 부름을 받았다는 것을 깨닫도록 도와주어야 한다(Palmer, 2000). 예를 들어, 유아들이 수학이나 과학을 공부할 때에도 이러한 학문의 이론과 법칙을 경험하며 배우고 적용하면서 하나님 나라의 섬김에 즐겁게 헌신하고 창의적으로 행동할 수 있도록 지도하고 도전한다.

(2) 대명령(마 22:37–39)

예수님은 "네 마음을 다하고 목숨을 다하고 뜻을 다하여 주 너의 하나님을 사랑하라" 하셨고, "네 이웃을 네 몸과 같이 사랑하라" 하셨다. 예수님이 사용하신 사랑이란 단어는 감상적인 사랑을 의미하지 않고 자기희생적인 사랑을 의미한다. 아가페 사랑은 전적인 헌신과 신중하게 선택하고 믿음에 기초한 헌신으로 구체화된다. 그것은 우리가 가진 모든 힘, 곧 확신의 힘, 성품의 힘, 의지의 힘을 다하는 것이다(막 12:30). 이 대명령에 기초하여 교사는 유아들을 가르칠 때 그들 자신을 사랑하듯이 유아를 사랑하여야 한다. 교사가 유아를 사랑으로 가르칠 때 이것이 유아들로 하여금 마음을 새롭게 함으로 변화를 받아 더 이상 세상을 따르지 않도록 하는(롬 12:2) 열쇠가 된다. 교육은 인간의 진정한 변화를 핵심으로 한다. 사랑만이 유아를 변화시킬 수 있다. 유아들이 예수 그리스도와 기독교인다운 생활양식에 헌신하고 기꺼이 하나님과 이웃을 섬기도록 격려해야 한다.

(3) 대위임(마 28:18–20, 롬 8:17)

하나님은 인간에게 제일 먼저 창조명령을 주셨다. 그리고 죄로 인한 타락 이후 대명령을 추가로 주셨다. 오늘도 하나님은 여전히 우리를 부르셔서 땅을 돌보게 하시며, 하나님뿐 아니라 다른 사람들과 더불어 사랑하며 책임 있는 관계를 맺어 가기를 원하신다. 그리고 부활 후에 예수님께서는 대위임령을 더해 주셨다. 부활하신 예수님이 제자들에게 "너희는 가서 모든 족속으로 제자를 삼아… 내가 너희에게 분부한 모든 것을 가르쳐 지키게 하라"고 가르치는 일을 위임하셨다. 이 대위임에 근거하여 교사들은 인간의 모든 삶과 존재가 하나님과의 관계에 의존한다는 것을 명확히 가르쳐야 한다(마 28:19-20). 교사는 유아들이 하나님과 개인적인 관계를 갖도록 격려하며, 교사 자신이 예수님과 개인적인 관계를 맺으며 순종적이고 즐거운 삶의 모델이 되어야 한다. 교사는 예수님의 권세를 인식하여 교실의 가르침에서 예수님을 드러내도록 노력하며 예수님께서 가르쳐 주신 모든 것을 가르쳐야 한다(Anthony, 2001). 예수님께서는 자신의 가르침을 모범으로 보이시고 의미 있는 응답을 요구하셨다는 것을 가르쳐야 한다. 예를 들어, 예수님은 제자들의 발을 씻기심으로 기독교인이 갖추어야 할 섬김과 겸손의 본을 보이셨다는 것을 가르치는 것이다.

(4) 위대한 공동체(갈 6:2, 6, 10; 행 2:42-47)

신앙공동체에 근거하여 교육과정에 찬양과 감사함이 포함되어 있어야 하며 동시에 명시되어야 한다. 교사와 유아들은 하나님의 은혜에 개인적으로나 공동체적으로 감사해야 한다. 또한 유아들이 다른 사람의 은사에 감사할 수 있도록 하며 서로 돕는 것을 배우도록 하여야 한다. 기독교 유아교육기관에서는 예수님을 머리로 하는 위대한 공동체를 경험할 수 있도록 성령 안에서 교제하며 함께 일하고 함께 연구하여야 한다. 결국 기독교 유아교육기관의 학급운영의 기초는 유아들이 자신이 하나님의 형상임을 인식하는 데서 출발하여야 한다. 교실에서는 유아들이 기독교 세계관을 실제로 깨닫고 이러한 세계관을 실천하고 발전시킬 수 있는 배경을 제공하여야 한다(Greene, 2000). 따라서 교사와 유아들이 서로 신뢰하고 하나님의 창조의 세계를 탐구하는 가운데 하나님의 사랑을 깨닫고 서로 섬기는 기독교인의 지체가 되어 궁극적으로 하나님께 영광과 찬송을 돌리는 학급공동체가 형성되어야 한다.

(5) 세계관, 가치, 학교교육

가치는 모든 세계관에서 필수적인 부분이다. 가치란 삶을 위해서 중요하게 여겨지는 이상이며 바람직한 지침이다. 가치는 삶의 방향을 지시해 주고, 그 의미와 목적을 제시해 준다. 학교교육을 통해 기독교 세계관에 입각한 진정한 가치를 공유하기 위해서 다음의 세 가지를 견지할 필요가 있다. 첫째, 교사는 유아들이 사랑과 원칙을 지닌 인격체로 자라고, 예수님을 따름으로써 사회에 긍정적으로 기여할 수 있도록 돕는 가치를 육성해야 한다. 둘째, 가치는 우리의 삶과 학교교육의 모든 국면에 두루 영향을 미치기 때문에 기독교 세계관에 심겨져 있는 광범위한 가치를 주의 깊게 정의할 필요가 있다. 셋째, 가치란 단지 자기 발전이나 이익을 위해 추구되어야 한다는 생각에 반대해야 한다. 우리가 추구해야 할 가치는 창조 세계를 통해 하나님이 수립하신 가치들이다. 그것이 없이는 하나님의 창조 세계와 피조물들이 하나님의 의도대로 기능할 수 없다. 가치들은 때로는 가르쳐지기보다는 발견되기 때문에 학교는 그러한 가치들이 유아들에게 어떠한 영향을 주는지를 주의 깊게 고려해야 한다.

2 학급운영의 중요성과 목표

기독교 유아교육기관의 학급운영은 기독교 유아교육기관의 교육목적을 달성하기 위한 실제적 현장으로, 기독교 유아교육의 질적 향상에 대한 관심이 고조될수록 학교 운영의 연장선에 있는 학급운영은 그 중요성이 더욱 강조된다.

학급운영관리란 학급 구성원인 유아의 교육활동이 효과적으로 이루어질 수 있도록 계획하고 조직하고 실시하며 평가하는 과정이다. 학급운영관리의 1차적 주체는 교사와 유아라 할 수 있으며, 기관의 교육철학이라는 일관성을 바탕으로 한 원장의 지도와 지원, 교직원 및 학부모의 지원이 필요하다. 각 학급의 1차적 관리 책임이 담임교사라 하더라도 유아교육기관 운영의 기본단위는 학급이기 때문에 전체적인 조화를 이루고 기관목표 달성의 일관성을 위해 원장의 지도하에 각 학급에 대한 관리가 체계적으로 이루어져야 한다. 단위학급의 체계적인 운영과 관리는 합리적인 유아교육기관 운영관리를 위한 필수요소이며, 이는 원장과 담임교사의 협력적인 의사소통을 통해 이루어질 수 있다.

기독교 유아교육은 기독교적인 세계관을 가진 교사가 유아를 대상으로 실시하는 교육으로 유아들에게 하나님에 대해 알고 경험하게 해 주며, 하나님을 따르는 자들의 생활이 어떠해야 하는지를 배워 내면화할 수 있도록 돕고, 하나님이 주신 자연세계를 잘 보호하기 위해 자연세계를 잘 알게 하며, 하나님이 주신 재능과 소질을 발견하여 개발함으로써 하나님과 이웃을 섬기며 자연을 잘 관리할 수 있도록 이끌어 주는 것이다. 이때 교사는 성령의 역사 없이는 이 모든 것을 깨달을 수 없음을 알아야 한다(정희영, 2000). 따라서 기독교인 교사의 학급운영관리의 목표는, 유아들이 가능한 한 예수 그리스도 안에서 책임 있는 제자도를 실천하도록 가르치는 것이다(Brummelen, 1996).

3 학급운영의 영역

학급운영의 1차적인 책임은 학급 담임교사에게 있다. 물론 학급운영은 유아교육기관 운영의 책임자인 원장의 운영철학을 기본으로 하지만, 학급 담임은 학급운영의 책임자로서 역할과 권한의 한계가 있다(문혁준 외, 2015). 학급 운영은 유아들이 가능한 한 예수 그리스도 안에서 책임 있는 제자도의 삶을 살도록 가르치기 위해(Brummelen, 1996), 유아 개인의 재능과 소질을 최대로 개발하고 유아의 발달단계에 따른 영적, 인지적, 신체적, 사회적, 정서적, 언어적 발달에 따라 학급의 제반 활동이 구성되고 운영되어야 한다. 이를 위한 학급운영의 영역으로 이영애와 신은수(2015)는 유아와 학부모를 포함한 인적 자원관리와 실내외 환경 등의 물적 자원관리, 하루일과와 교육자료를 포함한 교육과정 관리로 분류하였다. 이영자와 신동주(2013)는 학급편성과 관련된 전체 원아 수 선정, 물리적 환경과 학급의 인원 선정, 유아의 요구 파악, 학급연령 구성, 장애유아 통합지원 등의 영역과 원아관리와 연관된 가정환경과 건강상태 파악, 행동관찰 및 지도, 부모와의 정보 교환, 원아 관련 서류관리 등으로 구분하였다. 이상에서 제시한 학급운영의 영역을 종합하여 제시하면 다음과 같다.

① 교수활동에 관련된 교과 학습 지도 및 학급운영 계획의 수립

② 학급 원아의 이해와 생활 지도

③ 학급의 시설 및 설비관리

④ 학급의 사무관리

⑤ 가정 및 지역사회와의 관계관리

4 학급운영의 원리

학급운영을 하기 위해서 학급 담임교사는 어떠한 원칙에 입각하여 어떠한 방향으로 학급을 운영하겠다는 원리를 세워야 한다. 김수향 등(2013)은 학급운영의 원리로 ① 유아의 놀이를 중심으로 한 자연스러운 학습환경 조성, ② 유아가 자신의 생각과 감정을 표현할 수 있는 허용적인 분위기 조성, ③ 하루 일과 진행 시 개별 유아의 요구를 최대한 반영, ④ 학급 내의 규칙 선정과 이를 지킬 수 있는 분위기 조성, ⑤ 학급공동체를 강조한 협동 격려, ⑥ 안전한 생활습관 형성, ⑦ 놀이를 하면서 발생하는 갈등상황은 유아 스스로 해결할 수 있는 기회 제공, ⑧ 하루일과는 정적 활동과 동적 활동을 균형적으로 배치, ⑨ 다른 학급의 유아들과 함께 놀이하는 경험 제공 등을 기본 원리로 내세우고 있다.

이영애와 신은수(2015)는 학급운영의 원리로 ① 자율성과 융통성, ② 유아에 대한 평등성과 놀이중심의 학습기회 제공, ③ 개별 유아에 대한 배려, ④ 유아의 생활경험에 기초한 유아의 흥미 고려, ⑤ 교사 자신의 학급운영철학에 기반한 일관된 교육계획수립과 운영, ⑥ 반성적 자기평가 요구의 원리, ⑦ 상호작용의 원리 등을 제시하였다.

이상의 견해를 토대로 기독교 유아교육기관의 학급운영의 원리를 제시해 보면 다음과 같다(김동춘, 2006).

첫째, 하나님 중심의 원리이다. 기독교는 하나님의 궁극적인 실존에서 시작된다. 하나님은 진리의 근원이 되시며 우주의 중심이 되시므로 모든 방법도 하나님 안에 중심을 두어야 한다(정희영, 2000). 따라서 학급운영의 모든 방법은 하나님 안에 중심을 두는 방법이어야 한다.

둘째, 민주의 원리이다. 교육의 주체는 유아이며 인간의 존중성은 그의 능력 여하에 달린 것이 아니라 하나님에 의해 창조되었으며 인간을 만드신 하나님이 귀하게 여기시기 때문이다(Greene, 2000). 따라서 학급 교사는 유아의 인격을 존중하고 옹호하며 유아의 성별 · 경제적 여건 · 가정 환경 · 지능 등에 관계없이 유아를 평등하게 대하여 민주적인 학급 운영이 되도록 해야 한다.

셋째, 협동의 원리이다. 성경은 분명히 인간이 유일하고 독특한 존재이며, 특별한 은사를 사용하여 독특한 방법으로 공동체 생활에 기여할 수 있다고 가르친다(롬 12:4-8). 교사는 모든 학생들에게 의미 있는 역할을 주어서 학교 및 학급의 활동과 행사에 참여시켜 모든 양상에서 하나님의 형상을 드러내는 학습공동체에 그들이 일원으로 기여하는 것을 높이 평가해야 한다(Brummelen, 1996).

넷째, 발전의 원리이다. 학급 교사는 꾸준한 자기반성 · 평가를 통하여, 또한 일상의 학습자의 생활 실태, 학급의 교육환경 조건을 관찰 평가, 반성하여 보다 나은 방향으로 변화될 수 있도록 노력해야 한다(김동춘, 2006).

5 기독교인 교사의 역할과 자질

기독교인 교사는 창조된 인간으로서의 인간관과 타락한 존재에서 예수 그리스도의 구속으로 재창조된 새로운 피조물이라는 복음적인 관점에서 자아정체성을 갖고 하나님의 부름을 받은 사명감을 소유해야 한다(박창건, 2005). 이러한 기독교인 교사의 역할과 자질을 살펴보면 다음과 같다.

1) 교사에 대한 성경적 이해

토머스 머튼(Thomas Merton)은 교육의 목적을 자신과 세계의 관련성 속에서 자기 자신을 진정으로, 자발적으로 정의하는 법을 보여 주는 것이라고 하였다(Palmer, 2000). 교사는 하나님을 반영하는 거울이요, 세상과 인간에 대한 하나님의 목적과 의도를 대언하는 자이다. 신학자들은 이 과업을 '문화명령'이라고 부른다. 이에 대해 성경에는 "하나님이 그들에게 복을 주시며 하나님이 그들에게 이르시되 생육하고 번성하여 땅에 충만하라, 땅을 정복하라, 바다의 물고기와 하늘의 새와 땅에 움직이는 모든 생물을 다스리라 하시니라(창 1:28)", "여호와 하나님이 그 사람을 이끌어 에덴 동산에 두어 그것을 경작하며 지키게 하시고(창 2:15)"라고 분명히 기록되어 있다. 에덴동산은 우주 전체를 대표하고 우리는 하나님의 세상에서 교사로 일하도록 부름 받은 자들이다(Van Dyk, 2003).

브루멜른(Brummelen, 1996)은 문화명령에 대하여 하나님께서 인간에게 봉사하라는 권한을 주셨다고 말하며, 문화명령의 두 가지 측면에 대하여 다음과 같이 제시하였다. 첫째, 하나님께서는 인간이 그의 창조물을 발전시키고 문화 조성자가 되기를 원하신다. 둘째, 하나님께서는 아담에게 일하고 동산을 돌볼 것을 요구하셨다. 인간은 하나님의 창조 세계를 잘 보존하고 보호하는 관리인이 되어 책임감이 있는 청지기로서 역할을 잘 감당함으로써 살아 있는 창조물들이 거기서 유익을 얻을 수 있도록 하기 위해 부름을 받았다. 성령의 역사하심으로 궁극적으로 기독교적인 가르침은 교사가 진리를 정복하는 것이 아니라 진리가 학습공동체를 정복하도록 하는 것이다(Palmer, 2000). 그래서 교사의 역할은 유아를 이끌고 진리이신 예수님께 순종하는 길을 가는 것이다. 이것이 궁극적으로 가르치는 일을 보람 있는 사명으로 나아가게 한다.

성경에서는 "내가 너희에게 분부한 모든 것을 가르쳐 지키게 하라 볼지어다 내가 세상 끝날까지 너희와 항상 함께 있으리라 하시니라(마 28:20)", "또 네가 많은 증인 앞에서 내게 들은 바를 충성된 사람들에게 부탁하라 그들이 또 다른 사람들을 가르칠 수 있으리라(딤후 2:2)"라고 말씀하고 있다. 요약하면, 교사는 하나님의 말씀을 전파하고 가르치도록 부르심을 받은 자, 즉 소명을 받은 자이다. 기독교인 교사는 교사 자신의 생각이나 방법대로 가르치는 것이 아니라 하나님의 생각과 방법대로 교육하는 하나님의 도구이다.

기독교인 교사는 안내자로서의 모습을 학습자에게 보여야 한다. 교사는 잘 정의된 철학적, 종교적 틀 안에서 자신의 교수법을 개발하고 사용하여 어린 학생들이 지식과 분별력을 가지고 하나님과 이웃에 대한 섬김을 배울 수 있도록 안내해 준다. 가르침에는 다양한 능력뿐만 아니라 각 교사들을 효과적인 안내자가 되도록 해 주는 목적과 방향 감각이 필요하다(Brummelen, 2006). 성경은 예수님을 위대한 목자로 부른다(히 13:20). 목자는 자신의 양떼를 안내한다. 지팡이와 막대기를 사용하여 양들이 올바른 방향으로 가도록 이끌어 준다. 안내가 의도하는 것은 양들이 먹이를 얻을 수 있는 곳, 위험으로부터 안전한 곳을 향해 가도록 하는 것이다. 하나님은 학생들을 지혜의 길로 안내하도록 교사들을 부르셨다(잠 4:11). 교사는 학생들이 자신의 은사를 계발하고 더욱 깊고 충만한 방법으로 인생의 소명을 발견하도록 인도해야 한다. 또한 교사는 다른 어떤 직업보다 지혜가 필요하다. 교사가 가져야 할 지혜에 대해 야고보서는 "오직 위로부터 난 지혜는 첫째 성결하고 다음에 화평하고 관용하고 양순하며 긍휼과 선한 열매가 가득하고 편견과 거짓이 없나니(약 3:17)"라고 말씀하고 있다.

〈교사가 가져야 할 위로부터 난 여덟 가지 지혜〉

① 성결: 위로부터 난 지혜는 흠이 없이 깨끗하고 더럽혀지지 않는 것이다.
② 화평: 사람들과 조화를 이루고 좋은 관계를 유지한다.
③ 관용: 개인의 이익을 도모하려고 원리원칙을 고집하기를 원치 않으며, 타인의 입장을 충분히 고려하여 결과적으로 인내하며 절제한다.
④ 양순: 타인에 대해 동정적이며 강요되지 않고 들을 준비가 되어 있다.
⑤ 긍휼: 지혜로운 교사는 학생들과 말하고 행하는 모든 일에서 참고 인내하며 이해하고 동정심과 친절을 나타내야 한다.
⑥ 선한 열매가 가득함: 선하고 건전한 행동을 하며, 가장 적극적이고 가치 있는 일에서 성공하도록 돕는다.
⑦ 편견이 없음: 사람의 판단과 행위가 공평하고 의로워야 한다.
⑧ 거짓이 없음: 위선이나 가장이 없는 것이다.

출처: May(1992). 정애숙 역.

2) 기독교인 교사의 역할

기독교교육과 세속교육의 차이점으로, 세속적인 교육은 남보다 뛰어나고 유능하고 성공적이며 지적인 사람을 만들려고 애쓰지만, 기독교교육은 학생을 그리스도의 형상으로 변화시키기를 열망하는 것이다(Hendricks, Hestenses, & Palmer, 2004). 칼빈은 교사가 진리를 전달하는 데 있어 가장 중요한 요소로 교사의 인격을 강조하였다. 그는 교사의 인격과 방법은 상호보완적이라고 하면서 좋은 방법은 교사 자신의 인격과 동시에 표출되어야 한다고 보았다(김성재, 1996).

이러한 기독교인 교사의 역할을 제시하면 다음과 같다(May, 1994).

첫째, 기독교인 교사는 진리의 대표자이다.

기독교인 교사의 중요한 역할은 진리를 존중하고 그가 할 수 있는 한 전문적이며 유능한 방법으로 진리를 가르치며 가르침을 받는 사람들이 자신들의 책임을 깨닫게 하는 것으로, 진리는 헌신을 요구한다. 이것이 진정으로 앎에 이르는 방법이다. 그러므로 기독교인은 가르침이라는 활동을 통해 진리이신 예수님을 드러내야 한다.

둘째, 기독교인 교사는 올바른 가치의 대표자이다.

모든 교사는 도덕교사이기 때문에 자신이 만들고 가르치는 본보기와 교훈은 유아들에게 중요하게 적용된다. 기독교인은 모든 관계에서 그리스도를 대표한다. 무엇보다도 권리를 가진 인간으로서 영유아의 존재와 가치를 인식해야 한다. 올바른 가치의 대표자로서 교사는 자신뿐 아니라 모든 영유아가 하나님의 형상으로 만들어졌음을 알고 전인격의 성장을 강조해야 한다. 또한 성령의 능력 가운데 예수님께서 보여 주신 의로움, 공정함, 일관성, 인내, 사랑 등을 나타내야 한다.

셋째, 기독교인 교사는 법의 대표자이다.

기독교인 교사는 자신의 삶에서 기독교인의 규율을 나타내며 가르치는 모든 것에서 합리적인 규칙과 공정한 보상과 정당한 벌을 일관성 있게 견지해야 한다. 교사는 유아들과 공동체를 보호하며 악의 공격에 대항하여 올바른 기준을 지지함으로써 법의 가치를 배워야 한다. 완전한 자유는 올바르고 참된 것에 순종함으로써 온다는 것을 깨닫고 자유는 각 개인이 옳은 것을 계속적으로 완고하게 행하느냐에 달려 있음을 인식해야 한다. 교사는 자신의 삶과 가르침에서 하나님의 법을 존중하는 자로서 유아 앞에 서야 하는 위대한 임무가 있다.

넷째, 기독교인 교사는 사랑의 대표자이다.

그는 늘 그리스도의 본을 따르려고 하기 때문에 사랑이 얼마나 귀하며 가치 있는 일인지 안다. 사랑은 그가 가르치고 있는 모든 수업, 교실뿐 아니라 교실 밖에서의 행동과 관계에서 긍정적이고 사랑스러우며 긍휼이 풍성한 배경을 제공한다. 사랑은 기독교인 교사가 행하고자 하는 모든 일의 중심에 있다. 기독교인 교사는 정기적으로 기도를 통해 사랑의 하나님께 학생을 맡김으로써 그들에 대한 사랑을 나타낸다. 사랑의 대표자로서 기독교인 교사는 그가 하는 모든 일의 중심에 기도의 힘을 의지한다. 그러나 기독교인 교사는 인간의 힘이 아니라 하나님의 능력을 신뢰해야 한다. 그는 자신에게 능력을 주시는 주님 안에서 모든 것을 할 수 있다(빌 4:13).

Katz(1970)는 교사의 역할이란 교육대상자, 부모, 원장 그리고 교사 자신에 의해 기대되는 직무, 의무, 책임과 관계된 교사의 행동 측면을 언급하는 말이라고 정의하면서 교사의 역할을 어머니 모형(maternal model), 치료 모형(therapeutic model), 교수 모형(instructional model)으로 구분하였다. 어머니 모형은 영유아들을 안전하고 편안하며 행복하도록 돌보는 역할을 강조하며, 치료 모형은 영유아들이 자신의 감정을 표현하고 긴장을 풀어 내적 갈등을 해결하도록 도와주는 역할에 중점을 둔다. 교수 모형은 지식과 정보를 전달하고 영유아들이 기술을 발달시키도록 하는 역할에 중점을 둔다.

김은설 등(2009)은 우리나라 유아교육기관의 특성과 업무에 근거하여 보육교사의 역할을 여섯 가지로 분류했다. 첫째, 보육교사는 영유아를 가르치는 '교사'이다. 둘째, 보육교사는 부모를 대신하여 영유아들을 돌보는 '대리양육자'이다. 셋째, 보육교사는 부모를 대상으로 하는 '상담자'이며 '부모교육자'이다. 넷째, 보육교사는 모든 영유아의 보편적 보육 요구에 부응하는 '사회복지실천가'이다. 다셋째, 보육교사는 부모 및 지역사회환경과 지속적으로 의사소통하고 상호 협력하는 '교류자'이다.

유아교사가 학급운영 시 수행해야 할 직무의 영역과 구체적인 내용을 〈표 5-1〉에 제시하면 다음과 같다.

〈표 5-1〉 **유아교사의 직무영역과 내용**

직무영역	직무 내용
교육활동 준비	연·월·주·일일 교육계획, 현장학습계획, 교재·교구 제작, 교재·교구 보수 및 정리, 주제에 따라 흥미영역 구성, 흥미영역 외 교실환경 구성, 교실 외 환경 구성, 실외 흥미영역 구성, 수업 준비를 위한 정보 검색, 보육 자료 준비 및 점검, 개별 수준에 따른 수업 자료 수정, 다른 교사와 수업에 대해 협의, 학급 내 교사 간 역할 분담, 공동시설 사용 협의
교육활동 실제	실내놀이계획, 실외놀이활동 및 평가, 발달과 수준에 따른 개별 지도, 바르게 인사지도, 자기 물건·놀잇감 정리 지도, 바른 언어 사용 지도, 차례 지키기, 아껴쓰기, 부적응 행동 관리, 친사회적 행동 격려, 영유아의 독립성 격려, 영양교육, 급·간식 준비 및 도우미 지도, 화장실 사용, 귀가 지도, 영유아 간 상호작용 격려, 개별 영유아와 긍정적 상호작용, 대집단 활동 운영, 소집단 활동 운영, 전이활동, 특기교육, 학기 초 오리엔테이션 진행, 현장학습 지도
교육활동 평가	표준화검사, 놀이관찰기록, 흥미영역 평가, 포트폴리오 제작 및 분석, 영유아와 일과 평가, 수업에 대한 저널 쓰기, 학급경영록 평가란 기록, 다른 교사와 교육과정 운영 평가, 평가척도를 이용한 프로그램 평가, 프로그램에 대한 부모 의견 수렴, 평가결과를 반영
전문성 신장	원내 연수 참여, 외부 연수 참여, 외부 수업 및 시설 참관, 연구회활동, 신입교사 오리엔테이션 진행하기, 교생 지도, 동료장학 실시 및 받기, 자기 장학, 교사 윤리실천, 교사 법적 관리와 의무 이행, 구성원 협동
영유아 보호 관련 업무	영유아 건강검진계획, 교사 건강검진, 적절한 휴식 지도, 식단 짜기, 영유아 씻기기, 배변 처리하기, 실내 온도·습도·채광·조도 조절, 영유아가 개인용품 청결하게 관리, 놀잇감 청결 유지, 교실과 교실 외 시설관리, 아픈 영유아 간호, 영유아 안전교육받기, 원내 안전규칙 세우기, 안전교육, 위험물에 대한 안전관리, 안전점검 징후 살피기, 응급상황 시 역할분담계획, 응급상황훈련, 응급상황 대비 부모동의서 받기, 응급 시 의료처치 부모동의서 받기, 응급 처치하기, 사고 시 적법절차 따르기
학부모 관련 업무	부모-교사 협의회, 학부모와 수시로 정보교환, 학부모 지원 요청, 학부모 상담, 부모참여수업, 부모 간 교류 제공, 지역사회 자원에 대한 정보 제공, 다양한 방법의 가족 지원

직무영역	직무 내용
행사 관련 업무	행사 계획하기, 행사 준비를 위한 정보 수집하기, 행사 역할 분담하기, 행사 진행하기, 행사 뒷정리하기
사무 관련 업무	교육과정 운영 문서작성, 원아관리 문서작성, 교원 관리 문서작성, 재무관리 문서작성, 보건복지부 요청 자료 작성, 각종 보고서 작성, 각종 문서관리, 회의록 관리, 각종 신청서 관리, 공문처리, 유인물 제작 및 발송, 전언통신, 증명 발급, 우편물 확인, 예금 관련 업무, 사진 관련 업무, 회계 관련 업무, 당직, 재고 조사, 물품구입계획, 물품구입, 원아 모집 관련 업무, 홈페이지 관리, 학급편성, 차량노선 편성
시설 관련 업무	실내외 안전점검 의뢰, 실내시설 안전점검, 실외시설 안전점검, 실내 소독계획 및 의뢰, 기자재 바른 사용법 익히기, 기자재 점검, 기자재 보수
대인관계 및 사회적인 업무	교사 친목 및 경조 활동 참여, 상사 업무 보조하기, 손님 및 상사 접대, 졸업생 관리, 지역사회행사 참여

출처 : 강문숙, 황해익(2008).

이상에서 살펴본 교사의 역할을 중심으로 기독교인 유아교사의 역할을 정리하면 다음과 같다(김동춘, 2006).

기독교인 유아교사는 첫째, 하나님과 유아 사이의 매개자로서 하나님의 말씀을 교육하는 역할을 해야 한다. 둘째, 유아를 사랑으로 양육하는 역할을 한다. 셋째, 유아에게 따뜻하게 반응하고, 유아들이 하나님께 반응하도록 분위기를 조성하는 자이어야 한다. 넷째, 유아들과 지식과 경험을 나누고 그들의 전인적인 발달, 신앙과 삶의 조화로운 발달을 위해 교육을 설계하고 수행하는 역할을 한다. 창조 세계와 맺은 하나님의 언약은 하나님을 지각하고 그에게 반응하는 도구로서의 역할을 한다. 동시에 기독교인 교사가 이와 같은 생각들을 단순하게 유아들이 알아야 할 영적인 진리와 사실로만 전달하려고 노력하는 것은 지혜로운 일이 아니다. 교사는 먼저 창조물에 대한 하나님의 말씀을 이해할 필요가 있다. 이와 같은 노력이 기독교교육현장에서 무엇보다도 효과적인 가르침의 열쇠가 될 것이다. 유아들은 창조물을 돌보고 창조물과 화목하여야 하며, 결국은 모든 생활 가운데 하나님께 영광을 돌리는 법을 배워야 한다. 이것은 쉽지 않을 것이지만 무한한 가치를 지니고 있다(Greene, 2000).

3) 기독교 학교 교사들의 권위와 책임

교사로 하여금 학급에서 가르침의 권위를 행사할 수 있게 해 주는 것은 무엇인가? 권위는 직분과 더불어 오며 직분은 하나님이 임명하신 위치다. 모든 권위는 권력을 갖고 있다. 사실상 권위는 반드시 권력을 가져야 한다. 그러나 학교에서는 가르치는 권위의 부여는 가르치는 권력의 부여(empowerment)를 필요로 한다는 사실을 망각할 때가 있다(Van Dyk, 2003). 이에 기독교 학교 교사들의 권위와 책임을 살펴보고자 한다.

기독교 학교 교사들의 권위와 책임은 세 가지 측면에서 살펴볼 수 있다(Edlin, 2004).

첫째, 진실한 기독교인 교사는 하나님께 책임을 다한다. 가르침에 대한 권위는 하나님으로부터 부여받은 것이기 때문에 이를 수행할 수 있다. 바울은 에베소서 3장 7절에서 하나님이 자신의 능력의 근원되심을 인정하고, 4장 11-13절에서는 구체적인 은사들에 대해 그것들의 신성한 근원, 권위, 목적, 의무를 지적하며 우리가 가지고 있는 다양한 은사들이 하나님으로부터 주어졌을 뿐만 아니라 그것을 행사할 권위도 하나님께서 주셨음을 상기시키고 있다. 가르치는 은사와 마찬가지로 교사의 권위와 능력은 하나님께로부터 온 것이다. 따라서 교사는 하나님께 순종하며 그 능력을 행사해야 한다. 교사는 능력을 사용할 때 자율적이지 않으며 로마서 14장 12절의 "이러므로 우리 각 사람이 자기 일을 하나님께 직고하리라"는 바울의 말처럼 그 재능을 사용한 방식에 대해 하나님께 책임질 의무가 있다.

둘째, 기독교 학교의 교사는 학교의 감독기구인 이사회에 대한 책임이 있으며, 그로부터 권위를 부여받게 된다. 이사회는 교사의 능력과 재능을 인정하여 학교에서 가르치도록 임명하였다. 행정가 혹은 교장의 감독하에서 교사는 학교정책과 교육과정에 맞게 가르칠 책임이 있다. 이는 교사가 자신의 합법적인 권위를 자율적으로 사용할 수 없다는 것을 의미한다. 교사는 학교 문서에 쓰여 있는 종교적인 관점에 충실하게 가르쳐야만 한다. 이러한 교사의 책임이 잘 수행되고 있는지를 확인하는 것이 이사회와 행정가의 할 일이다.

셋째, 기독교 유아교육기관의 교사는 원장/교육행정가로부터 권위를 부여받게 되며 원장에 대한 책임을 갖고 있다. 원장/교육행정가 역시 우선적으로 하나님으로부터, 그리고 이사회로부터 권위를 부여받은 사람이며 그에 대한 책임이 있는 사람이다. 이들은 자신이 지도하는 교사들에게 학급을 배정하고 책임과 역할을 위임한다. 교사는 교장/교육행정가로부터 책임을 갖게 된다. 유아교사들의 권위의 근거는 각 기관의 원장에게 있다.

교사의 권위는 '섬김'이 있을 때만 행사할 수 있다(김희자, 1998). 교사에게는 한계성이 있다. 교사와 학생은 부족한 인간인 반면에 성경(교재)과 성령은 완전하다. 그러므로 교사가 성령으로 거듭나지 않고는 나아가 성령 충만한 삶을 살지 않고는 성경을 가르쳐 풍성한 기독교인으로서의 삶을 살게 할 수 없다. 자칫 잘못하면 우리의 교육 현장이 성령의 역사를 인간의 지식이나 경험이나 소신으로 가로막고 성령의 임재 없는 공허한 사역이 될 소지가 있다(박창건, 2005). 그러므로 기독교인 유아교사들은 교직 생활을 자신의 신앙생활의 연장이라고 인식해야 하며, 바른 신앙생활을 위해 가르치는 교육 내용을 통해 하나님을 드러내며 유아들이 하나님과의 바른 관계를 맺도록 이끌어 주기 위해 끊임없이 노력해야 한다. 이 일은 하면 좋은 일이 아니라 하나님께 부름 받은 자로서 당연히 해야만 하는 일이다(정희영, 2000).

4) 학급운영 시 교사의 역할

창세기는 인류가 본래 '하나님의 형상'대로 형성되었음을 말해 준다. 그러나 우리 안의 하나님의 형상은 상실되고 왜곡되었다. 또한 출생 이후부터 여러 다른 세력들은 우리의 영혼에 하나님 아닌 다른 것들의 형상을 새겨 두기 시작하였다(Palmer, 2000) 따라서 교사는 영적 공동체인 자신의 학급을 운영할 때, 교육과 훈련을 통하여 하나님의 형상을 회복시키는 데 목적과 목표를 두어야 한다. 이를 기초로 학급운영 시 요구되는 교사의 역할은 다음과 같다(김동춘, 2006).

첫째, 학급운영의 철학과 비전을 제시해야 한다. 학급에서 유아를 지도할 때

학급운영의 철학과 비전이 구체적으로 반영되어야 한다.

둘째, 학급 공동체를 만들어야 한다. 유아들에게 우리 학급이라는 공동체 의식을 심어 주어야 한다. 또한 서로를 사랑하고 배려하는 생활 자세를 갖도록 노력해야 한다.

셋째, 학급운영에 대한 제반 업무를 감당해야 한다. 학급 유아들의 생활기록부, 신체검사표 등의 기록과 보관, 교육일지 기록, 교육계획안 작성, 출석부 정리 등이 해당된다.

5) 기독교사 윤리강령

가르치는 일은 필연적으로 수없이 많은 딜레마에 직면하게 된다. 딜레마란 같은 비중의 가치가 서로 충돌하여 그 어느 쪽으로도 의사결정을 내리기 어려운 상태를 의미한다. 윤리강령은 교사들이 딜레마에 직면했을 때 가장 적절한 의사결정을 이끌어 주는 지침이 된다(문혁준 외, 2014). 기독교사 윤리강령은 기독교 유아교육기관의 교사들이 교육 현장에서 기독교인 교사가 옳은 판단을 내릴 수 있도록 도와줄 수 있다. [Box 5-1]은 1998년 12월 10일에 있었던 기윤실 교사모임 제2기 기독교사학교 수련회에서 작성된 기독교사 윤리강령이다.

[Box 5-1]

기독교사 윤리강령

〈전문〉

우리는 하나님의 창조영역 중 교육에 부르심을 받았다. 우리는 학교 현장 가운데서 우리에게 맡겨진 아이들을 하나님의 형상으로 지음받은 존재로 존귀히 여기고 사랑하며, 하나님의 창조 질서와 바른 진리를 가르쳐 건전하고 책임 있는 인격체로 양육하는 데 최선을 다할 것이다. 비록 우리의 교육 현실이 너무나 왜곡되어 있어서 우리의 입지가 지극히 좁지만 이 현실을 회피하거나 타협하지 않고 그리스도를 의뢰함으로 정직하게 고민하면서 몇 가지 원칙들을 지켜 나가고자 한다.

〈실천요강〉

우리는 교육에 부름 받은 자로서

1. 하나님이 주신 교사라는 사명을 존귀히 여기고 하나님 앞에서 날마다 교육에 임하는 자세를 반성하고 새롭게 한다.
2. 반복되는 일과 가운데서 안일해지거나 타성에 젖지 않도록 여가 시간과 방학을 이용한 끊임없는 자기 계발과 재충전에 힘쓴다.
3. 교사의 인격이 가장 중요한 교육임을 명심하고 부단히 그리스도의 인격을 닮도록 노력하고 학생들을 가르치는 그 내용으로 자신을 점검한다.

우리는 수업에 임할 때

4. 교과서에 대한 철저한 분석과 교과에 대한 깊은 연구를 통해 하나님이 창조하신 우주 만물의 원리를 바르게 전달하도록 노력하고 이를 위해 기독교적 학문 연구기관과 협력한다.
5. 철저한 수업 준비와 성실한 교육 자세, 바른 언행으로 수업에 임하는 교사의 태도 자체가 교육이 되게 하고 성적이 부진한 아이들도 최대한 고려한다.
6. 아이들의 창의력과 논리적 사고, 발표하는 능력 등을 길러 줄 수 있는, 각 교과에 맞는 다양한 수업방법과 평가 방법을 개발하는 일에 힘쓴다.

우리는 (담임으로서) 생활지도 시에

7. 맡겨진 아이들을 편애하지 않고 공정하게 대하되 특별히 결손가정, 극빈자, 품행이 모난 아이, 성적이 부진한 아이, 친구관계가 원만하지 않은 아이들에게 더 많은 관심과 사랑을 기울인다.
8. 학생 한 사람 한 사람에 대한 세밀한 관찰과 많은 대화, 다양한 활동과 부대낌을 통해 그 학생의 잘못된 부분들을 고쳐 주며, 상처를 치유해 주고 소질과 적성을 발견하여 계발할 수 있도록 돕는다.
9. 아이들 사이에서 형성되는 문화와 놀이, 대중문화나 세속문화에 의해 받는 영향 등에 관심을 가지고 바르게 지도하며, 건전한 인간관계 형성과 여가 선용에 도움을 주는 활동과 놀이를 개발하고, 올바른 독서와 글쓰기 지도, 음악, 만화, 영화 등에 대한 올바른 비판과 선택능력을 길러 주는 데 힘을 쏟는다.
10. 아이들에 대한 약속을 반드시 지키며 정직과 이웃사랑, 민주주의 훈련, 사회봉사를 체득할 수 있는 프로그램을 개발하고 시행한다.

우리는 불의한 제도와 관행 및 유해한 교육환경에 대하여

11. 어쩔 수 없는 부분이라고 포기하거나 스스로 합리화하지 말고 이 문제를 놓고 하나님께 간절히 기도하면서 약간이라도 개선 가능한 방안을 찾아 부지런히 연구한다.
12. 자신의 결단으로 가능한 부분은 단호히 결단하고 이에 따르는 불이익을 감수하되 지혜롭고 겸손한 태도로 한다.
13. 개인적 결단의 범위를 넘어서는 부분에 대해서는 자신의 양심의 판단을 따라 동료 교사나 교사단체 등과의 연계를 통해 합법적인 개선 노력에 적극 힘쓴다.

우리는 동료 교사와의 관계에 대하여

14. 자신의 교육적 소신이 과다하게 표현되어 다른 동료교사들과 위화감을 조성하지 않도록 주의하고 최대한 동료교사들과 협력하며 조화를 유지하도록 힘쓴다.
15. 선배 교사들을 진심으로 존중하고 예의를 갖추며, 후배 교사에게 사랑으로 협력하고 가능한 한 모든 선생님들과 화목하게 지내도록 하여 밝은 교무실 분위기 조성과 건전한 직장문화 조성에 힘쓴다.
16. 학교업무 분담에 있어서 개인적으로 힘들고 귀찮은 일을 자원하며 약간의 손해는 감수하되, 전체적 행정은 민주적으로공정하게 운영되도록 힘쓴다.

우리는 전도하는 자로서

17. 무엇보다도 아이들을 대할 때나 교사들 사이에서 그리스도의 인격을 온전히 드러내는 것이 가장 좋은 전도임을 명심하고, 나 자신의 언행이 그리스도의 복음을 가로막는 일이 없도록 유의한다.
18. 기독학생반 지도나 개인 상담을 통해서 최대한 그리스도의 복음을 전하는 일에 힘을 쏟되 다른 종교를 가졌거나 기독교에 적대적인 아이들도 관용하며 편견을 가지지 않도록 유의한다.
19. 틈나는 대로 동료 교사들에게 복음을 전하며 신우회 등을 통해 서로의 신앙을 돕고 기독교사로서 바른 교육을 위해 노력하여야 할 바를 서로 나누고 협력하도록 한다.

1998년 12월 10일

본인은 기윤실 교사모임 제2기 기독교사학교를 수료하면서 앞으로 기독교사 윤리강령을 지키고자 노력할 것입니다.

성명 :____________(인)

출처: 좋은 교사(http://goodteacher.org)

이상에서 제시한 기독교사 윤리강령은 교육에 부름 받은 자로서, 담임으로서 수업에 임할 때, 생활 지도 시에, 불의한 제도와 관행 및 유해한 교육환경에 대하여, 동료 교사와의 관계에 대하여 교사가 실천할 바를 제시하고 있다. 우리는 본인이 근무하고 있는 유아교육기관이 기독교 유아교육기관 여부에 관계없이 기독교인 교사로서의 윤리강령에 근거하여 현장에서 부딪치는 윤리적 딜레마를 해결해야 한다. 또한 기독교사가 절대로 잊지 말아야 할 것은 본인의 역할을 수행할 때 항상 기도로 시작하는 것이다. 즉 하나님께 하루의 일과와 유아의 안전에 대한 모든 것들을 간구함으로 주님의 도우심을 받아야 한다.

제6장 기독교 유아교육기관 원아모집과 학급편성

1 기독교 유아교육기관의 홍보 및 원아모집

1) 홍보의 목적

유아교육기관의 운영은 원아가 모집되었다는 전제하에 이루어지기 때문에 원아모집을 위한 홍보는 유아교육기관 운영에 있어 중요한 부분이 된다. 유아교육기관의 홍보는 단순히 원아모집 시기에 주변에 기관을 알리는 것이 아니라 평상시에 좋은 유아교육기관으로서의 특성을 지역사회에 알리는 것이 중요하다. 특히 기독교 유아교육기관은 기독교 유아교육의 목적을 달성하기 위해 영유아와 그들의 가족을 통해, 또한 관련된 지역사회의 여러 단체와 상호호혜적인 관계를 통해 기독교 유아교육기관으로서의 가치를 전달해야 한다. 장기적으로는 전문성을 가진 우수한 교사들이 유아교육기관의 교육철학과 영유아와 학부모, 지역사회의 특성 및 요구를 반영하여 프로그램을 안정적으로 실천하고 있다는 것을 알리는 것이다(이기숙 외, 2014). 궁극적으로 유아교육기관 홍보는 내실 있는 교육과 보육프로그램을 운영함으로써 학부모와 지역사회로부터 인정과 신뢰를 얻는 것을 목적으로 한다.

기독교교육기관은 예수 그리스도의 증인으로서의 사명을 수행하며 헌신하고 있는 기독교인 교사들이 하나님을 중심으로 세상과 그 속에서의 역할을 학생들이 배울 수 있도록 해야 한다(Edlin, 2004). 따라서 기독교 유아교육기관의 교직원은 성경적인 세계관을 가지고, 그리스도의 전인격적인 진리를 공동체 속에서 관계맺음을 통해 책임감 있게 발휘하여 영유아뿐 아니라 그들의 가족과 나아가 이 사회를 변화시키는 데 교육의 목적을 두고 홍보를 진행해야 한다.

2) 홍보 내용 및 방법

(1) 홍보방법

유아교육기관의 홍보는 일반적으로 신문, 잡지, 라디오 혹은 TV 대중매체를 이용하는 방법과 지역 게시판이나 교회 소식지, 우편물, 광고지, 팸플릿, 리플릿 등의 홍보물 배포, 포스터나 현수막 등의 게시물을 사용하는 것이 일반적이다. 좀 더 적극적으로 유아교육기관을 홍보하는 방법으로 지역사회의 행사에 유아교육기관이 참여하거나 유아교육기관에서 지역사회 주민들이나 재원생 학부모를 대상으로 한 강연회, 바자회 등을 개최하여 홍보할 수 있으며, 학부모나 지역 주민을 위해 직접적인 상담을 진행할 수 있다. 최근에는 홈페이지나 인터넷 카페를 통해 전반적인 상황을 안내하고, 질의에 답하는 방법을 활용하기도 하며 스마트폰을 손쉽게 이용하는 젊은 부모들의 특성을 반영하여 애플리케이션을 활용한 홍보도 이루어지고 있다. 또한 지역사회 연계가 활성화되면서 영유아가 주로 이용하는 소아과나 치과병원과 연계를 하거나 영유아를 둔 부모들의 모임장소를 활용해 문화센터, 지역사회 주민센터, 교회나 동아리 모임과 연계하여 홍보할 수 있다. 무엇보다 좋은 홍보방법은 유아교육기관에서 교육을 받고 있는 유아들이나 졸업생의 학부모들로부터 얻은 신뢰와 호평으로 교육에 만족한 부모들은 좋은 홍보요원이 된다(김동춘, 2006).

앞서 언급된 다양한 홍보물들은 유아교육기관의 특성을 잘 반영할 수 있도록 디자인되고 일관적이며 가독성 있게 제작되어야 한다. 특히 홍보는 유아교육기관에 다니게 될 영유아의 가족뿐 아니라 지역사회의 구성원들과 같은 미래의 잠재적인 학부모들에게 유아교육기관을 알리는 것이기 때문에 유아교육기관의 이름이 쓰인 현판이나 도로 입구의 간판은 눈에 띌 수 있게 선명하고 세련된 느낌으로 디자인되어야 한다.

(2) 홍보 내용

홍보의 내용은 유아교육기관에 대해 학부모들이 궁금해할 내용들로 구성된다. 일반적으로 팸플릿과 같은 홍보자료에 포함되어야 할 내용을 정리해 보면 다음과 같다.

- 기관의 이름, 주소, 전화번호, 웹 사이트 주소
- 운영철학, 설립취지, 운영방침
- 프로그램의 특징 및 연령별 프로그램의 구체적인 내용
- 물리적 환경
- 교육시간 및 일과 흐름
- 원장 및 교직원의 소개
- 연령별 학급편성
- 모집시기, 모집방법, 입학절차
- 통합유아의 수용 가능한 발달 수준 및 장애 정도
- 납입금과 준비물
- 약도 및 찾아오시는 길
- 기타 기관 인증 상태나 홍보 사항

이와 같은 홍보 내용은 유아교육기관의 홍보자료에 공통적으로 포함되지만 타 기관과는 차별성을 가지고 홍보의 효과를 높일 수 있는 방법으로 각 기관의 특성을 살려 제작되어야 한다. 홍보 내용은 홍보방법에 따라 달라질 수 있는데 김동춘(2006)은 홍보할 때 주의할 점을 다음과 같이 제시하고 있다.

첫째, 학부모는 유아교육기관 방문을 통해 원의 이미지를 형성하게 된다. 따라

서 유아교육기관에서는 원을 직접 방문한 학부모들이 실내외 시설을 둘러보며 영유아를 위한 준비가 반영되어 있다는 것을 느낄 수 있도록 정확하고 안정적인 상담과 시설안내를 할 수 있는 교직원을 선정하여 필요한 내용을 숙지하여 설명하도록 한다. 학부모들이 기관을 직접 방문했을 경우에는 유아들이 활동하고 있는 상황을 활동사진이나 영상을 보며 홍보하는 것도 효과적이다. 이때 유아교육기관에서 유아들을 위해 양질의 교육을 실시하고 있다는 것을 직관적으로 느낄 수 있는 자료를 제시하는 것이 중요하다.

둘째, 부모들이 기관으로 전화를 걸어 질문할 경우, 상냥하고, 지혜롭게 답변하되 장황한 설명보다는 핵심적인 사항만을 소개하고 구체적이고 상세한 설명은 직접 방문이나 기타 매체를 참고할 것을 권유할 수 있다.

셋째, 인쇄물 또는 게시물을 통해 홍보할 때에는 기관의 이미지를 쇄신시켜 주고, 깊은 관심을 불러일으킬 수 있도록 글과 사진 등을 적절히 사용하여 관심을 불러일으킬 수 있도록 구성한다. 또한 기관에서 전문성과 창조성을 겸비한 교육이 이루어질 것이라는 자신감도 심어 주어야 한다.

3) 원아모집 방법 및 절차

원아모집은 입학준비에서 가장 기본이 되는 중요한 과제이다. 부모들은 자녀를 유아교육기관에 입학시키기 위해 전화를 이용해 유치원이나 어린이집의 정보를 묻는 것이 일반적이다. 이렇게 확인한 정보를 가지고 부모들은 지역에서 또래 부모들과 정보를 공유하게 된다. 따라서 유아교육기관으로 걸려오는 전화를 응대하는 교직원들은 유아교육기관의 철학과 신념, 현황 등을 이해하고 입학 관련 정보를 정확하게 파악하여 응대한다. 또한 모든 전화의 내용을 정확히 기록하여 이후의 후속과정을 진행해 나가는 데 무리가 없도록 한다.

(1) 유치원

유치원 원아의 모집과 선발은 「유아교육법」 제2장 제11조에 근거하여 유치원 규칙에서 정하는 바에 따라 공정하고 투명한 방법으로 이루어져야 한다. 구체적인 모집 시기는 각 시도에서 자체적으로 결정하게 되어 있으므로 해당 시도교육청의 지도에 따라 실시되지만 대체로 원서접수부터 시작되어 최종 등록까지의 과정이 11월부터 2월까지 이어진다. 유치원은 유아들의 입원과 퇴원이 빈번하기 때문에 학기 중에도 수시로 원아모집을 할 수 있다. 모집방법은 각 기관마다 다르지만 모집 공고 → 입학원서 교부 → 입학원서 접수 → 입학 대상자 선발·통보 → 입학금 혹은 납입금 납부 → 입학 대상자 확정 등의 순서로 이루어진다(김동춘, 2006). 대체로 만 3~5세 유아를 대상으로 선착순으로 모집하거나 지원자 수가 모집인원보다 많을 경우에는 추첨을 통해 모집하게 된다.

최근 2017학년도부터는 원아모집이 '처음학교로' 시스템으로 진행되고 있다. 이 시스템은 유치원 입학을 원하는 보호자가 시간과 장소의 제한 없이 온라인으로 편리하게 유치원에 대한 정보를 검색하여 신청하고, 유치원은 공정하게 선발된 결과를 알려 줌으로써 학부모의 불편 해소와 교원의 업무를 덜어 준다는 취지로 시작된 것으로 국공립 유치원과 일부 사립 유치원에서 활용하고 있다(www.go-firstschool.go.kr). '처음학교로' 시스템은 오프라인으로 원아모집을 할 경우 모집과 선발, 등록에서 일어나는 교사들의 업무 증가와 선발 과정에서 발생되는 오류의 문제를 줄일 수 있다는 장점이 있으나 국공립유치원의 인원이 확정될 때까지 사립유치원의 원아 변동이 계속되어 원아의 확정이 신학기까지 늦춰진다는 문제점이 있다. '처음학교로'의 원아모집의 절차는 보호자가 '처음학교로' 홈페이지(www.go-firstschool.go.kr)에 회원가입(공인인증서, 휴대폰 소지 필수)을 한 후 유아의 정확한 주민등록번호를 입력하여 자녀를 등록하고 유치원을 검색한 후 유치원별 모집 요강을 확인하고 순위나 시도 구분 없이 세 개의 유치원을 선택하게 되며 교육과정과 방과 후 과정을 선택하게 된다. 선발은 대상에 따라 우선모집과 일반모집으로 구분되는데 우선모집은 특수교육대상자(「장애인 등에 대한 특수교육법」 제3조에 따른 의무교육대상자), 법정저소득층, 국가보훈대상자 자녀, 기타(다자녀 가정 자녀 등 유치원장이 정하는 자) 등에 해당되며 해당되지 않는 경우는 일반모집으로 이루어진다. 선발결과를 확인한 후에는 선발로 표시된 원 중 한 개의 유치원만 등록을 이행하여 등록기간 동안 유아의 사진을 업로드하고 절차에 따라 등록한다.

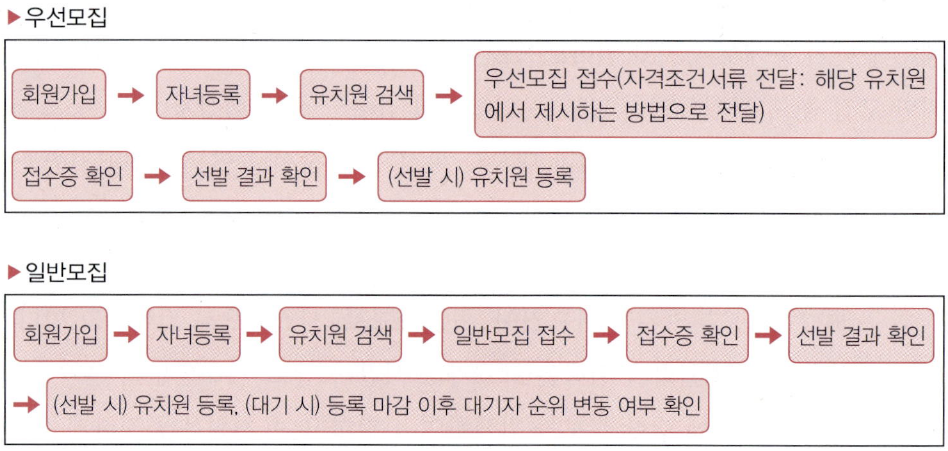

[그림 6-1] **'처음학교로' 이용절차**

(2) 어린이집

어린이집의 원아모집에 있어 서울시의 경우에는 서울특별시 보육포털서비스에서, 그 밖의 지역은 아이사랑보육포털에서 입소대기 신청을 받아 이루어져 왔으나 이원화된 시스템에서 생기는 문제와 혼란을 해결하고자 2017년 12월 28일 이후 서울시 소재 어린이집에 대한 신규 입소대기신청은 타 시도와 동일하게 보건복지부 임신육아종합포털 아이사랑(http://www.childcare.go.kr)을 사용하게 되어 있다. 이와 같이 입소대기신청을 하는 것은 어린이집 원장이 입소대기신청자를 실시간으로 공개하여 투명하게 운영하고, 어린이집 이용을 원하는 보호자가 시간과 장소의 제한 없이 온라인으로 입소대기를 신청하는 것을 가능하게 하기 위함이다. 보건복지부 임신육아종합포털 아이사랑 입소대기는 직장과 협동

어린이집은 해당되지 않으며 연중 수시로 입소 등록이 가능하다. 어린이집에 재원 중인 영유아는 2개소, 미재원 중인 영유아는 3개소까지 신청이 가능하며 연령은 만 0세부터 만 5세까지(장애아동은 만 12세까지 가능) 해당된다.

입소대기 신청은 온라인 신청과 어린이집 방문신청이 모두 가능하다. 온라인 신청방법은 보호자가 어린이집에 입소할 자녀를 등록하고 어린이집을 선택한 뒤 입소대기를 신청하면 된다. 이후 입소 우선순위에 따라 입소대상자가 확정되면 원장은 보호자가 제출한 입소 관련서류를 확인하고, 입소처리를 하게 된다.

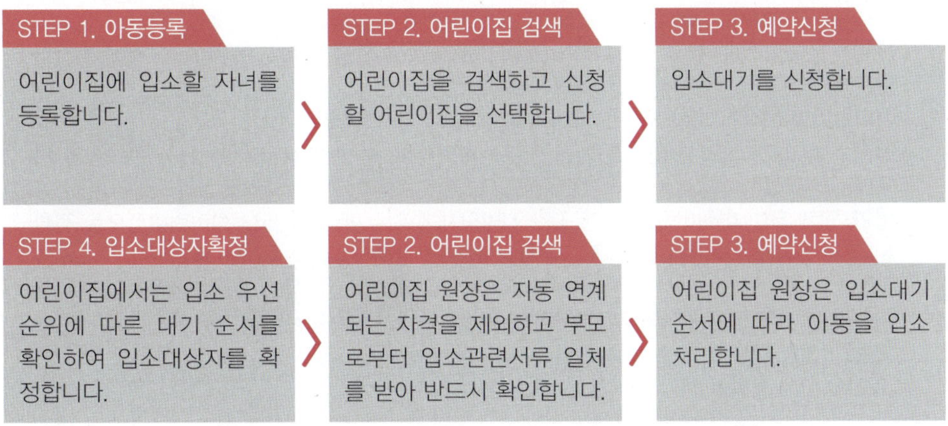

[그림 6-2] **임신육아종합포털 아이사랑 이용 입소신청 방법**

어린이집의 입소 우선순위는 「영유아보육법」 제26조, 28조, 「영유아보육법 시행령」 제21조의 4, 「영유아보육법 시행규칙」 제29조에 제시된 입소기준에 따라 결정된다.

▣ 1순위
- 「국민기초생활 보장법」에 따른 수급자(법정)
- 「한부모가족지원법」 제5조의 규정에 의한 보호대상자의 자녀
- 「국민기초생활 보장법」 제24조의 규정에 의한 차상위계층의 자녀(최저생계비의 120% 이하)
- 「장애인복지법」 제2조의 규정에 의한 장애인 중 보건복지부령이 하는 장애등급 이상에 해당하는 자(장애인 부모)의 자녀
- 아동복지 시설에서 생활 중인 영유아
- 「국가유공자 등 예우 및 지원에 관한 법률」 제4조 제1항에 따른 국가유공자 중 제3호의 전몰군경, 제4호·제6호·제12호·제15호·제17호의 상이자로서 보건복지부령으로 정하는 자, 제5호·제14호·제16호의 순직자의 자녀
- 부모가 모두 취업 중이거나 취업을 준비 중인 영유아
- 「다문화가족지원법」 제2조 제1호에 따른 다문화가족의 영유아
- 제1형 당뇨를 가진 경우로서 의학적 조치가 용이하고 일상생활이 가능하여 보육에 지장이 없는 영유아
- 자녀가 3명 이상인 가구 또는 영유아가 2자녀인 가구의 영유아
- 산업 단지 입주 기업체 및 지원기관 근로자의 자녀로서 산업단지에 설치된 어린이집을 이용하는 영유아
- 법인, 단체 등이 어린이집을 국가 또는 지방단체에 기부채납하여 국공립어린이집으로 전환된 경우 해당 법인·단체 등의 근로자 자녀로서 그 어린이집을 이용하는 영유아
- 「주택법」 제2조 제2호에 따른 공동주택에 설치된 민간어린이집이 국공립어린이집으로 전환된 경우 해당 공동주택의 거주자 자녀로서 그 어린이집을 이용하는 영유아

▣ 2순위: 기타 한부모·조손 가족, 입양된 영유아, 어린이집 재원 중인 아동의 형제·자매

▣ 3순위: 1·2 순위에 해당하지 않는 일반 영유아

출처: 보건복지부 임신육아종합포털 아이사랑(http://www.childcare.go.kr)

4) 입학전형

유아교육기관에서는 입학 대상 영유아가 확정되면 영유아와 가족의 이해를 돕기 위해 정보를 파악할 수 있는 서류와 동의서를 받고, 신학기를 준비하게 된다.

(1) 입학허가서 및 입학금 납부 안내

유아교육기관에서는 입학이 확정된 영유아의 가정에 입학허가서와 입학에 필요한 서류를 전달한다. 부모가 서류를 작성하고 서명하여 제출하면 입학금 납부에 대한 안내를 하게 된다. 수업료 및 입학금은 유치원의 경우 「유아교육법」 제25

조, 「유아교육법 시행규칙」 제8조와 제9조에 의거하여 납부한다. 어린이집은 「영유아보육법」 제38조에 의거 하여 어린이집의 소재지를 관할하는 시 · 도지사가 정하는 범위에서 보육료와 그 밖의 필요경비 등을 납부하게 된다.

(2) 영유아 및 가족환경조사를 위한 서류

입학을 앞두고 영유아를 이해하고 부모를 비롯한 가족들과 상호 협력적인 관계를 형성하기 위해서 영유아와 가족에 대해 필요한 정보를 미리 수집해야 한다. 유아교육기관에서 학부모에게 받아야 하는 관련 서류는 입학원서, 개인조사서, 비상연락처, 각종 동의서(응급처치, 귀가, 개인정보 이용, 기타 운영방침 관련 등) 및 서약서, 전체적인 교육 프로그램에 동참하는 허가서(현장 학습, 사진, 비디오 촬영) 등이다. 가정에서 제출한 입학 관련서류는 영유아와 가족에 관한 신상과 정보에 관한 사항들이 포함되어 있으므로 유아교육기관에서는 비밀이 보장될 수 있도록 서류를 철저하게 관리하고, 교육적인 목적 이외에 사용되지 않도록 한다. 또한 수집된 자료는 영유아에 대한 교육과 보호뿐 아니라 원 운영에 필요한 서류이므로 연한에 맞춰 지속적으로 보존해야 한다. 어린이집의 경우에는 생활기록부와 건강관련서류는 2015년부터 보육통합정보시스템과 연동하여 확인할 수 있다.

입학 전 학부모 상담은 학부모와 교직원 모두에게 필요한 과정이다. 먼저 학부모에게는 유아교육기관의 철학과 신념, 운영방침, 교육과정 및 내용 등 활동의 특성을 이해하는 기회가 되어 협력적인 관계를 형성하게 한다. 교사에 있어서는 영유아에 대한 발달과 정보를 파악하고, 학부모와 영유아의 기대와 요구를 이해하게 한다.

특별히 입학 전 학부모와의 상담은 앞으로 유아교육기관과 가족이 바람직한 관계를 유지하는 데 중요한 역할을 하므로 학부모가 신뢰감과 친밀감을 가질 수 있도록 상담하는 것이 중요하다.

2 학급편성

원아모집이 끝나고 1, 2월이 되면 학급편성이 이루어진다. 학급편성은 유아교육기관 운영의 기본이 되는 것으로 학급의 인원과 연령 및 월령, 성별, 거주 지역, 특별한 요구가 있는 유아들의 배치, 교사 배정을 어떻게 할 것인지를 고려하여 결정된다.

1) 학급편성 시 고려점

유아교육기관에서 학급을 편성할 때는 유아교육기관의 전체 원아 수, 공간, 교사의 능력, 유아의 요구, 통합된 장애유아의 수 등이 고려되어야 한다(김동춘, 2006; 이영자, 신동주, 2017; Sciarra et al., 2013).

(1) 유아교육기관의 전체 원아 수

유아교육기관의 인가된 원아 수는 유아교육기관의 물리적 공간의 크기에 의해 결정된다. 따라서 개원하는 원에서는 지역사회의 수요를 사전에 조사하여 기관의 원아 수를 결정하는 것이 바람직하다.

(2) 공간과 학급의 원아 수

학급당 원아 수는 인가기준과 사용 가능한 공간이 어떻게 조직되었는가에 따라 결정된다. 만약 교실에서 실외로 직접 나가는 출입구가 없거나 화장실이 교실에서 멀리 떨어져 있다면 영유아의 안전한 관리를 위해 학급 원아의 수는 적어야 한다. 반면, 화장실이 교실 내에 있고, 실외공간이 교실과 직접 연결되고 외부로부터 안전하게 차단되어 있다면 공간에 대한 교사의 감독이 용이하므로 인원이 좀 더 많을 수 있다.

(3) 교사의 능력과 학급의 원아 수

학급당 원아 수를 결정할 때 기관의 운영자는 교사의 능력을 고려해야 한다. 교사는 영유아와 개인적인 상호작용을 해야 하고, 영유아에게 의미 있는 학습 경험을 제공할 수 있어야 한다. 또한 효과적으로 교실 환경을 창조하고 학급경영 전략을 사용하여 영유아가 적절하고 편안하게 보살핌을 받을 수 있도록 하며, 응급상황에서 대처가 곧바로 이루어질 수 있도록 해야 한다.

(4) 유아의 요구와 학급의 원아 수

유아들의 요구는 그들의 경험과 전반적인 발달 수준, 연령에 따라 다르다. 연령이 어릴수록 집단의 크기가 작아야 하고, 하루 종일 유아교육기관에서 보내는 영유아들을 위해 친밀감과 따뜻한 분위기를 느낄 수 있도록 집단을 구성한다. 집단이 클 경우, 영유아들은 과도한 자극과 인간관계에 힘들어할 수 있으므로 혼자 혹은 한두 명의 또래, 한 명의 성인과 관계를 맺을 수 있도록 시간과 공간을 배려해야 한다.

(5) 특별한 요구를 지닌 유아의 통합

특별한 요구를 지닌 유아들이 학급에 포함될 때는 모든 유아의 욕구가 충족될 수 있도록 장애 정도를 고려해 장애유아의 수를 결정하고, 교사들이 이들의 요구에 충분히 반응할 수 있도록 교사 대 유아의 비율을 조정해야 한다.

이상에서 제시한 사항 중에서 유아들의 요구와 학급당 원아 수는 교육의 질적인 수준에서 중요한 요소로 반드시 고려되어야 한다.

2) 학급의 연령 구성

유아교육기관에서의 학급편성은 동일연령의 집단구성과 혼합연령 집단구성으로 이루어진다. 동일연령 집단으로 학급을 편성하는 것은 만 3세반, 만 4세반, 만 5세반으로 학급을 편성하는 것과 같이 같은 연령이 비슷한 발달적 특징과 요구를 가졌을 것을 전제로 학급을 편성하는 것이다(이영자, 신동주, 2017). 동일연령으로 집단을 구성하면 유아의 연령과 능력이 비슷하기 때문에 경험 및 발달 수준이 유사하여 학습활동의 계획과 지도가 용이하여 경험이 적은 교사도 유아들을 쉽게 지도할 수 있다는 장점이 있다(김동춘, 2006). 한편, 혼합연령으로 구성된 이질 집단은 만 3세부터 만 5세까지 유아들을 단일 집단이나 학급으로 편성하는 것과 같이 영유아마다 발달 속도가 다르다는 것을 전제한다. 따라서 어린 유아는 나이가 많은 유아와의 상호작용 과정에서 배움의 기회를 갖게 되고, 나이가 많은 유아는 어린 유아들을 가르치며 자신감과 자존감, 또래 간의 협력 등의 능력을 발달시키게 된다. 혼합연령 집단은 유아 중심적으로 학습방법이 적절하게 운영이 될 때 영유아의 발달에 여러 가지 장점이 있지만 어린 유아는 나이 많은 유아로 인해 억압과 좌절을 경험할 수 있으며 나이 많은 유아는 어린 유아의 행동을 모방함으로써 퇴행하는 경향을 보인다는 단점이 있다. 또한 유아들 간의 발달 수준이나 능력의 차이로 인해 학습활동의 계획과 지도에 어려움이 있고, 유능한 교사가 아니거나 학습활동이나 자료가 다양하지 않으면 교육의 효과를 얻기가 어렵다.

3) 학급편성의 법적 기준

유치원의 학급편성은 「유아교육법」 제12조 제3항에 따라 「유아교육법 시행령」 제13조에서 한 학급은 같은 연령으로 하되 원장이 교육과정의 운영에 특히 필요한 경우에는 혼합연령으로 편성할 수 있다고 제시하고 있다. 이와 함께 「유아교육법 시행령」 제16조에서는 유치원의 학급 수와 학급당 최소 및 최대 유아 수는 유치원의 유형, 지역 여건 등을 고려하여 관할청이 정하도록 되어 있다. 이에 따라 지역 교육청별로 다양한 기준을 제시하고 있으나 대부분의 교육청들은 단일연령의 경우 학급당 정원을 만 3세 18명, 만 4세 24명, 만 5세 28명으로 제시하고 있으며 만 3, 4, 5세 혼합연령의 경우 학급당 23명을 초과하지 않도록 규정하고 있다(신화식 외, 2014).

한편 어린이집의 학급편성의 법적근거는 「영유아보육법 시행규칙」 제10조 [별표 2]의 규정에 따른다. 이에 따르면 학급편성기준은 동년도 출생아(동년도 1. 1.~동년도 12. 31. 출생아)를 함께 반 편성하는 것을 원칙으로 하며, 가능한 한 만 2세 미만 영아반, 만 2세 영아반과 만 3세 이상의 유아반을 동시에 운영하여야 한다고 제시하고 있다. 다만, 장애아가 있는 경우에는 장애아만으로 구성된 반을 운영할 수 있다(「영유아보육법 시행규칙」 제23조 별표 8). 또한 교사 대 아동 비율을 준수하는 범위에서 보육과정 및 아동 1인당 보육실 면적 등을 감안하여 1개의 보육실에서 2개 이상의 반을 함께 보육하는 것이 가능하다. 한편 1, 2월생 아동으로 보호자 신청이 있을 경우 상위 연령반에 편성이 허용된다(보건복지부, 2018).

〈표 6-1〉 **어린이집 반별 정원의 법적 기준**

반별 정원 기준	만 0세	만 1세	만 2세	만 3세	만 4세 이상
원칙	3명	5명	7명	15명	20명

출처: 보건복지부(2018). 2018년 보육사업안내, p. 63.

어린이집 혼합반 운영원칙은 다음 표와 같이 만 0세와 만 1세 영아, 만 1세와 만 2세 영아, 만 3세와 만 4세 이상의 유아의 혼합반 운영이 가능하다.

〈표 6-2〉 **어린이집 혼합반 운영 원칙**

혼합반 운영	만 0세와 만 1세 영아	만 1세와 만 2세 영아	만 0세와 만 2세 영아	만 2세 이하 영아와 만3세 이상 유아	만 3세와 만 4세 이상 유아
원칙	가능	가능	불가능	불가능	가능
교사 대 아동 비율	1:3	1:5	-	-	1:15

출처: 보건복지부(2018). 2018년 보육사업안내, p. 67.

4) 특별한 요구가 있는 유아의 학급편성

인간은 사회 속에서 함께 협력하고 도우며 살아가야 하는 존재로 장애가 있거나 없거나 모든 영유아는 모두 교육받고 보호받을 권리를 가진 존재이다. 우리나라의 경우 2015년 기준으로 장애유아의 교육 지원은 특수교육 대상 유아 총 4,744명 중 전일제 통합학급에 1,822명, 특수학급 설치 유치원에 2,039명이 배치되는 등 전체 특수유아의 81.4%가 통합교육을 받고 있는 것으로 나타나(교육부, 2015) 장애유아들이 유아교육기관에서 통합교육을 받는 비율이 높아지고 있음을 알 수 있다. 따라서 유아교육기관에서는 특별한 요구가 있는 유아들을 일반학급에 편성하기 위한 관심과 노력을 확대해 나가야 할 것이다.

(1) 장애유아 통합교육의 성경적 근거

통합교육은 유아교육기관에서 장애 유무와 상관없이 하나님의 귀중한 자녀로 모든 유아가 교육적 혜택을 누리며 동등한 권리가 있다는 것을 보여 주는 믿음의 실천이다. 성경에서는 장애인을 크게 세 가지 관점에서 바라보고 있다(총신대학교부속유치원, 2002).

첫째, 모든 인간은 하나님의 형상대로 창조된 피조물이다.

"하나님이 자기 형상 곧 하나님의 형상대로 사람을 창조하시되 남자와 여자로 창조하시고(창 1:27)" 따라서 장애인 역시 다른 사람들과 동등성을 가진 존재이며 하나님의 자녀로 창조된 모든 인간에게 편견, 무시, 차별이 있어서는 안 된다. 하나님 앞에서 모든 유아는 장애가 있든 없든 모두 하나님의 형상으로 창조된 존귀한 하나님의 자녀로 하나님이 찾으시는 똑같은 영혼을 가진 인간으로 인정해야 한다(김동춘, 2006).

둘째, 장애인도 다른 모든 사람들과 마찬가지로 하나님의 주권하에서 태어난 존재이다.

"여호와께서 그에게 이르시되 누가 사람의 입을 지었느냐 누가 말 못 하는 자나 못 듣는 자나 눈 밝은 자나 맹인이 되게 하였느냐 나 여호와가 아니냐(출 4:11)" 따라서 우리사회는 장애아의 생명을 보호하고 유지할 책임과 사명이 있다.

셋째, 장애인도 하나님의 하시는 일을 나타내고자 태어난 존재이다.

"예수께서 길을 가실 때에 날 때부터 맹인 된 사람을 보신지라 제자들이 물어 이르되 랍비여 이 사람이 맹인으로 난 것이 누구의 죄로 인함이니이까 자기니이까 그의 부모니이까 예수께서 대답하시되 이 사람이나 그 부모의 죄로 인한 것이 아니라 그에게서 하나님이 하시는 일을 나타내고자 하심이라(요 9:1-3)"라고 하신 말씀처럼 하나님께서는 성경 말씀을 통해 장애인에 대한 그릇된 사회적 통념과 편견을 깨뜨리고 새로운 인식과 자세의 전환을 촉구하고 계신다. 따라서 장애유아 통합교육은 유아들이 어린 시기부터 장애인을 함께 살아가는 이웃으로 자연스럽게 받아들이고, 장애유아의 교육권을 보장할 수 있는 최선의 방법이 되어야 한다(임희옥, 2004).

(2) 성공적인 장애유아 통합교육의 요소

진정한 의미에서 장애유아 통합교육은 장애유아가 통합 환경에 배치되었다는 장소적이고, 형태적인 측면이 아니라 통합 환경의 구성원들로부터 동등한 구성원의 자격을 인정받고 스스로 진정한 의미에서 소속감을 느끼는 것이다(이소현, 박은혜, 2001). 통합교육의 목적은 장애아와 비장애아 간의 사회적 상호작용 증진에 있다. 이에 유수옥(2005)은 성공적인 장애유아 통합의 실천을 위해 프로그램, 교사, 비장애유아, 장애유아, 부모, 교실환경 등이 준비되어야 한다고 보았다. 성공적인 장애유아 통합교육 실천을 위해 우리나라 현실에서 실행가능하고 준비해야 하는 과제 요인으로 총신대학교부속유치원(2002)에서는 장애유아의 조건, 비장애아인 또래의 태도, 교사의 자질, 교실 환경과 교육 프로그램 등을 효과적인 통합교육을 위한 기본 조건으로 제시하고 있다. 성공적인 통합의 실천 요소로 이상에서 제시된 다양한 요인들 중에서 통합을 위한 장애유아의 준비, 또래들의 준비, 교사의 자질 및 태도, 부모들의 태도, 통합교육을 위한 교사와 부모의 협력을 중심으로 살펴보고자 한다(김동춘, 2006).

❶ 장애유아 통합교육을 위한 장애유아의 준비

효과적인 장애유아 통합교육을 수행하기 위해서는 장애유아의 장애 정도가 고려되어야 한다. 또한 학급 내에서의 사회적 수용이 이루어지기 위해서는 장애유아의 사회성 기술(대화하기, 또래와 긍정적인 상호작용하기, 인사하기, 협동하기, 정보수용하기 등) 중 적어도 한 가지는 습득할 수 있어야 한다(총신대학교부속유치원, 2002).

❷ 비장애 또래의 태도

비장애유아의 태도와 협조는 성공적인 통합교육의 필수 요인이 된다. 장애유아를 통합하여 교육한 결과, 장애유아뿐만 아니라 비장애유아의 사회성 기술(조언, 강화, 칭찬, 격려하기 등)이 증진되었고, 비장애유아 간의 상호작용도 활발해졌다. 특히 교사가 장애유아의 장점을 언급해 주고 시도하는 것을 격려해 줌으로써 비장애 유아들은 장애유아에 대해 긍정적인 관심과 반응을 보이게 된다(총신대학교부속유치원, 2002).

❸ 교사의 자질 및 태도

장애유아 통합교육의 성공적인 실행을 위해서 교사의 자질은 중요한 요소이다. 장애유아 통합교육에서 강조되는 교사의 자질은 다음과 같다(총신대학교부속유치원, 2002).

첫째, 교사는 장애유아를 이해하는 데 기초가 되는 장애유아의 발달과 행동에 대한 지식을 갖추고 있어야 한다.

둘째, 교사는 통합교육의 실제 상황에서 장애유아를 지도하는 데 필요한 교수기술과 장애유아를 지도하는 데 이용되는 설비 및 자료 활용을 위한 기술을 가지고 있어야 한다.

셋째, 교사의 장애유아에 대한 태도는 장애유아의 자아 존중감 형성과 일반유아와 장애유아와의 사회적 상호작용에 지대한 영향을 미치므로 교사는 장애유아에 대해 긍정적이고 수용적인 태도를 지녀야 한다.

유아교사는 장애유아의 정상화뿐 아니라 비장애유아의 발달에도 지대한 영향을 미치는 핵심 요소이다. 잘 구성되어 신중히 실행되는 통합은 모든 연령과 유형의 장애아들에게 효과적이다(Heward et al., 2017). 따라서 유아교사는 유아기의 보편적인 교육적 요구를 충족시킴과 함께 개별화된 교육이 이루어질 있도록 특수교육에 대한 전문성을 갖춰 통합교육의 이점을 충분히 살려야 하겠다.

❹ 부모들의 태도

통합교육에서 장애유아의 부모와 비장애유아의 부모들의 태도와 행동은 통합교육의 성공에 영향을 미친다. 먼저 장애유아 부모는 장애를 지닌 자녀들에 대해서 좀 더 긍정적인 태도를 갖게 되고, 장애 자녀의 성취를 특수한 사회가 아니라 '현실' 속에서 파악할 수 있게 된다. 또한 일반유아의 발달에 대한 정보를 얻게 되며 부모자신에 대해 긍정적인 자아 인식을 가지게 되고 일반유아의 부모들과 접촉할 기회를 많이 갖게 됨으로 고립감을 피할 수 있게 된다(이소현, 박은혜, 2001). 한편, 비장애유아의 부모들은 통합교육을 통해 장애유아를 더 잘 이해할 수 있으며 장애유아 가족의 요구에 대한 관심도 증가하게 된다.

❺ 통합교육을 위한 유아교육기관과 학부모의 협력

질 좋은 통합교육을 수행할 수 있는 결정적인 요인 중 하나는 영유아를 위한 교육과정의 전 과정에서 영향을 미치는 유아교육기관과 학부모의 협력이다. 유아교육기관 운영자의 통합교육에 대한 신념은 학부모를 비롯한 유아교육기관의 모든 구성원들이 장애유아와 통합교육에 대한 긍정적인 신념을 갖게 하고, 비장애유아들의 장애아에 대한 시각에도 영향을 미쳐 통합교육의 성패에 결정적인 역할을 하게 된다. 따라서 유아교육기관에서는 오리엔테이션과 부모교육을 통해 통합교육에 대한 신념을 명확히 하고 장애유아가 유아교육기관의 구성원 중 한 명으로 프로그램에 참여할 수 있음을 밝혀 학부모의 협력을 유도해야 한다(인천광역시교육청, 2017). 또한 교사와 학부모의 정기적인 의사소통은 필수적이므로 교사는 장애유아의 부모를 통합교육의 파트너로 인식하고, 그들의 문제점을 파악하여 그들을 도와 부모의 협력을 이끌어 내고 참여를 확대시켜 나가야 한다(김동춘, 2006).

3 새 학기 준비

원아모집이 끝나고 학급편성이 이루어지고 나면 각 학급의 담임교사를 배정한다. 담임교사는 자신이 맡을 영유아들의 발달적 특성과 가족의 배경을 파악하기 위해 가정에서 제출한 서류들을 확인하고, 연령과 발달을 고려하여 물리적 환경을 준비한다. 보통 새 학기 준비는 졸업 및 새 학기를 위한 오리엔테이션 준비와 함께 이루어지는 시기이므로 업무량이 많아 혼란스러울 수 있기 때문에 일정에 따라 구체적인 계획을 세워 업무를 진행해 나간다. 이때 교직원들이 함께 협력해서 처리해야 할 공동 업무와 각 학급에서 개인적으로 이루어져야 할 업무를 구분하고, 업무분장을 통해 업무를 처리해 나가는 것이 효과적이다.

새 학기를 준비하며 모든 교직원과 함께 준비할 공동업무는 다음과 같다.

- 공동 공간의 설비 재배치 및 물리적 환경 구성
- 실내외 청소 및 환경 정비
- 실내외 시설, 설비의 안전점검
- 새 학기를 위한 교재·교구의 구입 및 준비
- 연령별 교육과정 계획: 각종 연안 및 월안 작성
- 유아교육기관에 처음 오는 날 일과 운영 및 프로그램 준비
- 실내외 환경 및 신발장, 개인장에 부착할 라벨 준비

- 영유아와 관련하여 배부할 각종 문서 준비
- 소모품 준비
- 오리엔테이션 준비: 강당 및 교실 세팅. 기자재, ppt, 소책자, 이름표, 참석 확인서, 배부서류, 필기구 등
- 홈페이지 정비
- 각 반별로 음식물 주의가 필요한 영유아 명단 정리 및 부착
- 차량 운행 노선 및 시간표 확정
- 교사 업무분장 확정

한편 각 학급에서 담임교사들이 새학기에 준비해야 할 일반적인 업무는 다음과 같다.

- 교실의 교구장과 책상 등 가구들의 재배치
- 교실의 물리적 환경 구성: 흥미영역판, 교구장 및 교재, 교구에 대한 레터링, 일과 운영표, 도우미, 급·간식판 등
- 학급별 명단 및 구성원 사진, 영유아의 명렬표 준비
- 영유아가 제출한 문서(입학원서, 개인조사서, 동의서, 허가서, 사진 등)와 관련된 문서 정리
- 영유아에게 배부할 공동 물품(가방, 원복, 활동자료 등)
- 영유아가 준비한 개인 물품(치약, 칫솔, 기저귀, 여벌 옷 등) 정리
- 비상약품 준비
- 홈페이지에 학급 인사말 탑재
- 연안에 따른 연령별, 학급별 주안, 일안 작성
- 월별 생일명단 작성

4 오리엔테이션

기독교 유아교육기관의 입학 대상 원아가 결정되면 서류 및 동의서를 받아 원아와 가정에 대한 정보를 수집하고, 유아·부모 오리엔테이션을 진행한다.

1) 영유아의 유아교육기관 방문

유아교육기관을 처음 방문할 때는 영유아가 친근감을 가지는 사람과 동행하여 낯선 환경이나 교직원들에게 편안하고 친숙한 마음을 가지고 적응할 수 있도록 적절히 배려해 주어야 한다. 신입원아들의 유아교육기관 첫 방문을 통해 오리엔테이션을 할 때는 영유아가 긴장하여 피곤하거나 지루해할 수 있기 때문에 유아교육기관에 머무는 시간이 30~45분을 넘지 않도록 한다(김동춘, 2006).

오리엔테이션의 운영방법은 전체 원아를 대상으로 한 대집단 진행, 학급 단위별로 날짜나 시차를 둔 실시, 나이 어린 영유아나 효과적인 진행을 위한 소집단 구성 등 다양한 방법으로 유아교육기관의 실내외 시설·설비를 돌아볼 수 있다. 영아들은 양육자와 분리되는 것을 어려워하기 때문에 부모와 영아가 교사와 함께 놀이하면서 자연스럽게 대화하며 진행하기도 한다. 이때 영유아가 실내외의 놀잇감과 교구·교재를 자유롭게 탐색하고, 놀이하며 유아교육기관에 대해 호기심을 가질 수 있도록 배려한다. 또한 다양한 매체를 활용한 동화를 준비하는 것은 유아가 유아교육기관에서의 일과에 흥미를 느끼게 하는 데 효과적이다.

2) 학부모 오리엔테이션

학부모 오리엔테이션은 입학 전인 2월 말경에 실시하는 것이 일반적이다. 유아교육기관에서는 안내문을 통해 학부모에게 학부모 오리엔테이션 일정을 알리고, 유아교육기관의 전반적인 운영에 대해 학부모들이 효과적으로 이해할 수 있도록 사진이나 영상을 포함한 ppt를 제작하거나 학부모용 소책자와 입학 절차에 따른 유인물을 배부할 수 있도록 자료를 준비해야 한다. 학부모 오리엔테이션을 할 때에는 분위기를 부드럽게 할 수 있는 약간의 다과를 준비하는 것이 좋다. 오리엔테이션에서 다루어야 할 내용은 다음과 같다.

- 유아교육기관의 교육철학 및 교육목표, 운영방침
- 시설 개요: 연혁, 규모, 정원과 반 편성 기준
- 교직원의 소개
- 연령별 일과 운영 및 교육과정 운영의 특징
- 영유아나 가족지원을 위한 연중 행사계획
- 적응프로그램 안내
- 간식 및 식사 운영의 특징
- 안전사고 및 응급상황의 처리단계
- 영유아의 일상생활을 위한 복장 및 준비물
- 유아의 건강, 위생, 안전 및 전염성 질환에 대한 유의사항
- 차량 노선 및 운행 시간, 이용방법
- 방학 및 휴원 기간
- 교육비 납입에 관한 사항
- 기타 운영과 관련하여 학부모가 알아야 할 내용 및 주의사항

5 신입원아 적응프로그램

영유아들은 주 양육자인 부모와 떨어져 낯설고 생소한 환경의 어린이집이나 유치원에 처음 오게 되면 불안감을 느끼게 된다. 개인적인 성향이나 연령에 따라 불안감의 표현 정도는 다르게 나타나지만 대체로 등원을 거부하며 울거나 부모에게 매달리고, 신체적 증상이 없음에도 고통을 호소하고 우울한 표정을 짓고 간

식이나 식사를 거부하는 행동을 보인다. 이와 같은 반응은 영유아에 따라 개인차는 있으나 3일에서 한 달 정도 지속되기도 한다. 따라서 영유아에게는 새로운 환경과 하루 일과에 익숙해지고 교사에게 신뢰감을 가지고 적응할 수 있는 시간이 요구된다. 특히 24개월 미만의 영아들은 태어나서 처음으로 경험하는 집단 양육에 적응하며 애착의 대상이 부모에서 교사로 확대되기 때문에 인내심과 세심한 배려가 필요하다.

초기 적응프로그램은 유아의 경우에는 3~5일 정도 진행되며, 영아는 최소 1주일 이상, 2~4주 정도 계획하는 것이 일반적이다. 그러나 영유아의 개인적인 특징(기질, 연령, 이전 경험, 건강상태 등)을 고려하여 융통성 있게 진행한다. 일일 활동시간은 첫날을 비롯한 초기에는 1시간 정도의 짧은 시간 놀이하는 것을 시작으로 점진적으로 점심, 낮잠, 오후 간식 먹기 등으로 시간과 활동을 늘려 나간다. 교사는 초기 적응프로그램을 진행하기 전에 양육자를 통한 면담이나 개인조사서 등을 활용하여 영유아의 관심이나 애착물, 선호하는 놀잇감, 식습관, 성격 등 개별적인 특징을 파악하여 영유아가 안정적으로 적응할 수 있는 방안을 적응프로그램 운영에 활용하도록 한다. 유아교육기관에서는 학부모에게 신입원아 적응을 위한 적응프로그램 실시의 이유, 양육자의 역할 및 협조사항, 일정표, 일과 예시표 등이 포함된 안내문을 전달한다.

〈표 6-3〉 **신입원아 적응프로그램 진행 일정표 예시**

적응프로그램 일정표					
연령 / 내용	0세반	만 1세반	만 2세반	만 3세반	만 4, 5세반
보호자와 짧게 둘러보기	1회(개별, 혹은 집단으로 진행)				
	학부모 오리엔테이션과 함께 영유아가 보호자와 함께 환경 둘러보기				
등원~오전놀이	7일	3일	2일	1일	-
	보호자가 가까이에 있는 상황에서 낯선 환경에 적응하기				
등원~오전놀이	7일	2일	3일	1일	2일
	보호자가 가까이에 없는 상황에서 오전 일과 참여				

<table>
<tr><th colspan="6">적응프로그램 일정표</th></tr>
<tr><th>연령
내용</th><th>0세반</th><th>만 1세반</th><th>만 2세반</th><th>만 3세반</th><th>만 4, 5세반</th></tr>
<tr><td rowspan="2">등원~점심식사</td><td>4일</td><td>3일</td><td>2일</td><td>2일</td><td>1일</td></tr>
<tr><td colspan="5">등원, 오전 간식, 자유놀이, 점심식사</td></tr>
<tr><td rowspan="2">등원~
낮잠 및 휴식</td><td>2일</td><td>2일</td><td>1일</td><td>2일</td><td>1일</td></tr>
<tr><td colspan="5">오전 일과와 놀이, 점심식사, 낮잠</td></tr>
<tr><td rowspan="2">등원~
오후놀이 및 귀가</td><td>1일</td><td>2일</td><td>-</td><td>-</td><td>-</td></tr>
<tr><td colspan="5">정상 일과: 영유아의 상태에 따라 개별적으로 시간 조절</td></tr>
</table>

〈표 6-4〉 **신입원아 적응 일지 작성표 예시(영아용)**

<table>
<tr><th colspan="6">신입원아 적응 일지</th></tr>
<tr><td>이름</td><td></td><td>생년월일</td><td>년 월 일 (개월)</td><td>작성자</td><td></td></tr>
<tr><td colspan="2">구분</td><td colspan="4">적응 및 생활 내용</td></tr>
<tr><td colspan="2">등하원</td><td colspan="4">- 등원 및 보호자와의 분리
- 건강 및 기분
- 부모와 교사에 대한 반응</td></tr>
<tr><td rowspan="5">기본 생활 습관</td><td>식습관</td><td colspan="4">- 간식과 식사의 양
- 식습관 및 식태도
- 변화 양상
- 스스로 먹는 정도</td></tr>
<tr><td>배변</td><td colspan="4">- 교사의 배변도움에 대한 거부나 수용
- 배변의 양과 빈도와 시간 - 배변 전후의 모습
- 배변의사 표현 - 배변훈련 정도</td></tr>
<tr><td>낮잠 및 휴식</td><td colspan="4">- 잠들기와 깨기 - 지속시간
- 특이한 습관 - 활동과 휴식의 정도</td></tr>
<tr><td>손 씻기, 양치하기</td><td colspan="4">- 자발적 참여 - 시간 및 활동에 대한 인지</td></tr>
<tr><td>정리정돈</td><td colspan="4">- 참여 정도 - 자신이 사용한 것 정리</td></tr>
<tr><td colspan="2">실내외 놀이</td><td colspan="4">- 놀잇감과 놀이에 선호 및 관심, 소유 - 놀이 참여 의사
- 놀이형태의 특징 - 놀다가 정리할 때 전이 가능 정도
- 또래에 대한 관심 - 교사와 또래와의 의사소통, 놀이지속
- 만 2세 이상 소집단활동 - 오전, 오후놀이의 양상
- 실내, 실외, 유희실에서의 놀이 특성 - 분쟁과 갈등상황의 해결</td></tr>
<tr><td colspan="2">총평 및 조언</td><td colspan="4">- 전반적인 적응에 대한 평가
- 가정에서의 협조사항</td></tr>
</table>

〈표 6-5〉 **신입원아 적응 일지 작성표 예시(유아용)**

<table>
<tr><th colspan="6">신입원아 적응 일지</th></tr>
<tr><td>이름</td><td></td><td>생년월일</td><td>년 월 일</td><td>작성자</td><td></td></tr>
<tr><td>등하원</td><td colspan="5">- 건강 및 기분상태
- 부모와 교사에 대한 반응</td></tr>
<tr><td>식습관</td><td colspan="5">- 간식과 식사의 양
- 식습관 및 식태도
- 변화 양상
- 스스로 먹기</td></tr>
<tr><td>자조능력</td><td colspan="5">- 배변 관련 특징
- 손 씻기, 양치 등 위생 관련 특징
- 정리정돈 습관</td></tr>
<tr><td>낮잠 및 휴식</td><td colspan="5">- 잠들기와 깨기 - 지속시간
- 특이한 습관 - 활동과 휴식의 균형</td></tr>
<tr><td>실내외 놀이</td><td colspan="5">- 놀잇감과 놀이에 선호 및 관심, 소유 - 놀이유형
- 전이가능 여부(놀다가 정리하는 것) - 또래관계 - 교사와 또래와의 의사소통
- 놀이지속력 - 놀이 확장 정도 - 오전, 오후놀이의 양상 - 놀이 주도성
- 실내, 실외, 유희실에서의 놀이 특성 - 분쟁과 갈등상황의 해결</td></tr>
<tr><td>총평 및 조언</td><td colspan="5">- 전반적인 적응에 대한 평가
- 가정에서의 협조사항</td></tr>
</table>

제7장 기독교 유아교육기관 시설·설비관리

1 기독교 유아교육기관의 물리적 환경

1) 물리적 환경의 개념

교육환경은 교육의 목적을 효과적이고 능률적으로 달성하기 위해 학교에 설치된 환경을 총칭하는 것으로 사람들의 문화와 가치, 이상, 윤리 등은 살아가는 환경을 반영한다. 이러한 개념을 토대로 보면 기독교 유아교육기관의 물리적 환경이란 기독교 유아교육의 목적을 달성하고, 이를 효과적으로 지지하기 위한 제반 기능을 원활히 수행하는 데 필요한 공간 및 물리적 조건이라고 할 수 있다(김동춘, 2006).

물리적 환경에는 교육활동을 위하여 설치된 시설과 유아교육기관에서 고정자산을 보완하기 위해 장기적인 목적으로 구입된 설비가 포함된다. 유아교육기관의 시설은 실내와 실외로 구분하여 살펴볼 수 있는데 실내 시설에는 건물 및 건물의 출입구, 현관, 복도, 활동실과 원장실, 교사실, 행정실, 교재실, 조리실, 식당, 부속실이 포함되며, 실외 시설에는 놀이터 및 운동장, 급수·하수시설 등의 외곽 시설이 해당된다.

2) 물리적 환경의 성경적 기초

기독교 유아교육기관 물리적 환경의 성경적 기초는 창세기 1-2장에 근거하여 하나님으로부터 준비된 환경의 개념에서 출발할 수 있다. 따라서 교사는 준비하시는 하나님의 모범을 따르기 위해 최대한의 노력을 기울일 필요가 있다. 물리적 환경을 위한 또 다른 성경적 근거는 발달에 기초해 찾아볼 수 있다. 교육은 영유아와 하나님과의 관계, 영유아와 영유아와의 관계, 영유아와 교사와의 관계, 영유아와 자연과의 관계에 참여하도록 그리스도의 주관 아래 기독교교육의 목적을 달성할 수 있도록 영유아의 발달에 적합한 많은 기회와 자료들, 경험의 장을 마련해 주어야 한다(김동춘, 2006).

3) 물리적 환경의 중요성

기독교 유아교육기관은 하나님의 나라와 복음에 대한 교육적 사명을 실천하는 곳으로 기독교 유아교육기관과 교사는 물리적 환경을 통해 영유아들에게 하나님의 돌보심을 전해 주는 방식으로 가르치고, 그 자체를 얼마나 중요하게 생각하는지를 보여 주어야 한다(Foster, 1996). 따라서 기독교 유아교육기관의 시설·설비는 기독교 유아교육기관의 교육목적을 효과적으로 달성할 수 있도록 준비되어야 한다. 교사는 하나님이 도우시고 지탱하시는 가정과 같은 사랑, 용납, 신뢰, 보호, 안전의 분위기를 제공할 수 있는 물리적 환경을 조성해야 한다. 이러한 환경의 제공은 영유아가 하나님을 알게 하는 가능성의 씨앗이 될 뿐 아니라 영유아가 가진 잠재능력을 실현하는 기회가 된다(김동춘, 2006). 즉 기독교 유아교육기관에서의 가르침은 창조주 하나님을 알고 경외함으로써 하나님의 말씀을 가르치고 전도하며 모든 활동이 하나님께 감사와 영광을 돌리는 것이어야 한다.

2 기독교 유아교육기관의 시설·설비

1) 시설·설비의 중요성

기독교 유아교육기관의 물리적 환경인 시설·설비는 유아와 유아, 유아와 성인, 유아와 교구의 상호작용을 유발하는 중요한 요인으로 영유아의 성장 발달에 직접적인 영향을 미쳐 유아교육 프로그램의 질적 수준을 좌우하는 핵심적인 요소이다. 따라서 기독교 유아교육기관에서는 영유아가 연령과 발달적 특성, 흥미에 맞춰 즐겁고 행복하고 안전하게 생활하며 발달을 촉진할 수 있도록 제반 시설·설비를 갖추고 개선·보완하는 노력을 끊임없이 해야 할 것이다.

2) 시설·설비 계획 시 고려사항

영유아는 다른 각급 학교의 학생들과 발달적으로 다른 특성을 가지므로 유아교육기관의 시설·설비를 설계할 때는 주의 깊은 계획이 요구된다. 유아교육기관의 시설·설비 계획 시 고려할 사항은 다음과 같다(신화식 외, 2014; 이경희, 정정옥, 2014).

첫째, 유아교육기관의 시설·설비는 유아교육기관에 다니는 영유아를 중심으로 계획되어야 한다.

둘째, 유아교육기관의 시설·설비는 유아교육기관에서 생활하는 모든 구성원의 안전이 보장될 수 있는 것이어야 한다.

셋째, 유아교육기관의 시설·설비는 공간의 효율적인 활용을 위해 융통성 있게 계획되어야 한다.

넷째, 공간과 교구 배치에 변화를 주어 건물 사용에 효율성을 높인다.

다섯째, 유아교육기관의 시설·설비는 경제성이 있어야 한다.

이상의 내용을 정리해 보면, 유아교육기관의 시설과 설비는 각 시설의 철학적 방향과 교육목표, 유아들의 연령과 발달 수준, 유아와 교직원의 안전, 교육활동의 유형과 편의성, 비품과 교구 활용의 용이성, 장소와 놀이 및 인접성 등을 고려하여 계획·운영되어야 한다. 특별히 기독교 유아교육기관의 영유아를 위하여 물리적 환경을 구성할 때 고려해야 할 일반적인 원리는 다음과 같다(김동춘, 2006).

첫째, 하나님의 성장 법칙에 따라 물리적 환경을 구성한다. 영유아의 영적 발달, 신체적 발달, 언어 발달, 인지 발달, 사회성 발달, 정서 발달에 따라 필요와 요구, 흥미, 개인차 등의 특성을 고려해야 한다.

둘째, 기독교 유아교육기관에서 시설·설비를 계획할 때는 건강과 안전을 고려해야 한다. 신명기 22장 8절에서는 "네가 새 집을 지을 때에 지붕에 난간을 만들어 사람이 떨어지지 않게 하라 그 피가 네 집에 돌아갈까 하노라"라고 말씀하고 있다. 건강하고 안전한 시설·설비는 영유아, 교사, 학부모 모두의 요구를 충족시키며 편안함을 느끼게 하므로 시설·설비의 계획 단계부터 건강과 안전을 염두에 두고 시공되어야 한다.

셋째, 기독교 유아교육기관의 교육목적 달성을 위해 시설·설비, 교재·교구들 등 모든 물리적 환경은 영유아가 하나님의 창조에 대한 경외심을 가지고, 하나님의 창조 세계를 계발하며 문화 명령(창 1:28)을 수행할 수 있도록 도와주어야 한다. 이를 위해 영유아에게 다양한 경험과 도전, 흥미를 제공하여 자발적인 참여와 탐색, 사고로 하나님께 영광을 돌릴 수 있도록 물리적 환경을 구성해야 한다.

넷째, 삶의 전체성을 나타내는 물리적 환경을 구성한다. 기독교교육의 목적은 인간을 지으신 하나님을 알고 하나님의 영광을 위해 인간의 삶을 살게 하는 것이다(롬 11:36). 따라서 기독교 유아교육기관에서 물리적 환경을 구성할 때는 유아가 삶의 전 영역에서 하나님이 주신 달란트와 능력을 계발하고, 기독교 세계관에 따라 그리스도의 생각으로 행동할 수 있도록 모든 영역에서 조화로운 발달을 이룰 수 있는 다양한 환경을 구성해야 한다.

다섯째, 장애유아를 포함한 모든 사용자들이 물리적 환경에 접근이 용이하도록 구성되어야 한다. 기독교 유아교육기관에서는 장애유아를 수용하고, 그들의 발달적 특성을 고려하여 물리적 환경을 구성해야 한다.

여섯째, 미적으로 아름다워야 한다. 건물과 교실 벽, 설비물의 색, 모양, 교실의 창문을 통해 바라보는 하나님의 창조의 미, 자연과 조화된 실외놀이 공간, 유아들의 작품으로 구성된 벽면 구성 등은 매력적인 물리적 환경을 만드는 요인이 될 것이다.

일곱째, 관리의 용이성이다. 기독교 유아교육기관의 교사들은 하나님의 피조물로서 하나님이 우리에게 주신 환경을 관리하고 하나님의 영광을 나타내기 위해 자원을 활용할 명령을 받았다(창 1:26-30). 따라서 주님이 맡기신 자원을 책임 있게 사용하고 관리해야 해야 하는 청지기 직분을 수행해야 할 책무가 있음을 인식해야 한다. 이러한 청지기 직분의 수행은 기독교 유아교육기관의 시설·설비를 계획하고, 교재·교구의 구입을 계획할 때부터 계속적으로 수행되어야 할 교사의 책무이다.

3 실내 시설·설비

유아교육기관의 시설·설비는 인가기준을 만족시키면서 건물의 사용자인 영유아, 교직원, 부모, 방문객들의 요구에 맞도록 환경이 구성되어야 한다. 기독교 유아교육기관의 실내공간은 하나님과 영유아의 관계, 교사와 영유아의 관계, 영유아 간의 관계, 영유아와 교재·교구의 관계에서 자발적으로 기독교교육의 목적을 달성시킬 수 있도록 환경이 구성되어야 한다.

1) 실내 시설의 기본조건 및 구성 원리

유아교육기관의 실내공간은 교지 위에 세워질 유아를 교육하는 건물을 의미하는 것으로, 영유아를 위한 활동실(교실), 유희실, 성인을 위한 공간인 교사실, 회의실, 휴게실, 그리고 부대시설인 출입구, 화장실, 조리실, 창고 등을 갖추고 있어야 한다.

유아교육기관의 건물은 영유아의 발달적 특징과 안전이 고려되고 채광과 통풍이 잘되는 단독 건물의 1층에 위치해야 하며, 영유아 및 교직원의 통학에 지장이 없도록 대중교통 수단과 가까워야 한다. 건물의 크기는 영유아들이 안정감을 느낄 수 있는 크기이어야 하며 주변의 건물 및 자연 환경과 조화를 이루어야 한다.

유아교육기관의 가장 핵심이 되는 실내 시설인 활동실은 영유아가 가장 긴 시간을 지내며 자유롭게 활동하며 교육적 가치를 충분히 누릴 수 있는 공간으로 구성되어야 한다. 활동실의 구성은 영유아의 발달 및 요구 수준, 주제별 활동 내용, 계절 및 기후에 따라 융통성 있게 제공되어야 한다.

활동실의 공간구성과 배치는 조용한 영역/시끄러운 영역 vs 물이 필요한 영역/건조한 영역의 2차원으로 구분하여 출입문을 고려한 배치가 이루어지게 된다. 예를 들어 조용하면서 물이 불필요한 영역에는 소근육, 조작, 수·과학, 도서, 컴퓨터 영역 등을 배치하면 된다(최석란, 2005).

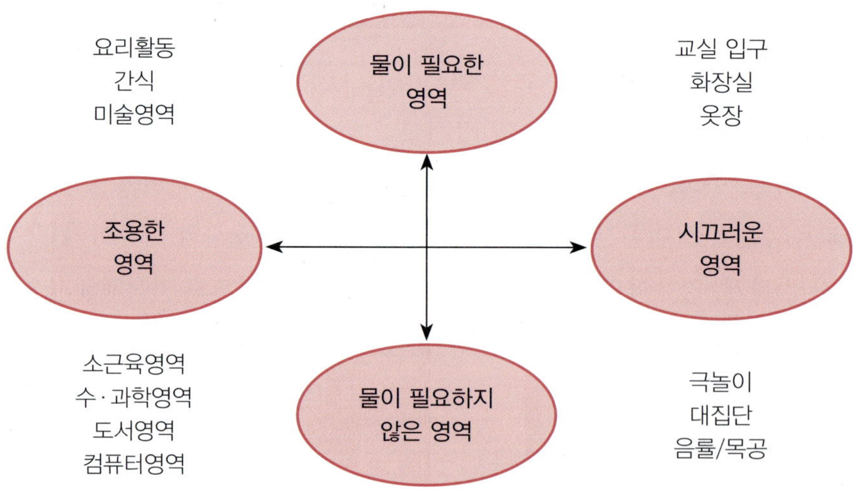

[그림 7-1] **놀이 영역 배치**

출처: 최석란(2005). 놀이와 유아발달, p. 154.

2) 실내 시설

유아교육기관의 실내공간에 기본적으로 갖추고 있어야 할 시설들은 「고등학교 이하 각급 학교 설립·운영 규정」 제3조 1항과 「유아교육법」 제8조에 따른 대통령령이 정하는 유치원 설립기준, 「영유아보육법」 제15조에 따른 어린이집 설치·운영에 대한 보건복지부령에 따른 설치기준을 반영하게 되어 있다.

(1) 현관 및 출입구

현관 및 출입구는 영유아와 교직원, 학부모, 방문객들이 수시로 출입하는 곳이며 영유아와 부모 및 보호자가 만나고 헤어지는 곳이다. 따라서 안정적이고 평안하며 환영받는 느낌을 줄 수 있어야 하며 즐거움과 활력이 있는 동시에 부드럽고 편안한 분위기를 조성해야 한다. 현관에는 건물 내의 위치를 알 수 있는 표시판(각 활동실 평면도, 통로, 방향 표시가 되어 있는 사진이나 그림 등), 정보를 알리는 월 행사판과 게시판 등을 비치하여 방문객들에게 편의를 제공하도록 한다. 또한 영유아들이 신발을 갈아 신을 수 있는 신발장과 일기에 따라 우산꽂이와 같은 비품들이 비치되어야 하므로 충분한 공간이 확보되어야 한다.

출입구에는 영유아의 안전을 관리하고 외부인의 출입을 통제할 수 있도록 자동 잠금장치와 비디오폰을 설치한다. 외부인이 방문할 때는 반드시 행정실이나 교무실에 들려 방문의 취지를 밝히고 들어갈 것을 공지하는 안내문을 게시하여 방문자가 기록을 남기고 명찰을 패용한 뒤 출입하도록 한다.

(2) 활동실

일반적으로 교실을 지칭하는 활동실은 유아교육기관에서 가장 중요한 곳이다. 편안하고 안락한 활동실은 다른 사람의 활동을 방해하지 않고 활동할 수 있는 개인 공간이 충분히 확보되어야 한다. 「고등학교 이하 각급 학교 설립·운영 규정」 제3조 제3항 [별표 1]에 따르면 유치원 유아들을 위한 활동실의 면적은 1인당 2.2㎡ 이상으로 되어 있으며, 어린이집의 경우 「영유아보육법 시행규칙」 제9조 관련 [별표 1]에 따르면 시설면적은 영유아 1인당 4.29㎡ 이상이어야 하며 보육실은 1층에 설치되어야 하고, 영유아 1인당 2.64㎡ 이상의 공간을 확보하여야 한다. 이영자와 신동주(2017)는 학급당 유아 수가 30명일 경우 활동실 면적은 최소 79㎡(약 24평)가 적절하며 종일제 학급과 같이 교실에 휴식과 낮잠을 자는 경우에는 유아당 최소 3.2㎡(1평) 이상이 제공되어야 한다고 하였다.

기독교 유아교육기관에서 활동실은 기독교교육철학이 반영되는 곳으로 "생육하고 번성하여 땅에 충만하라, 땅을 정복하라, 바다의 물고기와 하늘의 새와 땅에 움직이는 모든 생물을 다스리라(창 1:28)"는 말씀에 근거하여 모든 창조물을 보살피고 다스리며 유지하라는 하나님의 문화적 명령을 수행하도록 도울 수 있어야 한다. 영유아는 다양한 놀이 경험을 통해 자신이 하나님의 형상대로 창조되었음을 경험하고 자신을 둘러싼 하나님의 창조 세계와 하나님을 발견하며 그 환경을 다루고 평가하는 것을 배워 하나님께 영광을 돌려야 한다(김동춘, 2006).

활동실 내 흥미영역을 구성할 때 고려할 점은 다음과 같다(김동춘, 2006; 이기숙, 2013).

- 흥미영역의 설치 및 구성은 기독교 유아교육의 목적에 맞아야 한다.
- 흥미영역들은 하나님의 말씀 곧 성경으로 조명되어야 한다.
- 활동 유형에 따라 흥미영역에 충분한 공간을 제공한다.

- 흥미영역을 배치할 때는 활동의 성격과 흥미영역에서 발생되는 소음의 정도에 따라 서로 방해되지 않도록 한다.
- 흥미영역에 필요한 설비(교구장, 게시판 등)와 교재·교구를 제공한다.
- 흥미영역은 계절, 교육목적, 활동 내용에 따라 다양하게 변화되어야 한다.
- 교사가 전체 영역을 한눈에 관찰할 수 있도록 숨겨진 공간이 없게 배치한다.
- 각 영역의 활동을 방해하지 않고 이동할 수 있도록 통로를 분명히 하고 출입구 가까이에는 영역을 배치하지 않도록 한다.
- 이동식 가구나 칸막이 등을 이용하여 각 활동의 특성 및 유아의 흥미에 따라 공간을 융통성 있게 변화시킬 수 있어야 한다.

(3) 유희실

유희실은 눈, 비가 많이 오거나 한파, 폭염, 미세먼지 등 기상이나 대기상태가 좋지 않을 때 실외활동을 대신하거나 많은 유아들이 참여하는 행사를 위한 장소로 활용된다. 유희실에서는 대근육을 이용한 동적인 활동이 주로 이루어지므로 공간이 넓어야 하며 신체활동을 위한 기구와 설비가 갖추어져 있어야 한다. 또한 유희실의 바닥은 유아들이 뛰고 구르는 데 위험하지 않고 소음이 흡수되며 탄력성이 있는 재질을 사용해야 하며 청소하기도 용이해야 한다.

(4) 낮잠과 휴식을 위한 공간

영유아들은 발달 특성상 하루 일과 중 낮잠이나 휴식의 시간을 갖는 것은 매우 중요하다. 낮잠을 위한 공간이 활동실과 분리되어 있을 경우에는 영유아가 안락함과 편안함을 느낄 수 있는 장점이 있는데 활동실과 근접해 있어야 한다. 별도의 공간을 분리하여 마련할 수 없을 경우에는 활동실에서 낮잠과 휴식을 취할 수 있다. 낮잠과 휴식을 위한 공간에는 잔잔한 음악을 틀어 주는 것이 좋으며, 조명의 밝기를 조절하거나 햇빛을 차단할 수 있어야 한다. 바닥의 온도는 계절에 알맞게 조절할 수 있어야 하며, 개인 매트나 침구가 준비되어야 한다. 낮잠과 휴식 중에도 교사는 반드시 영유아를 감독하여 안전사고에 유의해야 한다.

(5) 화장실

화장실은 유아들이 배변과 바른 위생 습관을 배우는 곳으로 유아들은 유아교육기관에서 화장실이나 세면대의 사용이 용이할 때 공동생활에 쉽게 적응하게 되며 자신감과 독립심을 발달시킬 수 있다. 유아교육기관에서 화장실을 설계하고 관리할 때 고려해야 할 점은 다음과 같다.

- 화장실은 활동실에서 직접 출입이 가능하고 실외놀이터에서도 이용이 편리한 곳에 위치해야 한다.
- 유아가 스스로 열고 닫기 쉬운 출입문으로 만들고, 밝은 분위기를 형성할 수 있도록 통풍과 채광을 고려하고 밝은 색을 사용한다.
- 세면대와 변기는 영유아의 신장에 맞춰서 설치하고, 수건, 비누, 휴지, 핸드타올, 거울 등도 영유아가 쉽게 이용하고 손이 닿을 수 있는 위치에 비치한다. 세면대의 높이는 55.8~60.9㎝ 정도가 적당하며 변기의 높이는 바닥에서 25~28㎝, 소변기의 높이는 30㎝ 이하의 높이가 적당하다(교육부, 2015).
- 화장실은 청결하고 위생적으로 관리되도록 배수가 원활해야 한다.
- 항상 건조함을 유지하되 물기가 있어도 미끄러지지 않도록 안전조치를 마련한다.
- 영유아가 사용하는 세면대의 더운물은 화상의 위험에 대비하여 온도가 40℃ 이하로 유지되도록 온도조절장치나 온수밸브잠금장치 등을 준비한다.

- 개별 화장실 문은 잠금장치가 없거나 교사가 잠금장치를 밖에서 열 수 있게 90㎝ 정도의 낮은 칸막이를 설치한다.
- 대변기 사이에는 칸막이를 해 준다.
- 신진대사가 왕성하며 발달 특성상 대·소변의 자유로운 통제와 조절이 불가능하므로 어릴수록 많은 수의 변기가 요구되며, 여아용은 최소 10인당 1개, 남아용은 15인당 1개 정도가 적당하다(김동춘, 2006).
- 교사나 학부모 및 성인들을 위한 성인용 화장실은 따로 설치한다.

(6) 목욕실

목욕실은 영유아의 대소변 실수나 물모래놀이와 미술활동으로 인해 몸이 더러워졌을 때 이용하게 되므로 화장실과 함께 활동실과 인접한 공간에 위치해야 한다. 목욕실에는 샤워 설비, 세면 설비 및 냉·온수 공급을 위한 설비를 갖추어야 하며, 수도꼭지는 온수 사용 시 화상을 입지 아니하도록 온도 고정 장치를 설치하여야 한다. 목욕실은 물기가 많은 곳이기 때문에 바닥은 미끄럼 방지 장치를 해야 한다(김동춘, 2006).

(7) 조리실

유아교육기관의 조리실은 영유아의 간식과 식사를 제공하기 위해 필수적인 공간으로 청결한 위생관리가 무엇보다 중요하다. 이를 위해서 고려해야 할 점은 다음과 같다.

- 환기와 채광이 잘 이루어져야 하고, 기계 환기시설을 설치하여 청정한 실내 환경을 유지하도록 하며, 창문에 방충망을 설치하여 해충의 침입을 막아야 한다.
- 조리실은 공간의 특성상 바닥, 벽, 천장이 내수성과 내화성, 내구성이 있는 재질로 청소와 소독이 쉽고, 화재를 예방할 수 있어야 한다(「유아교육법 시

행규칙」 제3조 1항 [별표 1]).

- 조리실 내에는 식기를 소독하고 위생적인 취사 및 조리가 이루어질 수 있도록 싱크대, 조리대, 배식대, 전열기구, 세척기, 소독기, 냉장고, 환기 장치, 조리기구, 식기류, 조리기구 및 식기류 수납장, 식자재 창고 등의 시설·설비가 갖추어져 있어야 한다.
- 조리실은 조리작업이 효율적으로 이루어질 수 있도록 개수대, 조리대, 배식구를 인접하게 배치하고, 조리사들은 위생과 청결을 위해 위생복, 위생모, 위생 마스크를 착용해야 한다.
- 100명 이상의 영유아에게 급식을 제공하는 유치원과 어린이집에는 「국민영양관리법」 제15조에 따라 영양사 자격증을 소지한 면허를 받은 영양사 1명이 배치되어야 한다.

(8) 양호실

유아교육기관의 양호실은 영유아가 다치거나 아픈 경우 간단한 치료가 이루어지며, 전염성 질환으로 인해 감염의 위험이 있을 때 격리되어 휴식을 취할 수 있는 장소이다. 영유아를 혼자 있게 두어서는 안 되므로 원장이나 원감, 서무 등의 보호를 받을 수 있는 장소에 침대, 구급약품과 약품장, 약품 보관용 냉장고 등을 비치한다. 또한 양호실을 이용하는 영유아가 이용할 수 있는 책이나 놀잇감을 준비해 놓는다. 약품장과 약품 보관용 냉장고는 영유아가 쉽게 열 수 없도록 안전 잠금장치를 설치한다.

(9) 교사실

교사실은 교육활동을 위한 교사의 수업 계획, 교재 및 교구의 준비, 각종 문서 작성, 회의 등의 교사업무를 수행하기 위한 공간이다. 따라서 교사실은 교사들이 효율적이고 편안하게 업무를 수행할 수 있도록 교사 업무를 위한 설비(개인용 책상 및 의자, 작업 및 회의용 책상, 컴퓨터, 프린터, 복사기, 팩스 등)와 교사용 각종 도서, 자료 보관함, 개인 소지품을 보관할 수 있는 개인적 공간 등이 제공되어야 한다.

(10) 자료실

자료실은 교육활동에 필요한 교구·교재와 이를 제작하기 위한 소모품, 행사를 위한 용품, 기타 자료를 보관하기 위한 공간이다. 자료실에는 수많은 자료들이 보관되기 때문에 효율적인 사용과 체계적인 관리가 이루어 져야 한다. 편리한 사용과 효과적인 관리를 위해서는 연령에 따라 주제와 활동영역별로 교구대장과 목록표를 작성하고 수납공간을 구분하여 정리한다. 이때 교구·교재의 크기를 고려하여 수납장의 높이를 조정하고, 내용물을 알 수 있는 투명한 상자를 이용해 정리하며 상자 표면에 내용물의 목록을 부착한다. 소모품은 종류와 크기를 고려하여 비치하고 작은 소모품은 투명한 비닐과 상자를 이용해 내용물을 쉽게 찾아 활용할 수 있도록 한다.

(11) 사무실

사무실은 유아교육기관의 행정업무를 담당하는 곳으로 출입구에 가까운 곳에 위치하여 방문객의 방문 목적을 파악하고 신속하게 대처할 수 있도록 한다.

3) 실내 설비

(1) 환경 설비

환경설비에는 바닥, 벽면, 천장, 계단 등과 같이 건물에 기본적으로 설치되어 있는 부분과 함께 채광, 조명, 환기, 냉난방 등과 같이 영유아가 시설에서 안전하고 건강하게 생활하기 위해 기본적으로 설계되어야 할 부분들이 포함된다.

❶ 바닥

교실 바닥의 재료는 탄성, 견고성, 안정성, 관리, 소음 관리 등을 고려해서 선택한다. 구체적으로 다음의 내용을 고려해야 한다.

- 교실 전체는 나무나 리놀륨을 사용하는 것이 좋다.
- 소음이 많이 발생하는 쌓기, 음률영역이나 앉아서 놀이하는 독서영역에는 카펫을 깔아 준다.
- 물감이나 물을 주로 사용하는 영역에는 미끄럼을 방지하고 물기를 쉽게 제거할 수 있는 재질로 깔아 준다.
- 카펫은 먼지가 많이 발생하고 잦은 세탁이 쉽지 않으므로 청결한 관리에 주의를 기울인다.

❷ 벽면 및 천장

벽면의 색깔은 실내로 들어오는 빛의 양과 교실의 면적을 고려하여 색깔을 선택한다. 남향 또는 서향의 교실은 부드러운 파스텔색이 적절한 반면 북향 교실은 노랑과 같이 빛을 반사하는 색을 선택하는 것이 좋다(김동춘, 2006). 벽면은 게시자료를 붙이는 데 사용되는 경우가 많기 때문에 자료를 쉽게 붙이고 뗄 수 있는 재료의 표면을 선택한다. 벽면에 부착하는 게시판은 융판, 함석판, 아크릴, 패브릭, 끈과 집게 등 다양한 재질로 제작할 수 있으며 영유아가 자신의 작품을 게시하고 감상할 수 있게 눈높이에 맞춰 설치한다. 또한 교실에서 활동 중 사용하는 기자재(컴퓨터, CD 플레이어, OHP, 실물 화상기, 전자 키보드, 라이트테이블 등)를 안전하게 사용할 수 있도록 벽면 여러 곳에 전원 콘센트를 설치한다.

교실의 천장이 너무 낮을 경우 교사들의 키가 너무 커 보여 영유아에게 위압감을 줄 수 있으며 너무 높으면 허전한 느낌을 줄 수 있다. 교실의 적당한 천장 높이는 3~3.3m이다(Decker & Decker, 2001).

❸ 창문

창문은 채광, 환기, 방음, 온도조절의 기능을 한다. 뿐만 아니라 영유아의 안전에도 영향을 미칠 수 있기 때문에 설치할 때 다음을 고려해야 한다.

- 창문은 높이가 적절해야 한다. 창문 높이는 유아의 신체상황을 고려하여 유아들이 밖을 내다보기 쉽도록 유아반의 경우는 50~60㎝, 유치반은 60~70㎝가 적절하다(교육부, 2015).
- 창문은 추락사고의 위험이 있으므로 안전에 유의한다. 창문 주변에는 딛고 올라설 만한 물건을 비치하지 않고, 2층 이상에 위치한 창문에는 추락사고 예방을 위한 안전망을 갖춘다. 단, 방범창이 비상시 탈출에 방해가 되지 않도록 유의한다.
- 창문은 환기를 위해 사용되어야 한다. 창문을 열었을 때 교실 전체가 환기가 될 수 있도록 창문의 면적은 바닥 면적의 1/5정도가 되고, 창문의 약 50%는 열 수 있어야 한다(김동춘, 2006).

❹ 계단

유아의 신체는 성인보다 작기 때문에 안전사고를 예방하고 계단에서 안정적인 보행을 위해서는 단 높이와 너비가 유아의 신체치수에 맞게 설치한다. 유치원 시설안전관리 매뉴얼에 따른 유아교육기관에서 계단을 설치할 때 유의해야 할 점을 살펴보면 다음과 같다(교육부, 2015).

- 계단의 단 높이는 16㎝ 이하, 단 너비는 26㎝ 이상, 계단 너비는 150㎝ 이상이 되어야 한다.
- 계단은 안전 설비가 특히 요구되는 곳으로 영유아가 계단에서 안정적으로 보행하고 추락 사고를 방지하기 위해서는 계단의 높이가 1m를 초과하는 경

우에는 난간을 설치해야 한다.

- 난간의 높이와 난간 살의 간격은 유아의 신체치수에 맞춰 난간 손잡이의 높이는 84~86㎝, 손잡이의 직경은 3.2~3.8㎝ 범위로 설치한다.
- 난간 살의 간격은 영유아의 얼굴이 빠져나올 수 없을 정도인 10㎝ 이하로 설치해야 한다.

⑤ 채광 및 조명

채광은 건물에 창과 문을 내어 자연적으로 햇빛이 들어오도록 하는 것으로, 창문의 넓이, 높이, 유무, 태양의 고도, 벽면의 색채 등이 채광에 영향을 미친다. 낮에는 자연 채광만으로도 활동실이 환해야 한다.

자연채광이 충분하지 못할 때는 조명을 이용해서 조도를 조절해야 한다. 비가 오는 날이나 구름이 낀 날은 실내가 어두우므로 인공조명 설비를 갖추어야 한다. 교실의 조명도는 책상 면을 기준으로 300럭스(ℓx) 이상이 되어야 하며 최대조도와 최소조도의 비율이 3 대 1을 넘지 않고 인공조명에 의한 눈부심이 발생되지 않아야 한다(교육부, 2015). 활동실의 전체 조도가 일정할 수 있게 기본조명이 필요하나 유아들의 활동에 따라 흥미영역별로 다양하게 조절할 수 있도록 부분 조명을 설치하여 유아의 시력을 보호하고 집중도를 높인다(이기숙 외, 2014).

⑥ 냉난방

유아교육기관에서 영유아의 건강관리를 위해 온도와 습도를 조절하고, 냉난방 시설을 적절히 운용하는 것은 필수적인 요소이다. 실내 온도는 18℃ 이상 28℃ 이하(난방온도는 18℃ 이상 20℃ 이하, 냉방온도는 26℃ 이상 28℃ 이하), 실내 습도는 30% 이상 80% 이하를 유지해야 한다(교육부, 2015). 유아교육기관의 난방은 직접적으로 난방을 가하는 형태를 피하고 바닥·벽·천장 등에 배관을 설치한 복사 난방 방법을 사용한다.

❼ 방음

극도의 소음은 인지 발달을 저해한다(Wachs, 1979; Decker & Decker, 2001, 재인용). 2015 유치원 시설 안전관리 매뉴얼에서는 소음이 55데시벨(dB) 이하이어야 할 것을 강조한다. 활동실의 소음 방지를 위해서는 책상과 의자의 다리 밑에는 고무를 부착하여 소음을 흡수할 수 있도록 한다.

❽ 급수전

「고등학교 이하 각급 학교 설립·운영 규정」 제10조(급수온수공급시설)에 따르면 각급 학교에는 급수시설을 두고, 수질검사 결과 위생상 무해하다고 판명되어야 하며, 온수를 공급할 수 있는 시설을 갖추어야 한다. 이에 따라 유아교육기관에는 교실, 주방, 화장실 등에서 물을 공급할 수 있는 세면대, 싱크대 등의 급수시설을 설치해야 한다.

(2) 기본 설비

기본설비는 책상, 의자, 교구장, 기저귀 갈이대 등과 같이 영유아가 활동실 안팎에서 직접 사용하는 설비로 영유아가 안전하고 편리하게 사용할 수 있도록 준비되어야 한다.

❶ 책상

책상은 사용 목적과 활동실의 크기에 따라 다양하게 활용되기 때문에 책상의 형태(직사각형, 정사각형, 원형, 타원형, 반원형, 사다리꼴 등)와 재질(목재, 플라스틱, 아크릴 등), 크기, 높낮이(낮은 형, 높은 형) 역시 다양하다. 책상의 높이는 영유아의 신체 기준에 따라 연령별로 차이를 둘 수 있으며, 영아반에서는 의자를 사용하지 않는 낮은 책상을 주로 사용한다.

〈표 7-1〉 **책상의 크기**

구분	2세	3세	4세	5세	6세
가로	80~120cm				
세로	40~60cm				
높이	39cm	42cm	45cm	48cm	50cm

출처: 이영자, 신동주(2017). 유아교육기관운영관리, p. 81.

❷ 의자

의자는 책상과 함께 사용하거나 집단 활동에서 의자만 따로 사용하기도 하고, 실내외에서 다양한 용도로 사용되기 때문에 모양과 크기가 다양하다. 의자의 크기는 영유아의 신체 치수에 기준해서 선택해야 하며 등받이가 유아의 등과 허리를 잘 받쳐 주고 팔걸이가 없는 것이 좋다. 유아들이 직접 옮겨야 하므로 유아들이 들기 쉬운 무게와 모양이 좋다. 교육부(2015)에서 제시하고 있는 만 3, 4, 5세를 위한 의자의 높이는 25.4~30.4㎝이다.

❸ 교구장

유아들이 다양한 교구·교재를 사용하고 보관·정리하기 위해서는 교구장이 필요하다. 교구장은 주로 붙박이 형태로 많이 사용하는 문이 있는 폐쇄형 교구장과 문이 없어 영유아들이 쉽게 접근하여 필요한 교구·교재를 사용할 수 있는 개방식 교구장이 있다. 개방식 교구장은 양방향에서 꺼낼 수 있는 형태와 뒷면은 막혀 있고 한쪽 면만 뚫려 있는 형태가 있다. 교구장 아래에는 바퀴가 부착되어 있어 이동이 쉬워 배치를 융통성 있게 할 수 있다. 그러나 넘어짐의 위험이 있기 때문에 교구장이나 책상, 벽면 등을 맞대어 안전하게 관리해야 한다.

〈표 7-2〉 **교구장의 크기**

구분	1세 이하	2세	3세	4세	5세
깊이	30cm				
높이	37.5cm	70cm	85cm	92cm	120cm

❹ 개인장

개인장은 영유아가 자신의 물건을 보관하는 장소로 자신의 물건을 스스로 정리하고 관리하는 습관을 기를 수 있으며, 자신을 독립된 개체로 존중하는 것을 배울 수 있다. 개인장에는 신발장, 옷이나 가방, 개인물건, 작품을 정리할 수 있는 장, 우산꽂이 등이 있다. 개인장의 위치는 보통 실외로 나가는 출입구나 활동실 문 옆 복도에 비치하는 경우가 많다. 그러나 각 기관의 특성과 계절, 영유아의 발달 정도, 개인장 이용 시 다른 반과의 소음 등을 고려하여 주의 깊고 융통성 있게 배치한다.

❺ 기저귀 갈이대

기저귀 갈이대는 화장실이나 놀이실에서 화장실이 가까운 곳에 설치하여 기저귀를 갈고 씻는 과정이 용이하게 이루어져야 한다. 입식 기저귀 갈이대는 높이 86㎝, 폭 61㎝가 적절하며 기저귀 갈이대 위쪽이나 아래쪽에 수납장을 만들어 기저귀 갈이에 필요한 물품(영아 개인 기저귀, 휴지, 물티슈, 기저귀 발진 관리 용품 등)을 보관한다. 기저귀를 버리는 쓰레기통은 놀이 중 사용하는 쓰레기통과 구분된 별도의 것으로 준비하고 뚜껑을 덮어 완전 밀폐를 할 수 있어야 한다.

4 실외 시설·설비

실외놀이 공간이란 유아교육기관의 전체 공간에서 건물을 제외한 나머지 대지를 말한다(김동춘, 2006). 실외공간은 실내에서의 놀이공간과 달리 활발한 소근육 활동과 대근육의 움직임의 기회를 제공하고, 자연스럽게 주변의 자연을 탐색하고 발견할 수 있는 학습의 기회를 제공할 뿐 아니라 요즘처럼 복잡한 도시 환경에서 영유아가 느끼는 심리적 압박감과 스트레스를 해소하는 정서적 안정감을 제공할 수 있는 공간이다.

1) 실외놀이 공간의 가치 및 기본요건

기독교 유아교육기관에서 실외환경은 하루의 일과를 통하여 활용해야 할 중요한 물리적 환경 요소이다. 김동춘(2006)은 실외공간에서의 놀이 경험은 영유아의 전인적 성장과 발달을 돕는 의미 있는 일로 실외놀이의 가치에 대해 다음과 같이 설명하고 있다.

첫째, 실외놀이 공간은 영유아에게 하나님의 창조 세계에 대한 경외심과 창조의 질서를 이해하고 보존하며 회복시킬 수 있는 자연 학습의 장소를 제공한다.

둘째, 실외놀이 공간은 영유아들에게 다양한 신체활동을 자유롭게 해 볼 수 있는 기회와 장소를 제공하여 우리의 몸이 하나님이 거하시는 전임을 알고(고전 3:16) 소중히 다루는 습관을 길러 준다.

셋째, 다양하고 풍부한 감각적 자극과 경험을 제공한다.

넷째, 실내공간에서 받게 되는 공간적, 활동적 제한점을 극복하여 긴장하지 않고 활발한 움직임과 큰 소리로 활동할 수 있어 정서적인 발달을 도모한다.

다섯째, 휴식을 제공하여 몸과 마음의 기운을 소생시켜 다양한 흥미와 내적 동기를 부여한다.

여섯째, 자연과 영유아, 시설물과 영유아, 영유아 간의 관계, 영유아와 교사와의 다양한 상호작용 경험을 통해 탐구심, 창의성, 협동심, 문제해결 능력 등 다양한 사회적 관계를 형성하는 장소이다.

유아교육기관 실외공간 구성의 기본요건이 되는 위치와 크기를 살펴보면 먼저, 실외공간의 위치는 실내공간인 놀이실, 화장실, 급수 시설과 가깝게 연결되어 안전하고 용이하게 이동이 이루어질 수 있는 공간에 비치되어야 한다. 실외공간은 영유아의 움직임이 많은 곳으로 지도가 쉽지 않기 때문에 건물에 가려지지 않고 구석진 곳이 없어 유아를 쉽게 관찰할 수 있어야 하며 하루 종일 빛이 들어오는 건물의 남쪽에 위치해야 한다(Freeman et al., 2013). 또한 전기선, 상하수도 시설, 전화선, 가스관 등의 위치를 고려하여 실외공간을 구성한다(김동춘, 2006).

다음으로 실외놀이 공간의 크기는 영유아 놀이의 질에 영향을 미치는 중요한 요소로 1인당 최소한의 필요 면적을 확보하여야 놀이가 활발히 이루어질 수 있다. 데커와 데커(Decker & Decker, 2001)는 실외공간의 1/3은 조용한 활동을 하는 공간, 2/3는 활동적인 공간으로 활용하는 것이 바람직하다고 하였다. 유치원의 경우, 「고등학교 이하 각급 학교 설립·운영 규정」 제5조(체육장) 2항의 [별표 2]에서 원아 40명 이하의 유치원은 160㎡, 41명 이상인 유치원은 120+N㎡으로 제시하고 있다(N은 각급 학교의 학생정원). 한편, 어린이집의 경우에는 「영유아보육법 시행규칙」 제9조 관련 [별표 1]에서 보육 정원 50명 이상인 어린이집(12개월 미만 영아 제외)은 유아 1명당 3.5㎡ 이상의 규모로 실외놀이터를 설치할 것을 명시하고 있다.

2) 실외시설

(1) 울타리

실외영역에 나무나 관목으로 울타리를 설치하는 것은 영유아가 자유롭게 활동을 할 수 있게 하며 외부의 위험과 방해로부터 영유아를 보호할 뿐 아니라 위험에 대한 교사의 부담을 줄여 준다. 울타리는 유아가 오르지 못하도록 큰 길과 같이 위험한 곳 주변에는 약 120㎝의 높이로 한다(Decker & Decker, 2001).

(2) 바닥

영유아기 놀이시설에서의 안전사고는 주로 넘어짐, 부딪침, 추락 등이 원인이 되고 있기 때문에 영유아의 활동과 안전에 직접적인 관련성이 있다. 실외놀이의 바닥은 배수가 잘되고 빨리 건조되어야 하며 바닥의 표면은 잔디와 나무, 모래, 진흙, 활동을 위한 딱딱한 바닥 등 다양하게 구성되어야 한다. 특히 놀이기구가 설치된 바닥은 「어린이놀이시설 안전관리법」 제11조에서 정하는 기준(행정안전부 고시 2017-1호)에 의거하여 자유하강 높이가 60㎝ 이상인 모든 놀이기구 아래에는 충격흡수 표면처리가 되어 있어야 한다.

(3) 지붕이 있는 공간

실외에는 영유아들이 컨디션에 따라 휴식을 취하거나 강한 햇빛이나 눈, 비 등 일기로부터 방해받지 않고 실외놀이를 할 수 있는 지붕이 있는 공간이 필요하다. 지붕이 있는 공간은 통풍이 잘되고, 햇빛이 잘 드는 위치에 설치하여 영유아들이 실내놀이와 연계하여 쌓기, 미술, 독서활동을 하거나 소음이 심하여 실내에서 활동하기 어려운 목공놀이의 장소로 활용할 수 있다.

(4) 자연을 접할 수 있는 공간

실외공간은 하나님이 창조하신 자연의 요소가 구비되어 있는 곳으로 계절을 비롯한 온갖 자연의 변화를 영유아가 스스로 탐색하고 탐구하며 자연스럽게 창조 섭리의 놀라움을 발견할 수 있는 교육의 장이다. 영유아들은 하나님이 창조하신 멋진 자연을 감상하며 창조의 질서와 아름다움을 배우고 느끼며 하나님을 경외하며 하나님의 창조물을 보호하며 가꾸는 법을 배우게 된다(김동춘, 2006).

(5) 창고

실외공간의 창고는 영유아들이 실외놀이의 시설을 이용하며 놀이에 필요한 여러 가지 탈것과 안전용품, 모래나 물놀이 도구와 소품, 큰 블록 등을 쉽게 사용하고 정리, 보관하기 위한 공간이다. 실외놀이터와 인접한 배수가 잘되는 곳에 배치하는 것이 좋으며 창고의 크기는 실외놀이 설비에 따라 다를 수 있으나 길이 3.6m, 폭 3m, 높이 2.1~2.4m 정도가 적절하다(이영자, 신동주, 2017). 창고를 준비해 두면 활동에 따라 놀이기구를 효과적으로 제공할 수 있으며, 눈, 비, 바람, 먼지로부터 실외 놀이기구나 놀잇감을 보호하여 수명을 연장할 뿐 아니라 영유아가 놀이기구를 적절한 장소에 정리정돈하는 습관과 시각적인 호기심을 통해 놀잇감을 적극적으로 활용하는 계기가 될 수 있다(김동춘, 2006).

3) 실외 설비

(1) 실외놀이 시설 설치 시 고려점

유아교육기관에서 실외공간에 놀이시설을 어떻게 제공하고 배치하는가에 따라 영유아의 실외놀이 경험은 차이가 나타나게 된다. 놀이시설을 설치하기 위해서는 다음과 같은 점을 고려해야 한다(Frost, 1992).

- 단순하게 한 가지 기능만 가지는 놀이시설보다 복합적인 기능을 가진 놀이시설이 유용하다.
- 유아들이 모든 종류의 놀이 유형에 참여할 수 있도록 다양한 놀이시설 및 기

구가 제공되어야 한다.

- 놀이시설이나 기구는 다른 시설과 기구와 통합적인 관계에서 배치되어야 한다.
- 실외놀이 영역은 시각적 기능적으로 분리되지만 인접 영역 간에 공간이 통합되도록 구성되어야 한다.
- 놀이영역 내에서의 이동이나 놀이영역 간의 이동 및 입구와 출구의 이동이 용이하도록 공간이 구성되어야 한다.

(2) 종합놀이기구

종합놀이기구는 유아가 다양한 움직임을 경험할 수 있도록 기어오르기, 미끄럼, 터널, 놀이집, 매달리고 기어오를 수 있는 것 등이 연결되어 설계된 놀이기구이다. 종합놀이기구는 실외공간의 크기와 대상 연령에 따라 그 구성이 달라질 수 있다. 영아용 종합놀이기구는 영아의 크기에 맞춰 계단의 높이가 15㎝ 미만이어야 하고, 미끄럼틀은 높이가 90~120㎝를 넘지 않는 낮은 미끄럼틀로 준비되어야 한다(이영자, 신동주, 2017). 유아용 종합놀이기구는 놀이기구의 최대 높이가 2.5m를 넘지 않아야 한다(신화식 외, 2014).

(3) 미끄럼틀

미끄럼틀은 놀이 특성상 이동이 많기 때문에 실외공간 가장자리 쪽으로 배치하는 것이 적합하다. 어린이놀이시설 시설기준 및 기술기준에 의하면 미끄럼틀과 미끄럼틀 주위에는 영유아의 옷이 걸릴 부분이 없어야 하며 미끄럼틀 표면이 두 조각 이상으로 이어진 경우에는 이음새에 틈이 발생하지 않게 주의해야 한다.

미끄럼틀은 재질에 따라 형태와 색깔이 다양하므로 장단점을 파악하여 기관의 특성에 맞춰 선택하는 것이 필요하다. 미끄럼틀의 최대높이는 2.5m 이하이어야 하며 안정된 출발을 위하여 미끄럼틀에 연결된 계단이나 사다리의 너비는 미끄럼틀 출발지점의 너비보다 좁지 않아야 한다. 출발지점의 길이는 최소한 35㎝가 되어야 하며, 출발지점의 내리막경사는 0~5°가 적절하다(어린이놀이시설 시설기준 및 기술기준, 행정안전부 고시 2017-1호).

(4) 그네

그네는 영아용과 유아용으로 나누어 볼 수 있는데 영아용 그네는 영아의 신체 전체를 안전하게 고정시켜 떨어지는 것을 방지하는 요람 좌석 형태가 적절하다. 유아용 그네에는 가로 빔에 한 개의 회전축이 움직이는 일반적인 그네와 두 개의 회전축이 움직이는 안장 그네, 모든 방향으로 움직이는 타이어 그네 등이 있다. 그네를 이용하는 곳에는 울타리를 설치하고 한 개 이상의 출입구를 만들어 어린이들이 그네 뒤쪽에서 기다리거나 돌아다니지 않도록 해야 한다. 그네를 설치할 때 그네와 지면 간격은 최소 35㎝가 되어야 하며, 그네와 그네, 그네와 바깥 버팀대 사이는 최소한 70㎝ 간격이 있어야 한다. 그네가 설치된 곳의 바닥에는 최소 30㎝의 모래나 충격흡수용 표면재가 깔려 있어야 한다. 그넷줄과 버팀대의 견고함은 수시로 점검하고, 그네의 끈이 쇠사슬로 되어 있는 경우에는 유아의 손가락이 쇠사슬에 끼지 않도록 구멍의 크기를 8㎜ 이하로 하거나 호스를 끼워 안전하게 관리한다(어린이놀이시설 시설기준 및 기술기준, 행정안전부 고시 2017-1호; 이기숙 외, 2014; 이영자, 신동주, 2017).

(5) 시소

시소는 중앙의 지지대를 중심으로 수직으로 움직이는 놀이기구로 일반적인 형태의 시소와 흔들 시소가 있다. 일반적인 형태의 시소는 양쪽의 균형에 따라 움직이기 때문에 바닥에 닿는 부분에 충격 완화용 타이어를 깔아 둔다. 시소는 2인용과 다인용 시소가 있는데 시소의 기울기는 30° 이내로 하고, 영유아의 연령에 적절한 크기의 시소를 제공하여 영유아가 무리 없이 타고 내릴 수 있도록 한다(이영자, 신동주, 2017).

(6) 모래놀이터

모래놀이터는 자신의 생각과 의도를 다양하게 표현할 수 있는 공간이다. 모래놀이터의 테두리는 타이어, 통나무, 나무, 시멘트 등의 재료로 만들 수 있으며 형태도 원형, 타원형, 사각형, 자유형 등 다양하게 구성할 수 있다. 모래놀이터는 햇빛이 잘 들며 배수가 원활한 곳에 설치하며 반드시 배수구를 마련해야 한다. 모래의 깊이는 20~25㎝ 이상이어야 하며 유아들이 활동 중 지나치게 햇빛에 노출되지 않도록 모래놀이터에는 파라솔이나 차양막과 같은 지붕을 설치하는 것이 바람직하다. 모래놀이터는 실외에 설치되어 있고 영유아와 직접적인 접촉이 이루어지는 곳이기 때문에 무엇보다 위생적인 관리가 요구된다. 「환경보건법 시행령」 제16조(어린이 활동공간에 대한 환경안전관리기준)의 [별표 2]에 따라 모래놀이터의 모래 등 토양에 함유된 납, 카드뮴, 6가크롬, 수은 및 비소는 환경부령으로 정하는 기준에 적합해야 하고, 기생충 알과 각종 세균이 서식하거나 동물 분뇨가 검출되지 않도록 매주 일광소독과 연 4회 고온 고압 수증기나 인체에 무해한 약품을 이용한 소독, 1년에 1회 모래교체나 보충이 필요하다(이기숙 외, 2014). 아울러 소독한 모래의 위생적인 관리를 위하여 뚜껑이나 덮개를 덮어 관리한다.

(7) 물놀이 시설

물놀이는 영유아의 긴장감을 해소하고 해방감을 느끼게 한다. 물놀이 영역은 물놀이대와 수도관이 연결될 수 있도록 구성하고, 놀이의 확장을 위하여 모래놀이터에 인접하게 설치한다. 물놀이영역 역시 햇빛이 잘 들고 배수가 잘되는 곳에 위치하도록 하여 습기가 차지 않고 위생적으로 관리될 수 있도록 한다.

5 시설·설비의 유지 및 관리

유아교육기관을 이용하는 연령이 하향화되고 머무는 시간이 길어지고 있는 상황에서 유아교육기관의 시설·설비의 안전과 사고와 상해의 가능성을 최소화하는 예방적인 조치인 안전관리는 영유아와 교직원, 부모 그리고 지역사회의 사람 모두에게 중요하다. 유아교육기관의 시설을 체계적으로 관리하기 위해서는 다음의 원칙을 고려해야 한다.

첫째, 유아교육기관의 모든 교직원은 시설과 설비의 관리에 관심을 가지고 주의 깊게 살피는 것을 생활화하여 즉각적인 보수가 이루어지도록 한다. 모든 교직원이 시설과 설비의 잠재적인 위험을 경계하는 것은 안전문제를 예방할 수 있는 가장 좋은 방법이다.

둘째, 시설·설비 목록을 작성한다. 이는 시설·설비의 유지·관리뿐만 아니라 수리와 교환을 최소화하기 위해서 반드시 필요하다.

셋째, 시설·설비 목록에 기초하여 안전 점검표를 만들고, 담당자는 안전점검표를 수시로 또는 정기적으로 점검해야 한다. 안전 점검표를 이용한 철저한 확인은 노후되거나 파손 위험이 있는 시설·설비의 문제를 사전에 예방함으로써 안전사고로부터 유아교육기관의 구성원들을 보호할 수 있다.

넷째, 안전점검 결과에 따라 시설, 설비에 위험이 감지되었다면 영유아와 교직원이 위험한 시설이나 설비에 접근하지 않도록 조치를 취하고 빠른 시일 내에 보수하도록 한다.

다섯째, 파손되거나 노후된 시설과 설비의 개·보수를 위해 예산의 책정과 확보가 필요하다.

이와 같이 기독교 유아교육기관의 원장을 비롯한 모든 교직원들은 유아교육기관의 시설·설비를 위한 법규를 인식하고 법적으로 제시된 인가기준의 준수와 안전계획의 수립, 지속적인 안전관리의 실행으로 최적의 유아교육 프로그램을 적용할 수 있는 물리적 환경을 조성해야 한다.

〈표 7-3〉 건물 및 주변 환경 안전 점검 체크리스트

(1) 유치원의 입지 여건

	점검사항	그렇다	아니다	비고
1	유치원은 지상으로 직접 나갈 수 있는 지상층(피난층 포함)에 설치되어 있거나 지상층(피난층 포함)을 포함하여 2개층 이하로 설치되어 있다.			
2	유치원이 입주해 있는 건물 또는 바로 인접한 건물에 공장, 음식점, 페인트판매점, 가스충전소 등 화재발생 위험시설이 없다.			
3	인접 건물과 최소한 2m 이상 이격되어 화재의 확대 또는 연기 유입의 위험이 없다.			
4	유치원의 지상층에는 도로, 인도 등 외부공간과 직면하는 형태로 설치된 창문이 없다(창문이 설치된 경우 유해물 투척 및 침입을 효과적으로 차단할 수 있는 방지시설이 되어 있음).			
5	유치원 내에서 주 출입구 등으로 나올 때 출입구 전면에 도로와의 완충공간(일정 간격 이격)이 확보되어 있다.			

(2) 소방차 접근 등 활동여건

	점검사항	그렇다	아니다	비고
1	유치원 건물의 최소한 1면 이상은 소방차의 원활한 진입이 가능하도록 4.0m 이상의 폭을 갖는 도로와 접해 있거나 이러한 도로와 10m 이하로 이격되어 있다.			
2	건물 주변 도로면이 급경사(10% 이상)로 되어 있지 않다.			

(3) 기타 환경

	점검사항	그렇다	아니다	비고
1	건물 주변 및 유치원 내에 설치된 가로등, 전봇대 등은 감전 등에 대한 안전조치가 되어 있다.			
2	유치원이 입주한 건물 위 또는 건물 입구 부근을 지나가는 고압 전선이 없다.			
3	유치원 건물 또는 주변 지역은 침수된 경험이 없는 등 침수 위험 지역에 위치해 있지 않다.			

출처: 교육부(2015). 유치원시설안전관리매뉴얼, pp. 88-89.

제8장 기독교 유아교육기관 비품 및 교재·교구관리

1 비품 및 교재·교구의 개념

교재·교구와 비품은 유사한 의미로 사용되고 있다. 이를 좀 더 구체적으로 분류해 보면 교구는 교육목표를 달성하기 위하여 교수-학습활동에서 활용되는 기구를 의미하며, 비품이란 책상, 의자, 선반, 컴퓨터, 시청각기기 등 교수-학습에 쓰이는 설비 및 갖추어야 할 물품에 대하여 사용되는 용어이다. 유아가 가지고 놀이하는 물건은 일상적인 용어로 교구, 흔히 놀잇감이라고 부른다. 그러나 영유아들의 놀이는 이 시기의 중요한 발달적 활동이므로 최근 장난감이라는 용어 대신 놀잇감이라는 용어를 주로 사용한다. 교구와 놀잇감은 흔히 혼용하여 사용한다.

교구와 함께 쓰이는 용어로 교재라는 용어도 자주 쓰인다. 교재와 교구는 교육현장에서 그 의미가 명확하게 구분되지 않은 채 사용되고 있기 때문에 혼용하여 쓰이는 경우가 많으나 구분한다면 교구란 교재를 효과적으로 유아에게 습득시키기 위해 모형자료나 교수-학습활동에 사용되는 도구나 고안된 기구로 정의한다. 교재란 교육활동에서 교육목적을 달성하기 위해 사용되는 자료로 그림자료, 인쇄자료, 녹음자료, 영상자료, 요리하기 순서표 등과 같은 교수-학습활동 시 사용되는 자료를 의미한다.

2 비품 및 교재·교구의 필요성

유아를 위한 비품 및 교재·교구는 유아들에게 구체적 경험을 제공하고 유아의 활동을 학습하고 통합하도록 돕는다. 따라서 교사는 유아들의 특성과 발달수준에 맞는 주제와 교육 내용에 적합한 다양한 교재·교구를 제공해 주어야 한다. 유아들은 다양한 교재·교구를 가지고 놀이하는 동안 학습하며 문제해결력을 기르고 성취감과 자신감을 기르게 된다.

유아교육기관에서의 비품 및 교재·교구가 필요한 이유를 영유아의 특성에 따라 살펴보면 다음과 같다.

첫째, 영유아 발달은 개인차가 있다. 유아들은 같은 연령이라 할지라도 발달의 개인차가 있으므로 초등학교 학생들과는 다르게 자유선택활동 및 대소집단활동이 필요하다. 그러므로 자유선택활동시간에 유아가 개별학습을 하기 위해서는 교재·교구가 제공되어야 한다.

둘째, 영유아는 주의집중력이 짧다. 유아들은 어른들보다 주의집중력이 짧으므로 유아들의 관심과 흥미를 끌어 활동을 이끌어 나가기 위해서는 매력적인 교재·교구가 필요하다.

셋째, 유아는 직접적인 사물과의 상호작용을 통해 배운다. 유아의 특징 중 하나는 감각을 사용하여 물체를 탐색하고 직접적인 조작을 통해 지식을 구성하고 배운다는 점이다. 유아의 타고난 호기심으로 물체를 직접 만져보고, 냄새 맡고, 두드려 보고, 관찰하고, 움직이는 오감각(촉각, 시각, 후각, 청각, 미각)을 통해 많은 것을 배운다. 그러므로 유아의 특성에 맞도록 구체적인 경험을 줄 수 있는 풍부하고 다양한 교재·교구를 제공해 주어야 한다.

넷째, 같은 지식이나 주제라도 이해하는 방식이 유아마다 다르다. 유아들의 특성상 한 가지 방법보다는 다양한 방법을 이용해 주제에 접근했을 때 주제에 대한 이해를 더 높일 수 있다. 유아는 주제와 관련된 자신의 경험을 표현하는 데 각기 다른 방법들을 사용한다.

3 비품 및 교재·교구의 기준

비품 및 교재·교구는 그 구입이나 보관 및 활용을 효율적으로 하기 위해 적절한 기준에 의해 분류되어야 한다. 분류기준은 유아의 연령, 발달수준, 활동유형이나 활동목표, 비품 및 교구의 특성, 보관 등을 고려해야 한다.

유아교육의 목표와 내용과 방법에 따라 비품 및 교재·교구가 마련된다. 유치원에서 기본적으로 갖추어야 할 교구의 품목과 기준에 대해서 서울특별시교육청에서는 유치원 교구의 기준과 적용을 제시하고 있다. 유치원의 교구기준에서는 흥미영역별로 필요한 교구 종목, 교구 종류, 학급당원당 소요 기준을 제시하고 있다. 제시된 흥미영역은 쌓기놀이, 역할놀이, 언어, 수조작놀이, 미술, 과학, 음률, 컴퓨터, 요리, 물놀이, 모래놀이, 목공놀이 등이다(서울특별시교육청, 2012).

1) 교재·교구 구입 시 기준

① 유아의 연령 및 발달수준을 고려하여야 한다.

② 교육적 가치가 있는 것이어야 한다.

③ 오래 사용할 수 있도록 견고하여야 한다.

④ 다양한 방법으로 사용이 가능해야 한다.

⑤ 친환경적인 소재로 안전해야 하며 모서리가 날카롭지 않아야 한다.

⑥ 심미감이 있고 매력적인 것이어야 한다.

2) 교재·교구 제시의 기준

① 유아의 발달수준을 고려한다.

② 가장 효과적인 시기에 제시한다.

③ 구체적이고 단순한 것에서부터 점차 추상적이고 복잡한 것으로 제시한다.

④ 교재·교구를 점차 바꾸어 나간다.

⑤ 새로운 활동을 몇 개 추가해 준다.

3) 일일활동을 전개할 때 교구활용 시 고려해야 할 사항

① 주제 및 소주제에 맞는 교구를 선정한다.

② 유아의 동기유발의 방법과 주의집중 시간을 고려한다.

③ 장소와 집단의 형태를 고려한다.

④ 도입-전개-마무리를 어떻게 할 것인지를 구상한다.

4) 교재·교구 제작 시 고려할 사항

① 기존에 있는 교재·교구와 비교하여 어떻게 제작할 것인지를 정하고 재질, 형태, 크기 등을 정한다.

② 교재·교구는 매력적이며 견고하고 보관에 용이하게 제작한다.

4 비품 및 교재·교구의 종류

유아교육기관에서 사용하는 비품 및 교재·교구는 그 기관의 교육철학과 교육목표를 달성하기에 적절해야 한다. 여기서는 유아놀이 중심의 유아교육기관에서 갖추어야 할 기본적인 교재·교구의 종류에 대해서 아래와 같이 살펴보았다.

1) 쌓기놀이 영역

쌓기놀이 영역에는 다양한 크기의 적목이 제공되므로 적목을 사용하고 정리하기 편리하도록 다양한 칸의 교구장을 마련해 준다.

쌓기놀이 영역

① 다양한 블록: 종이 벽돌 블록, 단위 블록, 공간 블록, 우레탄 블록, 다양한 테이블 블록(소재: 플라스틱, 나무, 우레탄, 두꺼운 종이로 만든 적목들), 종이 벽돌, 상자나 깡통으로 만든 적목 등

② 크고 작은 모형: 동물, 사람, 공룡 등의 인형이나 모형, 탈것(예: 기차, 트럭, 레미콘, 구급차, 경찰차, 여객기, 운전대) 등

③ 사회극 놀이 소품: 여러 종류의 가면, 교통 신호나 표지판 작은 모형 복제품: 각종 교통기관들(자동차, 비행기, 배), 사람 모형, 동물 모형, 건물 모형 세울 수 있는 사람들 등

④ 기타 자료: 쌓기놀이에 도움을 주는 책, 그림 자료, 교통 신호판, 신호등, 모형 주유소, 교통경찰 모자, 소방대원 모자, 오토바이용 안전 헬멧, 물리적 지식활동을 도와주는 자료들: 널빤지, 상자, 공 등

2) 언어 영역

언어 영역

① 듣기 자료: 다양한 종류의 책, CD 플레이어, 헤드폰, 카세트 레코드와 테이프, 성경 이야기 테이프, 이야기 테이프 또는 CD, 녹음기, 전축과 레코드판, 이어폰, 슬라이드, 프로젝트와 필름, 전화기 등

② 말하기 자료: 이야기 꾸미기 자료와 융판, 그림 카드, 막대 인형이나 퍼펫, 인형극 틀, 녹음기, 마이크, 이야기 꾸미기 자료, 융판과 융판 자료, 자석판과 자석 자료, 다양한 인형 자료(손 인형, 막대 인형, 자석 인형, 종이봉투 인형, 손가락 인형, 테이프 인형 등), 인형극 틀, TV 동화 자료, TV 동화 틀, 말하기 게임 자료, 사진, 그림, 전화기 등

③ 읽기 자료: 성경, 성경 이야기책, 다양한 그림책, 그림 사전, 백과사전, 지도, 유아용 잡지 카탈로그, 동시집, 수수께끼 책, 유아가 만든 책들, 게시판, 설명이 첨부된 사진첩, 다양한 그림 자료 카드, 사물의 명칭 카드, 이름 카드, 요리 순서표, 활동 순서표, 주제와 관련된 다양한 책들, 종류별 책과 책꽂이, 그림책, 잡지류, 글씨가 적혀 있는 다양한 종류의 카드(예: 친구 이름 카드, 글자 카드, 모래 글자 카드) 등

④ 쓰기 자료: 요절 카드, 학급 유아의 이름 카드, 교사 이름 카드, 모래 글자, 자석 글자, 나무 글자, 움직이는 자음·모음 글자, 필순 카드, 단어 카드, 다양한 크기의 종이류, 필기도구(크레용, 색연필, 연필, 지우개, 사인펜, 분필, 화이트보드 펜), 다양한 칠판(줄이 있는 것, 줄이 없는 것), 융판, 쓰기를 위

한 모래상자, 유아의 쓰기 작품을 게시할 게시판, 풀, 스테이플러, 구멍 뚫는 기구, 가위, 다양한 글자 모양의 찍기판과 스탬프 잉크, 각종 필기구, 단어 카드, 컴퓨터와 프린터, 한글 고무 글자판과 스탬프, 잉크, 소형 화이트보드와 마커펜, 가위, 펀치 등

3) 역할놀이 영역

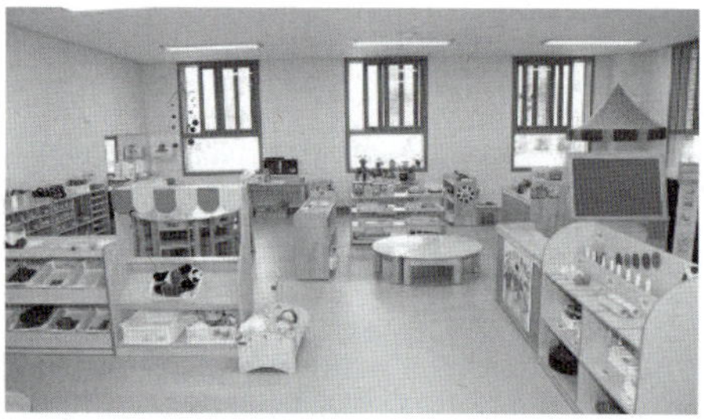

역할놀이 영역

① 기본 가구: 거울, 소파, 유아용 탁자, 의자, 옷장 등

② 가정을 축소해 놓은 소꿉 놀이기구: 작은 테이블, 의자, 옷장, 냉장고, 가스레인지, 싱크대, 찬장, 세탁기, 프라이팬, 접시류, 식기류, 믹서, 토스터, 국자, 칼, 도마, 컵, 주전자, 숟가락, 젓가락, 요리 순서표, 다리미판, 빗자루, 걸레, 쓰레받기, 모조 음식, 인형, 남자용 옷, 여자용 옷, 전화기, 긴급 연락 전화번호부, 거울, 머리빗, 화장품, 지갑, 놀이 용돈, 소형 인형집, 인형, 인형 옷, 인형 옷장, 인형극 틀, 막대 인형, 손가락 인형, 손 인형, 테이블 인형, 각종 의상(치마, 저고리, 남자 한복, 웨딩드레스, 각국의 의상 등), 각종 소품류(가발, 목걸이, 귀걸이, 구두, 가방, 넥타이, 부채, 스카프 등) 등

③ 가족놀이 소품(예: 인형류, 주방용품, 일상용품, 의류, 신발류, 열쇠, 우산, 가방, 빗, 넥타이, 모자 등), 그림성경책, 성경 이야기책, 어린이 찬송가, 유아가 기도하는 사진, 예수님 사진, 성경 이야기 테이프, 찬송 테이프, 녹음기, 성경 이야기 퍼즐, 요절 카드 등

④ 지역 사회 직업인들이 하는 일들에 대한 소품
- 교통기관놀이: 차표, 지도, 여행 소책자, 여행 가방 등
- 가게놀이: 모형 과일, 시장바구니, 지갑 등
- 병원놀이: 의사 가운, 청진기, 바늘을 뺀 주사기, 붕대, 혈압계, 반창고, 링거 병, 흰 와이셔츠, 의자, 책상, 약병, 약봉지, 압설자, 약을 대용할 수 있는 자료(주스 등), 의료보험증, 검진 카드, 지역사회 모형 등

⑤ 기타 생활주제에 맞는 소품들: 주유소놀이, 은행놀이, 방송국놀이, 미장원놀이, 서점놀이, 목욕탕 놀이 등의 각종 역할놀이 소품 등
- 이발소, 미장원놀이: 거울, 빗, 흰 와이셔츠, 장난감 면도기, 샴푸, 머리핀, 헤어드라이어, 헤어스프레이 통, 헤어롤러, 옷 위에 덮는 천 등
- 소방서놀이: 방화용 모자, 호스, 소방차 등
- 우체국놀이: 봉투, 엽서, 사용한 우표, 우편물, 가방, 도장, 스탬프 잉크, 우체통, 종이, 연필, 장난감 돈 등

⑥ 생활주제에 맞는 현수막 그림 배경판(예: '봄' → 봄 동산 그림, '추석' → 시골풍경 그림 등)

4) 수·조작 영역

수·조작 영역

① 구성 활동 자료: 레고 블록, 코코 블록, 다목적 블록, 꽃 블록 등

② 수 활동 자료: 일대일 대응, 분류, 비교, 서열, 부분과 전체, 무게나 부피 · 길이 측정, 공간과 형태 개념에 도움이 되는 교재 교구 등

③ 조작 활동 자료: 퍼즐, 자물쇠 맞추기, 볼트와 너트 맞추기 등

④ 일상생활 활동 자료: 옮겨 담기, 바느질, 끈 끼우기, 구슬 꿰기, 단추 끼우기, 지퍼 올리기, 끈 매기 등

⑤ 게임 활동: 기억하기와 색깔 맞추기와 같은 간단한 게임, 로토 게임 등

5) 과학 영역

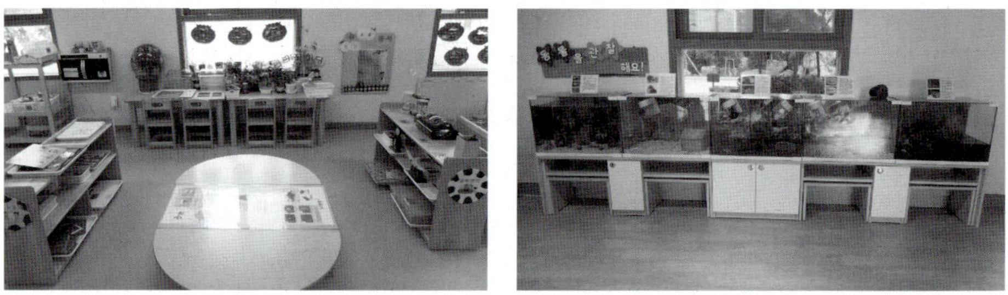

과학 영역

① 기본 도구: 거울, 자석, 돋보기, 현미경, 프리즘, 전지, 온도계, 습도계, 관찰 용지, 필기도구, 자, 저울 등

② 생명체 관련 자료: 식물, 자연물(예: 나뭇잎, 열매, 씨앗, 솔방울, 조개껍데기 등), 동물(예: 거북이, 금붕어, 햄스터, 병아리, 토끼, 개구리 등), 어항, 새장, 개미집, 동식물 관련 책, 표본, 각종 도감책 등

③ 기계류: 시계(예: 손목시계, 모래시계 등), 라디오, 텔레비전, 컴퓨터 등의 부속품, 열쇠와 자물쇠, 다양한 바퀴, 여러 가지 물체와 물질 등

④ 자연현상 관련 자료: 기후 관련 사진이나 그림, 기상도, 구름 사진이나 그림, 돌, 흙, 달, 별, 해 등의 사진이나 그림 등

6) 음률 영역

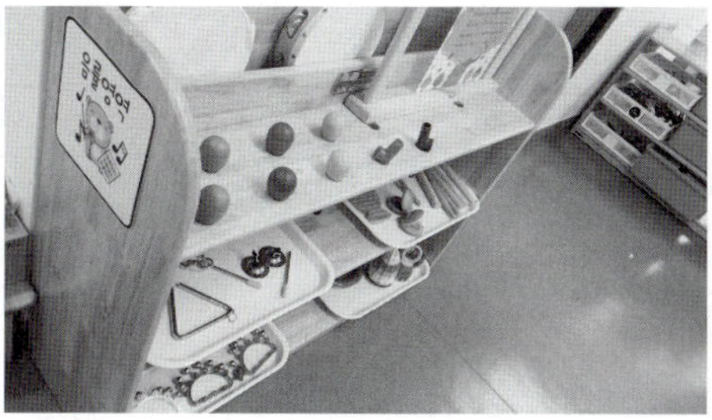

음률 영역

① 기본 교구: 녹음기, 헤드폰, 카세트테이프, 다양한 음악 테이프나 CD, 악보, 악기 관련 사진, 각종 연주회나 춤 공연 등의 사진이나 동영상 자료 등
② 생활 속 악기: 젓가락, 냄비 뚜껑, 깡통, 빨래판, 체, 숟가락 등
③ 우리나라 전통 악기류: 장구, 소고, 북, 꽹과리, 가야금, 피리 등
④ 외국 악기류: 리듬 악기(예: 탬버린, 캐스터네츠, 트라이앵글, 마라카스 등), 멜로디 악기(예: 실로폰, 멜로디언, 키보드, 피아노 등)
⑤ 스카프, 리본, 한삼 등의 신체표현 도구나 음악 연주회나 춤 공연, 오페라 등에서 공연자가 입는 무대 의상 등

7) 미술 영역

미술 영역

① 종이류: 도화지, 색종이, 색지, 골판지, 포장지 등

② 그리기 도구: 크레파스, 색연필, 볼펜, 물감, 먹물, 붓, 사인펜, 매직, 핑거 페인트 등

③ 만들기 도구: 가위, 풀, 테이프, 스테이플러, 펀치, 핑킹 가위 등

④ 각종 자료: 찰흙, 고무 점토, 밀가루 점토, 나뭇가지, 나무젓가락, 빨대, 실, 솜, 스펀지, 수수깡, 자연물(예: 솔방울, 돌, 나뭇잎, 조개껍질, 깃털 등) 등

⑤ 여러 가지 재활용품: 상자, 헝겊, 요구르트병, 휴지말이 등

8) 실외 영역

① 자연학습 영역: 꽃밭, 채소밭, 물뿌리개, 확대경, 모종삽, 호미, 화분, 분무기, 정원용 호스, 곤충 상자, 개미집, 곤충 채집망, 먹이 상자, 투명한 유리병 등

② 자연활동 영역: 모래 상자, 모래놀이용 자료(물뿌리개, 포크레인, 깨지지 않는 소재의 다용도구, 다양한 삽, 주걱, 빵틀, 여러 가지 부엌용품, 채반, 고무 호스, 깔때기, 소쿠리 등), 물놀이대, 여러 가지 물통, 방수천으로 된 작업복, 여러 종류의 깡통, 우유팩, 샴푸 병, 투명한 플라스틱병, 스펀지, 스티로폼, 코르크, 깨지지 않는 그릇, 분무기, 다양한 모양의 튜브, 구멍의 위치를 다양하게 뚫은 그릇, 주전자, 빨대, 막대기, 자석, 고무 인형 등

③ 신체활동 영역: 미끄럼틀, 정글짐, 시소, 평균대, 터널, 낮은 철봉, 그물 오르기 등의 놀이기구에서 오르고 미끄러지면서 대근육 발달이 이루어지는 종합 놀이기구

④ 극적활동 영역: 놀이집, 휴식공간, 테이블과 의자, 텐트 등

⑤ 목공놀이 영역: 목공놀이 영역은 유아에게 매우 흥미 있는 영역이나, 위험성이 내포되어 있어 철저한 교사의 계획과 지도, 감독이 요구된다. 활동적인 영역이므로 다른 활동에 방해되지 않는 곳에 설치하며, 안전을 위하여 반드시 교사가 지켜볼 수 있도록 한다. 정리와 정돈을 도와주기 위하여 연장함에 연장의 그림을 붙여 놓는다.

⑥ 기본 설비: 목공 작업대(4~5명이 자유롭게 사용할 수 있는 공간), 연장보관함 등

⑦ 기본 연장들: 여러 종류의 집게, 각종 못, 송곳, 톱, 무게와 크기가 서로 다른 망치, 장도리, 자석, 대패, 드릴, 조임쇠, 거친 정도가 다양한 모래 종이 등

⑧ 나무: 유아가 다루기에 알맞은 다양한 재질과 크기의 나무 조각들 등

⑨ 기타 자료들: 연필, 분필, 스티로폼, 끈, 가죽, 옷감, 가위, 목재용 풀, 고무줄, 고무 조각, 다양한 자 등

9) 유아교육기관에 필요한 물품-비품 및 교재·교구, 소모품(예시)

(1) 소모품(사무용품) 목록

영역	상품명
소모품(사무용품)	폴리백(大), 폴리백(中), 폴리백(小), 폴리백(特大), 공기 주입기(수동), 색상지, 우드락, 부직포, 한지(종류별), 모루, 뽁뽁이(대, 중, 소), 털실(색깔별), 물감(12색), 리본테이프 1㎝, 리본테이프 2㎝, 크레파스(24색), 스팽글(혼합), 스티로폼 공(혼합), 까끌이/보들이(흰색, 노란색, 분홍색), 인형 눈알(대, 중, 소), 글루건 총(小), 글루건 심, 우드락 커터기, 색 고리, 테이블보, 래커 스프레이, 돼지표 본드, 목공용 오공본드, 물레방아 커터기, 컬러 슈파핀(진주핀), 침핀/클립, 더블클립(大,中,小), 사인펜(12색), 유성매직, 네임펜(12색), 수정 테이프, 볼펜(빨간색, 파란색, 검정색), 인주, 스탬프, 스탬프액, 편지 봉투/대봉투, 복사용지(A4, 3, 5), 라벨지, 견출지, 클리어 파일, 서류꽂이, 색종이(양면), 색종이(단면), 연필깎이(하이샤파), 연필(2B), 화이트보드용 펜, 멀티탭, 한글 도장(자모음), 상 도장, 모양자, 50㎝ 자, 30㎝ 자, 압설자(하드바), 나무젓가락, 아세톤, 색 빨대, 종이컵(컬러), 컬러 흙, 점토놀이 도구, 풍선, 면봉, 인조 나뭇가지, 넝쿨, 머메이드지, 망사, 색연필(12색), 파스넷, 핑킹 가위, 인테리어 소품, 교사용 가위, 딱풀(小), 이공 펀치, 커터칼, 칼 심, 송곳, 일공 펀치, 스테이플러, 3공 자유펀치, 스테이플러 포스트잇, 포스트잇 케이스, 투명테이프 5㎝, 투명테이프 2.5㎝, 투명테이프 1㎝(3M), 코팅지, 투명시트지, 클립, 양면테이프, 전기테이프, 모래시계, 책상 싸는 비닐, 붓, 색도화지 등

영역	상품명
기타	접이식 1인용 책상(흰색), 칫솔 소독기, 화장실 변기용 솔, 원목 발판, 핸드타월, 거품 비누, 쟁반 大, 쟁반 中, 쟁반 小, 샤워 커튼, 봉, 쓰레기통, 각종 바구니, 유아용 슬리퍼, 발 매트, 화장실 미끄럼방지 스티커, 구급상자, 일회용 컵, 화장실 큰 롤 화장지, 빨래 건조대, 샤워물품 보관함, 다양한 연필꽂이 통, 손님접대용 차, 커피, 이불, 베개, 출석부, 클리어 파일/3공 바인더, 유아용 빗자루, 쓰레받기, 수건, 행주, 스펀지 등

(2) 비품 목록

영역	상품명
교실	각종 교구장, 이동식 칠판, 바느질, 색종이 책상, 악기장, 반달 낮은 책상, 반달 높은 책상, 네모 높은 책상, 네모 낮은 책상, 유아용 의자, 환경구성판, LCD 텔레비전, 유아용 컴퓨터·모니터, 수업용 컴퓨터·모니터, 유아용 컴퓨터 책상, CD 카세트, 비디오·DVD 겸용 플레이어, 공기 청정기, 디지털 피아노, 유아용 사물함장, 방염 카펫, 바닥망사, 커튼 (블라인드) 등
교무실	교사용 책상, 의자, 자료장, 낮은 자료장, 회의 테이블(유리), 회의 의자, 복사기, 코팅기, 프린터기, 재단기(작두), CCTV와 인터폰, 전화기(인터폰), 월중 행사판, 팩스 등
주방	빌트인 싱크대, 김치 냉장고, 양문형 냉장고, 전자레인지(오븐 겸용), 커피포트, 전기압력밥솥, 냄비/프라이팬 세트, 찻잔 세트(4P), 그릇류, 유아용 숟가락/티스푼, 유아용 젓가락/포크, 주방 도구 세트, 튀김기, 정수기, 드럼 세탁기, 식기세척기, 급·간식 운반대, 이불장 등
활동실	이동식 칠판, 빔프로젝터, 스크린, 수업용 컴퓨터/모니터, 신체활동실 자료장
기타	현황판, 교실패찰, 화랑그림, 라이트테이블 겸 그리기책상, 현관 게시판, 실내정원, 우산꽂이, 창고 앵글, 족자형 태극기, 벽걸이 시계, 실물화상기, 업소용 청소기 등

출처: 서울특별시교육청(2010). 공립 신설유치원 개원업무 편람.

5 비품 및 교재·교구 구입 시 고려사항

기독교 유아교육기관에서 비품 및 교구의 구입은 매우 중요하다. 그러나 실제로 기독교 유아교육에 적합한 교재·교구를 구입하려고 할 때 기독교 유아교육의 목적에 적합한 교재·교구가 너무 적어 선택에 제한을 받는다. 기독교 유아교육기관이 적절한 교재를 선정하는 것은 활발한 정보 수집과 토론을 통해서 가능하다. 또한 적절한 교재를 선정하기 위해서 유아교육기관의 근본 취지를 깊이 인식하고 진정한 기독교 유아교육의 중요성과 그 특성에 대해 이해해야 한다. 따라서 교사는 기독교 유아교육에 적절한 교재를 선택하여야 하며, 선택된 모든 교재를 가르칠 때는 반드시 모든 내용을 기독교적인 세계관으로 조명하여 가르쳐야 한다. 교사는 현재 갖추어져 있는 교재·교구 목록을 만들고 보완해야 할 교재·교구 목록을 작성하고 구입 여부를 결정한 후 학기별, 월별 등 각 기관의 특징에 따라 구매를 결정한다. 이때 기독교 교사들은 유아들의 학습에 적합한 교재·교구를 개발하여 사용하여야 한다. 왜냐하면 교사들은 자신의 학급에 속해 있는 유아들의 발달 수준, 요구에 대하여 가장 잘 아는 사람이기 때문이다. 유아는 유아의 발달 수준에 맞춰 교사가 개발한 창의적인 기독교 유아교육 교재·교구들을 사용하며, 유아와 하나님과의 관계, 유아와 다른 유아와의 관계, 유아와 자연과의 올바른 관계를 형성하며 기독교 유아교육의 목적을 달성해 나간다. 프로그램에 적절하지 않는 품목을 구입하거나 부족한 양의 자료를 준비하게 되면 프로그램의 교육적 효과를 기대할 수 없다. 어떤 시설에 어떤 형태의 교구 및 비품이 준비되었는가는 기관의 목표를 달성하고 양질의 교육 내용과 학습방법을 적용하는 결정적인 요인이 된다고 할 수 있다.

교구 및 비품을 구입할 때는 다음의 요소를 고려해야 할 것이다(Decker & Decker, 2001).

첫째, 프로그램의 목표에 적절한 비품과 교구를 구입해야 한다. 비품과 교구를 사용하는 영유아의 연령에 맞는 크기나 형태이면서 영유아들의 발달적 요구를 잘 만족시켜 주며 영유아들이 다양한 용도로 사용할 수 있는 것을 선택한다.

둘째, 프로그램의 심리적 배경을 반영해야 한다. 예를 들면, 성숙주의나 상호작용주의적 배경을 가진 교구와 비품을 선택하고, 행동주의적 배경을 가진 기관이면 과제 지시적이면서 자기 보상적이고 자기수정적인 교구를 사용하게 될 것이다. 즉, 교구와 비품을 구입할 때 가장 우선적으로 고려할 사항은 프로그램에서의 유용성이다.

셋째, 물품구입자는 책정된 예산과 구매절차를 점검해야 한다. 교육기관은 책정된 예산 안에서 물품을 구입해야 하므로 책정된 예산에 맞추어 적절한 구입절차를 점검한다.

6 비품 및 교재·교구의 보관 관리

비품 및 교재·교구의 보관 관리는 교재·교구를 보관하기 적합한 방법을 찾아 체계적으로 분류하여 교구장에 보관한다. 교재·교구는 주제별, 영역별, 연령별, 활동별 등으로 나누어서 분류·보관한다.

각 교재·교구마다 담당자를 정하여 정기적으로 정리하면서 교재·교구대장과 비교하면서 보관관리의 방법을 협의하고 월별, 주제별, 매학기별로 점검하며 정리한다. 교재·교구를 보관할 때는 세탁하고 보수 및 보완을 해서 보관한다.

교재·교구의 보관방법의 예시(주제별, 영역별, 활동별 교구대장 등)는 다음과 같다.

〈표 8-1〉 주제별 교구대장 예시

생활주제: 유치원과 친구(1)						
번호	교구명	활동유형	영역	구입처	기타	비고
1-1	유치원	그룹게임	수놀이	국민**	주사위	
〃			〃			〃

〈표 8-2〉 영역별 교구대장 예시

언어교구대장(언)						
번호	교구명	활동유형	생활주제	구입처	기타	비고
언-1	반이름	그룹게임	유치원과 친구	국민**	고리걸기	
〃			〃			〃

〈표 8-3〉 활동별 교구대장 예시

이야기 나누기(이)						
번호	교구명	활동유형	생활주제	구입처	기타	비고
이-1	유치원 돌아보기	이야기 나누기	유치원과 친구	·	그림자료 8장	교사제작
〃			〃			〃

〈표 8-4〉 교재·교구 활동서 예시

교구명	교구사진
생활주제	
주제	
목표	
활동영역	
수준	
준비물	
활동방법	
비고	

제9장 기독교 유아교육기관 인사관리

1 기독교 유아교육기관의 인사관리

기독교 영유아교육기관의 인사관리는 우리나라 영유아를 보호하고 교육함으로써 건강한 사회 구성원으로 육성하는 동시에 보호자의 경제적·사회적 활동을 보장하여 가정복지 증진에 기여할 목적으로 제정된 법인「영유아보육법」과 2004년 법률 제7120호로 제정된 제1장 총칙, 제2장 유치원의 설립 등, 제3장 교직원, 제4장 비용, 제5장 보칙 및 벌칙 등으로 이루어진「유아교육법」에 따른다.

어린이집은 보건복지부의 지도·감독을 받으며 6세 미만의 취학 전 유아를 위한 교육기관으로 보호자의 위탁을 받아 보육하는 시설이며 사회복지사업의 일환으로 보호적 기능을 주목적으로 하며 저소득층 및 직업을 가진 여성들의 자녀를 맡아 보호 및 교육하고 있다. 보육시설의 종류는 국·공립보육시설, 민간보육시설, 직장보육시설, 가정보육시설로 구분된다.

유치원은 만 3세부터 초등학교 취학 전까지의 유아의 교육을 위하여 유아교육법에 따라 설립·운영되는 학교를 말한다. 교육부의 지도·감독을 받고 국가가 설립·경영하는 국립유치원, 지방자치단체가 설립·경영하는 공립유치원, 법인 또는 사인이 설립·경영하는 사립유치원으로 구분한다.

위와 같은 어린이집과 유치원 등의 기독교 유아교육기관 인사관리의 개념을 정의하면 기독교유아교육기관의 교육목표를 효율적으로 달성하기 위하여 교육

활동에 필요한 인적 자원을 확보하고 인사관리 운영하는 것이다.

기독교 유아교육기관의 인사관리의 목적은 에베소서 4장 11-12절에 잘 나타나 있다. "그가 어떤 사람은 사도로, 어떤 사람은 선지자로, 어떤 사람은 복음 전하는 자로, 어떤 사람은 목사와 교사로 삼으셨으니 이는 성도를 온전하게 하여 봉사의 일을 하게 하며 그리스도의 몸을 세우려 하심이라" 이 말씀에는 기독교 인사관리의 목적이 잘 나타나 있다. 첫째 목표는 성도를 온전케 함이고, 둘째 목표는 봉사의 일을 하게 함이고, 셋째 목표는 그리스도의 몸을 세우기 위함이다. 결국 모든 인사 관리는 개개인이 아니라 그리스도의 몸을 세우려는 궁극적인 목적에서 시작되고 실천되어야 한다.

기독교 유아교육기관에는 원장, 원감, 교사 등 교육을 직접 담당하는 교원과 영양사, 조리사, 사무원, 관리인, 운전기사 등 사무 및 업무관리를 담당하는 여러 인적 자원들이 봉사하고 있다. 이들은 모두 유아교육기관에서 매우 귀중한 인적 자원이다. 기독교 유아교육기관에서 인사행정이 중요한 이유는 교육목표의 달성이 교직원에 의해 이루어지고 그들의 업무 수행의 질에 의해 좌우되기 때문이다. 예수님께서도 열두 제자를 세우시기 위하여 산에서 밤새도록 기도하셨다. "이 때에 예수께서 기도하시러 산으로 가사 밤이 새도록 하나님께 기도하시고 밝으매 그 제자들을 부르사 그 중에서 열둘을 택하여 사도라 칭하셨으니(눅 6:12-13)" 이는 예수님께서 열두 제자를 세우시는 일을 얼마나 중요하게 생각하셨는지를 알 수 있는 구절이다. 인사관리의 중요한 것은 또한 사람이 사람을 관리하는 일이 대단히 힘들고 어렵기 때문이다(행 15:37-41). 인사관리의 모든 과정은 사람을 목표로 하고 사람을 통해 이루어지고 사람으로 끝나기 때문에 인사관리에 대한 지혜를 숙지하고 있어야 한다(황성철, 2004).

보건복지부와 교육부의 인사관리 원칙을 임용 초기의 각 교직원에게 알려 주어야 한다. 이러한 정책은 유아교육기관 내에서 전체의 교직원에게 적용될 기준이다. 유아교육기관의 인사규정을 모든 교직원들에게는 투명하게 알려 주는 것이 중요하다. 따라서 기독교 유아교육기관의 원장은 인사관리의 목표가 궁극적으로 그리스도의 몸을 세우기 위함이라는 것을 알고 인사관리에 대한 전문적인 지식과 기술을 중요하게 인식하고 인사관리를 철저하게 잘 운영관리함으로써 교직원들이 그들의 업무를 보다 편안하게 수행하도록 해야 한다.

2 교원의 자격과 임용

기독교 유아교육기관의 교원의 자격은 영적 기준과 법적 기준으로 나눌 수 있다.

1) 교원의 자격

(1) 영적 기준

교수를 뜻하는 단어인 'professor'는 진정한 의미로 보건대 '믿음을 고백하는(profess)사람'이라는 뜻이다(Palmer, 2000). 진정한 교수, 즉 가르치는 자는 진리의 초월적 중심을 인정하는 자로, 초월적인 실재인 하나님을 개인과 세계에 접목하는 자이다. 그런 맥락에서 볼 때 가르치는 자는 분명 사실과 이론과 기술을 통제하는 자가 아니라는 것이다. 따라서 기독교 유아교육기관에서는 교사를 향한 영적 기준이 요구된다.

첫째, 올바른 신앙인이어야 한다.

바른 신앙을 소유할 뿐 아니라 고백할 수 있는 신앙인이어야 한다(마 16:16).

둘째, 영혼을 사랑하는 자이어야 한다.

한 영혼의 가치가 천하보다 귀한 사실을 깨닫고(마 16:26), 특히 어린아이의 영혼이 실족하지 않게 지도하며(마 18:6) 그들의 목자가 되어 구원의 길로 인도하는 사랑과 사명감이 넘치는 사람이어야 한다.

셋째, 교사의 스승되셔서 친히 가르치시고 함께 역사하시는 성령의 권능을 체험하고 그에게 전적으로 의지하는 사람이어야 한다(요 14:26).

(2) 법적 기준

기독교 유아교육기관 운영에 적합한 보호·교육을 실천하려면 자신의 역할을 알고 실천할 수 있는 능력과 자격을 갖춘 교직원을 임용하여야 한다. 교직원이란 각급 학교의 교원과 직원을 포괄하는 용어로서 유아교육기관은「유아교육법」제20조에 근거한 교직원이며, 어린이집은「영유아보육법」제17조에 의해 보육교직원이라는 용어로 사용된다.

기독교 유아교육기관 운영을 위해서는 기관에 필요한 교직원 수를 확보해야 한다. 유치원의 경우는「유아교육법」제20조 제1항에 "유아교육기관에는 원장, 원감·수석교사 및 교사를 두되, 대통령령으로 정하는 일정 규모 이하의 유아교육기관에는 원감을 두지 아니할 수 있다. 또한 교육과정 운영에 필요한 경우 교원 외에 강사, 기간제 교사 또는 명예교사 등을 두어 영유아교육을 담당하거나 보조하게 할 수 있다(「유아교육법」제23조)."고 명시되었다. 원활한 교육활동을 위해서는 교원 외에 영양사, 간호사, 행정직원을 둘 수 있다(「유아교육법」제20조 제2항).

유치원 교원의 자격기준은「유아교육법」제22조 제1항과 제2항에 명시되어 있으며 그 내용은 다음 표와 같다.

〈표 9-1〉 **원장 및 원감의 자격기준(「유아교육법」 제22조 제1항 관련)**

자격종별	자격기준
원장	1. 유치원의 원감 자격증을 가지고 3년 이상의 교육경력과 소정의 재교육을 받은 사람 2. 학식·덕망이 높은 자로서 대통령령이 정하는 기준에 해당한다고 교육부장관의 인정을 받은 사람
원감	1. 유치원 정교사(1급) 자격증을 가지고 3년 이상의 교육경력과 소정의 재교육을 받은 사람 2. 유치원 정교사(2급) 자격증을 가지고 6년 이상의 교육경력과 소정의 재교육을 받은 사람
비고	원장·원감, 「초·중등교육법」의 규정에 의한 교장·교감, 교육장·장학관·장학사·교육 연구관·교육연구사의 경력 연수는 교육경력 연수로 볼 수 있다.

〈표 9-2〉 교사 자격기준(「유아교육법」 제22조 제2항 관련

자격급별	자격기준
정교사 (1급)	1. 유치원 정교사(2급) 자격증을 가진 사람으로서 3년 이상의 교육 경력을 가지고 소정의 재교육을 받은 사람 2. 유치원 정교사(2급) 자격증을 가지고 교육대학원 또는 교육부장관이 지정하는 대학원의 교육과에서 유치원 교육과정을 전공하여 석사학위를 받은 사람으로서 1년 이상의 교육 경력이 있는 사람
정교사 (2급)	1. 대학에 설치하는 유아교육과를 졸업한 사람 2. 대학(전문대학 및 이와 동등 이상의 각종학교와 「평생교육법」 제31조 제4항에 따른 전문대학 학력인정 평생교육시설을 포함한다) 졸업한 사람으로서 재학 중 소정의 보육과 교직학점을 취득한 사람 3. 교육대학원 또는 교육부장관이 지정하는 대학원의 교육과에서 유치원 교육과정을 전공하고 석사학위를 받은 사람 4. 유치원 준교사자격증을 가진 사람으로서 2년 이상의 교육 경력을 가지고 소정의 재교육을 받은 사람
준교사	유치원 준교사 자격검정에 합격한 사람
비고	1. 원장·원감, 초·중등교육법의 규정에 의한 교장·교감, 교육장·장학관·장학사·교육연구관·교육연구사의 경력 연수는 교육 경력 연수로 볼 수 있다. 2. 위의 표에서 전문대학은 종전의 초급대학·전문학교 및 실업고등전문학교를 포함한다.

어린이집의 경우는「영유아보육법」제17조 제1항에 보육교직원에 대한 내용이 있다. 이들의 종별과 자격 기준은 다음과 같다.

〈표 9-3〉 어린이집 원장 자격기준(영유아보육법 제21조 관련)

<table>
<tr><th colspan="2">구분</th><th>자격기준</th></tr>
<tr><td rowspan="5">어린이집 원장 자격기준</td><td>일반기준</td><td>· 보육교사 1급 자격을 취득한 후, 3년 이상의 보육 등 아동복지업무 경력이 있는 사람
· 「유아교육법」에 의한 유치원 정교사 2급 자격을 취득한 후, 3년 이상의 보육 등 아동복지업무 경력이 있는 사람
· 유아교육기관 원장의 자격을 가진 사람
· 「초중등교육법」에 의한 초등학교 정교사 자격을 취득한 후, 5년 이상의 보육 등 아동복지업무 경력이 있는 사람
· 「사회복지사업법」에 의한 사회복지사 1급 자격을 취득한 후, 5년 이상의 보육 등 아동복지업무 경력이 있는 사람
· 「의료법」에 의한 간호사 면허를 취득한 후 7년 이상의 보육 등 아동 복지업무 경력이 있는 사람
· 국가 또는 지방자치단체에서 7급 이상의 공무원으로 보육 등 아동복지업무에 경력이 있는 사람</td></tr>
<tr><td>가정어린이집</td><td>· 일반기준에서 정한 자격을 갖춘 사람
· 보육교사 2급 이상 자격을 취득한 후 1년 이상의 보육업무 경력이 있는 사람</td></tr>
<tr><td>장애아 전담 어린이집</td><td>· 「장애인복지법」 제32조에 따라 장애인으로 등록된 영유아만을 20명 이상 보육하는 어린이집 일반기준에서 정한 자격을 갖춘 사람으로서 다음의 어느 하나에 해당하는 사람
- 대학(전문대학을 포함한다)에서 장애인복지 및 재활관련학과를 전공한 사람
- 장애아 어린이집에서 2년 이상의 보육업무 경력이 있는 사람</td></tr>
<tr><td>영아전담 어린이집</td><td>만 3세 미만의 영아만을 20명 이상 보육하는 어린이집
· 일반기준에서 정한 자격을 갖춘 사람
· 간호사 자격증을 취득한 후 5년 이상의 아동간호업무 경력이 있는 사람</td></tr>
<tr><td>「고등교육법」에 따른 교육 훈련시설 어린이집</td><td>· 어린이집을 운영하는 대학의 전임강사 또는 교육훈련 시설의 전임교수 이상으로서 보육관련 교과목에 대하여 3년 이상의 교육 경력이 있는 사람</td></tr>
</table>

〈표 9-4〉 어린이집 보육교사의 자격기준(「영유아보육법」 제21조 관련)

등급	자격기준
보육교사 1급	1. 보육교사 2급 자격을 취득한 이후 3년 이상의 보육업무 경력과 보건복지부장관이 정하는 승급교육을 받은 사람 2. 보육교사 2급 자격과 보육관련 대학원에서 석사학위를 취득한 사람으로서 1년 이상 보육업무 경력과 보건복지부장관이 정하는 승급교육을 받은 사람
보육교사 2급	1. 전문대학 또는 이와 동등 이상의 학교에서 보건복지부장관이 정하는 보육관련 교과목 및 학점을 이수하고 졸업한 사람 2. 보육교사 3급 자격을 취득한 이후 2년 이상의 보육업무 경력과 보건복지부장관이 정하는 승급교육을 받은 사람
보육교사 3급	1. 고등학교 또는 이와 같은 수준의 학교를 졸업한 사람으로서 보건복지부장관이 정하는 교육훈련시설에서 정해진 교육과정을 수료한 사람

2) 임용

(1) 임용의 정의

임용이란 특정한 지위에 임명하는 것으로 신규채용, 승진, 승급, 전직, 전보, 겸임, 파견, 강임, 휴직, 복직, 직위해제, 해임 및 파면을 말한다(「교육공무원법」 제2조 제6항). 임용에서 가장 핵심적인 사항은 선발과 임명이다. 선발이란 자격을 갖춘 후보자들 가운데 최적임자를 선정하는 것을 말하며, 임명이란 선발된 후보자에게 직위를 보하는 것을 말한다. 교직원의 인사관리는 유능한 적임자를 선정하여 기관의 적절한 위치에 배치하여 각 개인의 능력을 최대한 발휘하게 함으로써 기관의 목표를 달성하도록 하는 것이 가장 중요한 요소이다.

(2) 임용 방법

임용 방법은 기관유형에 따라 다르나 이를 요약하면 다음과 같다.

- 국공립유치원: 임명권자의 교육지원청 교육장이 결정
- 법인유치원: 원장의 제청으로 이사회 의결을 거쳐 결정(사립학교법 제53조 제2항)

- 사립유치원: 원장의 제청으로 설립자의 의결을 거쳐 구비서류를 해당 교육지원청 교육장에게 제출하여 최종 결정

각급 학교의 교원임면권자가 교원을 임면할 때에는 임면한 날로부터 7일 이내에 관할청에 보고하여야 한다.

어린이집 원장은 임면사항을 특별자치도지사, 사장, 군수, 구청장에게 보고하여야 한다.

- 국공립어린이집: 국가나 지방자치단체가 설치·운영하는 어린이집
- 사회복지법인 어린이집: 「사회복지사업법」에 따른 사회복지법인이 설치·운영하는 어린이집
- 법인 단체 등 어린이집: 각종 법인이나 단체 등이 설치·운영하는 어린이집으로서 대통령령으로 정하는 어린이집
- 직장 어린이집: 사업주가 사업장의 근로자를 위하여 설치·운영하는 어린이집
- 가정 어린이집: 개인이 가정이나 그에 준하는 곳에 설치·운영하는 어린이집
- 부모협동 어린이집: 보호자들이 조합을 결성하여 설치·운영하는 어린이집
- 민간 어린이집: 앞에 제1호부터 제6호까지의 규정에 해당하지 아니하는 어린이집

(3) 구비서류

❶ 유치원 교사

교원임용에 따른 구비서류는 다음과 같다.

- 교육공무원 인사기록카드 1부
- 교원자격증 사본(원본 제시) 1부
- 최종학력증명서 또는 졸업증명서 1부
- 경력증명서(경력자에 한함) 1부

- 주민등록 등본 1부
- 채용신체검사서 1부
- 호적등본 2부
- 민간인 신원진술서 1부
- 사진
- 기타 임용에 필요한 서류(범죄경력 회보서) 등

❷ 어린이집 보육교사

구비서류는 다음과 같다(「영유아보육법 시행규칙」 제11조 제3항 [별표 3])

- 이력서 1통
- 신원증명서(시 · 군 · 읍 · 면장이 발행한 것에 한함) 1부
- 주민등록 등본 1부
- 경력증명서(경력자에 한함) 1부
- 자격증 또는 면허증 사본 1통
- 채용 신체 검사서 1부
- 기타 임용에 필요한 서류(범죄경력 회보서) 등

3 교원의 역할 및 자질

1) 교원의 역할

(1) 기독교 유아교육기관 원장의 역할

기독교 지도력을 갖춘 기독교 유아교육기관 원장의 역할을 살펴보면 다음과 같다.

첫째, 원장은 절대적 진리이며 하나님의 말씀인 성경에 기초한 가치를 표현하

며, 행위를 인도할 수 있는 규범을 제공하여 무엇을 어떻게 가르쳐야 하는가에 대한 영적 기초를 제공하여야 한다.

둘째, 기독교 유아교육기관의 지도자는 '교육의 은사'를 갖고 교육을 해야 한다. 원장은 교육적 지도력을 가져야 하며 유아의 발달과 기독교 유아교육 프로그램에 대한 높은 식견을 소유한 전문가이어야 한다. 즉 원장은 필요하면 원장과 교사의 두 가지 역할을 수행해야 한다. 기독교 유아교육 프로그램의 개발과 적용을 결정하고 프로그램을 평가하고 프로그램의 효율성을 관리하여야 하기 때문이다. 따라서 원장은 올바른 기독교 아동관과 기독교 유아교육에 대한 식견을 가져야 하며, 기독교 유아교육의 이론과 실제에 대한 지식과 기술 및 새로운 정보를 습득하기 위해 원장 자신이 학습자로서 역할을 해야 한다.

셋째, 원장은 비전을 제시해야 한다. 원장은 조직 구성원들에게 명확한 비전을 설정하고 제시하여 공유해야 한다. 조직 구성원들이 원장이 제시한 명확한 비전을 공유하면 구성원들은 자신의 역할과 책임을 분명히 인식할 수 있어 자발적인 동기부여의 근원이 된다. 그 결과 교직원들은 자기가 맡은 분야에서 진정한 기독교인으로서의 성취 동기를 갖게 된다. 이러한 비전은 하나님이 주시는 것이다. 그러므로 원장은 수직적으로 하나님과의 관계 확립을 통해 하나님을 위한, 성경적인 명확한 비전을 수립하고 수평적으로 구성원들에게 신뢰할 수 있는 비전을 제시해야 하겠다.

넷째, 원장은 교직원들 자신이 '왜 이곳에서 일하고 있는가?', '해야 할 일은 무엇인가?', '어떻게 해야 하는가?'를 깨달아 교사 스스로 교육활동의 주체임을 인식함으로 질적으로 우수한 교육활동을 실행할 수 있도록 힘을 주어(empowering) 스스로 책임감을 갖도록 도와주어야 한다.

다섯째, 행정력을 발휘해야 한다. 기독교 유아교육기관의 교육목표를 달성하기 위해 원장은 비전을 제공하여야 하며, 비전이 구체적인 행동으로 나타나도록 새로운 조직의 구조와 절차를 개선하는 직무 기술을 발휘하는 청지기의 역할을 해야 한다. 성경은 "주께서 이르시되 지혜 있고 진실한 청지기가 되어 주인에게 그 집 종들을 맡아 때를 따라 양식을 나누어 줄 자가 누구냐 주인이 이를 때에 그 종이 그렇게 하는 것을 보면 그 종은 복이 있으리로다(눅 12:42-43)"라고 말씀하신다. 이와 같이 원장의 청지기로서의 역할은 주인이신 그리스도의 뜻에 따라 유아교육기관의 운영에 대한 계획을 세우고 지혜롭게 효과적으로 실행하는 것이다.

여섯째, 원장은 변화의 촉진자로서 지도력을 가져야 한다. 기독교 유아교육기관의 목적을 달성하기 위해 원장은 교사와 협력하여 교직원의 달란트를 발견하고 개발하여 바람직한 행동으로 변화시킬 수 있는 변화의 촉진자로서 역할을 해야 한다.

일곱째, 원장은 따뜻하고 우호적이고 개발적인 풍토를 제공함으로 원장-교사, 교사-교사 간에 안정되고 전문적인 상호작용을 통하여 교사들이 집단 내에서 자신의 생각을 자유롭게 나타낼 수 있게 하며, 교사의 고립을 최소화시켜 동료의식을 가지고 서로서로 격려하게 하고, 서로 간에 존중받고 있음을 인지하도록 해야 한다(행 28:15).

여덟째, 구성원들의 욕구를 끌어내어 충족시킬 수 있는 능력이 있어야 한다. 열악한 환경(높은 교사 대 유아의 비율, 유아교육기관 내 성인을 위한 시설의 부족, 낮은 임금, 과다한 업무, 출퇴근 시간의 불확실성, 역할 갈등 등) 속에서 교사의 직무 만족과 사기를 충족시킬 수 있도록 교직원, 유아, 학부모들의 요구를 반영하고 개선하고자 하는 노력을 통하여 조직구성원들의 과업 수행과 관련된 욕구를 충족시켜 교직원의 동기유발 및 수행을 통해 조직효과성을 높이는 데 필요한 후원 및 보상을 제공해야 한다. 하나님으로부터 소명을 받은 확신이 있다면 그리스도를 기쁘시게 하고자 하는 우선 동기가 있다. 이러한 동기는 자기 본위의 동기와는 다른 것이다. 유아교육기관의 운영자인 원장은 교직원들이 일을 할 때 일에 대한 만족도를 높여 주어야 할 책임이 있다. 따라서 원장은 섬기는 자로서 교직원들을 하나님의 영광을 나타내기 위한 목적을 달성하는 동반자로서 존중하여야 하며, 교직원들이 직무를 수행할 때 교직원들의 필요와 요구를 알아내야 한다.

유능한 원장은 기독교 유아교육기관의 운영을 통하여 하나님의 영광을 나타내는 일을 최우선으로 알며 자신은 하나님의 영광을 나타내는 도구임을 깨닫고 기독교 유아교육기관에서 봉사하는 것을 자신의 임무라고 생각한다. 이러한 원장은 기독교 유아교육기관의 운영에서 그리스도가 지배하는 삶의 실제를 일관성 있게 보여 준다. 즉 조직구성원들을 귀하게 여기며 유아, 교직원, 학부모, 지역사회의 요구와 필요를 충족시키도록 노력하는 지도력을 발휘한다.

우리나라 「유아교육법」 및 「영유아보육법」에 나타난 유치원 원장의 역할과 어린이집 원장의 역할을 살펴보면 다음과 같다.

❶ 유치원 원장의 역할

「유아교육법」 제21조(교직원의 임무) "원장은 원무를 총괄하고 소속교직원을 지도·감독하며 해당 유치원의 유아를 교육한다." 유치원 원장은 원아들을 직접 지도하는 일보다 유치원 전체를 조직하고 관리하는 책임을 맡고 있다. 원장의 임무를 구체적으로 살펴보면 다음과 같다.

- 기독교 세계관에 따라 전반적인 운영 계획의 수립과 운영관리
- 교육과정의 계획과 운영관리
- 교직원 인사관리: 채용, 업무분담, 장학근무 평정 등
- 원아의 모집 및 관리: 원아모집, 학급편성 등
- 시설, 설비의 관리
- 교재, 교구의 구입 및 관리
- 재정관리: 재원 조달, 예산편성 및 결산
- 행정적 업무처리 및 기록의 보관, 유지
- 부모교육 및 부모와의 대인관계
- 행정당국, 지역사회 관련 단체 및 인사와의 관계 유지 등

❷ 어린이집 원장의 역할

- 어린이집의 원장은 어린이집을 총괄하고 보육교사와 그 밖의 직원을 지도·감독하며 영유아를 보육한다[「영유아보육법」 제18조(보육교직원의 직무)]
- 기독교 세계관에 따라 보육철학을 정립한다.
- 기독교 보육 프로그램을 구성하고 운영관리한다.
- 원아를 모집하고 관리한다.
- 보육시설 종사자를 관리한다.
- 시설, 설비를 관리한다.
- 재정관리 및 행정업무를 처리한다.
- 부모교육을 담당하고 부모를 상담한다.
- 행정당국과 지역사회와의 관계를 유지한다.

(2) 원감의 역할

「유아교육법」 제21조에 원감은 원장을 보좌하여 원무를 관리하고 원아를 교육하며, 원장이 부득이한 사유로 직무를 수행할 수 없는 때에는 그 직무를 대행한다. 다만, 원감을 두지 아니하는 유치원의 경우에는 원장이 미리 지명한 교사가 그 직무를 대행한다고 규정한다. 원감의 임무를 구체적으로 살펴보면 다음과 같다.

- 유아교육활동의 지도, 감독 및 조언
- 유아의 영양, 건강 및 안전에 대한 대책과 관리
- 교구, 교재 및 비품의 관리
- 연간 행사계획을 수립, 진행
- 각종 학습 자료의 관리
- 부모교육의 계획 수립과 실행 등

(3) 교사의 역할

❶ 기독교 유아교육기관 교사의 역할

기독교 유아교사는 유아 개인적 입장이나 기독교 유아교육의 미시적 차원에서는 직접적인 영향력의 행사자로 받아들여지기 때문에 매우 중대한 존재이다(이상욱, 1998). 기독교 유아교사의 구체적 역할을 살펴보면 다음과 같다.

- 계획자로서의 역할
  - 기독교교육과정을 계획한다.
  - 교육과정계획에서 선정된 연간 교육계획안을 기초로 다음 주의 교육 단원에 대한 재고를 하여 확장한다.
  - 단원(주제)과 관련된 성경 부분을 찾고, 피조 세계에 대한 각 학문에서의 지식과 정보를 조사한다.
  - 필요한 교육 자료와 유아용 교구 구입과 제작을 한다.

- 촉진자로서의 역할
  - 지도하는 역할
  - 확장시켜 주는 역할
  - 구조화하는 역할
  - 실행하는 역할

- 보호자로서의 역할
  - 어린 유아를 담당할 교사가 인지발달, 사회성발달 등 어느 발달과 학습보다도 우선적으로 고려해야 할 점이 신체적 안전과 심리적 안전이다.

- 의사 결정자로서의 역할
  - 교육과정 구성, 주간/일일 교육계획, 수업 장면에서의 여러 상황 평가 등 교육의 모든 행위는 모두 의사 결정을 한 후 이루어지는 것이므로, 어느 교사든 피할 수 없는 역할이다. 특히 기독교 유아교육 교사는 영적인 문제까지를 포함하는 교육자이므로 많은 의사결정을 필요로 한다. 좋은 결정이

이루어지기까지는 끊임없는 성경 연구, 피조세계의 지식, 정보 연구와 더불어 성령의 도우심을 간구해야 할 것이다.

❷ 유치원 교사

유치원 교사는 법령이 정하는 바에 따라 원아를 교육한다고 「유아교육법」 제21조에 명기되어 있다. 구체적인 임무를 보면 다음과 같다.

- 유아의 신체적, 심리적 안전관리
- 교육목표 달성을 위해 적절한 교육과정의 계획 및 운영
- 비품, 교구, 교수, 학습 자료의 구입, 제작, 활용
- 실내외 교육 환경의 조성과 활용
- 각 학급의 운영 및 관리
- 유아 관찰 및 평가
- 부모 면담 및 상담, 부모교육 실시

종일제를 운영하는 기관의 경우 교사의 역할은 약간 달라질 수 있다.

- 안전하고 건강한 학습 환경의 구성과 유지
- 유아의 신체적, 지적, 능력의 향상
- 유아의 사회, 정서발달의 지원
- 가족과의 긍정적이고 생산적인 프로그램의 계획과 운영
- 이용자의 욕구에 민감한 프로그램의 계획과 운영
- 전문가로서의 전문성을 유지

❸ 보육교사

- 보육교사는 「영유아보육법」 제18조(보육시설 종사자의 직무)에 따라 영유아를 보육하고 어린이집의 원장이 불가피한 사유로 직무를 수행할 수 없을 때에는 그 직무를 대행한다.

보육교사의 역할을 구체적으로 살펴보면 다음과 같다.

- 보호자로서의 역할: 영유아에게 신뢰감 주기, 영양적으로 적절한 급식과 간식 계획 및 운영, 영유아의 건강 및 안전지도
- 교육자로서의 역할: 진단자로서의 역할, 보육과정 설계자로서의 역할, 조직자로서의 역할, 지지 및 모델로서의 역할

(4) 기타 직원의 역할

❶ 방과 후 과정 교사

방과 후 과정 교사의 역할은 양육과 보호의 역할이 필요하므로 교사의 온정적 성품과 인내심이 많이 요구된다. 또한 교사는 영유아의 개인적 발달단계나 발달과정, 흥미, 능력뿐 아니라 영유아의 사고과정의 본질을 알고 이해해야 한다. 그 밖에도 영유아의 지적 호기심을 자극하는 방법을 많이 알고 관찰과 대화를 통하여 영유아를 통찰할 수 있어야 한다.

방과 후 과정반 교사가 해야 할 역할은 다음과 같다.

- 안전하고 건강한 학습환경의 구성과 유지
- 영유아의 신체적, 지적 능력의 향상
- 영유아의 사회 정서 발달의 지원
- 가족과의 긍정적이고 생산적인 프로그램의 계획과 운영 등

❷ 행정시설직원

행정직원은 각종 공문서 처리, 교직원과 원아들에 대한 각종 기록의 관리, 납입금 수납을 포함한 원의 재정 및 기타 행정사무업무, 시설관리 등을 담당한다.

❸ 간호사

유치원에서는 권장사항이고 공립유치원 외의 사립유치원은 병원 또는 보건소와 연결하여 필요시 도움을 받고 있다. 보육시설은 영유아 100인 이상이면 건강,

안전, 위생 등에 관한 업무를 담당하는 간호사 또는 간호조무사를 두도록 규정하고 있다.

❹ 영양사

영양사는 영유아의 균형 있는 영양을 위해 급식과 간식을 관리하며 1회 급식 영유아가 100인 이상인 기관에는 「식품위생법」 제37조의 규정에 의하여 면허를 받은 영양사 1명을 두어야 한다. 유치원 급식시설과 설비를 갖춘 경우는 동일 교육청 관할 소재, 어린이집은 시·군·구 내에 영유아교육기관 다섯 개가 공동으로 영양사 1명을 둘 수 있다. 유치원에서는 권장사항이고 공립유치원 외의 사립유치원은 병원 또는 보건소와 연결하여 필요시 도움을 받고 있다. 보육시설은 영유아 100인 이상이면 건강, 안전, 위생 등에 관한 업무를 담당하는 간호사 또는 간호조무사를 두도록 규정하고 있다. 또한 어린이집은 보육정보센터 등에서 영양사 지도를 받도록 하고 있다.

❺ 기타 직원(주방 담당과 청소 시설 담당 직원)

급·간식을 조리하는 조리사, 조리원, 실내외 청소 등을 담당하는 직원과 시설 관리를 하는 주무관 등이 있다.

2) 교원의 자질

(1) 기독교 유아교육기관 원장의 자질

모건(Morgan, 2000)은 유아교육기관의 원장이 갖추어야 할 여덟 가지 필수적인 자질을 다음과 같이 제시하였다.

첫째, 가족과 유아를 위한 발달적으로 적합한 교육 프로그램을 계획하고 실행할 수 있는 능력

둘째, 교육기관을 효과적으로 유지하고 개선해 나갈 수 있는 능력

셋째, 프로그램의 사명, 목적, 목표를 효과적으로 추구해 나갈 수 있도록 운영관리 시스템을 계획하고 실행해 나갈 수 있는 능력

넷째, 교직원 인사관리와 전문성 신장을 위한 프로그램을 효과적으로 운영해 나갈 수 있는 능력

다섯째, 프로그램 운영과 밀접한 관련이 있는 유아교육정책 결정에 영향력을 지닌 지역사회와의 관계를 발전적으로 맺어 나갈 수 있는 능력

여섯째, 기관의 물리적 환경이나 시설을 유지하고 개선해 나갈 수 있는 능력

일곱째, 효과적인 기관운영관리와 관련 법규 상식을 갖춘 능력

여덟째, 효과적인 재정관리를 활용할 수 있는 능력

기독교 유아교육기관 원장이 지녀야 할 구성 요소들은 다양하나 특별히 영유아의 교육에서 지도자의 역할을 맡은 사람들에게 요구되는 일반적 자질을 제시하면 다음과 같다.

❶ 건강

- 책임감이 강하고 능동적이며 건강한 사람
- 외모와 복장이 깔끔하고 매력적인 사람
- 효과적인 활동을 위해 휴식과 적절한 식사를 하는 사람

❷ 정신적 능력

- 정신적으로 건강하며 계획 수립을 할 능력이 있고 교직원들에게 지시를 할 수 있는 사람
- 생각, 개념 그리고 습관을 시대에 맞게 유지하며 지식이 풍부한 융통성이 있는 창조적인 사람
- 어린이의 특성, 욕구, 발달수준 그리고 잠재력을 이해하고 있는 사람

❸ 정서적 안정

- 감정을 건설적인 방법으로 표현할 수 있는 사람
- 다른 사람들과의 감정이입이 가능하며 사랑으로 이해하는 사람
- 자신의 위치에서 여유와 정서적인 안정감을 유지하며 건설적인 사람

❹ 사회 적응

- 친절하고 명랑하며 사교적인 사람
- 사회적인 관습과 예절에 맞게 행동하는 사람
- 어린이와 친구가 될 수 있는 사람

❺ 영적 성숙

- 주님과의 긴밀한 영적 교제의 본을 보이며 직책에 열성적인 기독교인
- 하나님의 말씀에 순종하며 영적 목표를 추구하는 사람
- 신뢰성 있고 정확하며 규칙적인 출석을 하는 사람
- 하나님의 사역에 헌신하며 선한 기독교인의 모범인 사람

(2) 기독교인 교사의 자질

기독교인 교사는 기독교교육의 목적을 수행하고 이루는 가장 중요한 존재이기 때문에 교사의 자질은 매우 중요하다. 교사는 먼저 신앙 지식을 통하여 전문적인 신앙 지식과 교수 기술 능력을 갖추어야 하며, 인격과 영성을 함양하여 교사 자신의 삶을 헌신할 줄 아는 사람이어야 한다. 하퍼는 가르치는 은사·가르침의 소명·유아에 대한 사랑·가르침에 대한 관심 및 교사의 준비가 필요하다고 강조하였다(Harper, 1995).

- 기독교 세계관과 인생관을 갖고 교육 이론과 실제 능력을 갖춘 사람
- 교과에 대한 깊이 있는 지식
- 하나님께서 세우신 유아의 성장 법칙에 관한 이해

- 교수-학습과정에 대한 이해
- 능숙한 교수법의 사용 등

주일학교 교사들은 일반학교 교사들이 가진 자질과는 다른 자질들을 가지고 있어야만 한다. 그 이유는 주일학교 교사들은 단지 지식만을 전달하여 문제를 해결하는 것이 목표가 아니기 때문이다. 주일학교 교사들은 아이들에게 복음을 가르치고 전달하여 그리스도 안에서 완전한 자로 세우는 것이 목적이기 때문이다(골 1:28). 주일학교 교사는 지식이나 재능만을 가르치는 교사가 아니라 영혼을 책임지는 교사이기에 하나님 앞에서 다음과 같은 세 가지 자질들을 가져야만 한다.

첫째, 자질로서의 신앙이다. 자질로서의 신앙은 신앙과 신앙이 지니고 있는 꿈인 것이다. 이 신앙이 가장 중요한 교사의 자질이다. 교사에게는 강한 헌신이 나타나야 하고 이러한 헌신은 다른 사람에게 영향을 끼치게 되는 것이다. 주일학교 교사는 신앙인이어야 한다. 교사는 삼위일체 하나님을 믿어야 한다. 교사가 믿음의 사람이 되어야만 하는 것이다. 교사는 또한 교수의 내용으로서 성경이 하나님이 우리에게 구원의 길을 알리시기 위해서 주신 유일하신 말씀임을 믿어야 한다. 즉, 교사는 믿음의 사람이어야 하며, 구원받은 자임을 확신하는 이어야 한다.

둘째, 관계적인 측면에서의 자질이다. 이를 자질로서의 사랑이라고 표현할 수 있을 것이다. 자질로서의 사랑은 사람들을 자상하게 돌보는 것이다. 교사는 인간을 사랑해야 한다. 즉, 교사는 사랑의 사람이다. 예수님은 그의 도움이 필요한 사람들을 개인적으로 각별하게 돌보셨다. 특별히 그에게 주신 모든 사람들을 사랑하셨다(요 13:1).

셋째, 기술적 측면에서의 자질이다. 이것은 자질로서의 능력이라고 표현할 수 있을 것이다. 자질로서의 능력은 그 자체가 어떠한 일들이 일어나게 하는 재능이다. 일반적으로 교사의 권위나 능력은 자신의 영성 혹은 도덕성을 뜻한다. 능력을 가진 교사는 기독교 신앙의 전문적인 지식을 가져야 한다. 성경을 알아야 하고 성경을 해석할 수 있는 능력을 가지고 있어야 한다. 신앙의 물음에 대답할 수 있는 능력을 가지고 있어야 한다. 또한 교사는 교수법에 대한 능력을 가지고 있어야 한다. 또한 교사로서의 자질은 섬김의 모습을 통해서 극대화될 것이다. 교사는 영유아들의 신체적, 정서적, 도덕적, 신앙적 발달을 정확히 이해하고 그에 적절하고 가장 효과적인 교수를 할 수 있는 능력을 가지고 있어야 한다. 행동적으로 능력 있는 교사들은 교육을 개별화하고, 그들의 방법들을 다양화하고, 좋은 교실 분위기를 유지하고, 적용을 가르친다.

또한 기독교 유아교육교사의 자질은 다음과 같다. 첫째, 구원의 확신을 가진 영적으로 충만한 자이다. 둘째, 가르치는 소명과 은사를 받은 자이다. 뚜렷한 소명의식과 기독교 세계관을 가져야 한다. 셋째, 영유아를 존중하고 사랑하는 자이다. 영유아를 사랑하되 영유아의 무한한 가능성을 믿고 기대감을 가져야 한다. 영유아는 하나님의 형상대로 지음 받았으므로 반드시 멋지고 가치 있게 자랄 귀한 존재라는 것을 항상 마음에 되새기는 이어야 한다. 넷째, 하나님께서 세우신 유아의 성장 발달에 대한 지식과 이해가 있는 자이다. 다섯째, 가르치는 사역을 잘 감당하기 위해 항상 기도로 성령의 도움을 구하는 자이다. 교육을 계획할 때도 하나님의 뜻을 알고자 하며 그의 인도하심에 따라 계획하게 해 달라는 기도를 해야 한다. 또한 교육을 실천하며 경험하는 작고 큰 문제와 각 상황에서 하나님의 지혜에 의지하는 자세를 가진 자여야 한다.

3) 2019학년도 유치원 교원 및 교육전문직원 인사관리원칙(예시)

▶ 제1장 총칙 ◀

제1조 (목적) 이 원칙은 「교육공무원법」, 「교육공무원임용령」, 「교육공무원 승진규정」, 「교육공무원 인사관리 규정」 등을 근거로 합리적이고 공정한 인사관리원칙을 수립·시행함으로써 인사관리의 신뢰성을 확립하여 교원 및 교육전문직원의 직무 수행 능률을 높이는 것을 목적으로 한다.

제2조 (방침) ① 이 원칙은 공립 유치원 교원 및 교육전문직원 인사에 적용한다.
② 공립 유치원 교원 및 교육전문직원 인사에 있어서 별도의 다른 규정이 있는 것을 제외하고는 이 원칙에 의한다.

제3조 (신규임용 및 전직·전보) ① 원장·원감과 교육전문직원의 신규임용 및 전직·전보는 매년 3월 1일과 9월 1일자로, 수석교사 교사의 전보는 매년 3월 1일자로 시행함을 원칙으로 하고, 학기 중 전직·전보는 부득이한 경우에 실시한다.
② 타 시·도간 교원의 교류는 매년 3월 1일자로 실시함을 원칙으로 한다.
③ 교원 수급상 필요한 경우 본인의 희망을 들어 소지하고 있는 교원자격증과 관련이 있는 직위에 전직임용할 수 있다.

제4조 (휴직·파견의 후임 및 복직) ① 별도 정원이 인정되는 장기 휴직·파견 등의 교원 후임은 정원관리 가능 범위 내에서 정규 교원을 임용할 수 있다.
② 별도 정원이 인정되는 휴직·파견 등을 한 교원이 복직·복귀 시 원 소속 유치원으로 복직·복귀를 원칙으로 하되, 수급상황에 따라 소속 교육지원청의 타 유치원으로 임용될 수 있다.

제5조 (품성과 자질 향상) 교육전문직원 선발 전형, 원감자격 연수대상자 선발, 원장중임 심사, 수석교사 자격연수대상자 선정, 수석교사 업적평가 및 재임용 심사 등에 현장근무 실태평가를 실시한다.

제6조 (임용 시기 조정) 다음 각호의 어느 하나에 해당하는 자는 전보, 전직 또는 승진 시기를 조정할 수 있다.

1. 직위해제 후 복직된 자
2. 징계 처분을 받은 자
3. 감사 결과 인사조치 지시된 자
4. 「교육공무원법」 제10조의 3 제1항 각호의 사유와 관련하여 주의 또는 경고 처분을 받은 자
5. 교내·외에서 물의를 야기하여 교육상 불가피하다고 판단되는 자

제7조 (전보기준 공개) 전보주관 교육지원청은 전보 기준을 전보 발령 6개월 이전에 공개한다.

제8조 (긴급 전보) 교권을 침해당하거나 또는 침해당할 것이 예상되는 교원이 희망하는 경우 긴급 전보할 수 있다.

제9조 (근무 기간 계산) 이 원칙에서의 근무기간은 15일 이상을 1월로 계산하고, 15일 미만은 계산하지 아니한다.

▶ 제2장 원장 임용 및 제청 추천 ◀

제10조 (임용 제청 추천 자격) 유치원 원장 자격증을 소지한 자로서 다음 각호의 어느 하나에 해당하는 자 중에서 임용 제청 추천한다.

1. 승진 임용의 경우 원장 승진후보자 명부에 등재된 자 중 임용 예정 인원의 3배수 내에 있는 자(단, 정년 잔여기간 1년 미만인 자는 제외)
2. 교육전문직원으로서 원장 경력이 있는 자
3. 교육전문직원으로 2년 이상 재직한 자로서 교육·교육행정·교육연구 경력이 21년 이상인 자

제11조 (원장의 중임) 원장임기제에 따른 원장의 중임은 「교육공무원 임용령」, 「교육공무원 인사관리 규정」 및 「교장·원장 임기제 실시 업무처리 지침」에 따른다.

제12조 (초빙 임용) 원장 초빙 임용은 「공모원장 등 임용업무 처리요령」 및 「원장공모제 시행계획」에 따른다.

제13조 (전보 대상) ① 정기 전보는 현임 유치원 4년 이상 근무한 자를 대상으로 한다. 다만, 부득이한 경우 전보 대상 잔여기간 6개월 이내인 자도 전보할 수 있다.

② 비정기 전보는 현임 유치원 1년 이상 근무자로서 부득이한 사유에 한하여 전보할 수 있다. 다만, 원거리통근 사유로 비정기 전보를 할 경우에는 현임 유치원 2년 이상 근무자로 한다.

③ 징계, 감사 결과 및 기타 사유로 전보가 불가피한 자는 1년 미만이라도 비정기 전보할 수 있다.

제14조 (전보 유예) ① 다음 각호의 어느 하나에 해당하는 자는 전보를 유예할 수 있다.

1. 정년 잔여(2차 임기 만료자 포함) 2년 이하인 자
2. 교육감 지정 이상의 연구유치원 원장으로 유치원 운영상 불가피하다고 인정되는 자
3. 기타 사유로 전보 유예가 불가피한 자

② 제14조 제1항 제2호~제3호의 경우 전보유예 기간은 학기 단위로 하고 1회에 한한다.

③ 제14조 제1항 제2호~제3호의 경우로 유예한 경우 제14조 제1항 제1호의 사유에 해당되어도 유예할 수 없다.

제15조 (임지 배치) ① 서울특별시 전 지역을 하나의 인사구역으로 하여 전보를 실시하되 근무지, 근무기간, 교육경력, 직무수행 능력, 청렴도, 교통편의 등을 고려하여 적재적소에 배치한다.

② 현임 유치원 재직 기간 중 징계 처분을 받은 자, 감사 결과 인사 조치 지시된 자, 물의를 야기한 자 등은 문책성 인사의 취지에 의거 임지 배치한다.

③ 전임 원장 재임기간이 2년 이하인 유치원에는 정년 잔여 2년 이하인 원장의 배치를 가급적 배제한다.

▶ 제3장 원감 임용 ◀

제16조 (임용자격) 유치원 원감 자격증을 소지한 자로서 다음 각호의 어느 하나에 해당하는 자 중에서 임용한다.

1. 승진 임용의 경우 원감 승진후보자 명부에 등재된 자 중 임용 예정 인원의 3배수 내에 있는 자(단, 정년 잔여기간 1년 미만인 자는 제외)
2. 교육전문직원으로서 원감 경력이 있는 자
3. 교육전문직원으로 5년 이상 재직한 자로서 교육, 교육행정, 교육연구 경력이 17년 이상인 자

제17조 (임지 배치 및 전보) ① 서울특별시 전 지역을 하나의 인사구역으로 하여 실시하되 직무수행능력, 청렴도, 교통편의, 교육경력 등을 고려하여 청간 전보 및 관내 전보를 실시한다.

② 원감의 교육지원청 배정은 교육감이 하고, 근무 유치원 배치는 해당 교육지원청 교육장이 한다.

③ 교육지원청 간 전보는 원거리 통근, 교육상 전보가 불가피한 자를 대상으로 교육장의 제청을 받아 교육감이 시행한다.

④ 교육지원청 관내 전보는 현 임원 3년 이상 근무한 자를 대상으로 교육장이 시행한다. 단, 교육지원청의 실정에 따라 현 임원 2년 이상 근무한 자를 포함하여 시행할 수 있다.

⑤ 비정기 전보는 현임 유치원 1년 이상 근무자로서 부득이한 사유에 한하여 전보할 수 있다.

⑥ 징계, 감사 결과 및 기타 사유로 전보가 불가피한 자는 1년 미만이라도 비정기 전보할 수 있다.

⑦ 교육지원청 실정이나 교육상 불가피한 사유로 전보를 유예하고자 할 때 기간은 학기 단위로 하고, 2회까지 할 수 있다.

▶ 제4장 수석교사 임용 ◀

제18조 (임용자격) 수석교사는 「유아교육법」 제22조 제3항의 규정에 의거 수석교사 자격증을 받은 자 중에서 임용한다.

제19조 (임지 배치 및 전보)

① 동일 유치원 근무 기간은 4년(수석교사 임기)을 원칙으로 하여 전보를 실시한다.

② 서울특별시 전 지역을 하나의 인사구역으로 하여 실시하되, 직무수행능력, 교육경력, 교통편의 등을 고려하여 청간 전보 및 관내 전보를 실시한다.

③ 수석교사의 교육지원청 배정은 교육감이 하고, 근무 유치원 배치는 해당 교육지원청 교육장이 한다.

④ 징계, 감사 결과 및 기타 사유로 전보가 불가피한 자는 1년 미만이라도 비정기 전보할 수 있다.

⑤ 정년 잔여 2년 이하인 자는 전보를 유예할 수 있다.

▶ 제5장 교사 임용 ◀

제20조 (임용) ① 교육감은 유치원 교사 임용후보자 명부에 등재된 자를 수급상황에 따라 교육지원청에 배정하고 교육장이 임용한다.

② 초빙교사의 임용은 「초빙교사 임용 업무 처리지침」에 의한다.

③ 「교육공무원임용령」 제9조의 5 제2항에 의한 원로교사 임용은 별도계획에 의한다.

④ 「교육공무원임용령」 제19조의 4에 의한 시간선택제 전환교사의 지정은 별도계획에 의한다.

제21조 (전보) ① 교사의 전보는 「서울특별시교육감 행정권한의 위임에 관한 규칙」 제5조 제1항 교육장 위임사항에 의거 교육지원청 교육장 간의 합의에 의해 실시한다.

② 교육감이 지정하는 교육지원청 교육장이 주관하여 교육장 간에 합의한 별도계획에 의해 교육지원청을 배정한 후, 해당 교육지원청 교육장이 관내 전보를 시행한다.

③ 보직교사는 보직을 면한 후 전보한다.

④ 초빙교사 비율은 유치원 교사 전보원칙에 의한다.

⑤ 타시·도 간 교류 교사의 전보는 별도 계획에 의거 교육감이 시행한다.

제22조 (계약제 교원 임용) 계약제 교원은 「공립학교 계약제 교원 운영지침」에 따라 원장이 임용한다.

▶ 제6장 장학관·교육연구관 임용 ◀

제23조 (임용, 제청 및 전보) ① 장학관 교육연구관은 다음 각호의 어느 하나에 해당하는 자 중에서 교육관이 투철하고 교육전문직원으로서의 자질과 능력이 탁월한 자를 별도의 절차를 거쳐 임용한다.

1. 관급 승진 순위 3배수 이내인 자
2. 원장 또는 원장자격증을 소지한 자

② 장학관, 교육연구관의 전보는 교육행정·연구능력, 교육경력, 소속기관 간의 업무형편 등을 고려하여 시행한다.

▶ 제7장 장학사·교육연구사 임용 ◀

제24조 (선발 임용) 장학사, 교육연구사는 공개 전형을 통해 교육관이 투철하고 교육전문직원으로서의 자질과 능력이 탁월한 자를 선발 임용한다.

제25조 (선발 전형) 교육전문직원 선발 시 장학사·교육연구사로 분리하여 전형할 수 있다.

제26조 (전형 응시자격) ① 서울특별시 소재 공·사립 유치원의 원감·교사로서 교육관이 투철하고 교육자로서의 자질과 능력이 탁월하다고 인정되는 자 중 서울 시내 소재 유치원 근무경력 5년 이상인 자를 대상으로 추천권자의 추천을 받아 공개전형을 거쳐 선발한다.

② 제1항에 해당되는 자로서 다음 각호의 어느 하나에 해당되는 자격을 갖춘 자를 대상으로 한다. (여기에서의 교육경력, 근무 경력은 「교육공무원 승진규정」 제9조에서의 '가' 경력 및 같은 규정 제11조의 규정에서 재직기간으로 평정하는 기간을 포함. 단 원감은 '나'경력도 포함)

1. 원감은 교육전문직원 임용 예정일 기준 교육경력이 19년 이상이고, 원감 근무 경력 2년 이상인 자
2. 교사는 교육전문직원 임용 예정일 기준 교육경력이 12년 이상인 1급 정교사

제27조 (3회 이상 응시하여 불합격한 자의 감점 적용) 교육전문직원 임용후보자 선발 전형에 3회 이상 응시하여 합격하지 못한 자는 4회 응시부터 감점제를 적용한다. 다만 응시 횟수는 2000학년도부터 기산한다.

제28조 (전형 방법) ① 전형 방법은 서류 전형과 1, 2차 전형으로 하되, 구체적인 방법은 서울특별시교육청 교육전문직원 임용후보자 선발전형 평가위원회의 심의·자문을 거쳐 별도 세부 계획을 수립하여 시행한다.

② 원감 응시자에게는 전형 계획에 의하여 일부 평가를 면제할 수 있다.

제29조 (임용후보자 명부 작성) 최종 합격자는 전형 성적 고득점자 순으로 명부를 작성하고, 유효기간은 임용 예정일 기준 2년으로 하되, 필요할 경우 1년의 범위 내에서 그 기간을 연장할 수 있으며, 미임용자는 다음 해 명부에 최우선 순위로 등재할 수 있다.

제30조 (임용) 교육전문직원 임용후보자 순위명부의 순으로, 임용 예정 인원의 3배수의 범위 안에서 적재적소에 임용한다.

제31조 (전직) ① 교육전문직원(장학사, 교육연구사)의 전직은 근무 기간, 연령, 소속 기관의 업무형편, 기타 전직 사유 등을 고려한다.

② 교육전문직원으로의 전직 이전 직위가 교사인 장학사·교육연구사가 5년 이상 근무하고 교육·교육행정·교육연구 경력이 17년 이상이 되어 교원으로 전직할 때 전직될 직위의 임용 요건을 갖춘 경우, 원감으로 전직시킬 수 있다.
③ 교육전문직원으로의 전직 이전 직위가 원감인 장학사·교육연구사가 2년 이상 근무하고 교육·교육행정·교육연구 경력이 21년 이상이 되어 교원으로 전직할 때 전직될 직위의 임용 요건을 갖춘 경우, 원장으로 전직시킬 수 있다.
④ 원감이나 교사를 교육전문직원으로 전직 임용한 후 1년(파견 기간 포함) 동안의 직무수행 능력 등을 평가하여, 평가결과 교육전문직원으로 적합하지 않다고 판정될 경우에 지방교육전문직원인사위원회 및 교육공무원인사위원회의 심의를 거쳐 전직 직전의 직위로 전직시킬 수 있다.

제32조 **(전보)** ① 현임 근무 경력 1년 이상인 자로 자질, 능력, 경력, 근무실적, 소속기관 간의 업무형편 등을 고려하여 전보한다.
② 징계, 감사 결과 및 기타 사유로 전보가 불가피한 자는 1년 미만이라도 비정기 전보할 수 있다.

▶ 제8장 보칙 ◀

제33조 **(기타사항)** 이 원칙에 명시되지 않은 사항은 별도 계획에 의거하여 실시하고, 관련 법령 및 규정 개정 시 이에 따른다. 단, 부득이한 사유로 이 인사관리원칙을 다르게 시행해야 할 경우에는 교육공무원인사위원회 및 지방교육전문직원인사위원회의 심의를 거친다.

제34조 **(교육지원청 인사관리지침 수립)** 교육지원청 교육장은 관련 법규와 이 인사관리원칙을 근거로 자체 세부 계획을 수립하여 시행한다.

▶ 부칙 ◀

① **(시행일)** 이 원칙은 2019학년도부터 인사에 적용한다.
② **(경과조치)** 이 원칙 시행 당시 종전의 원칙에 의하여 처리한 사항은 이 원칙에 의하여 처리한 것으로 본다.

출처: 서울특별시교육청(2018. 8. 7.).

제10장 기독교 유아교육기관 영양, 건강, 안전관리

1 영양, 건강, 안전관리의 성경적 근거 및 법적 근거

1) 성경적 근거

사람들은 건강한 육체에서 건강한 정신을 갖도록 하나님께 간구하고, 그것을 위해 수고해야 한다. 왜냐하면 하나님은 수고하는 자에게 축복을 내려 주시기 때문이다. 그러나 유아들은 그것에 대해 스스로 수고할 수 없고 영아의 경우 자기 자신에 대하여 기도하기 힘들다. 그렇기 때문에 부모는 영유아기 자녀에게 세상에 대하여 알려 주고 건강하게 키우며 하나님을 경외하도록 부지런히 수고해야 할 책임이 있다(Comenius, 2001). 즉 부모가 자녀를 하나님의 나라로 인도하기 위해 열심히 훈련시켜야 할 첫 번째 과제는 자녀들의 건강을 유지시켜 주는 일인데, 건강생활은 모든 발달의 출발점이며 전인발달에 중요한 역할을 하기 때문이다.

기독교 유아교육기관의 교사들 역시 마찬가지로 영유아의 건강관리에 최선을 다해야 한다. 유아들의 몸은 하나님의 거룩한 성전임을 깨닫고 청결하고 건강하게 잘 보존하도록 도와주어야 하며(고전 3:16-17), 예수님 안에서 새롭게 된 몸으로 하나님을 영화롭게 하도록 지도해야 한다(고전 6:19-20). 따라서 교사는 유아가 건강하게 성장하기 위해 필요한 것을 알고 실천할 수 있도록 하나님께 감사하며 자기 몸을 잘 관리하도록 도와주어야 한다. 이처럼 건강생활은 모든 발달의 출발점이며 전인발달에 중요한 역할을 하므로 기독교 유아교육기관의 원장, 교사, 직원들은 하나님께서 우리 기관에 맡겨 주신 영유아들이 하나님의 계획에 따라 영육 간에 강건하게 하나님이 기뻐하시는 자녀로 성장·발달할 수 있도록 교육해야 한다(김동춘, 2006).

하나님의 피조물인 유아는 자신이 속한 교육의 장에서 하나님의 성장 법칙에 따라 모든 감각기관을 동원하여 끊임없이 자신과 자신을 둘러싼 사람, 하나님이 창조하신 자연세계와 사물을 탐색하고 성장·발달한다. 그러나 현대사회에는 사회 발전에 따른 불안요소 및 개인의 건강을 저해하는 요소들이 곳곳에 산재해 있다. 유아들은 주변 환경이나 대상에 대한 위험을 종합적으로 판단하고 대처하는 능력이 부족하다. 그러므로 기독교 유아교육기관에서는 사랑, 용납, 신뢰, 보호, 안전한 분위기를 제공하여 영유아의 건강과 안전을 보장해야 한다. 영유아는 하나님께서 주신 몸을 안전하게 지키기 위해 안전한 생활에 필요한 지식을 익혀야 한다. 유아의 영양과 건강, 안전관리의 성경적인 근거는 유아가 하나님의 형상을 따라 창조된 피조물로 우리 몸의 궁극적인 주인은 바로 하나님이시므로 유아들이 예수님 안에서 새롭게 된 영과 육의 통합체인 몸으로 하나님께 영광을 돌리도록 교사가 도와주어야 한다(김동춘, 2006).

기독교 유아교육기관의 영양, 건강, 안전 관리에 대한 일차적인 책임은 담임교사와 직원에게 있지만, 궁극적 책임은 기독교 유아교육기관의 운영자에게 있다. 즉 원장은 유아교육기관의 인가방침에서 의미하는 건강과 안전에 대한 지식을 이해하고 있어야 하며, 교직원들은 유아교육기관 안에서 일어나는 안전사고와 질병 등에 관해 유아를 보호해야 할 책임이 있다. 또한 원장은 이러한 영양, 건강, 안전 관련 교육을 감독하고 모니터하거나 프로그램을 전적으로 수행해야 하기 때문에 이와 관련된 전문지식과 교육방법에 대해 알고 있어야 하며, 학부모를 대상으로 가정과 연계할 수 있는 교육이 이루어져야 한다. 최근에는 유아교육기관에서 이루어지고 있는 영양, 건강, 안전 관련 교육을 법적으로도 강제하고 있어, 교육의 내용과 방법뿐만 아니라 효과 차원에서도 많은 관심을 기울여야 한다.

2) 법적 근거

(1) 유치원

유치원에서의 건강, 급식에 대하여 「유아교육법」 제17조에서는 다음과 같이 명시하고 있다.

▶ **제2장 유치원의 설립** ◀

제17조 (건강검진 및 급식) ① 원장은 교육하고 있는 유아에 대하여 건강검진을 실시하고, 그 결과 치료가 필요한 조치를 하여야 한다.
② 원장은 교육하고 있는 해당 유치원의 유아에게 적합한 급식을 할 수 있다.
③ 제1항에 따른 건강검진의 실시시기 및 그 결과처리에 관한 사항과 제2항에 따른 급식 시설·설비기준 등에 관하여 필요한 사항은 교육부령으로 정한다.

(2) 어린이집

어린이집에서의 건강·영양 및 안전에 대하여 「영유아보육법」 제5장(건강·영양 및 안전)에서는 다음과 같이 명시하고 있다.

▶ **제5장 건강·영양 및 안전** ◀

제31조 (건강관리 및 응급조치) ① 어린이집의 원장은 영유아와 보육교직원에 대하여 정기적으로 건강진단을 실시하고, 영유아의 건강진단 실시여부를 제29조의 2에 따른 어린이집 생활기록부에 기록하여 관리하는 등 건강관리를 하여야 한다. 다만, 보호자가 별도로 건강검진을 실시하고 그 검진결과 통보서를 제출한 영유아에 대해서는 건강진단을 생략할 수 있다.
② 어린이집의 원장은 영유아에게 질병·사고 또는 재해 등으로 인하여 위급상태가 발생한 경우 즉시 응급의료기관에 이송하여야 한다.
③ 제1항에 따른 건강진단의 구체적인 기준과 내용 등 필요한 사항은 보건복지부령으로 정한다.

제32조 (치료 및 예방조치) ① 어린이집의 원장은 제31조에 따른 건강진단 결과 질병에 감염되었거나 감염될 우려가 있는 영유아에 대하여 그 보호자와 협의하여 질병의 치료와 예방에 필요한 조치를 하여야 한다.
② 어린이집의 원장은 제31조에 따른 건강진단의 결과나 그 밖에 의사의 진단 결과 감염병에 감염 또는 감염된 것으로 의심되거나 감염될 우려가 있는 영유아, 어린이집 거주자 및 보육교직원을 보건복지부령으로 정하는 바에 따라 어린이집으로부터 격리시키는 등 필요한 조치를 할 수 있다.

③ 어린이집의 원장은 제1항의 조치를 위하여 필요하면 「지역보건법」 제10조와 제13조에 따른 보건소 및 보건지소, 「의료법」 제3조에 따른 의료기관에 협조를 구할 수 있다.

④ 제2항에 따라 협조를 요청받은 보건소·보건지소 및 의료기관의 장은 적절한 조치를 취하여야 한다.

⑤ 어린이집의 원장은 간호사(간호조무사를 포함한다)로 하여금 영유아가 의사의 처방, 지시에 따라 투약행위를 할 때 이를 보조하게 할 수 있다. 이 경우 어린이집의 원장은 보호자의 동의를 받아야 한다.

제33조 (급식관리) 어린이집의 원장은 영유아에게 보건복지부령으로 정하는 바에 따라 균형 있고 위생적이며 안전한 급식을 하여야 한다.

제33조의 2 (어린이집 차량안전관리) 어린이집의 원장은 영유아의 통학을 위하여 차량을 운영하는 경우 「도로교통법」 제52조에 따라 미리 어린이 통학버스로 관할 경찰서장에게 신고하여야 한다.

(3) 아동복지법에 근거한 안전교육

유치원과 어린이집에서의 안전에 대하여 「아동복지법」 제4장(아동에 대한 지원서비스)에서는 다음과 같이 영유아 안전교육에 대해 명시하고 있다.

▶ 제4장 아동에 대한 지원서비스 ◀

제31조 (아동의 안전에 대한 교육) ① 아동복지시설의 장, 「영유아보육법」에 따른 어린이집의 원장, 「유아교육법」에 따른 유치원의 원장 및 「초·중등교육법」에 따른 학교의 장은 교육대상 아동의 연령을 고려하여 대통령령으로 정하는 바에 따라 매년 다음 각호의 사항에 관한 교육계획을 수립하여 교육을 실시하여야 한다.

1. 성폭력 및 아동학대 예방
2. 실종·유괴의 예방과 방지
3. 감염병 및 약물의 오남용 예방 등 보건위생관리
4. 재난대비 안전
5. 교통안전

② 아동복지시설의 장, 「영유아보육법」에 따른 어린이집의 원장은 제1항에 따른 교육계획 및 교육실시 결과를 관할 시장·군수·구청장에게 매년 1회 보고하여야 한다.

③ 「유아교육법」에 따른 유치원의 원장 및 「초·중등교육법」에 따른 학교의 장은 제1항에 따른 교육계획 및 교육실시 결과를 대통령령으로 정하는 바에 따라 관할 교육감에게 매년 1회 보고하여야 한다.

[별표 6]
교육기준(제28조 제1항 관련)

구분	성폭력 및 아동학대 예방 교육	실종 · 유괴의 예방 · 방지 교육	감염병 및 약물의 오용 · 남용 예방 등 보건위생관리 교육	재난대비 안전 교육	교통안전 교육
실시 주기 (총 시간)	6개월에 1회 이상 (연간 8시간 이상)	3개월에 1회 이상 (연간 10시간 이상)	3개월에 1회 이상 (연간 10시간 이상)	6개월에 1회 이상 (연간 6시간 이상)	2개월에 1회 이상 (연간 10시간 이상)
초등 학교 취학 전	1. 내 몸의 소중함 2. 내 몸의 정확한 명칭 3. 좋은 느낌과 싫은 느낌 4. 성폭력 예방법과 대처법	1. 길을 잃을 수 있는 상황 이해하기 2. 미아 및 유괴 발생 시 대처방법 3. 유괴범에 대한 개념 4. 유인 · 유괴 행동에 대한 이해 및 유괴 예방법	1. 감염병 예방을 위한 개인위생 실천 습관 2. 예방접종의 이해 3. 몸에 해로운 약물 위험성 알기 4. 생활 주변의 해로운 약물 · 화학제품 그림으로 구별하기 5. 모르면 먼저 어른에게 물어보기	1. 화재의 원인과 예방법 2. 뜨거운 물건 이해하기 3. 옷에 불이 붙었을 때 대처법 4. 화재 시 대처법 5. 자연재난의 개념과 안전한 행동 알기	1. 차도, 보도 및 신호등의 의미 알기 2. 안전한 도로 횡단법 3. 안전한 통학버스 이용법 4. 날씨와 보행안전 5. 어른과 손잡고 걷기
교육 내용			6. 가정용 화학제품 만지거나 먹지 않기 7. 어린이 약도 함부로 많이 먹지 않기		
교육 방법	1. 전문가 또는 담당자 강의 2. 장소 · 상황별 역할극 실시 3. 시청각 교육 4. 사례 분석	1. 전문가 또는 담당자 강의 2. 장소 · 상황별 역할극 실시 3. 시청각 교육 4. 사례 분석	1. 전문가 또는 담당자 강의 2. 시청각 교육 3. 사례 분석	1. 전문가 또는 담당자 강의 2. 시청각 교육 3. 실습교육 또는 현장학습 4. 사례 분석	1. 전문가 또는 담당자 강의 2. 시청각 교육 3. 실습교육 또는 현장학습 4. 일상생활을 통한 반복 지도 및 부모 교육

2 영양 및 급식관리

유아에게 영양과 성장 발달은 밀접한 연관이 있다. 이 시기에 필요한 열량과 영양소를 적절히 공급해야 성장과 발달에 무리가 없다. 영양은 유아가 생활하는 데 있어 필수 불가결한 요소로 영양상태가 좋은 유아는 대체로 성격이 활발하고,

몰입을 잘하며, 신체 활동이나 학습경험으로부터 더 많이 배울 수 있다. 반면에 영양상태가 좋지 않은 유아는 조용하면서 위축되기 쉽다. 활동 중 과잉행동을 하거나, 공격적인 행동을 하는 경우도 영양상태와 관련된다. 유아기의 영양공급은 이 시기 성장과 발달에 영향을 미칠 뿐만 아니라 일생의 건강과 발달에 지속적인 영향을 주기 때문에 균형 잡힌 영양공급과 섭취를 위해 유아교육기관은 가정과 연계하여 적절한 교육과 환경을 제공해야 한다.

1) 영양교육

(1) 영양교육의 목적

유아들은 식습관의 대부분을 부모나 교사, 주변의 성인들로부터 배우기 때문에 유아교육기관에서는 교사로부터 바람직한 식습관을 배울 수 있어야 한다. 따라서 교사들은 모범적인 식습관을 보여 주어야 한다. 유아교육기관에서 영양교육을 실시하는 구체적인 목적은 다음과 같다.

① 식생활에 대한 바른 이해와 바람직한 습관을 형성하고, 식생활의 합리화와 영양개선을 이루는 것이다.

② 식품과 음식에 관해 대화의 기회를 제공하여 긍정적인 인간관계를 조성한다.

③ 유아들에게 사회적으로 바람직한 식사 습관을 기른다.

④ 식사 도구와 조리기구의 사용을 통해 소근육의 협응력을 발달시킨다.

⑤ 부모들에게 유아 영양과 관련된 다양한 정보를 알려 주어 유아의 현재와 미래의 건강을 향상시킨다.

⑥ 다양한 음식을 제공함으로써 음식의 여러 가지 맛을 보게 하고, 유아들에게 필요에 따라 직접 식사를 조절하는 법을 익히게 한다.

(2) 성장시기별 영양관리의 중요성(육아정책연구소, 2017)

가) 영아기 영양

① 영아의 성장속도는 어느 시기보다 빠르다. 생후 4~6개월에 출생체중의 2배, 생후 12개월에는 출생체중의 3배, 출생 신장의 2배가 된다.

② 5~6개월까지는 모유나 조제유로 필요한 에너지와 영양소를 얻을 수 있지만, 그 후에는 이유식으로 바꾸는 영양공급의 변화가 필요하다.

③ 영아기에 공급되는 에너지와 단백질 등 각종 영양소의 양은 적절한 성장과 발육을 촉진하기 위하여 충분하게 공급하되 영아의 소화와 배설 능력을 초과하지 않아야 한다.

나) 유아기 영양

① 5세까지의 유아기 성장속도는 영아기에 비해 비교적 완만하나 성장 발육은 여전히 왕성하므로 단백질, 무기질, 비타민 요구량이 증가한다.

② 유아기를 통해서 어린이의 사회화가 계속적으로 이루어진다. 또래집단의 식습관이 유아에게 크게 영향을 미치며 유아의 건강과는 직접적으로 연관이 되며 길게는 평생의 식습관 형성에 영향을 미치게 된다.

③ 영아에 비해 식욕이 감소하거나 불규칙한 경우가 흔하며 음식에 대한 관심이 적어진다. 유아가 음식에 흥미가 떨어지면 다양한 종류의 영양가 있는 음식을 제공하고, 쾌적한 식사환경을 조성한다.

④ 음식 선택과 섭취를 강요해서는 안 되며, 다양한 식품의 종류와 색, 모양 등에도 신경을 쓰면 유아의 창의력과 정서 발달에도 도움을 줄 수 있다.

다) 유아기 영양의 문제점

① 이 시기에는 몇 가지 음식만을 계속 먹는 '음식의 탐닉' 현상이 빈번하게 나타나기도 하지만, 식품에 대한 수용과 거부가 신속히 변화되는 시기이므로 체계적인 식생활 교육이 필요하다.

② 배고픔을 훨씬 덜 느끼게 되므로 영양 섭취가 적절하도록 식사 지도를 해야 한다. 특히 식품 다양성과 적정한 분량의 균형 잡힌 식사를 제공하는 것이 무엇보다 중요하다.

③ 사회적 환경변화로 아침결식, 편식과 비만 등의 문제가 증가하고 있으며, 가정에서의 올바른 식습관 지도 및 식사예절의 부재가 나타나고 있다.

④ 고려해야 할 영양문제로는 칼슘, 철 등 미량 영양소 섭취 부족과 에너지 과잉 섭취 등의 영양불균형을 들 수 있다.

⑤ 최근 유아기 영양의 문제는 소식과 편식으로 인한 영양결핍의 문제와 과식으로 인한 영양과잉 또는 비만의 문제로 양분되어 있다. 유아는 아직 음식의 섭취량을 스스로 조절·관리할 능력이 없으므로, 부모와 어린이집 등의 책임이 크다.

(3) 영양교육의 내용과 방법

유아를 위한 영양교육은 연간계획하에 일관성 있게 체계적으로 실시되어야 한다. 다음은 영양교육의 주요 내용이다.

① 성장과 영양

② 음식과 영양

③ 음식과 문화

④ 음식의 안전

⑤ 위생

⑥ 올바른 식사예절

⑦ 부모를 위한 영양교육

유아교육기관에서는 영유아를 위한 영양교육의 여러 가지 내용을 연간 교육 프로그램에 적절히 반영하고 그 연간 교육 프로그램에 의거하여 월간, 주간 및 일일 교육계획을 수립해야 한다. 교사는 영양교육의 내용을 효과적으로 교육하기 위해 효과적인 활동방법을 활용하여 유아의 능동적인 참여를 이끌어야 한다. 교육 내용에 따라 현장관찰 및 견학, 상추, 당근 등의 요리재료를 직접 재배하기, 자유선택활동 시간의 운영, 노래 배우기, 게임, 동화듣기, 요리활동 등 다양한 활동을 포함해야 한다. 보다 효율적인 영양교육을 위해서는 가정연계활동을 진행하기 위해 부모와 교류하는 것이 요구된다.

2) 급식교육

(1) 급식의 목적

유아교육기관에 다니는 영유아는 하루의 절반 이상을 가정이 아닌 기관에서 보낸다. 따라서 기관에서는 성장발육기에 있는 영유아를 대상으로 편안하고 즐거운 분위기에서 맛과 영양이 풍부한 급·간식을 규칙적으로 제공해야 할 책임이 있다. 기관에서 영유아에게 제공하는 급·간식을 통해 낯선 음식에 친밀해지고, 적절한 식습관과 생활습관을 형성하는 중요한 기회를 가진다(신화식 외, 2014). 간식의 제공은 주식에서 부족한 영양을 보충하는 역할을 하며, 활동에 필요한 에너지를 축적해 주고, 정서적인 안정감과 휴식을 취하게 하며, 대화의 장으로 활용하여 대인관계를 긍정적으로 형성하게 해 준다.

올바른 급식 태도 형성을 위한 지침

- 식사 전에는 손을 깨끗이 씻는 습관을 길러 준다.
- 식사 전에는 조용한 분위기를 유지하도록 한다.
- 식사 중 자세를 바르게 하고 자리를 뜨지 않도록 지도한다.
- 정해진 시간 내에 식사를 하되 식사 중 간단한 대화를 허용한다.
- 음식을 흘리지 않도록 하되 흘린 음식을 주워 먹지 않도록 한다.
- 자신이 사용한 식기와 수저는 스스로 치우도록 지도한다.
- 식사 후에는 얼굴, 입 가장자리, 손 등을 깨끗이 닦도록 한다.
- 식사 후에는 양치질을 하도록 지도한다.
- 식사 후에는 조용히 휴식을 갖도록 한다.

(2) 급식과 간식 운영에서 고려할 사항

성장기 영유아의 발달 단계와 영양적 요구를 고려하여 체계적인 계획에 따라 양질의 식사와 간식을 제공해야 한다. 이를 위해 원장과 교사는 다음을 인식하고 있어야 한다(문혁준 외, 2016).

① 1회 조리되어 배식된 음식이 남을 경우, 당일 소모를 원칙으로 하며 재배식은 하지 않는다.

② 종일반일 경우 1일 2회의 간식과 1회의 급식에서 나오는 음식의 종류와 조리방법이 중복되지 않도록 계획한다.

③ 음식과 닿는 면을 식사 전에 깨끗하게 닦아야 한다. 또 유아들이 음식을 흘려도 음식이 스며들지 않는 것이어야 한다. 바닥이나 기타 깨끗하지 않은 곳에 음식이 떨어진 경우 반드시 버리도록 한다.

④ 음식을 먹는 데 필요한 가구, 식기류들은 유아들이 독립적으로 먹을 수 있는 기회를 조장하는 것이어야 한다. 젖을 먹는 영아는 의자에 편안히 앉아 있을 수 있게 되기 전까지는 되도록 안아서 수유를 하도록 한다. 바닥이 깊은 그릇에 음식을 미리 먹기 좋게 잘라 주면 어린 유아가 쉽게 먹을 수 있다.

⑤ 양을 조절하지 못하는 유아에게는 처음 줄 때 약간 적은 양을 제공하고 유아가가 원하면 더 주도록 한다. 작은 그릇을 사용하면 섭취량이 적은 유아가 만족감을 느낄 수 있다.

⑥ 유아는 특정한 음식을 거부할 수도 있다. 염려하여 먹기를 강요하지 말아야 한다. 계속해서 다양한 음식을 제공하도록 한다. 새로운 음식에 천천히 익숙해질 수 있도록 허용한다. 여러 가지 새로운 음식을 한 번의 식사에서 제공하는 것은 문제의 원인이 된다.

⑦ 식탁은 매력적이어야 한다. 식탁 중앙에 놓을 장식물은 유아들 스스로 만들거나 견학이나 마당에서 주운 자연물로 장식할 수 있다. 식기류, 냅킨은 단정하고 적절하게 놓여 있어야 한다. 식탁 차리기는 학습 경험으로써 자아존중감을 높이는 긍정적 경험을 제공한다.

⑧ 영유아의 연령을 고려하여 음식의 형태나 크기, 맛, 조리방법 등을 조절하여 제공한다. 또한 인스턴트식품은 배제하고 자연식품으로 조리된 것을 최대한 활용해 제공한다.

⑨ 간식은 소화가 잘 되어 식사에 방해가 되지 않는 것이어야 한다.

(3) 유아 급식과 관련된 법

① 「유아교육법 시행규칙」에는 다음과 같이 유치원의 급식시설 및 설비기준을 명시하고 있다(제3조 급식 시설 · 설비기준 등).

「유아교육법」 제17조 제3항의 규정에 의하여 급식을 실시하는 유치원에서 갖추어야 할 시설·설비기준은 다음 각호와 같다.

1. 조리실

가. 조리실은 교실과 떨어지거나 차단되어 유아의 학습에 지장을 주지 않도록 하되, 식품의 운반과 배식이 편리한 곳에 두어야 한다.

나. 조리실은 작업과정에서 교차오염(交叉汚染)이 발생하지 않도록 벽과 문을 설치하여 전처리실(前處理室), 조리실 및 식기구세척실로 구획한다. 다만, 100명 이상에게 급식을 제공하는 경우로서 이러한 구획이 불가능한 경우와 100명 이하에게 급식을 제공하는 경우에는 교차오염을 방지할 수 있는 다른 조치를 하여야 한다.

다. 조리실의 내부벽, 바닥 및 천장은 내화성(耐火性), 내수성(耐水性) 및 내구성(耐久性)이 있는 재질로 하여, 청소와 소독이 쉽고 화재를 예방할 수 있도록 하여야 한다.

라. 출입구와 창문에는 해충 및 쥐의 침입을 막을 수 있는 방충망 등 적절한 설비를 갖추어야 한다.

마. 조리실 내의 증기와 불쾌한 냄새 등을 빨리 배출할 수 있도록 환기시설을 설치하여야 한다.

바. 조리실의 조명은 220럭스(ℓx) 이상이 되도록 하여야 한다.

사. 조리실에는 필요한 곳에 손 세척시설이나 손 소독시설을 설치하여 손에 의한 오염을 막아야 한다. 다만, 100명 이상에게 급식을 제공하는 경우에는 손 세척시설과 손 소독시설을 모두 설치하여야 한다.

아. 조리실에는 온도 및 습도 관리를 위하여 적정 용량의 급배기(給排氣)시설 또는 냉·난방 시설 등 적절한 시설을 갖추거나 적절한 조치를 하여야 한다.

2. 설비 · 기구

가. 냉장실 또는 냉장고와 냉동고는 식재료의 보관, 냉동 식재료의 해동(解凍), 가열 조리된 식품의 냉각 등에 충분한 용량과 온도(냉장고 5℃ 이하, 냉동고 -18℃ 이하)를 유지하여야 한다.

나. 조리, 배식 등의 작업을 위생적으로 하기 위하여 식품 세척시설, 조리시설, 식기구 세척시설, 식기구 보관장, 덮개가 있는 폐기물 용기 등을 갖추어야 하며, 식품과 접촉하는 부분은 내수성 및 내부식성(耐腐蝕性) 재질로 하여 씻기 쉽고 소독·살균이 가능하도록 하여야 한다.

다. 식기구를 소독하기 위하여 전기살균소독기 또는 열탕소독시설을 갖추거나 충분히 세척·소독할 수 있는 세정대(洗淨臺)를 설치하여야 한다.
라. 냉장식품을 검수(檢收)하거나 가열조리 식품의 중심온도를 잴 때 사용할 수 있는 전자식 탐침(探針) 온도계를 갖추어야 한다.
마. 조리 작업을 하는 곳에 두는 쓰레기통은 뚜껑이 있는 페달식으로 하여 파리와 같은 해충의 접근을 막아야 한다.

3. 식품 보관실
가. 식품 보관실은 환기와 방습(防濕)이 잘 되어 식품과 식재료를 위생적으로 보관하기에 적합한 곳에 두되, 해충 및 쥐의 침입을 막을 수 있는 방충망 등 적절한 설비를 갖추어야 한다.
나. 식품과 소모품은 별도로 구분된 장소에서 보관하도록 하되, 부득이하게 함께 보관할 경우 서로 섞이지 않도록 분리하여 보관하여야 한다.
다. 환기시설이나 환기창 등 통풍을 위한 적절한 시설을 갖추거나 적절한 조치를 하여야 한다.

4. 이 기준에서 정하지 않은 사항에 대해서는 「식품위생법 시행규칙」 제96조 및 별표 25에 따른 집단급식소 시설기준에 따른다.

② 「영유아보육법 시행규칙」 제34조에서는 다음과 같이 어린이집의 급식 및 위생관리의 기준에 대해 명시하고 있다.

제34조(급식관리)

- 급식관리

1) 어린이집의 원장 및 어린이집에서 급식을 조리·제공하는 보육교직원(이하 이 목에서 '원장 등'이라 한다)은 어린이집에서 식중독 환자가 발생하지 않도록 위생관리를 철저히 하여야 한다.
2) 원장 등은 영유아가 필요한 영양을 섭취할 수 있도록 영양사가 작성한 식단에 따라 급식을 공급하여야 한다. 이 경우 영양사(5개 이내의 어린이집이 공동으로 두는 영양사를 포함한다)를 두고 있지 아니한 100명 미만의 영유아를 보육하고 있는 어린이집은 육아종합지원센터, 보건소 및 「어린이 식생활안전관리 특별법」 제21조에 따른 어린이집 급식관리지원센터 등에서 근무하는 영양사의 지도를 받아 식단을 작성하여야 한다.
3) 원장 등은 영유아에 대한 급식을 어린이집에서 직접 조리하여 제공하여야 한다. 다만, 공공기관이나 사회복지관 안에 설치된 어린이집의 경우에는 같은 건물에 있는 조리실을 사용하여 급식을 제공할 수 있다.
4) 원장 등은 식기, 도마, 칼, 행주, 그 밖에 주방용구를 정기적으로 세척·살균 및 소독하는 등 항상 청결하게 유지·관리하여야 하며, 어류·육류·채소류를 취급하는 칼·도마는 각각 구분하여 사용하여야 한다.

5) 원장 등은 유통기한이 지나거나 상한 원료 또는 완제품을 조리할 목적으로 보관하거나 이를 음식물의 조리에 사용하여서는 아니 되며 이미 급식에 제공되었던 음식물을 재사용하여서는 아니 된다.
6) 원장 등은 식품 등의 원료 및 제품 중 부패·변질이 되기 쉬운 것은 냉동·냉장시설에 보관·관리하여야 한다.
7) 조리원 등 음식물의 조리에 직접 종사하는 보육교직원은 위생복·앞치마·위생모를 착용하는 등 개인위생관리를 철저히 하여야 한다.

● 위생관리

1) 조리실, 식품 등의 원료·제품 보관실, 화장실 및 침구 등을 정기적으로 소독하고, 항상 청결하게 관리하여야 한다.
2) 어린이집의 음용수는 상수도 및 간이상수도를 사용하는 경우에는 물을 끓여 사용하는 것을 원칙으로 하고, 정수장치를 설치하는 경우에는 정기적인 필터 교환 등으로 수질을 관리하여야 하며, 음용수로 지하수를 사용하는 경우에는 「먹는물 수질기준 및 검사 등에 관한 규칙」 제3조에 따라 수질검사를 신청하여야 하며, 수질검사기관으로부터 발급받은 먹는물 수질검사 성적서를 갖춰 두어야 한다.
3) 보육교직원은 영유아의 위생에 영향을 미치는 감기, 독감, 홍역 등 유행성질환 감염 여부, 영유아의 피부, 머리, 손톱·발톱, 치아상태, 어린이집의 청소상태, 침구 및 기저귀 등의 위생상태, 욕실 및 화장실의 청결상태, 세면도구 등의 위생상태 등에 대하여 수시로 점검하여야 한다.

(4) 식단 작성(육아정책연구소, 2017)

❶ 식단 작성 순서

가. 급식횟수와 영양량 배분

급식제공 횟수는 급식소의 여건에 따라 다르다. 일반적으로 아침, 점심, 저녁의 영양량 배분은 1:1:1 또는 1:1.5:1.5 등으로 한다. 1일 1식만 제공하는 경우에는 1/3을 제공한다. 영유아 급식의 경우 점심 1식과 간식 2회를 제공하는 경우가 많으므로 점심급식에는 1일 영양섭취 기준에서 간식으로부터 얻는 양을 제외한 양의 1/3을 제공하는데 일반적으로 1일 필요 에너지의 25~30% 정도를 섭취하도록 계획한다.

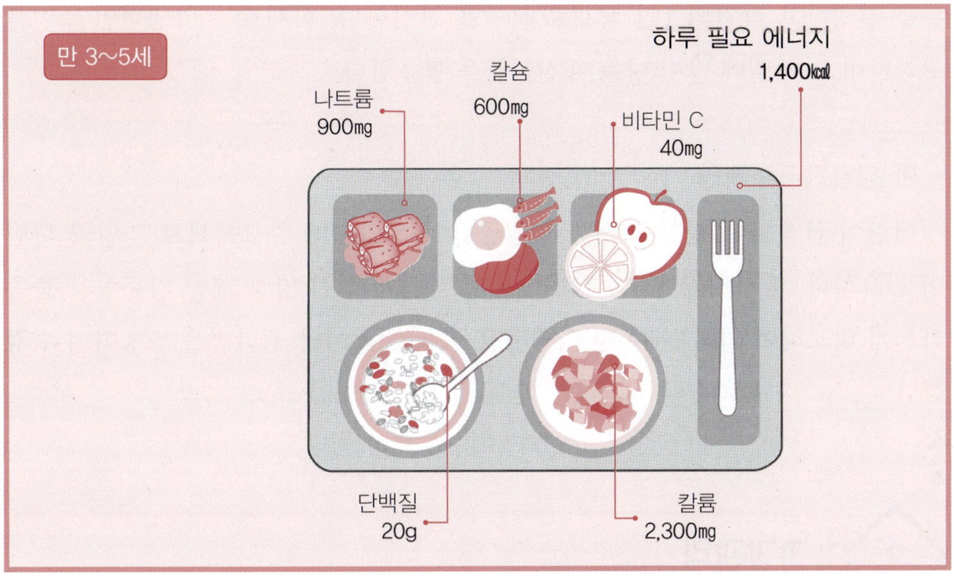

[그림 10-1] **영유아의 1일 식단 구성안**

출처: 서울시 식생활종합지원센터(2017). 영유아 급식의 나트륨 줄이기 실천방법.

나. 음식 품목 수 결정

식단의 음식 품목 수는 식단가와 식단 유형에 따라 정해지지만, 일반적으로 주식, 국 또는 찌개류, 주반찬, 부반찬, 김치류의 다섯 가지이다. 주반찬은 육류, 가금류, 어류 및 난류 등 동물성 식품을 재료로 한 구이, 조림, 볶음, 튀김류로 하고, 부반찬은 채소를 재료로 한 나물, 무침, 샐러드류가 된다.

다. 음식 구성

음식 구성 시에는 영양적 요구, 식습관 및 기호도, 음식의 관능적 특성, 예산, 위생, 급식시설 및 기기, 조리인력의 숙련도 등을 고려해야 한다.

라. 음식별 식재료 종류 및 분량 결정

급식 제공 대상 연령 및 발달상황 등을 고려하여 음식을 구성하는 식재료의 종류를 결정하고 각각의 1인 식재료 분량을 산정한다. 식재료는 위생적인 측면을 고려하여 그 계절에 많이 나는 제철식품을 활용한다.

마. 영양 제공량 확인

어린이 급식의 특성상 적정한 영양공급이 무엇보다 중요하므로 영양량 확인이 필요하다. 따라서 영양가 분석을 통해 식단계획 시 영양 제공 기준량을 충족하는지 비교하여 과다·부족한 영양량은 음식 품목이나 조리법을 조정하여 수정한다.

3 건강관리

1) 건강관리의 중요성

칼빈(Calvin, 1997)은 영혼이란 인간의 중요한 한 부분으로 가장 높은 위치이며 육체의 생명과도 같다고 보았다. 영혼은 모든 부분들에 생기를 넣어 주며, 그 모든 기관들은 각각의 행동에 적절하고 유용하게 본다(Calvin, Inst. I. 15, 6). 그러나 인간의 신체에 대한 소중함 역시 간과하지 않았다. 인간의 창조 시 두드러진 것은 하나님의 영광의 광선으로 이해되는 하나님의 형상과 모양에 따라 창조되었다는 것이다. 신적인 형상은 정신과 마음, 혹은 영혼과 그것의 능력들에 자리 잡고 있지만, 인간의 육체를 포함하여 모든 부분에 나타나 있기 때문이다(김재성, 1997). 데커와 데커(Decker & Decker, 1992; 이영자, 권영례, 1997, 재인용)는 유아교육기관에서 종합적인 건강 서비스를 제공해야 하는 이유를 다음과 같이 들고 있다.

첫째, 교육기관에 머무는 시간이 길수록 신체적으로 결함이 생길 가능성이 더 높다는 것이다. 그러나 신체적 결함이나 질병의 발생을 감소시킬 수 있는 건강 서비스가 제공되면 이러한 조건을 제거하는 데 도움이 된다.

둘째, 유아 가운데에는 그들의 성장을 저해하는 신체적 결함이 있다. 이 시기에 실시되는 건강진단은 중요한 건강 서비스이다.

셋째, 유아교육기관에서는 감염을 통제하는 일에서부터 임무를 시작해야 한다. 전염병의 예방이 종합 건강서비스의 중요한 역할을 한다.

넷째, 사고, 갑작스런 발병, 재난과 같은 응급상황에서 취해져야 할 절차가 마련되어 있어야 한다.

다섯째, 건강교육은 교직원의 이익과 부모들에게 제공되는 안내가 포함되어야 한다.

2) 건강관리의 영역

WHO(1948)는 건강을 신체적, 정신적, 사회적으로 완전한 안녕상태로 정의하고, 좋은 건강은 안녕의 다른 모든 측면에 가장 높이 도달하는 데 필요한 조건이라고 보았다. 건강관리란 건강을 보호하기 위하여 질병의 치료뿐 아니라 질병을 예방하고 위생적인 환경을 준비하며 나아가 신체적, 정신적, 사회적 안녕을 도모함으로써 생활의 질과 건강을 향상시키기 위해 수행해야 하는 모든 조치를 의미한다(정미라, 배소연, 이영미, 2001). 따라서 유아교육기관에서의 유아의 건강관리는 예방적인 서비스와 치료적인 서비스를 병행하여야 한다. 질적인 건강교육은 교사가 매일 유아들이 건강을 관찰하고 계속적으로 그들의 건강상태와 필요를 점검하는 등의 다양한 방법을 적용하는 것이다. 유아의 건강상태는 비교적 짧은 시간 동안에도 급변할 수 있기 때문에 교사의 관찰과 매일의 건강검진이 지속적으로 이루어져야 한다(Marotz et al., 2003). 보건복지부(2018)에서 제시한 보육사업안내에 나타난 건강관리의 영역은 다음과 같다.

(1) 보육아동 건강관리

① 건강검진 횟수: 매년 1회 이상 실시하여야 함. 다만, 「국민건강보험법」 제52

조, 같은 법 시행령 제25조 및「의료급여법」제14조의 규정에 의한 영유아건강검진이나 보호자가 별도로 건강 검진을 실시한 경우에는 검사결과 통보서로 갈음할 수 있음

② 검진기관: 병원, 종합병원 등에 방문하여 검진을 받아야 함(같은 법에 의거 '10. 3. 22.부터 영유아의 경우 출장검진 불가)

③ 검사 항목: 신체계측, 시력검사, 청력검사, 구강검사 등 영유아의 발달단계에 따라 필요한 항목을 검사하며 영유아건강검진 검사항목(「건강검진실시기준」제6조 제4항)에 준함

> **영유아건강검진 실시기준(「건강검진실시기준」제6조 제4항 및 [별표 3])**
> - 검사항목: ① 문진과 진찰 ② 신체계측 ③ 발달평가 및 상담 ④ 건강교육 및 상담 ⑤ 구강검진
> - 검진주기: 총 7차에 걸쳐 검진 ① 생후 4~6개월 ② 생후 9~12개월 ③ 생후 18~24개월 ④ 생후 30~36개월 ⑤ 생후 42~48개월 ⑥ 생후 54~60개월 ⑦ 생후 66~71개월
>   *구강검진의 경우 3차, 5차, 6차에 포함되어 있으나, 검진기간은 12개월로 연장됨(3차는 18개월~29개월, 5차는 42개월~53개월, 6차는 54개월~65개월까지 검진가능)

유아교육기관에서는 영유아의 키·몸무게 등을 측정하는 체력검사와 건강상태를 진단하는 체질검사를 실시하고, 건강·관찰 등을 통해 건강 이상의 유무를 조기에 파악하며 건강검진의 결과를 부모에게 알려 줌으로써 부모가 자녀의 건강에 관심을 갖게 하고, 문제가 있을 때는 전문의를 찾아가 정밀검사를 받게 하는 정보를 제공하여야 한다. 건강검진의 결과는 반드시 건강기록부에 기록하여 보관하고, 필요시마다 적절히 사용할 수 있어야 한다.

(2) 교직원 건강관리

① 신규 채용 시 건강검진을 실시하여야 하며, 공무원 채용 신체검사서 양식에 의해야 함

② 보육교직원 및 어린이집에 함께 거주하는 자는 연 1회 이상 건강진단을 실시

해야 함

③ 건강검진 결과 감염병에 감염된 것으로 의심되거나 판명된 자는 완치 시까지 휴직시키거나 면직시키는 등의 조치를 하여야 함

〈감염병 확산 방지를 위한 조치사항〉

- 어린이집에서 보육교사 등이 영유아의 감염병 의심 등 이상 징후 발견 시 즉시 보호자에게 알려 의료기관의 진료를 받도록 안내
- 의사의 진단 결과 전염성 질환에 감염된 것으로 밝혀지거나 의심되는 영유아는 어린이집으로부터 격리 치료토록 조치 *가정 내 격리 치료 시 불가피한 사유로 보호자가 직접 해당 영유아를 돌보기 곤란한 경우에는 여성가족부의 아이돌봄 지원사업 중 질병 감염 아동 특별 지원서비스를 적극 이용토록 안내

(3) 위생관리

① 조리실, 식품 등의 원료 및 제품 보관실, 화장실, 침구, 놀잇감 등에 대하여 정기적으로 소독을 실시하고 청결하게 관리

② 어린이집의 교직원은 영유아의 위생에 영향을 미치는 다음 사항들에 대해 수시로 점검

- 영유아의 감기·독감·홍역 등 유행성 질환 감염 여부, 영유아의 피부·머리·손톱·발톱·치아상태
- 교직원의 의복 청결상태 및 피부상처 여부 등 업무 전후 위생상태
- 보육실, 교재·교구실, 조리실, 놀이터 등 어린이집 청소상태
- 침구 및 기저귀 등의 위생상태
- 욕실, 화장실, 세면도구 등의 청결 및 위생상태

③ 어린이집의 장은 영유아와 보육교직원의 건강·위생관리를 위하여 환기, 청소 등을 수시로 실시하여 실내공기질을 쾌적하게 유지·관리하도록 하여야 하며 환경개선 등 주기적으로 공기질 정화를 위한 노력을 하여야 함

3) 건강교육

기독교 유아교육기관의 교사들은 성경적으로 통합된 건강교육목표와 교육 내용을 제공해야 하는데, 구체적으로 살펴보면 다음과 같다(김동춘, 2006).

첫째, 하나님께서 주신 몸과 마음이 건강하게 자랄 수 있는 경험을 가진다.

둘째, 하나님께서 주신 기본적인 오감각을 기르고 건강한 몸을 주신 하나님께 감사한다.

셋째, 하나님께서 주신 신체조절 능력을 발달시켜 다양한 활동에서 균형된 신체 기술을 사용할 수 있다.

넷째, 하나님께서 거하시는 우리의 몸과 마음을 청결하고 건강하게 유지하는 건강 습관을 기른다.

따라서 정규 교육과정에 유아건강교육에 관한 내용을 포함시켜 실외 놀이 후, 화장실에 다녀 온 후, 식사 전에 손을 씻도록 지도하는 것과 식사 전에 음식을 주신 하나님과 음식을 준비해 주신 분께 감사 기도를 드리고, 식사 후 깨끗이 이를 닦는 것을 습관화할 수 있도록 건강교육을 실시하여야 한다. 기독교 유아교육기관에서 제공되는 건강 서비스는 정기 건강검진, 치과진단과 치료, 시력검사, 듣기검사, 그리고 정신건강 서비스를 포함하는 포괄적인 서비스로 분류된다. 모든 기독교 유아교육기관에서는 유아에 대한 건강과 예방접종에 대한 기록을 가지고 있어야 한다.

(1) 유아와 구성원을 위한 건강 기록

유아의 건강 기록은 지금까지의 건강 정보에 유아가 유아교육기관에 다니는 동안 받은 새로운 건강 혹은 의료에 대한 최신 정보를 습득하며 기록해 나가야 한다. 건강 기록의 형식은 매우 다양하지만, 기록 형식 안에 들어갈 정보는 유아 이름, 생년월일, 부모의 이름과 같은 기본적인 내용 외에도 다음의 내용들이 들어

가야 한다(김동춘, 2006).

- 유아의 예방접종 기록
- 어떠한 장애, 감각의 손상, 발달의 변화, 유아보험의 적용에 영향을 미칠 수 있는 감정적 또는 행동적 혼란에 대한 기술
- 유아의 키와 몸무게, 머리 크기에 따른 평가 지침(영아가 24개월 이하일 경우 백분위 수가 있어야 한다).
- 시력, 청력, 치아의 상태, 영양상태, 발육상태, 결핵, 헤모글로빈, 납 검사 외 기타 검진 기록
- 주요 전염병들의 기록(예: 수두)
- 알려져 있거나 보고된 잠재적인 부작용 정보가 있는 약 처방
- 치료 중이거나 치료받아야 할 최근에 발생한 급성의 병 또는 만성적인 건강 문제에 대한 설명
- 과거에 유아가 겪은 심한 상해에 대한 설명
- 돌보는 사람이 알아야 할 특수 사항
- 치료허가서

(2) 감염병 관리

유아교육기관에서 감염병이 발생할 경우, 유아교육기관의 모든 가족과 해당 기관에 반드시 보고해야 한다. 뇌막염, 성홍열, 감염성 간염, 머리에 생기는 이 같은 감염병처럼 일상적인 병은 필요한 예방 조치가 즉시 취해질 수 있도록 해야 한다. 또한 유아교육기관에 임신 중인 직원이 있을 경우 작업 환경이나 전염병에 노출되지 않도록 주의해야 한다.

원장과 교직원 중 누군가가 감염병의 증상을 눈치채고, 그 유아를 그룹에서 격리시킬 것인지에 대해 결정을 내릴 수 있도록 원장과 교직원은 감염병에 대한 훈련을 받아야 한다. 유아교육기관에서 발생하는 질병을 예방하기 위해 할 수 있는 가장 기본적이며 중요한 조치는 손을 씻는 것이다. 다음은 교사나 영유아가 반드

시 손을 씻어야 하는 경우이다. 교사는 화장실에 영유아가 바른 순서로 손을 씻을 수 있도록 손 씻기 순서와 이 닦는 방법을 그림판 등을 이용해 안내할 필요가 있다.

〈교사나 영유아가 반드시 손을 씻어야 하는 경우〉

- 교육기관에 도착했을 때와 귀가 시
- 외출에서 돌아왔을 경우나 바깥에서 놀고 온 후
- 음식이나 식기를 다루기 전
- 유아들에게 음식을 먹이기 전
- 기저귀를 갈아 주거나 영아의 용변을 도와주고 난 후
- 유아들에게 음식을 먹이고 난 후, 또는 약물 투여 후
- 점액, 소변, 배설물, 구토, 혈액과 같은 감염성 물질을 다룬 후
- 개별로 화장실을 다녀온 후
- 급·간식을 먹은 후
- 놀이한 후, 점토나 물감을 만진 후

질병은 예방 조치를 통해 최소화될 수 있다. 아픈 유아에 대한 처치방법을 제시하고 있는 지침서는 유아가 유아교육기관에 등록할 때 구비하도록 한다.

❶ 격리 조치

건강정책은 부모안내서에도 수록하여 입학하는 유아의 부모가 건강정책에 협조할 수 있도록 한다. 특히 이러한 안내서는 자녀가 아플 때 부모가 무엇을 어떻게 해야 할지를 알려 주며, 부모들과 긴밀한 협력 관계를 형성하는 데 많은 도움을 준다. 예를 들어 수용과 격리에 대한 정책 안내는 유아가 질병 때문에 집에 그냥 있어야 할지, 또는 유아교육기관에 돌아갈 만큼 충분히 회복되었는지에 대한 확실한 지침을 부모와 교사에게 제공한다(김동춘, 2006).

유아들이 감염에 노출되었을 때 유아교육기관에서는 부모들에게 반드시 통보해야 한다. 그렇게 함으로써 부모들은 유아의 질병에 대한 조기 증상을 미리 예의주시해서 살펴볼 수 있고, 아픈 유아를 집에서 효과적으로 보호할 수 있게 된다.

특히 유아교육기관은 유아들의 예방접종에 대한 필요성을 부모들에게 확실하게 주지시켜야 하며, 만약 부모들이 이를 시행하지 않을 경우 이에 대한 조치를

분명히 해야 한다. [그림 10-2]에 표준 예방접종 일정표를 제시하였다.

<table>
<tr><th></th><th>대상 감염병</th><th>백신종류 및 방법</th><th>횟수</th><th>출생 ~1개월이내</th><th>1 개월</th><th>2 개월</th><th>4 개월</th><th>6 개월</th><th>12 개월</th><th>15 개월</th><th>18 개월</th><th>19~23 개월</th><th>24~35 개월</th><th>만 4세</th><th>만 6세</th><th>만 11세</th><th>만 12세</th></tr>
<tr><td rowspan="16">국가예방접종</td><td>결핵</td><td>BCG (피내용)</td><td>1</td><td>BCG 1회</td><td></td><td></td><td></td><td></td><td></td><td></td><td></td><td></td><td></td><td></td><td></td><td></td><td></td></tr>
<tr><td>B형간염</td><td>HepB</td><td>3</td><td>HepB 1차</td><td>HepB 2차</td><td></td><td></td><td>HepB 3차</td><td></td><td></td><td></td><td></td><td></td><td></td><td></td><td></td><td></td></tr>
<tr><td rowspan="2">디프테리아, 파상풍, 백일해</td><td>DTaP</td><td>5</td><td></td><td></td><td>DTaP 1차</td><td>DTaP 2차</td><td>DTaP 3차</td><td></td><td colspan="2">DTaP 4차</td><td></td><td></td><td colspan="2">DTaP 5차</td><td></td><td></td></tr>
<tr><td>Tdap</td><td>1</td><td></td><td></td><td></td><td></td><td></td><td></td><td></td><td></td><td></td><td></td><td></td><td></td><td colspan="2">Tdap 6차</td></tr>
<tr><td>폴리오</td><td>IPV</td><td>4</td><td></td><td></td><td>IPV 1차</td><td>IPV 2차</td><td colspan="4">IPV 3차</td><td></td><td></td><td colspan="2">IPV 4차</td><td></td><td></td></tr>
<tr><td>b형헤모필루스 인플루엔자</td><td>Hib</td><td>4</td><td></td><td></td><td>Hib 1차</td><td>Hib 2차</td><td>Hib 3차</td><td colspan="2">Hib 4차</td><td></td><td></td><td></td><td></td><td></td><td></td><td></td></tr>
<tr><td rowspan="2">폐렴구균</td><td>PCV</td><td>4</td><td></td><td></td><td>PCV 1차</td><td>PCV 2차</td><td>PCV 3차</td><td colspan="2">PCV 4차</td><td></td><td></td><td></td><td></td><td></td><td></td><td></td></tr>
<tr><td>PPSV</td><td>-</td><td></td><td></td><td></td><td></td><td></td><td></td><td></td><td></td><td></td><td colspan="5">고위험군에 한하여 접종</td></tr>
<tr><td>홍역, 유행성이하선염, 풍진,</td><td>MMR</td><td>2</td><td></td><td></td><td></td><td></td><td></td><td colspan="2">MMR 1차</td><td></td><td></td><td></td><td colspan="2">MMR 2차</td><td></td><td></td></tr>
<tr><td>수두</td><td>VAR</td><td>1</td><td></td><td></td><td></td><td></td><td></td><td colspan="2">VAR 1회</td><td></td><td></td><td></td><td></td><td></td><td></td><td></td></tr>
<tr><td>A형간염</td><td>HepA</td><td>2</td><td></td><td></td><td></td><td></td><td></td><td colspan="4">HepA 1~2차</td><td></td><td></td><td></td><td></td><td></td></tr>
<tr><td rowspan="2">일본뇌염</td><td>IJEV(불활성화 백신)</td><td>5</td><td></td><td></td><td></td><td></td><td></td><td colspan="4">IJEV 1~2차</td><td>IJEV 3차</td><td></td><td>IJEV 4차</td><td></td><td>IJEV 5차</td></tr>
<tr><td>LJEV(약독화 생백신)</td><td>2</td><td></td><td></td><td></td><td></td><td></td><td colspan="4">LJEV 1차</td><td>LJEV 2차</td><td></td><td></td><td></td><td></td></tr>
<tr><td>사람유두종 바이러스 감염증</td><td>HPV</td><td>2</td><td></td><td></td><td></td><td></td><td></td><td></td><td></td><td></td><td></td><td></td><td></td><td></td><td></td><td>HPV 1~2차</td></tr>
<tr><td>인플루엔자</td><td>IIV</td><td>-</td><td></td><td></td><td></td><td></td><td colspan="10">IIV 매년 접종</td></tr>
<tr><td rowspan="3">기타예방접종</td><td>결핵</td><td>BCG (경피용)</td><td>1</td><td>BCG 1회</td><td></td><td></td><td></td><td></td><td></td><td></td><td></td><td></td><td></td><td></td><td></td><td></td><td></td></tr>
<tr><td rowspan="2">로타바이러스 감염증</td><td>RV1</td><td>2</td><td></td><td></td><td>RV 1차</td><td>RV 2차</td><td></td><td></td><td></td><td></td><td></td><td></td><td></td><td></td><td></td><td></td></tr>
<tr><td>RV5</td><td>3</td><td></td><td></td><td>RV 1차</td><td>RV 2차</td><td>RV 3차</td><td></td><td></td><td></td><td></td><td></td><td></td><td></td><td></td><td></td></tr>
</table>

[그림 10-2] 표준 예방접종 일정표

출처: 질병관리본부 · 대한의사협회 · 예방접종전문위원회(2017). 표준예방접종 일정표.

❷ 아픈 유아 돌보기

유아교육기관의 교직원은 아픈 영유아를 적절히 보살필 수 있어야 한다. 몇 가지의 현상에 따라 적절한 돌보기 방법을 제시하면 다음과 같다.

가. 휴식 제공

아픈 유아의 회복을 위해 가장 필요한 것은 휴식이므로 유아들이 충분히 쉬고 잠을 잘 수 있는 기회가 주어져야 한다. 그러나 질병의 종류와 정도에 따라, 유아의 상태에 따라 교사는 유아가 누워서 쉬게 하거나 조용한 활동을 하면서 쉴 수 있도록 해 주어야 한다.

나. 발열(열이 38℃ 이상일 때)

- 열은 아이에게 해로우니 무조건 떨어뜨려야 한다는 것은 오해이며 열은 세균이나 바이러스에 대하여 신체가 잘 싸울 수 있는 환경을 구축하는 이로운 점도 있다.
- 38℃ 이상인 경우는 열이 있다고 간주한다.
- 38℃ 미만인 경우라면 꼭 의미 있는 발열이라고 할 수는 없다.
- 가벼운 열(38℃~38.5℃)은 운동을 하거나 더운 환경에 있을 때 측정될 수 있다. 따라서 의심스러우면 30분 후 재측정할 수 있다.
- 열로 인하여 뇌 손상이나 경련이 생기는 것은 아니다. 감염에 의하여 발생하는 열은 대부분 41℃ 이하이며 고열이 지속된다고 해서 뇌 손상이나 경련이 발생하는 것은 아니다. 41℃ 이상인 경우에 한하여 부작용이 발생할 가능성이 있다.
- 해열제 복용 후 30~60분에 효과가 나타나기 때문에 어느 정도 시간이 경과한 후 해열 효과를 판단해야 한다.

다. 설사할 때

- 설사를 할 때도 원인을 찾는 것이 중요하기 때문에 설사를 멎게 하는 지사제를 함부로 투약해서는 안 된다.
- 한두 번 정도 설사한 후 열이 나거나 구토하는 등의 다른 증상 없이 식욕을 되찾고 잘 놀면 부모에게 연락하거나 병원으로 당장 데리고 갈 필요는 없다. 유아에게 소금을 조금 탄 보리차, 이온음료 등을 주면서 유아를 관찰하고 보통 때처럼 활동에 참여시킨다. 이때, 설사하고 난 유아에게 손을 깨끗이 닦도록 지도한다.
- 설사의 횟수가 잦으며 피곤해하고, 창백하게 보이며, 열이 나거나 구토를 하거나 복통을 호소하는 등의 다른 증상이 함께 나타나면 곧바로 부모에게 연락하거나 병원으로 데리고 간다. 이때에는 설사의 횟수와 소변을 본 횟수를 기록하여 부모나 의사에게 알리는 것이 좋다.

라. 구토할 때

- 구토란 위 내용물이 입을 토해 힘차게 분출되는 것이다. 위장에서 아래로 나가는 곳은 닫혀 있는데 위장이 수축하면 구토가 생긴다.
- 게워 냄은 위 내용물을 한두 모금 뱉어내는 것으로 만 1세 이하의 영아기에게서 자주 볼 수 있다.
- 구토는 대개 소화기의 바이러스 감염에 의한 것이다. 바이러스 위장염의 경우 설사가 동반된다.
- 알레르기를 유발하는 음식을 먹거나 과식하여도 구토가 생긴다.
- 심한 반복적인 구토, 머리가 아프고 목이 뻣뻣한 경우, 주기적 복통, 소변량이 적고 혀가 마르며 울어도 눈물이 나지 않을 정도의 탈수, 구토물이 녹색이거나 피가 섞인 경우, 사타구니나 음낭이 붓고 색이 변한 경우, 하루나 이틀 전 머리를 다친 경우 응급실로 가야 한다.

마. 감기가 들었을 때

- 심하게 감기가 들었다면 집에서 쉬게 하지만 그렇지 않은 경우 유아교육 기관에 오게 되므로 교사는 실내 온도를 18~20℃ 정도로 유지시켜 준다. 겨울철이라면 빨래를 널거나 깨끗하게 청소된 가습기를 틀어 습도를 조절해 준다. 적절한 실내 습도는 60~65%이다.
- 부모가 의뢰하지 않은 감기약은 함부로 먹이지 않는다.
- 1~2시간마다 공기를 환기시켜 준다.
- 몸을 따뜻하고 편안하게 해 주며 무리하지 않도록 해 준다. 특히 기침을 많이 하는 유아를 쉬게 할 때에는 머리 부분을 높이 고이고 눕혀서 호흡이 쉬워지도록 도와준다.
- 따뜻한 레몬차나 보리차 등 마실 것을 많이 주고 코 푸는 것을 도와준다. 코를 푼 다음에는 교사나 유아 모두 손을 씻어야 한다.

바. 코피가 날 때

- 코피가 목 뒤로 넘어가지 않도록 머리를 앞으로 숙인다.
- 코에 냉습포를 한다.
- 코 안에는 아무것도 넣지 않고 코 양측을 누르고 안정시킨다.
- 코를 약 15분 동안 지속적으로 압박한다.
- 피가 멎지 않을 경우는 병의원에서 진료를 받는다.
- 머리를 뒤로 숙이면 혈액이 목 뒤로 넘어가 기침이나 구토를 일으킬 수 있고, 목 뒤를 두드리면 오히려 출혈 시간이 길어질 수 있다.
- 콧속에 휴지를 넣으면 코 점막에 상처를 내거나 제거 시에 굳어진 부위가 떨어지게 되면서 2차 출혈이 일어날 수 있다.

4 안전관리

1) 안전관리의 목적 및 내용

유아들은 운동능력의 발달이 미숙하여 자신의 신체를 적절히 조절하지 못할 뿐 아니라 위험한 상황을 인지하고 사고의 가능성을 예측하여 미리 예방할 수 있는 능력이 부족하다. 따라서 교직원은 영유아들의 생명과 건강을 보호하기 위한 안전관리를 해야 한다. 안전관리의 목적은 사람이나 사물에 잠재하는 위험 요인을 조기에 발견하고 이를 신속히 제거하여 사고나 재해를 미리 방지하고자 하는 것이다.

안전사고의 원인은 크게 환경적 요인과 영유아의 인적 요인으로 구분할 수 있다. 교사는 위험요인을 철저히 예측하고 준비함으로써 사고를 미연에 방지해야 한다. 이 가운데 환경적 요인으로는 실내외 시설·설비와 비품, 놀잇감, 칼, 가위 세제류 등과 같은 물품으로 인한 위험이 해당한다. 인적 요인으로는 영유아의 발달특성상 신체적 미성숙, 스트레스, 피로, 질병, 시력 손상, 신체적 결함, 불안전한 생활습관, 안전지식에 대한 인식 부족 등이 있다(문혁준 외, 2015).

안전관리의 내용은 유아들의 모든 주변 생활환경이 사고요인이 될 수 있다는 전제하에 생활과 관련된 모든 부분이 해당된다. 영유아들에게 일어날 수 있는 사고는 교통사고, 익사사고, 화재사고, 추락사고, 약물사고, 폭발물사고, 유괴 및 미아, 성폭력 등이 포함된다(이경화, 김정원, 2012). 이러한 사고를 예방할 수 있도록 노력을 기울여야 하며 적절한 안전교육을 실시해야 한다. 기관에서는 실내외 환경의 주기적인 점검이 수행되어야 하며, 문제가 발생된 즉시 개선 및 보완이 이루어져야 한다.

2) 시설안전관리의 영역

유아교육기관의 시설 및 설비의 안전점검 항목과 점검 내용은 다음 〈표 10-1〉과 같다.

〈표 10-1〉 **월 실내외 시설/설비 안전위생 점검표**

결재	담당	원감	원장

※ 점검상태: 양호○, 보통△, 불량×

구분	점검 내용	점검 결과					비고
		1주	2주	3주	4주	5주	
실내 시설	교실에서 옥외로 나가는 출구의 상태는 안전하다						
	모든 교육 자료와 비품은 제자리에 정리되어 있다.						
	실내 바닥에는 다칠 수 있거나 미끄러운 곳이 없다.						
	모든 설비는 움직이거나 떨어지지 않도록 바닥과 벽면에 단단히 고정되어 있다.						
	창문에는 창문 보호대나 난간이 설치되어 추락의 위험이 없다.						
	교실과 주변의 용품이나 비품 등에 날카로운 모서리 등이 없다.						
	영유아가 사용하는 모든 실내의 문에는 손 끼임 방지 장치가 부착되어 있다.						
	전기 콘센트 등 전기용품은 안전하다.						
현관·복도·계단	현관문은 영유아가 성인의 보호 없이 나갈 수 없도록 개폐장치가 되어 있다.						
	복도 등에 설치된 정수기의 온수는 영유아가 만져도 안전하게 안전조치가 되어 있다.						
	복도 등에 설치된 커튼이나 블라인드 줄이 짧게 정리되어 있다.						
	계단, 통로 부분에 미끄럼 방지가 되어 있다.						
	계단에 떨어질 만한 비품이 방치되지 않고 단단히 고정되어 있다.						
	복도, 계단 등의 통로에 방치된 물건이 없다.						
	신발장이 청결하고 영유아 및 교사신발이 잘 정돈되어 있다.						
	현관, 복도, 계단 청소가 잘 되어 있고 청결하다.						

구분	점검 내용	점검 결과					비고
		1주	2주	3주	4주	5주	
화장실·세면대	화장실 바닥의 미끄럼방지 장치는 안전하게 되어 있다.						
	화장실 내 세제나 락스 등 위험한 물건이 영유아들의 손이 닿지 않는 곳에 비치되어 있다.						
	세면대에 부착된 거울은 깨지지 않고 안전하게 부착되어 있다.						
	뜨거운 물이 나오지 않도록 온수에 잠금장치가 되어 있다.						
	화장실과 세면장의 바닥이 청결하고 물기나 비눗기가 없다.						
	영유아가 사용할 마른 수건과 비누, 휴지가 항상 비치되어 있다.						
	칫솔은 개인별로 사용하고 보관이 청결하다.						
	환기가 잘 되고 화장실 냄새가 나지 않는다.						
	영유아용 및 교사용 변기와 쓰레기통이 청결하다.						
조리실·식당	가스 누설 경보기가 설치되어 있다.						
	대형 냉장고가 있을 경우 냉장고의 잠금장치가 되어 있다.						
	영유아가 출입할 수 없도록 되어 있다.						
비상대피·소방설비	비상통로에 유도등 또는 유도 표시등이 있고 유도등의 불이 켜져 있다.						
	비상구로 향하는 통로에는 장애물이 없고 통로가 비좁지 않다.						
	자동화재 탐지설비, 화재경보기, 누전차단기가 설치되어 있고 정상적으로 작동한다.						
	소화기와 소화전은 층마다 설치되어 있고 제자리에 있다.						
	소화기의 관리가 잘 이루어지고 있어서 소방약제가 충분하고 소화기 압력이 정상이다.						
실외환경	어린이집의 대문 및 울타리, 담, 근처 등에 위험한 요소가 없고, 주변이 청결하다.						
	어린이집 주변에 감전 위험이 없다.						
	출입문은 안전한 상태로 유지되어 있다.						
실외놀이공간	그네나 시소 등의 움직임의 범위 등을 고려하여 경계가 구분되어 있다.						
	주변에 독초, 잡초 등이 방치되어 있지 않고 모두 제거되었다.						

구분	점검 내용	점검 결과					비고
		1주	2주	3주	4주	5주	
실외 놀이 공간	바닥에 미끄러운 곳이나 날카로운 물체(유리조각, 돌부리)가 없다.						
	모래는 정기적으로 손질하고 이물질이 없다.						
	모든 놀이기구의 밑과 주위(안전지대)에 충격흡수제의 성능은 충분하다.						
	놀이시설물에 구멍이나 틈이 있는 경우 영유아의 몸이 빠지거나 끼지 않도록 조치하고 있다.						
	위험물(에어컨 실외기, 가스통, 전기배선 등)에는 보호덮개가 설치되어 있다.						
	실외공간에 오물이나 쓰레기가 없고 청결하다.						
	놀이기구와 근처에 벌집을 비롯한 곤충의 집이 없거나 제거하고 있다.						
	품질경영 및 공산품관리법에 의한 안전검사를 필하고 신체에 유해하지 않은 표면도색을 사용하였다.						

3) 안전교육

유아교육기관에서 의무적으로 실시해야 할 안전교육의 내용과 교육시간은 앞서 「아동복지법」 제31조를 통해 살펴보았다. 먼저 교직원들은 경찰서, 소방서 및 관련단체의 협조하에 안전교육연수를 받아야 한다. 교육 내용은 일반적으로 안전의식 고취, 시설·설비에 대한 안전점검요령, 전기·유류·가스 등 위험물 취급요령, 소화기 사용법, 아동학대 대처 및 신고요령, 응급처치 요령, 긴급사태 시 비상연락요령 등이다.

〈안전교육을 지도하기 위한 유아교육기관의 역할〉

- 유아교육기관은 매년 안전교육계획을 교육과정 내에 수립하여 영유아에게 안전교육을 실시한다.
- 기관의 교직원은 안전교육을 통해 안전에 대한 지식이나 행동요령, 안전교육지침을 숙지하여야 하며, 시도, 군구, 교육청 등에서 안전 관련 교육을 시행할 때 적극 참여해야 한다.
- 영유아기를 대상으로 안전교육을 할 때에는 영유아의 연령별 특성을 고려하여 놀이, 동화, 이야기 나누기 등의 방법으로 교육과정 내에서 자연스럽게 다룸으로써 영유아가 보다 쉽게 안전의식을 내면화하도록 지도하는 것이 바람직하다.
- 원장은 영유아의 안전교육에 대해 보호자와 충분히 협의하고 이를 안내하며, 희망하는 보호자가 안전교육에 함께 적극적으로 참여할 수 있는 기회를 제공한다.

영유아를 대상으로 한 안전교육의 목적은 영유아 스스로 자신의 안전을 보호할 수 있는 능력과 기술을 갖도록 하는 데 있다. 즉 안전교육을 통하여 안전에 대한 의식을 높이고 다양한 지식과 기술을 배우며 안전에 관한 올바른 태도를 형성해야 한다. 교사는 교육과정에 안전교육 내용을 포함하여 연간 안전교육계획을 수립하고 체계적으로 안전교육을 실시하여야 한다. 영유아 대상의 주요 안전교육 내용은 약물안전, 교통안전, 놀이안전, 대인관계 안전, 놀이기구 사용법, 전열기구 사용법, 요리도구 사용법, 일상용품 사용법, 기관 내외의 위험요소 인식 및 주의사항 등이 해당한다(이경화, 김정원, 2012). 이러한 안전교육은 영유아의 발달수준에 적절하면서도 흥미를 유발할 수 있는 다양한 활동을 통해 이루어져야 한다. 현장 관찰, 반복 실습, 역할놀이, 그림 그리기, 관련 책 보기 등의 다양한 활동을 통해 효과적으로 전달해야 한다.

응급사태에 대한 계획은 위원회, 직원, 가족들에 의해 위임된 원장에 의해 이루어진다. 이러한 계획 속에는 유아교육기관에서 유아가 부상을 당했을 경우 응급사태에 행해질 세부적이고 단계적인 과정에 대한 계획이 포함되어 있어야 한다. 응급사태에 대한 계획을 하는 목적은 부상을 당해 아픈 유아에게 최대한 신속한 처치를 하고, 가족들에게 경과를 알리며, 가족과 직원을 위한 보험에 필요한 서류를 작성할 수 있도록 필요한 교육을 제공하는 것이다.

응급사태에 대한 대처를 위해 원장과 교직원들은 응급치료 훈련을 받아야 한다. 안전사고가 발생하면 우선 교사 자신이 당황하지 않는 것이 무엇보다도 중요하다. 교사가 당황하게 되면 사고를 당한 유아나 나머지 유아들이 함께 당황하거나 더 불안해할 수 있기 때문이다. 교사들은 응급상황에서의 기본 지침에 따라 역할을 분담하면서 다음의 순서에 따라 응급상황에 대처해야 한다(정미라 외, 2001).

[Box 10-1]

안전사고 발생 시 대처방법

① 당황하지 말고 신속히 사고 상황을 파악한다. 이때에는 또 다른 사고의 위험 유무를 판단해야 한다. 만약 또 다른 사고의 위험이 있으면 다친 유아를 조심하여 다른 곳으로 옮긴다. 그렇지 않으면 다친 유아는 함부로 옮기지 말아야 한다.
② 다친 유아의 상태를 파악하여 적절한 조치를 취한다.
- 맥박과 호흡, 의식의 유무를 파악하며 적절한 처치를 한다. 필요한 경우 기도를 열어 주고 인공호흡이나 심장 마사지를 실시한다.
- 출혈 정도를 파악하여 적절한 방법으로 지혈한다.
- 골절의 여부를 파악하여 골절되었다고 의심되면 부목을 대어 응급처치를 한다.
- 중독의 가능성을 파악하고 중독물질을 찾는다.
- 쇼크의 가능성을 파악하고 쇼크에 적절한 응급처치를 한다.

③ 한편에서는 응급처치를 하면서 동시에 구조대나 병원의 응급실에 도움을 요청한다.
④ 부모에게 연락한다.
⑤ 남은 유아를 안심시킨다.
⑥ 사고보고서를 작성한다.

상해보고서는 유아가 다친 어느 때라도 작성되어야 하며, 그 복사본은 유아의 개인 파일에 보관되어야 한다. 갑작스러운 사고를 당했을 경우 그러한 사고에 대처하고 보고서를 작성하고, 유아와 직원들의 안전과 복지를 모두 다룰 수 있도록 직원을 훈련하여야 한다. 그러나 원장과 모든 구성원은 이러한 모든 예방조치가 책임만으로 완전히 보호될 수 없다는 것을 이해해야 한다. 그러므로 유아교육기관은 유아에 대한 사고보험에 들어야 하고, 직원에게 부수적인 예방조치 대책의 범위 안에서만 제한된 의미를 지워야 한다. 또한 적용 범위에 대해서도 변호사나 보험업자와 상의하는 것이 필요하다.

유아교육기관에서는 영유아가 입학하면서 사고에 대비한 응급처치 동의서 및 비상연락망을 보호자로부터 반드시 받아야 하며, 사고가 발생했을 경우 문서로 보고해야 하는데 관련 서식은 아래와 같다.

〈사고보고서〉

1. 영유아 이름 ______________ (남/여) 2. 생년월일 ______________

3. 사고 일시 ____월 ____일 ____시 ____분 4. 사고 발견자 ______________

5. 부모에게 연락한 시간 ____시 ____분

6. 사고 장소
실외 ______________________________
교실 ____ 복도 ____ 현관 ____ 화장실 ____
계단 ____ 주방____ 놀이실 ____ 기타 _______

7. 사고 관련 시설 · 설비
전기 ____ 수도 ____ 난로 ____ 선풍기 ____ 현관문 ____ 교실문 ____ 창문 ____
교구장 ____ 놀이기구 ______________ 놀잇감 ______________ 교재 _________

8. 사고의 원인
영유아의 부주의 _______시설 · 설비문제 _______ 다른 영유아의 부주의 _______
동 · 식물의 가해 _______ 성인의 부주의 _______ 기타 ______________

9. 사고 상황
(사고에 대해 '언제, 어디서, 누가, 무엇을, 어떻게, 왜'의 요인을 구체적으로 서술)

10. 사고 처리
(사고 처리 과정에 대해 언제, 어디서, 누가, 무엇을, 어떻게 요인을 구체적으로 서술)

11. 응급처치 담당자 ______________

〈응급처치 동의서 및 비상연락망〉

반 이름: ____________________

영유아 이름: ________________ 성별: 남/여

사고발생 시 응급처치는 부모의 동의를 얻어야 함을 이해합니다. 따라서 귀 기관에서 사고 발생 시 신속한 응급처치가 이루어지도록 아래의 연락처로 연락을 취해 주십시오. 다음의 절차에 따라 응급처치를 하는 경우 그 권한을 귀 기관에 위임할 것을 동의합니다.

날짜: ____월 ____일 부모 이름: ________________ 서명 또는 인

▷▶응급처치의 절차◀◁

1. 본 기관에서는 사고발생 시 가장 먼저 부모님께 연락합니다.
   (시간/기간)__________________(전화번호) __________________
   어머니와는 __________________ 동안에 ☎ __________________ 로 연락할 수 있습니다.
   __________________ 동안에 ☎ __________________ 로 연락할 수 있습니다.
   아버지와는 __________________ 동안에 ☎ __________________ 로 연락할 수 있습니다.
   __________________ 동안에 ☎ __________________ 로 연락할 수 있습니다.

2. 부모님과 신속하게 연락이 되지 않을 경우 부모님이 정해 주신 다음의 사람들에게 연락합니다.
   이름 __________________ 는 ☎ __________________ 로 연락할 수 있습니다.
   영유아와의 관계는 __________________ 입니다.
   이름 __________________ 는 ☎ __________________ 로 연락할 수 있습니다.
   영유아와의 관계는 __________________ 입니다.

3. 필요하신 경우 119 구조에 연락할 것이며(기관에서 지정하는 의료기관이나, 부모님이 정하신 의료기관)으로 응급 수송할 것입니다.

4. 의료기관 수송 후에는 다음의 건강보험 관련 정보를 주어 신속한 치료를 받을 수 있도록 합니다.
   · 건강보험 종류 ________________________
   · 번호 ________________________________
   · 기관 ________________________________

제11장 기독교 유아교육기관 문서관리

1 문서관리의 개념 및 필요성

유아교육기관의 교육활동이 커지고 그 내용이 복잡해짐에 따라 새로운 영역으로의 문서관리는 중요시되고 있다. 유아교육기관은 소규모인 경우가 많고 교직원의 부족으로 합리적인 문서관리가 필요하다.

1) 공문서의 개념

(1) 행정상 공문서의 개념

- 문서는 일반적으로 사람의 의사나 사물의 형태 · 관계 등을 문자 · 기호 · 숫자 등을 활용하여 종이 등 매체에 기록 · 표기한 것을 말하는데, 행정기관의 의사도 문서의 형태로 표시된다.
- 행정상 공문서라 함은 행정기관 또는 공무원이 직무상 작성하고 처리한 문서 및 행정기관이 접수한 문서를 말한다.
- 「행정 효율과 협업 촉진에 관한 규정」 제3조 제1호에는 "공문서란 행정기관에서 공무상 작성하거나 시행하는 문서(도면 · 사진 · 디스크 · 테이프 · 필름 · 슬라이드 · 전자문서 등의 특수매체기록을 포함한다)와 행정기관이 접수한 모든 문서를 말한다."라고 규정하고 있으며, 전자문서에 대해서는 제3조 제2호

에서 "컴퓨터 등 정보처리 능력을 가진 장치에 의하여 전자적인 형태로 작성되거나, 송신·수신 또는 저장된 문서"로 규정하고 있다(행정안전부, 2018).

(2) 법률상 공문서의 개념

❶ 「형법」상의 공문서

「형법」에서 말하는 '공문서'라 함은 공무소 또는 공무원이 그 명의로써 권한 내에서 소정의 형식에 따라 작성한 문서를 말하며, 공문서 위조·변조, 허위공문서 등의 작성 및 행사 등 공문서에 관한 죄(제225조 내지 제230조, 제235조 및 제237조)를 규정하여 공문서의 진정성(眞正性)을 보호하고 있는데, 일반적으로 공문서에 관한 죄는 사문서에 관한 죄보다 무겁게 처벌되고 있다(행정안전부, 2018).

❷ 「민사소송법」상의 공문서

「민사소송법」 제356조에서 "문서의 작성방식과 취지에 의하여 공무원이 직무상 작성한 것으로 인정한 때에는 이를 진정한 공문서로 추정한다."라고 규정하여 증거능력을 부여하고 있다.

2) 문서의 필요성

문서관리는 교육적 업무와 일반 사무활동으로 구분할 수 있다. "모든 행정업무는 문서로 시작해서 문서로 끝난다."고 할 정도로 행정활동은 대부분 문서로 이루어진다. 이처럼 문서는 행정업무를 수행하는 과정에서 필수적인 요소로서 일반적으로 다음과 같은 경우에 문서가 필요하게 된다.

① 내용이 복잡하여 문서 없이는 업무처리가 곤란할 때
② 업무처리에 대한 의사소통이 대화로는 불충분하여 문서가 필요한 때
③ 행정기관의 의사표시 내용을 증거로 남겨야 할 때
④ 업무처리의 형식상 또는 절차상 문서가 필요한 때
⑤ 업무처리 결과를 보존할 필요가 있을 때(행정안전부, 2018).

교육적 업무 기록이란 생활기록부, 유아의 신체 발달 상황과 건강상태 파악을 위한 신체 검사표의 기록과 보관, 유아의 행동 관찰 기록부, 교육일지 기록, 교육계획안(일일 교육계획안, 주간계획, 월간계획, 연간계획) 작성과 출석부 등을 말하며, 일반적 문서활동이란 각종 행사계획, 비품 및 소모품 대장, 교직원 인사 서류의 보관, 그리고 회계 관계 장부 등이 포함된다. 유아교육기관에서 교육적 업무 기록이 강조되는 이유는 다음과 같다.

첫째, 기록은 유아를 이해하는 데 도움을 주며 부모나 교사에게 유아에 대한 명확한 지식을 제공해 준다.

둘째, 유아들의 개성과 발달 정도 중에서 곤란한 점들이 무엇인가를 알게 한다.

셋째, 유아들의 특수한 요구를 알게 해 주고 그에 대한 대책을 세울 수 있게 한다.

넷째, 외부의 전문가나 의사에게 믿을 만한 자료를 공급해 준다.

다섯째, 상급학교에서 유아가 어떤 문제를 갖게 되었을 때 좋은 참고자료가 된다.

여섯째, 교육과정 작성의 방향과 도움을 준다.

일곱째, 유아를 지도하는 데 도움을 준다.

여덟째, 여러 가지 연구 자료를 제공해 준다.

2 문서관리의 내용과 업무분담

유아교육기관 운영의 효율을 기하기 위한 여러 가지 문서가 있다. 유치원 문서는 사무 처리만을 위한 것이 아니고 궁극적인 교육목표를 달성하기 위한 것이기 때문에 다음과 같은 점에 유의하는 것이 바람직하다.

첫째, 유치원 사무는 교육 효과를 올리기 위해 그때그때 처리되어야 한다.

둘째, 모든 기록은 객관적 입장에서 정확하게, 그리고 누가 기록하느냐가 전체적인 파악을 위하여 필요하다.

셋째, 모든 사무는 능률적이고 과학적으로 처리해야 한다.

넷째, 사무 분담은 전 직원에 고루고루 이루어져야 하고 특히 개인의 적성이나 특성에 맞도록 해야 한다.

다섯째, 사무 처리 때문에 수업이 소홀히 취급되어서는 안 된다.

유아교육기관의 사무의 내용은 업무 분담 조직별로 나눌 수 있는데, 대개는 교무적인 것과 서무적인 것으로 양분될 수 있다. 이러한 업무분장은 원장이 일방적으로 결정, 지시하는 것보다 교직원 간의 합의에 의해 결정하는 것이 바람직하다. 유아교육기관의 업무 분담 계획 및 조직표의 예를 제시하면 다음과 같다.

〈표 11-1〉 **유아교육기관의 업무 분담 계획 및 조직표(예시)**

담당부서	담당자	업무 내용	비고
	원장	· 유치원 제반 업무 총괄	
	원감	· 유치원 제반 업무 관리 및 원장 유고 시 원장 업무대행 · 교사교육 및 부모교육(방과 후 과정 포함) · 인사 업무(호봉, 다면평가, 성과급, 근무평정, 인사기록카드 기록, 나이스 인사 업무 등) · 공문서 관리 · 계약제 교원(학교회계직) 인사 관리 · 표창 관계 및 외부기관 지원금 관련 · 단설유치원 대외 업무 운영 총괄 추진 · 교원 평가업무 총괄 · 교원능력개발평가 관리 총괄 · 유치원운영위원회 관리 총괄 · 유치원 장학 계획(원내자율장학, 수업장학) 등 · 간부협의록 관리 등	
교무부	교무부장	· 유치원 기본계획 수립 및 추진 · 각종 행사 계획 및 추진 · 각종 행사 평가 · 유아학사관리(입/퇴학, 출석부, 재적부, 생활기록부 등) · 교육통신문 · 교육평가 계획 및 실행(유치원 평가) · 교원능력개발평가 담당 · 교육일지 작성 및 교육통계, 정보공시 총괄 · 부장 협의록 등 · 유아학비 · 정보공지 등	

담당부서	담당자	업무 내용	비고
연구부	연구부장	· 교육과정 · 주간교육계획, 일일교육계획 관리 · 교육과정, 특색사업 등의 파일제작 및 관리 · 지역사회연계 관련자료 · 교육평가 계획 및 실행(유아 평가) · 각종 장학(원내자율장학, 지원장학, 컨설팅장학, 동료장학) · 일일교육계획 작성 · 부모참여수업공개 및 실습생지도, 자원봉사자 총괄 등	
교재·교구부		· 물품 구매 관리 · 교재·교구 및 시청각 자료(교재·교구 대장) 등	
연수부		· 방과 후 특성화 프로그램 총괄 업무 · 학부모 및 교사연수 담당 · 교사(교직원 전체)연수 · 학부모 상담 추진 및 자료 관리 · 부모교육자료(교육통신문) · 네트워크 사업 담당 등	
생활안전부		· 건강·안전 관련(유아, 교직원) 업무 추진 · 안전 관련 업무(안전교육 계획 추진) · 약품 구입 · 유아건강검진(시력 및 구강위생 관련) · 영유아 건강 검진 · 실내외환경 안전점검표 확인, 수합 · 성폭력예방교육 추진 실적 관리 · 화재대피훈련 계획 및 작성 · 학교안전공제회 담당 · 유아교육진흥원 및 유관기관 협력관련 등	
현장학습부		· 공립유치원 버스지원 업무 · 현장체험학습 계획 및 정산(에스코트 기안) · 다문화 관련 업무 · 시설, 물품 AS 담당 등	
정보부	정보부장	· 도서관 관리(도서대장) · 정보화기기 관리(정보화기기 대장) 등 · 인증서 관리 · 홈페이지 관리(행사 및 사진 공지) - 행사사진(각종 행사 촬영, 기록 앨범 관리) - 홍보 관련 · 방송 시설 관리 등	

담당부서	담당자	업무 내용	비고
방과 후 특성화부		· 방과 후 특성화 관련 업무 · 강당/유희실/자료실/기타실/지하 관리 등	
환경부		· 제반 환경 관리 총괄 · 현관 및 게시판 환경 · 교직원 친목회 담당 등 · 각층 복도 및 계단 환경구성 · 동물마루, 놀이마루 관리 등	
특수 교무부		· 특수교육과정 운영 계획 · 특수교육관련 각종 공문 관리 및 보고 · 특수교육 실무사 운영 업무 · 통합 관련 교사 연수 · 특수학급 물품구입 · 통합 관련 부모교육자료(가정통신문) · 교사 협의록 작성 · 유치원운영위원회 업무, 원내행사 협조 등	
특수 연구부		· 특수 학급 물품 구입 · 특수교육대상 학생 체험활동 보조인력 관리 · 장애 유아 무상교육비 관리(급·간식, 현장학습) · 특수교육관련 교재·교구 관리 · 교사용 도서(CD 포함) 및 장학자료 정리 · 사회복무요원 관리(사회복무포털사이트) · 1층 현황판 관리 등	
방과 후 과정 교무부		· 교육계획안(만 5세) 작성 · 보안 안전관리 · 교육과정 편성 및 운영 총괄 · 교육통신문 총괄 · 교육과정반 교사와의 연계 담당 · 방과 후 과정 원내 자율 장학 및 교사연수 · 방과 후 과정 공문서 관리 · 방과 후 과정 현장체험학습 및 행사 추진 등 · 방과 후 과정반 교실 청결 및 침구관리 등	
방과 후 과정 교재·교구부		· 교육계획안(만 5세) 작성 · 방과 후 과정 물품관리 및 품의(유아학비 협조) · 방과 후 과정 예산 담당 · 보안 안전관리 · 방과 후 과정반 교실 청결 및 침구관리 등	

담당부서	담당자	업무 내용	비고
방과 후 과정 환경부		· 교육계획안(만 3, 4세) 작성 · 강당 및 유희실 관리 협조 · 보안 안전관리 · 방과 후 과정 교사 협의록 · 방과 후 과정반 교실 청결 및 침구관리 · 방과 후 과정 특색 사업 추진 등	
방과 후 과정 생활안전부		· 교육계획안(만 3, 4세) 작성 · 보안 안전관리 · 3세대 하모니 관리 · 방과 후 과정반 교실 청결 및 침구관리 · 안전 업무 협조 등	
교육 보조부		· 수업 보조 · 교육과정반 업무 보조 · 교무실 관리 · 층별 세면대, 정수기 주변 청결 관리(1, 2층) · 층별 화장실 비누, 휴지, 수건 관리(1, 2층) · 세탁물 관리 · 각종 유인물 복사 · 담당실(책마루) 및 주현관 청결관리 등	
특수교육 보조부		· 특수교육 관련 제반 업무 보조 · 층별 세면대, 정수 · 층별 화장실 비누, 휴지, 수건 세탁 및 관리(3, 4층) · 특수학급 업무 보조 · 특수학급 및 부현관 청결 관리, 통합학급 관련 등	
행정실	행정실장	· 행정실 업무총괄 · 지방공무원 및 교육공무직원 인사관리-근무평정, 복무 · 교육공무직원 인사관리위원회 운영 · 각종 계약업무(공사, 급식, 물품, 용역)에 관한 사항 · 유치원회계 예산(성립 전 포함) 편성·결산·추경 업무 · 직인관리 · 유치원운영위원회 운영 · 예결산소위원회 관련 업무 · 보안계획 수립 · 방화관리자업무(소방·전기 계획서 작성 등), 공유재산관리 등	

<table>
<tr><th>담당부서</th><th>담당자</th><th>업무 내용</th><th>비고</th></tr>
<tr><td rowspan="2">행정실</td><td>행정
주무관</td><td>· 세입업무(수익자부담 수납 · 지출, 학교급식 목적사업비)
· 유치원회계 지출업무 및 물품구입 등
· 교직원 급여(교육공무직 포함)
· 세입세출 외 현금
· 물품관리(등재, 수급계획, 재물조사, 결산, 불용 · 폐기 등)
· 목적사업비 및 보조금 정산, 반납
· 신용카드 관리 및 대장관리
· 무상교육비(유아학비) 지원업무
· 전자문서관리업무(조직도 관리, 접수, 발송 등) 및 기록물 관리
· 민원(제증명 등) 및 공무원증 발급
· 교직원(기간제 및 교육공무직 포함) 맞춤형복지, 민방위업무 등</td><td></td></tr>
<tr><td>시설
주무관</td><td>· 시설 제반관리
- 시설점검표 월 1회 작성
- 하자관리 점검 및 대장관리
- 시설물현황관리(보고공문처리)
- 구매 물품 에듀파인 지출품의
· 시설유지관리
- 각종 시설물 유지관리 및 보수 · 점검
- 소방시설 유지관리(소화기, 소화전 등)
- 전기 · 승강기 · 보일러 · 가스 · 장애인시설관리 등
- 저수조 및 물탱크 시설점검표 작성 및 반기별 청소 및 수질검사
- 방재업무 및 분리수거, 지하주차장 청결관리 등
- 수목 및 화단관리
· 교육지원청 수발 및 은행 업무
· 유치원행사 사전준비지원 · 문서 수발 등</td><td></td></tr>
<tr><td rowspan="3">급식부</td><td>영양사</td><td>· 급식실 업무 총괄
· 급 · 간식 제반 업무
· 식단 작성, 발주 업무
· 급식실, 위생 관리 업무(HACCP)
· 유아 영양, 위생교육 담당
· 유치원 행사 시 음식 관련 담당
· 조리원 · 조리사 위생 교육 및 복무 관리
· 급식실 보안 · 안전 관리 총괄</td><td></td></tr>
<tr><td>조리사,
조리원</td><td>· 급식실 청소, 위생 · 청결 관리 등
· 급 · 간식 조리</td><td></td></tr>
<tr><td>클린
하모니 등</td><td>· 청소, 위생 · 청결 관리 등</td><td></td></tr>
</table>

3 문서의 종류와 작성

1) 공문서의 종류

공문서(이하 '문서'라 한다)는 다음과 같이 법규문서, 지시문서, 공고문서, 비치문서, 민원문서 및 일반문서로 나눈다(행정안전부, 2016).

① 법규문서는 헌법, 법률, 대통령령, 총리령, 부령, 조례 및 규칙 등에 관한 문서를 말한다.

② 지시문서는 훈령, 지시, 예규 및 일일명령 등 행정기관이 그 하급기관 또는 소속공무원에 대하여 일정한 사항을 지시하는 문서를 말한다.

③ 공고문서는 고시·공고 등 행정기관이 일정한 사항을 일반에게 알리기 위한 문서를 말한다.

④ 비치문서는 비치대장·비치카드 등 행정기관이 일정한 사항을 기록하여 행정기관 내부에 비치하면서 업무에 활용하는 문서를 말한다.

⑤ 민원문서는 민원인이 행정기관에 대하여 허가, 인가, 기타 처분 등 특정한 행위를 요구하는 문서 및 그에 대한 처리문서를 말한다.

⑥ 일반문서는 제1호 내지 제5호에 속하지 아니하는 모든 문서를 말한다.

2) 공문서의 작성

(1) 문서의 구성

- 두문: 행정기관명 및 수신자로 한다.
- 본문: 제목, 내용, 붙임, 다만 전자문서인 경우에는 제목 및 내용
- 결문: 발신명의, 최종 결재권자의 표시, 수신처란

예시- 일반기안문(「행정 효율과 협업 촉진에 관한 규정 시행규칙」 제3조 제1항, 별지 제1호 서식)

일반적으로 사용하는 기안문·시행문은 두문·본문·결문으로 구성한다(「행정 효율과 협업 촉진에 관한 규정 시행규칙」 제4조 제1항 및 제9조 제1항).

- 문서의 구성
  - 두문
    - 행정기관명
    - 수신
    - (경유)
  - 본문
    - 제목
    - 내용
    - 붙임
  - 결문
    - 발신명의
    - 기안자·검토자·협조자·결재권자의 직위 또는 직급 및 서명
    - 생산등록번호와 시행일
    - 접수등록번호와 접수일
    - 행정기관의 우편번호·도로명주소·홈페이지 주소·전화번호·팩스번호
    - 공무원의 전자우편주소
    - 공개 구분

(2) 문서 작성의 원칙

❶ 용어

- 문서는 한글로 작성하되, 쉽고 간명하게 표현하고, 뜻을 정확하게 전달하기 위하여 필요한 경우에는 괄호 안에 한자, 그 밖의 외국어를 넣어 쓸 수 있으며, 특별한 사유가 있는 경우를 제외하고는 가로로 쓴다.
- 문서에 쓰는 숫자는 특별한 사유가 있는 경우를 제외하고는 아라비아 숫자로 한다.
- 문서에 쓰는 날짜의 표기는 숫자로 하되, 연·월·일의 글자는 생략하고 그 자리에 온점을 찍어 표시하며, 시·분의 표기는 24시각제에 따라 숫자로 하

되, 시·분의 글자는 생략하고 그 사이에 쌍점을 찍어 구분한다.

❷ 용지의 규격

- 용지의 규격은 특별한 사유를 제외하고는 A4용지(가로 210㎜, 세로 297㎜) 세로로 사용한다.

❸ 용지의 여백

- 용지의 여백은 문서의 편철 및 관리상, 위 3㎝, 좌 2㎝, 우 1.5㎝ 아래 1.5㎝
- 기관명(상단) 길이: 6~8㎝, 발신명(하단) 길이: 8~12㎝

❹ 용지의 색채 및 글자

- 용지색은 흰색으로 한다.
- 글자의 색깔은 검은색 또는 푸른색으로 한다. 다만 도표의 작성이나 수정 또는 주의 환기 등 특별한 표시가 필요할 때는 다른 색깔로 할 수 있다.

❺ 문서의 수정

- 문서의 일부분을 삭제·수정할 경우는 원안의 글자를 알 수 있도록 해당 글자의 중앙에 가로로 두 선을 그어 삭제 또는 수정하고 삭제 또는 수정한 사람이 수정한 곳에 서명 및 날인한다. 문서의 중요한 내용을 삭제 또는 수정했을 때에는 문서의 여백에 삭제 또는 수정한 사람 수를 표시하고 서명 및 날인한다.

❻ 끝 표시와 덧붙임 표시

- 본문이 끝났을 경우: 한 자 띄우고 '끝' 자를 쓴다.
- 본문이 우측 한계선에서 끝났을 경우: 다음 줄 왼쪽 기본선에서 한 자 띄우고 '끝' 자를 쓴다.
- 첨부물이 있을 경우: 붙임 내용 기재 후 한 자 띄우고 '끝' 자를 쓴다.

(3) 공문서 처리

문서의 처리는 접수 → 기안문서 작성 → 문서 결재 → 시행문 작성 및 발송의 단계를 거친다.

(4) 공문서 예시

1) 공문서 예시 1

수신∨∨ㅇㅇㅇ장관(ㅇㅇㅇ과장)
(경유)
제목∨∨ㅇㅇㅇㅇㅇ

1.∨ㅇㅇㅇㅇㅇㅇㅇㅇㅇㅇㅇㅇ
∨∨가.∨ㅇㅇㅇㅇㅇㅇㅇㅇㅇㅇㅇㅇ
∨∨∨∨1)∨ㅇㅇㅇㅇㅇㅇㅇㅇㅇㅇㅇㅇ
∨∨∨∨ ∨∨가)∨ㅇㅇㅇㅇㅇㅇㅇㅇㅇㅇㅇㅇ
∨∨∨∨ ∨∨∨∨(1)∨ㅇㅇㅇㅇㅇㅇㅇㅇㅇㅇㅇㅇ
∨∨∨∨ ∨∨∨∨ ∨∨(가)∨ㅇㅇㅇㅇㅇㅇㅇㅇㅇㅇㅇㅇ
2.∨ㅇㅇㅇㅇㅇㅇㅇㅇㅇㅇㅇㅇㅇㅇㅇㅇㅇㅇㅇㅇㅇㅇ

※ 2타(∨∨ 표시)는 한글 1자, 영문·숫자 2자에 해당함

2) 공문서 예시 2

수신∨∨ㅇㅇㅇ장관(ㅇㅇㅇ과장)
제목∨∨ㅇㅇㅇㅇㅇ

문서관리교육을 다음과 같이 실시하오니 참석하여 주시기 바랍니다.
1. 일시: ㅇㅇㅇㅇ. ㅇㅇ.ㅇㅇ.
2. 장소: ㅇㅇㅇㅇㅇ ㅇㅇㅇㅇ
3. 대상: ㅇㅇㅇㅇㅇ. 끝.

3) 항목의 표시

문서의 내용을 둘 이상의 항목으로 구분할 필요가 있으면 다음 구분에 따라 그 항목을 순서대로 표시하되, 필요한 경우에는 ㅁ, ㅇ, -, · 등과 같은 특수한 기호로 표시할 수 있다(「행정 효율과 협업 촉진에 관한 규정 시행규칙」 제2조 제1항).

구분	항목기호	비고
첫째 항목	1., 2., 3., 4., …	둘째, 넷째, 여섯째, 여덟째 항목의 경우, 하., 하), (하), ㉻ 이상 계속되는 때에는 거., 거), (거), ㉮, 너., 너), (너), ㉯…로 표시
둘째 항목	가., 나., 다., 라., …	
셋째 항목	1), 2), 3), 4), …	
넷째 항목	가), 나), 다), 라), …	
다섯째 항목	(1), (2), (3), (4), …	
여섯째 항목	(가), (나), (다), (라), …	
일곱째 항목	①, ②, ③, ④, …	
여덟째 항목	㉮, ㉯, ㉰, ㉱, …	

4) 표시 위치 및 띄우기

가) 첫째 항목기호는 왼쪽 처음부터 띄어쓰기 없이 바로 시작한다.
나) 둘째 항목부터는 상위 항목 위치에서 오른쪽으로 2타씩 옮겨 시작한다.
다) 항목이 한 줄 이상인 경우에는 항목 내용의 첫 글자에 맞추어 정렬한다.
아래 마) 항목 예시부분 2. 부분 같이 정렬(예시: Shift+Tab 키 사용)
라) 항목기호와 그 항목의 내용 사이에는 1타를 띄운다.
마) 하나의 항목만 있는 경우에는 항목기호를 부여하지 아니한다.

ㅁ 「행정 효율과 협업 촉진에 관한 규정(대통령령)」

제7조 (문서 작성의 일반원칙) ① 문서는 「국어기본법」 제3조 제3호에 따른 어문규범에 맞게 한글로 작성하되, 뜻을 정확하게 전달하기 위하여 필요한 경우에는 괄호 안에 한자나 그 밖의 외국어를 함께 적을 수 있으며, 특별한 사유가 없으면 가로로 쓴다.

② 문서의 내용은 간결하고 명확하게 표현하고 일반화되지 않은 약어와 전문용어 등의 사용을 피하여 이해하기 쉽게 작성하여야 한다.

③ 문서에는 음성정보나 영상정보 등이 수록되거나 연계된 바코드 등을 표기할 수 있다.

④ 문서에 쓰는 숫자는 특별한 사유가 없으면 아라비아 숫자를 쓴다.

⑤ 문서에 쓰는 날짜는 숫자로 표기하되, 연·월·일의 글자는 생략하고 그 자리에 마침표를 찍어 표시하며, 시·분은 24시각제에 따라 숫자로 표기하되, 시·분의 글자는 생략하고 그 사이에 쌍점을 찍어 구분한다. 다만, 특별한 사유가 있으면 다른 방법으로 표시할 수 있다.

⑥ 문서 작성에 사용하는 용지는 특별한 사유가 없으면 가로 210㎜, 세로 297㎜의 직사각형 용지로 한다.

⑦ 제1항부터 제6항까지에서 규정한 사항 외에 문서 작성에 필요한 사항은 행정안전부령으로 정한다.

ㅁ「행정 효율과 협업 촉진에 관한 규정 시행규칙(행정안전부령)」

> 제2조 (공문서 작성의 일반원칙) ① 공문서의 내용을 둘 이상의 항목으로 구분할 필요가 있으면 그 항목을 순서(항목 구분이 숫자인 경우에는 오름차순, 한글인 경우에는 가나다순을 말한다)대로 표시하되, 상위 항목부터 하위 항목까지 1., 가., 1), 가), (1), (가), ①, ㉮의 형태로 표시한다. 다만, 필요한 경우에는 ㅁ, ㅇ, -, · 등과 같은 특수한 기호로 표시할 수 있다.
> ② 문서에 금액을 표시할 때에는 「행정 효율과 협업 촉진에 관한 규정」 제7조 제4항에 따라 아라비아 숫자로 쓰되, 숫자 다음에 괄호를 하고 다음과 같이 한글로 적어야 한다.
> 예 금113,560원(금일십일만삼천오백육십원)

출처: 행정안전부(2018). 행정업무운영편람.

3) 결재

(1) 결재의 개념

결재란 해당 사안에 대하여 행정기관의 의사를 결정할 권한이 있는 자가 그 의사를 결정하는 행위를 말한다. 따라서 기관의 장 또는 결재권을 위임받은 자가 행정기관의 의사를 결정하기 위한 과정에서 각급 보조기관 또는 보좌기관의 서명을 받는 검토와 협조는 결재의 개념에 해당되지 않는다.

- 기관의 의사결정과정에서 현실적이고 실무적인 사정을 반영할 수 있다.
- 결재권자의 의사결정에 필요한 지식과 정보를 제공·보완시켜 준다.
- 하위직원의 창의·연구 및 훈련의 기회로 활용될 수 있다.
- 결재과정을 통해 직원의 직무수행에 대한 통제가 가능하다.

(2) 결재의 종류

❶ 결재(決裁: 좁은 의미)

좁은 의미의 결재란 법령에 따라 소관 사항에 대한 행정기관의 의사를 결정할 권한을 가진 자(주로 행정기관의 장)가 직접 그 의사를 결정하는 행위를 말한다. 「행정 효율과 협업 촉진에 관한 규정」상 문서는 해당 행정기관의 장의 결재를 받되, 보조(보좌)기관의 명의로 발신하는 문서는 그 보조(보좌)기관의 결재를 받아야 한다(행정 효율과 협업 촉진에 관한 규정 제10조 제1항).

❷ 전결(專決)

전결이란 행정기관의 장으로부터 업무의 내용에 따라 결재권을 위임받은 자(보조기관 · 보좌기관 · 업무담당 공무원)가 행하는 결재를 말하며, 그 위임전결사항은 해당 기관의 장이 훈령(위임전결규정) 또는 지방자치단체의 규칙(사무전결처리규칙)으로 정한다(「행정 효율과 협업 촉진에 관한 규정」 제10조 제2항).

❸ 대결(代決)

대결이란 결재권자가 휴가, 출장, 그 밖의 사유로 결재할 수 없을 때에 그 직무를 대리하는 자(결제권을 위임받은 자)가 행하는 결재를 말한다. 대결한 문서 중에서 내용이 중요하다고 판단되는 문서는 결재권자에게 사후에 보고하여야 한다(「행정 효율과 협업 촉진에 관한 규정」 제10조 제3항).

> ▶ **결재권자**: ① 행정기관의 장, ② 행정기관의 장으로부터 결재권을 위임받은 자, ③ 대결하는 자

(3) 결재의 효과

문서는 결재권자가 해당 문서에 서명(전자이미지서명, 전자문자서명 및 행정전자서명 포함)의 방식으로 결재함으로써 성립한다. 따라서 결재는 문서가 성립하기 위한 최종적이며 절대적인 요건이다(「행정 효율과 협업 촉진에 관한 규정」 제6조 제1항).

4) 유치원에 비치되어야 할 장부

유치원을 운영관리함에 있어 필수적으로 갖추어야 하는 각종 대장과 문서들을 그 성격과 용도에 따라 분류해 보면 다음과 같다(「교육행정관리 규정」 제7조의 별표).

〈표 11-2〉 유치원에 구비해야 할 대장과 문서(예시)

번호	분야	대장 및 문서	비고
1	법령공문서	· 유치원 관련 법규, 공문서 관련 철 등	
2	원칙	· 유치원규칙, 내부규정철 등	
3	교육활동 계획	· 단위유치원 교육계획(연 · 월 · 주 계획) · 학급운영록 · 행사계획 및 실행결과록(평가) · 교사연수계획 및 원내 자율장학 연수록 · 장학협의록 · 교육통신 및 가정 연계자료 등	
4	원아 관련	· 생활기록부 · 행동관찰기록부 · 상담(면담) 일지 · 졸업대장(수료대장) · 상장대장 · 입학원서철 · 제적부 · 출석부 등	
5	직원 관련	· 발령대장 · 인사 관련철(인사기록카드) · 교직원 주소록 및 비상연락망 · 증명서 교부대장 · 교원 출근부 · 교원 근무 상황부 · 초과 근무대장 · 근무성적 평정표 등	
6	교육일지	· 교육일지 · 교직원회의록 등	
7	운영관리	· 업무분장표 · 각종 안전점검부 · 문서 발송 · 접수철 전원통신부 비품대장 등 · 도서대장 · 교재 · 교구대장, 비품대장, 소모품대장 등	
8	재무관리	· 예 · 결산 관계철, 금전출납부 · 세입 · 세출부 · 재산등록대장 · 물품구입대장 · 급여대장 관련 등	
9	운영위원회 · 학부모회	· 정관 · 회의록 · 임원 일람표 등	
10	기타	· 기타 교육감이 필요하다고 승인하는 서류 등	

이상에 열거된 각종 문서들의 기본서식은 해당교육구청에 전자문서로 입력되어 제공되고 있으므로 다운받아 사용할 수 있다.

5) 보육시설에 비치되어야 할 장부

어린이집에는 다음의 장부 및 서류를 갖춰 두어야 한다(전자적 방식으로 확인이 가능한 경우 전자문서로 보존할 수 있다). 다만, 상시 영유아 20명 이하인 어린이집으로서 어린이집의 원장이 보육교사를 겸임하는 어린이집의 경우에는 ①, ③, ④, ⑤, ⑥, ⑧, ⑨, ⑪ 및 ⑫ 외의 장부 및 서류(전자문서를 포함한다)는 갖춰 두지 아니할 수 있다(「영유아보육법 시행규칙」 제23조 별표 8).

① 재산목록과 그 소유를 증명하는 서류(부동산을 임차하는 경우에는 임대차 계약서를 포함한다)
② 어린이집 운영일지 및 출석부
③ 보육교직원의 인사기록카드(채용구비서류, 이력서 및 사진을 포함한다)
④ 예산서 및 결산서
⑤ 총계정원장 및 수입 · 지출 보조부
⑥ 금전 및 물품출납부와 그 증명서류
⑦ 소속 법인의 정관 및 관계 서류
⑧ 어린이집 이용신청자 명부
⑨ 생활기록부, 영유아보육일지
⑩ 보육교직원의 인사 · 복무 및 어린이집 운영에 관한 규정 등
⑪ 통합안전점검표
⑫ 영상정보 열람대장
⑬ 그 밖에 어린이집 운영에 필요한 서류

이상에서 제시한 각종 문서들은 지역보육정보센터에서 대부분 다운받아 사용

할 수 있다. 그중에서 서식-1, 서식-2, 서식-3을 예시로 안내하도록 하겠다.

보육시설에 비치되어야 할 장부	
서식 - 1 상·하위연령 반 편성 신청서 양식 서식 - 2 생활기록부(영아) 서식 - 2-1 생활기록부(유아) 서식 - 3 투약의뢰서 서식 - 4 어린이집 통합 안전점검표 서식 - 5 부모동의 및 조사서 서식 - 6 보육계획안을 활용한 보육일지 서식 - 7 보육교직원 업무분장 및 비상시 대처 방안 서식 - 8 보육교직원 전문성 강화 관련 서식 - 9 영유아 관찰·평가 및 개별면담 기록 서식 - 10 영유아 사고 보고서 서식 - 11 어린이집 감염병 발생현황 보고서 서식 - 12 보수교육 교과목 수강면제 신청서 서식 - 13 교육훈련시설 성적증명서 서식 - 14 유사교과목 확인서 서식 - 15 보육실습확인서 서식 - 16 보육실습평가서 서식 - 17 보육교직원 관리대장 서식 - 18 보육교직원 임면 보고 서식 서식 - 19 보육교직원 결격사유조회의뢰서 양식 서식 - 20 결격사유조회요청 대장 서식 서식 - 21 결격사유조회요청 회보대장 서식 서식 - 22 결격사유조회 회보서 양식 서식 - 23 경력(재직)증명서 서식 - 24 보육실습생 신상카드 서식 - 25 보수교육 실시 위탁계약서	서식 - 26 교육훈련시설휴지(폐지)신고서 서식 - 27 교육훈련시설입소신청서 서식 - 28 보육교사양성교육과정 수료증 서식 - 29 보육교직원 보수교육 수료증 서식 - 30 특수어린이집 지정 신청서 서식 - 31 특수어린이집 지정서 서식 - 32 특수어린이집 지정 신청서 서식 - 33 특수어린이집 지정서 서식 - 34 시간연장보육 이용 신청서 서식 - 35 아동별 월 시간연장 보육 실적 확인서 서식 - 36 24시간 어린이집 이용 신청서 서식 - 37 보육사업 국고보조금 교부신청서 서식 - 38 기능보강사업 신청내역서 서식 - 39 신축·리모델링·공동주택 리모델링, 매입 계획서 서식 - 40 어린이집 기능보강 사업자 조사표 서식 - 42 증·개축 계획서 서식 - 43 설계검토 의견서 서식 - 44 어린이집 개·보수계획서 서식 - 45 어린이집 장비구입 계획서 서식 - 46 어린이집 기자재구입 계획서 서식 - 47 어린이집 기능보강 사업계획 변경 신청서 서식 - 48 시간제보육 제공기관 지정 신청서 ('16. 3.) 서식 - 49 시간제보육 제공기관 지정서

서식 –1 상(하)위연령 반 편성 신청서 양식

<table>
<tr><th colspan="6">상(하)위연령 반 편성 신청서</th></tr>
<tr><td>아동 성명</td><td colspan="2"></td><td>아동 생년월일</td><td colspan="2">년 월 일</td></tr>
<tr><td>보호자 성명 (관계)</td><td>( )</td><td>주소</td><td></td><td>전화번호 (휴대전화)</td><td>-
(- -)</td></tr>
<tr><td rowspan="2">반 편성 신청 내용</td><td>□</td><td colspan="4">(상위연령반) 전년도 1월 1일~전년도 12월 31일 사이 출생자와 함께 반 편성 희망 (이후 상위연령반 재신청 불가)</td></tr>
<tr><td>□</td><td colspan="4">(하위연령반) 익년도 1월 1일~익년도 12월 31일 사이 출생자와 함께 반 편성 희망 (이후 하위연령반 재신청 불가)</td></tr>
<tr><td>어린이집명</td><td colspan="2"></td><td>주소</td><td colspan="2"></td></tr>
<tr><td>원장 성명</td><td colspan="2"></td><td>전화</td><td colspan="2"></td></tr>
<tr><td colspan="6">상기와 같이 신청하며 신청사항에 대하여 책임을 지겠습니다.

20 년 월 일

신청인(보호자) 성명 (서명 또는 인)
확인자(원장) 성명 (서명 또는 인)

(특별자치도지사·시장·군수·구청장) 귀하</td></tr>
</table>

※ 2014년 1월 및 2월생이 상위연령반(누리과정 운영반)으로 편성되어 누리과정 보육료를 지원받는 경우, 누리과정 보육료는 3년을 초과하여 지원받을 수 없으므로 지원기간 이후에는 보육료를 부모가 부담할 수 있음

서식 -2　생활기록부(영아)

생활기록부(영아)

1. 인적사항

<table>
<tr><td colspan="2">어린이집명</td><td colspan="2"></td></tr>
<tr><td rowspan="3">아동</td><td>이름</td><td>(한글)
(한자)</td><td>성별</td><td>남 · 여</td><td rowspan="3">사진
(3×4cm)</td></tr>
<tr><td>생년월일</td><td></td><td>입 · 퇴소일</td><td>입소 · 퇴소</td></tr>
<tr><td>주소</td><td></td><td>혈액형</td><td></td></tr>
<tr><td rowspan="3">보호자</td><td>아동과의 관계</td><td>부</td><td>모</td><td>기타</td></tr>
<tr><td>이름</td><td></td><td></td><td></td></tr>
<tr><td>전화번호</td><td></td><td></td><td></td></tr>
</table>

2. 기본생활습관 및 발달상황

<table>
<tr><td colspan="2">연령
영역</td><td>0세</td><td>1세</td><td>2세</td></tr>
<tr><td rowspan="3">기본생활습관</td><td>수면</td><td></td><td></td><td></td></tr>
<tr><td>배변</td><td></td><td></td><td></td></tr>
<tr><td>식사</td><td></td><td></td><td></td></tr>
<tr><td rowspan="5">활동발달</td><td>신체운동</td><td></td><td></td><td></td></tr>
<tr><td>사회관계</td><td></td><td></td><td></td></tr>
<tr><td>의사소통</td><td></td><td></td><td></td></tr>
<tr><td>자연탐구</td><td></td><td></td><td></td></tr>
<tr><td>예술경험</td><td></td><td></td><td></td></tr>
</table>

3. 출결상황

연령 구분	0세	1세	2세
보육일수			
결석일수			
의견			

4. 영유아 표준예방접종[1)]

대상전염병	백신종류 및 방법	접종차수	접종일자	접종기관
결핵	BCG(피내용)	1회		
B형간염	HepB	1차		
		2차		
		3차		
디프테리아 파상풍 백일해	DTaP	1차		
		2차		
		3차		
		4차(추가)		
폴리오	IPV	1차		
		2차		
		3차		
b형헤모필루스 인플루엔자	Hib	1차		
		2차		
		3차		
		4차		
홍역·유행성이하선염·풍진	MMR	1차		
수두	Var	1회		
일본뇌염	JEV(사백신)	1차		
		2차		
		3차		
	JEV(생백신)	1차		
		2차		
인플루엔자	Flu	매년 접종		
장티푸스(24개월 이상부터)	주사용	고위험군		
A형간염	HepA	1차		
		2차		
폐렴구균	PCV(단백결합)	1차		
		2차		
		3차		
		4차		
	PPSV(다당질)	고위험군		
기타 임시 예방접종 등		명칭 기재		
		명칭 기재		

1) 예방접종 도우미 사이트 참조

5. 건강진단

연령	실시여부	실시일자	실시기관	비고
0세				ㅁ 영유아건강검진(차수: ______차) ㅁ 영유아건강검진 외 ㅁ 미실시(사유: ____________, 고지 횟수·일자: __________)
1세				ㅁ 영유아건강검진(차수:_______차) ㅁ 영유아건강검진 외 ㅁ 미실시(사유:____________, 고지 횟수·일자: __________)
2세				ㅁ 영유아건강검진(차수:_______차) ㅁ 영유아건강검진 외 ㅁ 미실시(사유: ____________, 고지 횟수·일자: __________)

※ 실시여부 표시: 실시의 경우 ○, 미실시의 경우 ×
※ 비고: 해당항목 체크 및 내역기재

6. 병력기록

병명	질병발생 연·월·일 및 질병의 정도	
	입소 전	입소 후

7. 신체발달상황

측정시기 구분								
신장(cm)								
몸무게(kg)								
측정자								
비고: 18개월 미만의 영아는 2개월마다, 그 이상의 영아는 6개월마다 측정·기록한다.								

기록관리자 ____________________

서식 -3 투약의뢰서(예시 1)

<table>
<tr><th>투약의뢰서</th><th>투약확인서</th></tr>
<tr><td>금일 투약을 의뢰합니다.

원아명:________
원아 증상:________
약의 종류: ㅁ물약 ㅁ가루약 ㅁ연고
보관 방법: ㅁ상온 ㅁ냉장
투약 시간:____시____분
투약 횟수:____회 투약 용량 :____

20___년 ___월 ___일 ___요일

투약으로 인한 책임은 보호자(의뢰자)가 집니다.

의뢰자__________(사인)</td><td>자녀의 투약을 보호자의 의뢰에 따라 아래와 같이 투약하였음을 알려드립니다.

원아명: ________ 원아 증상 : ________
약의 종류: ㅁ물약 ㅁ가루약 ㅁ연고
보관 방법: ㅁ상온 ㅁ냉장
투약 시간 : ____시____분
투약 횟수 : ____회 투약 용량 : ________

20___년 ___월 ___일 ___요일

담당자__________(사인)

○○○ 어린이집</td></tr>
</table>

출처: 보건복지부(2018). 2018년 보육사업안내.

제12장 기독교 유아교육기관 재정관리

1 재정관리의 개념

교육재정은 교육활동의 운영을 지원하기 위하여 경비를 조달하고 그것을 관리·사용하는 것이다. 즉 교육활동을 지원하기 위해 국가나 공공 단체가 필요한 재원을 확보·배분·지출·평가하는 일련의 경제활동을 가리킨다. 교육재정은 국·공립학교의 교육활동뿐 아니라 사립학교의 교육활동, 사회교육활동을 지원하는 일까지 포함한다(신혜원, 2018).

유아교육기관의 재정관리는 유아교육기관의 교육목적과 목표를 달성하기 위해 재화를 조달하고 지출하며 관리하는 활동을 총칭하는 것으로 예산편성, 집행, 결산으로 나누어진다(황윤세 외, 2011). 즉 유아교육기관의 재정은 교육이나 보육을 위해 필요한 재원을 확보하여 관리, 운영하는 일련의 활동으로 교육·보육 활동에 필요한 경비를 조달하고 그것을 합목적적으로 관리하고 지출하는 경제 행위이다(이인원 외, 2012).

만 3~5세 누리과정이 전면 시행된 이후 모든 유아교육 기관에 공적자금이 투입되었고 그 재정지원 규모가 확대됨에 따라 회계의 건전성 및 투명성 확보가 강조되고 있다. 이에 유치원 및 어린이집 평가에서도 합리적인 재정운영이 중요한 지표로 평가되고 있어 유아교육 기관 운영에서 재정운영의 체계화와 투명한 예산집행은 매우 중요한 일이라고 할 것이다.

2 재정관리의 성경적 기초

재정관리는 성경적으로 예수 그리스도가 천국의 복음을 전파하실 때 제자단에 재정을 관리하는 회계를 두었다는 사실에 기초한다(요 12:6, 13:29). 수많은 기적을 베푸신 예수님께서 재정의 문제를 초월해서 일하신 것이 아니라 현세의 재정 원칙에 따라 천국의 사역을 감당하셨다. 레위(눅 5:27-29), 갈릴리 여인들(눅 8:1-3), 마르다와 마리아(눅 10:38-42), 삭개오(눅 19:1-10), 아리마대 요셉(눅 23:50-54) 등을 보면 유랑제자들뿐 아니라 정착제자들의 재정적 지원을 통해 천국의 복음사역이 이루어졌음을 알 수 있다. 초대교회도 각 가정교회가 조직을 갖추면서 별도의 독립적인 회계조직을 전담하는 직분이 나타나게 되었다(행 6:1-6)(황성철, 2004).

하나님은 자신의 형상대로 우리를 창조하셨고(창 1:27) 인간에게는 모든 생물을 다스리라는 명령을 하셨다(창 1:28). 이것은 하나님께서 인간에게 하나님의 창조물을 잘 관리하라는 의미로서 책임감 있는 청지기가 되라고 하신 것이다. 청지기란 재물의 주인이신 하나님의 뜻에 맞게 잘 관리하는 직분을 말한다. 하나님께서는 인간이 창조세계를 잘 보존하고 발전시키기를 원하신다. 하나님께서는 인간에게 맡겨진 물질이 잘 관리되어 하나님을 위해 사용되기를 원하신다(마 25:14-30). 달란트의 비유는 하나님의 소유에 대한 관리자로서의 책임에 대한 가르침이다. 기독교 유아교육기관의 원장은 재정관리의 절차와 전문용어에 대한 기본지식을 가지고 있어야 한다. 아울러 기독교 유아교육기관에서는 원장을 비롯해서 모든 교직원들이 청지기로서의 직분을 성실하게 수행하는 재정관리를 통하여(눅 19:12-27), 기독교 유아교육의 질적인 향상을 꾀하는 동시에 궁극적으로 하나님께 영광을 돌려야 하겠다(김동춘, 2006).

3 재정관리의 원칙

유아교육기관의 재정관리는 교육활동에 필요한 세입 재원을 추계하고 개별 유아교육기관의 교육활동에 반영된 사업이 차질 없도록 실행·지원하는 데 의의가 있다. 이를 위해 교육부에서는 다음과 같은 일반적인 재정관리의 원칙을 제시하고 있다(교육부, 2017).

1) 건전재정 운영의 원칙

「사학기관 재무·회계규칙」 제4조에 의하면 유아교육기관의 재무와 회계는 건전하게 운영하여야 하며 국가의 정책과 사회의 공공기관으로서의 의무와 그 설립 목적에 반해서는 안 된다. 유아교육기관의 건전성이란 관련 법령 및 지침에 따라 투명하고 공정하며 효율적으로 운영해야 한다는 것을 의미 한다. 즉 부정, 부적정 또는 부적절하게 운영하지 않도록 해야 한다는 것이다.

2) 수입의 직접 사용 금지

「사학기관 재무·회계규칙」 제6조에 의하면 유아교육기관의 모든 수입은 각각 세입·세출 예산에 편입하여야 하며, 이를 직접 사용하지 못한다고 하였다. 즉 기관장은 학교회계의 모든 수입을 지정된 금융기관에 예치하여야 하며 이 규칙 또는 다른 법령에 달리 정하고 있는 경우를 제외하고는 이를 직접 사용할 수 없다. 이는 재정운영에 있어 경리 책임자의 공정성과 엄밀성이 요구되며 성실한 관리가 필요함을 말한다.

3) 예산 총계주의 원칙

예산 총계주의 원칙이란 수입과 지출을 모두 예산에 편입하여야 한다는 의미로 아무리 적은 금액이라도 수입과 지출이 예상되면 세입과 세출 예산에 계상하여야 한다는 것이다.

4) 성립 전 예산의 집행 금지

성립한 예산이 아니면 집행하지 못하고 추가경정 예산의 절차를 밟지 않고서는 기정 예산을 초과하여 집행하지 못한다.

5) 목적 외 사용 금지(한정성의 원칙)

세출 예산은 정한 목적 외에 사용하지 못한다는 원칙이다. 법인이나 교비 회계 세출 예산은 목적 외에 사용하지 못하며 교비회계의 타 회계 전출은 엄격히 금지되어 있다.

6) 공개성의 원칙

예산 및 결산 공개원칙은 교직원 또는 학부모 등이 기관의 재정에 대해 알 권리 보호와 운영자의 독주 방지에 있다. 이를 위해 유아교육 기관장은 운영위원회의 심의를 거쳐 확정된 세입, 세출 예산서 및 결산서를 공개하여야 한다. 매 회계연도 개시 5일 이전에 관할청에 보고 및 홈페이지에 공개하고 유치원 또는 어린이집 정보공시에 공개하여야 한다. 유아교육 기관의 재원은 궁극적으로 국가와 학부모로부터 나오는 재원이므로 예산편성 단계에서부터 교직원과 학부모 등에게 공개하는 것이 바람직하다.

7) 회계연도 독립의 원칙

회계연도란 세입·세출 사항을 명확히 하고 재정의 통제라는 회계 정리의 기술적 요청에 의하여 설정된 예산의 유효기간을 뜻한다. 예산은 이렇게 설정된 기간을 단위로 편성 집행하고 결산도 이 기간을 기준으로 구분하고 정리한다.

회계연도 독립의 원칙은 각 회계연도의 세입으로 충당해야 하며 매 회계연도의 세출 예산은 다음 연도에 사용할 수 없다. 즉 3월 1일을 기준으로 개시하고 2월 말일을 기준으로 수입과 지출을 종료해야 한다.

4 재정관리의 과정

유아교육기관의 재정관리의 핵심 내용은 재원의 확보와 운용이다. 구체적으로는 일정기간을 단위(회계연도)로 하여 수입과 지출에 대한 예산을 편성하고 집행하는 과정이라고 할 수 있다. 유아교육 기관의 재무와 회계는 건전하게 운영하여야 하며 국가의 정책, 사회 공공 기관으로서의 의무와 설립 목적에 적합하여야 한다. 여기에서는 재정관리의 예산편성, 집행, 결산 등의 과정을 공립유치원, 사립유치원, 어린이집으로 나누어 살펴보고자 한다.

1) 공립유치원의 재정관리

공립유치원은 「유아교육법」 제19조의 8, 「시·도 공립학교 회계규칙」, 「시·도 학교회계 예산편성 기본 지침」에 따른다. 공립유치원의 예산편성 절차를 살펴보면 〈표 12-1〉과 같다(서울시교육청, 2018).

〈표 12-1〉 **학교회계 예산안 편성 과정**

과정	주체	법정기한	추진사항
학교회계 예산편성 기본지침 시달	교육감	회계연도 개시 3월 전까지 (12월 1일까지)	· 교육청의 교육재정여건 및 운영방향 제시 · 권장사업 제시 · 예산과목 및 과목해소 등 예산운영에 필요한 제반 내용
기본계획 수립 및 교직원 교육	학교장		· 학교교육계획을 반영한 예산편성 기본계획 수립 · 세입예산 규모 추정 및 가용재원 제시 · 학교 구성원에게 예산편성 관련 사전교육실시
학부모 및 학생 의견수렴	학교장	-	· 의견수렴 추진계획 수립 및 안내 · 의견접수 및 부서별 정리 · 담당부서의 타당성 검토
교직원의 예산요구서 수합 및 예산안 편성	학교장	-	· 교육과정 운영 및 학교운영을 위하여 필요한 사업 및 재정 소요액 등 기록 · 각 부서는 학교예산편성 방향 및 교육계획에 따라 예산요구서를 작성·제출하고 학교장은 예산안 편성
연간 총 전입금규모 및 자금교부계획 통보	교육감	회계연도 개시 50일 전까지 (1월 9일까지)	· 학교회계로 전출되는 금액의 총 규모 및 분기별 자금교부계획 통보 · 목적사업의 경우 대상학교가 지정되는 대로 확정·통보
예산조정작업 및 예산안 확정	학교장	-	· 단위학교의 총 세입규모 확정 · 부별 또는 전체 교직원 조정회의를 거쳐 예산안 확정
예산안 제출 (명시이월비 명세서 첨부)	학교장	회계연도 개시 30일 전까지 (1월 29일까지)	· 학교운영위원회에 제출 ※ 학교장은 예산안을 학교운영위원회에 제출한 후에도 전입금 규모의 변경, 사업계획의 변화 등으로 예산안 수정이 불가피한 경우 수정예산안 제출 가능

출처: 서울시교육청(2018). 학교회계 예산편성 기본지침, p. 24.

공립 유치원의 예산은 먼저 교육감으로부터 회계연도 개시 3개월 전까지 학교회계 예산편성 기본 지침을 시달받아 유치원 교육계획을 반영한 예산편성 기본계획을 수립하여야 한다. 그 후 교직원으로부터 교육과정 및 유치원 운영을 위하여 필요한 경비를 기재한 예산 요구서를 제출받아 소속 교직원의 의견을 최대한 반영하여 예산안을 편성한다. 유치원장은 관할청으로부터 전입금 교부계획이 통지되면 유치원의 연간 세입 예산을 확정하고 가용 재원의 범위 내에서 교직원회의 또는 부장회의를 통해 예산 조정 작업을 하고 예산안을 확정한다. 유치원장은 위와 같은 과정을 거쳐 편성한 학교회계 세입·세출 예산안을 회계연도 개시 30일 전까지 운영위원회에 제출하여야 하며 운영위원회의 심의를 거쳐 확정된 예산안을 공개해야 한다.

확정된 예산은 정해진 목적에 따라 자금의 수급 등 유치원의 재정 여건을 감안하여 합리적이고 효율적으로 집행하도록 하며 예산 집행 시에는 유치원 운영위원회의 심의 결과를 존중하고 예산에서 정한 목적에 적합하게 집행하여야 한다.

회계연도가 종료되면 결산을 진행하는데 결산이란 회계연도가 종료하는 시점을 기준으로 회계연도에 있어 유치원 재정 활동 전반에 대한 수입과 지출의 실적을 확정적 계수로 표시하는 행위를 의미한다. 유치원의 결산은 예산집행의 타당성을 평가하기 위해 운영위원회의 심의를 거치도록 하고 있다.

유치원 결산의 과정은 〈표 12-2〉와 같은데 유치원장은 회계연도 종료 후 2월 이내에 유치원 회계 세입·세출 결산서를 작성하여 유치원 운영위원회에 제출하여야 하며 운영위원회 및 예·결산 소위원회의 심의를 거친 후 결산을 공개해야 한다.

〈표 12-2〉 **결산의 과정**

과정	법정기한	추진사항
회계연도 종료	매년 2월 말일	· 당해 회계연도의 징수행위 및 지출 원인행위 종료
출납폐쇄정리	회계연도 종료 후 20일(3월 20일)	· 당해 회계연도에 징수행위 및 지출 원인행위가 된 사항의 세입금수납 및 세출금지출 마감
결산서 작성	-	· 학교회계시스템에서 결산처리(월마감-이월확정-불용액 처리-잉여금 처리-결산확정) - 결산확정 시 관할청으로 결산서 자동 제출 · 예산의 이·전용 내역, 이월사업비 내역, 예비비 사용 내역 첨부
결산서 제출	회계연도 종료 후 2월 이내(4월 말일까지)	· 학교운영위원회에 제출 · 학교운영위원들에게 회의개시 7일 전까지 결산서 개별 통지
예·결산소위원회 심사	-	· 예·결산소위원회에 결산안 회부 · 결산안에 대한 심사 후 심사보고서를 운영위원회에 제출
결산심의	-	· 예·결산소위원회의 결산안 심사결과 보고 · 학교장이 결산 내용 설명 · 의문사항에 대하여 관련 교직원, 학생대표 등 의견 청취
결산심의 결과 통보	회계연도 종료 후 3월 이내(5월 말일까지)	· 학교운영위원회 결산심의 결과를 학교장에게 통보
결산공개	심의결과 통보일부터 10일 이내	· 학교 홈페이지 게시, 가정통신문 발송 등을 통해 공개

출처: 서울시교육청(2018). 학교회계 예산편성 기본지침, p. 33.

2) 사립유치원의 재정관리

사립유치원의 재정관리는 「유아교육법」, 「사립학교법」, 「사학기관 재무 · 회계 규칙」 등에 명시된 규정에 의한다. 2017년 「사학기관 재무 · 회계 규칙」이 개정되면서 사립유치원의 경우 종전 초 · 중등학교의 회계처리 기준에 따라 처리하던 것에서 사립유치원 자체 회계처리 기준에 맞추어 실행하게 되었다. 이는 사립유치원 회계의 예산 항목 구분 및 그 세입 · 세출 결산에 관한 서식을 별도로 마련하여 사립유치원의 실정에 맞고 투명하고 체계적인 회계처리가 이루어지도록 한 것이다.

(1) 사립유치원 예산편성

❶ 예산편성 업무 흐름

사립유치원 재정업무 매뉴얼(서울특별시교육청, 2017)에서 제시한 사립유치원 예산편성을 위한 업무과정을 살펴보면 〈표 12-3〉과 같다.

먼저 예산편성을 위한 사전 준비로 누리과정비, 학부모부담금, 수익자부담경비, 이월금 등 정확한 세입 규모를 추계하고 교직원 인건비, 공공요금 등 필수 경비 산출 및 세입 재원을 고려한 세출 규모를 사전에 검토한다. 그 후 시 · 도 교육청의 예산편성 지침에 따라 유치원 예산 운용에 필요한 사항을 정하고 교직원의 의견 수렴, 각 부서별 예산 요구서를 취합하여 예산안을 편성하게 된다. 예산이 수립되면 운영위원회 자문을 거쳐 확정, 집행하게 된다. 세입 세출 예산안이 확정 되면 회계연도 개시 5일 전까지 관할청에 보고하고 홈페이지 및 정보공시를 통해 1년간 공개하여야 한다.

〈표 12-3〉 **사립유치원 예산편성 업무 흐름도**

단계	내용
예산편성 사전 준비(11월 말) 유치원장 및 교직원	▪ 누리과정비, 학부모부담 유아학비, 수익자부담경비, 이월금 등 정확한 세입규모 추계 → 교직원인건비, 공공요금 등 필수경비 산출 및 세입재원을 고려한 세출규모 사전 검토
① 예산편성 지침 마련·시행(12월 말) 도교육청 → 지역교육지원청 → 사립유치원	▪ 예산편성 기본방향 및 집행 기준 ▪ 단가 및 서식 등 예산운용에 필요한 제반사항
② 예산편성 요령 확정·통보(12월 말) 이사장 또는 사립학교경영자 → 유치원장	▪ 시도교육청 예산편성 지침을 준수하여 유치원 예산운용에 필요한 사항을 정하여 통보
③ 예산편성·제출 (회계연도 개시 1개월 전) 유치원장 → 이사장 또는 사립학교경영자	▪ 교직원 예산요구 → 자체 심의·조정 → 예산안 확정 → 유치원운영위원회의 자문을 거쳐 이사장 또는 사립학교경영자에게 제출(원장=경영자 → 생략 가능)
④ 심의의결 송부(회계연도 개시 10일 전) 및 확정 이사장 또는 사립학교경영자 → 유치원장	▪ 회계 관계 법령, 편성 지침 및 요령 부합 여부 등을 종합적으로 심의의결한 후 유치원장에게 송부, 유치원장이 확정·집행 • 원장=경영자 → 생략 가능
⑤ 보고·공개(회계연도 개시 5일 전) 및 공시(4월) 이사장 또는 사립학교경영자	▪ 심의·의결을 거쳐 확정된 예산은 회계연도 개시 5일 전까지 관할청 보고 및 홈페이지 1년간 공개 ▪ 예산은 '유치원의 공시정보 범위·공시횟수 및 시기'에 의거 4월 공시

- 추가경정예산도 위 절차에 준하는 절차를 거쳐 편성하되 관할청 보고는 편성된 날부터 15일 이내에 보고해야 함(「사립학교법 시행령」 제14조 제2항)
- 회계연도 중 용도가 지정되고 전액이 교부 또는 기탁된 경비는 추가경정예산 성립 이전 사용 가능 및 차기 추가경정예산 계상(「사학기관 재무회계 규칙」 제18조 단서)
- 관할청은 유치원장이 제출한 예산서를 검토하여 회계관계 법령 등에 위반되는 사항이 있는 경우에는 시정 및 필요한 조치를 명할 수 있음(「사립학교법」 제31조 제2항 및 제48조)

출처: 교육부(2017). 사립유치원 재정업무 매뉴얼, p. 7.

❷ 예산 체계 및 과목

예산의 체계 및 과목은 크게 세입과 세출로 나누어진다. 세입의 과목은 크게 보조금 및 지원금, 수익자부담수입, 설치·경영자 이전수입, 차입금, 적립금 이전 수입, 잡수입, 기부·후원금 수입, 지연수납 수입, 전년도 이월금이며 세출의 과목은 인건비, 운영비, 일반교육활동비, 선택적 교육활동비, 적립금, 상환금, 반환금, 시설·설비비, 지연지출금, 잡지출, 예비비 등이다. 유치원 회계 세입·세출 예산 항목과 세부내역은 〈표 12-4〉와 같다.

〈표 12-4〉 **유치원 회계 세입, 세출 예산 항목**

[별표 5]
유치원회계 세입예산 과목(제15조의 2 제1항 단서 관련)

관	항	목	세부 내역
1. 보조금 및 지원금			국가·지방자치단체 및 교육청으로부터 교부받는 보조금 및 지원금
	1. 공통과정 지원금		「유아교육법 시행령」 제29조에 따른 공통과정지원금(학부모 등이 지원금을 받아 유치원에 납입하는 금액을 포함한다)
		1. 공통과정 지원금	
	2. 방과 후 과정 운영 보조금		방과 후 과정 운영을 위한 보조금(방과 후 과정 관련 인건비 보조금 및 급식비·간식비 보조금을 포함한다)
		1. 방과 후 과정 운영 보조금	
	3. 인건비 보조금		교원 급여 등 인건비 관련 보조금 • 방과 후 과정 관련 인건비 보조금은 방과 후 과정 운영보조금으로 처리
		1. 국가 보조금	
		2. 지방자치단체 보조금	
		3. 교육청 보조금	
	4. 자본 보조금		교사(校舍) 등 시설·설비 및 장비 관련 보조금
		1. 국가 보조금	
		2. 지방자치단체 보조금	
		3. 교육청 보조금	

관	항	목	세부 내역
	5. 일반운영 보조금		급식비·간식비 보조금 등 위에서 나열되지 않은 유치원 운영 관련 보조금 • 방과 후 과정 관련 급식비·간식비 보조금은 방과 후 과정 운영보조금으로 처리
		1. 국가 보조금	
		2. 지방자치단체 보조금	
		3. 교육청 보조금	
2. 수익자부담수입			학부모 등이 유치원에 납부한 비용
	1. 교육비		
		1. 입학금	
		2. 일반 교육과정비	일반 교육과정 운영을 위해 받은 수익자부담금 • 학부모 등이 공통과정지원금을 받아 납입한 금액은 공통과정지원금으로 처리
	2. 방과 후 과정비		
		1. 방과 후 교육·돌봄비	방과 후 교육 및 돌봄활동을 위해 받은 수익자부담금 • 방과 후 특성화교육을 위해 받은 비용은 방과 후 특성화비로 처리
		2. 방과 후 특성화비	방과 후 교육 중 특성화교육을 위해 받은 수익자부담금
	3. 급식비·간식비		
		1. 일반급식비·간식비	일반 교육과정 시간의 급·간식 제공을 위해 받은 수익자부담금
		2. 특별급식비·간식비	일반 교육과정 시간 외(방과 후 과정 또는 아침·저녁 시간 등)에 제공되는 급·간식 제공을 위해 받은 수익자부담금
	4. 그 밖의 수익자부담수입		
		1. 현장체험학습비	소풍 및 견학 등의 현장체험학습활동을 위해 받은 수익자부담금
		2. 통학차량이용비	통학차량 이용을 위해 받은 수익자부담금
		3. 졸업앨범비	졸업앨범 제작·구입을 위해 받은 수익자부담금
		4. 그 밖의 교육활동 수익자부담수입	위에서 나열되지 않은 수익자부담금
3. 설치·경영자 이전수입			설치·경영자가 학교회계로 이전한 금액 • 설치·경영자가 대출을 받아 학교회계로 이전한 금액은 차입금으로 처리
	1. 설치·경영자 이전수입		

관	항	목	세부 내역
		1 설치·경영자 이전수입	
4. 차입금			유치원 운영을 위해 금융기관 등에서 대출을 받은 금액으로서 학교회계로 이전된 금액
	1. 차입금		
		1. 단기차입금	대출을 받은 회계연도 종료 전에 상환할 것이 예정된 차입금
		2. 장기차입금	단기차입금 외의 차입금
5. 적립금 이전수입			적립금에서 학교회계로 이전된 금액
	1. 적립금 이전수입		
		1. 적립금 이전수입	
6. 잡수입금			
	1. 잡수입금		
		1. 이자수입	금융기관 등에 예치한 예금의 이자수입
		2. 행정활동수입	물품 등 자산 매각 수입, 임대료 수입, 사용료 수입 및 보험금 수입 등 행정활동으로 발생한 수입
7. 기부·후원금수입			기부 또는 후원으로 발생한 수입
	1. 기부·후원금수입		
		1. 기부·후원금수입	
8. 지연수납수입			해당 회계연도 전에 이전 또는 수납되었어야 하나 이전·납부되지 않다가 해당 회계연도에 이전·납부된 수입
	1. 지연수납수입		
		1. 지연수납수입	
9. 전년도 이월금			
	1. 전년도 이월금		
		1. 이월사업비	명시 이월, 사고 이월 및 계속비 이월 금액
		2. 정산 대상 재원사용 잔액	전년도에 국가, 지방자치단체 및 교육청 등으로부터 지원받은 목적사업비 등의 집행 잔액
		3. 순세계잉여금	전년도 세계잉여금 중 이월사업비와 정산 대상 재원사용 잔액을 제외하고 남는 금액
비고 1. 관·항은 해당하는 관·항만을 선택하여 사용한다. 2. 목은 필요에 따라 추가하거나 삭제할 수 있다. 3. 결산을 하는 경우에는 예산에서 사용한 관·항·목에 따른다.			

[별표 6]
유치원회계 세출예산 과목(제15조의 2 제1항 단서 관련)

관	항	목	세부 내역
1. 인건비			유치원에서 근무하는 교직원 등의 인건비
	1. 교원인건비		정규직 교원인건비
		1. 급여	기본급 및 성과상여금
		2. 수당	정근수당, 가족수당, 시간 외 근무수당, 교직수당 등 보수지급 명목으로 지급되는 각종 수당
		3. 복리후생비	정액급식비, 명절휴가비, 연가보상비 등 보수지급 명목으로 지급되는 복리증진비
		4. 법정부담금	사립학교 교직원연금, 국민연금, 건강보험, 고용보험 및 산재보험 등과 관련하여 지출하는 금액
		5. 퇴직금 및 퇴직적립금	퇴직급여 및 퇴직적립금
	2. 직원인건비		정규직 직원인건비
		1. 급여	기본급 및 성과상여금
		2. 수당	정근수당, 가족수당 및 시간외근무수당 등 보수지급 명목으로 지급되는 각종 수당
		3. 복리후생비	정액급식비, 명절휴가비, 연가보상비 등 보수지급 명목으로 지급되는 복리증진비
		4. 법정부담금	사립학교 교직원연금, 국민연금, 건강보험, 고용보험 및 산재보험 등과 관련하여 지출하는 금액
		5. 퇴직금 및 퇴직적립금	퇴직급여 및 퇴직적립금
	3. 그 밖의 인건비		무기 계약직 보수, 기간제 근로자 보수, 보조·대체교사 보수 및 일용직 급여 등 위에서 나열되지 않은 인건비
		1. 그 밖의 인건비	
2. 운영비			
	1. 관리운영비		
		1. 수용비	소모품 구입비, 인쇄비, 교육용도서 외 일반도서 구입비, 차량 정비·유지비, 청소용역비, 임차료, 대관료 및 비품대여료 등 유치원 운영에 소요되는 일반적인 경비 • 통학차량 정비·유지비는 통학차량 이용비로 처리

관	항	목	세부 내역
		2. 수수료 및 제세공과금	전기·전화요금, 하수도료, 상하수도료, 안전공제회비, 보험료, 자동차세, 환경개선부담금 및 교직원 건강검진비 등 각종 수수료 및 제세공과금 성격의 경비
		3. 연료비	도시 가스비, 지역 난방료 및 차량 유류대 등 건물 난방 및 차량유지 등을 위해 사용하는 연료비 • 통학차량 유류대는 통학차량 이용비로 처리
		4. 여비	출장에 따른 소요 여비
		5. 그 밖의 관리운영비	위에서 나열된 것 외에 유치원 운영을 위하여 소요된 경비
	2. 업무추진비		
		1. 일반업무추진비	유치원 운영 업무추진비 및 일반사업추진 업무추진비
		2. 직책급업무추진비	직책에 따른 업무추진을 위해 해당 직책을 가진 사람에게 지급하는 경비
3. 일반교육활동비			유치원 일반 교육활동 소요 경비
	1. 일반교육활동비		
		1. 교사연수·연구비	교직원 연수비 및 연구비
		2. 교재·교구구입비	교육 기자재, 교육용도서 등 구입 및 제작 소요 경비
		3. 행사비	원아 교육과 직접 관련된 각종 행사 소요 경비
		4. 장학금	원아에게 지급되는 장학금
		5. 복리비	원아건강검진비 등 원아 건강 및 안전 관련 소요 경비
		6. 일반급식비·간식비	일반 교육시간 내 제공되는 급식 및 간식을 위한 소요 경비
4. 선택적 교육활동비			
	1. 방과 후 교육활동비		
		1. 방과 후 교육·돌봄비	방과 후 교육 및 돌봄활동을 위한 소요 경비
		2. 방과 후 특성화비	방과 후 교육 중 특성화교육을 위한 소요 경비
	2. 그 밖의 교육활동비		
		1. 현장체험학습비	소풍 및 견학 등의 현장체험학습활동을 위한 소요 경비

관	항	목	세부 내역
		2. 통학차량이용비	통학차량 정비·유지비 및 유류대 등 통학차량 이용을 위한 소요 경비
		3. 특별급식비·간식비	일반 교육과정 시간 외(방과 후 과정 또는 아침·저녁 시간 등)에 제공되는 급·간식 제공을 위한 소요 경비
		4. 졸업앨범비	졸업앨범 제작·구입 소요 경비
		5. 수익자부담 재원 교육활동비	위에서 나열된 것 외에 수익자부담금을 재원으로 하는 교육활동 소요 경비
5. 적립금			건축적립금 및 관할청이 특히 필요하다고 보아 인정한 적립금 • 퇴직적립금은 인건비로 처리
	1. 적립금		
		1. 적립금	
6. 상환금			유치원 운영을 위해 금융기관 등에서 학교회계로 이전된 차입금을 상환하기 위해 지출한 금액
	1. 상환금		
		1. 단기차입상환금	대출을 받은 회계연도 종료 전에 상환할 것이 예정된 차입금의 원리금 상환액
		2. 장기차입상환금	단기차입상환금 외의 차입금 원리금 상환액
7. 반환금			
	1. 반환금		
		1. 보조금반환금	보조금 미사용 등에 따른 반환금
		2. 수익자반환금	수익자부담금 미사용에 따른 반환금
8. 시설·설비비			
	1. 시설비		
		1. 신·증축비	시설 신·증축비 및 부대 경비
		2. 유지비	시설 유지, 수선 및 개·보수 소요 경비
	2. 설비·비품비		
		1. 취득비	설비 설치비, 비품 구입비, 차량 구입비(차량할부금 포함) 등 설비나 비품 취득 소요 경비
		2. 유지비	설비, 장비 및 비품의 정비·유지 비용 • 차량 정비·유지 비용은 차량 성격에 따라 수용비 또는 통학차량 이용비로 처리

관	항	목	세부 내역
9. 지연지출금			해당 회계연도 이전에 지출되었어야 하나 지출되지 않았다가 해당 회계연도에 지출된 사업비 등
	1. 지연지출금		
		1. 지연지출금	
10. 잡지출			원 단위 절사금 등 위에서 나열되지 않은 성격의 지출
	1. 잡지출		
		1. 잡지출	
11. 예비비			재해·재난 관련 비용 등 예산 외의 예측할 수 없는 지출이나 예산의 초과 지출에 충당하기 위한 경비
	1. 예비비		
		1. 예비비	
비고 1. 관·항은 해당하는 관·항만을 선택하여 사용한다. 2. 목은 필요에 따라 추가하거나 삭제할 수 있다. 3. 결산을 하는 경우에는 예산에서 사용한 관·항·목에 따른다.			

출처: 사학기관 재무·회계 규칙.

예산편성 시 유의사항을 살펴보면 다음과 같다(서울특별시교육청, 2017).

첫째, 금액의 단위는 천 원 단위로 한다.

둘째, 세입 예산과 세출 예산은 일치하여야 한다.

셋째, 세입의 천 원 미만은 절사하고, 세출의 천 원 미만은 절상한다.

넷째, 산출기초는 '단가(원) × 인원(명) × 개소 × 횟수(회) × 기간' 등 구체적으로 작성하며 산출기초 없이 총액으로 계상하지 않는다.

다섯째, 결산 잔액은 필수적으로 발생하므로 집행액을 가결산하여 추정되는 잔액을 전년도 이월금으로 본 예산에 편성 후 확정된 전년도 이월금은 추가경정 예산으로 편성한다.

(2) 사립유치원 회계 수입 · 지출

❶ 수입

수입이란 유치원 재원이 될 현금 수납을 위한 세입의 징수행위로부터 수납에 이르기까지의 일체의 회계행위이며, 징수행위와 수납행위로 구분한다. 여기서 징수행위란 수입의 원인을 조사하여 수입 금액을 결정하고 납입 고지하는 행위를 말하고 수납행위란 납부 의무자가 납부하는 납입금을 영수하는 행위를 말한다. 수입의 원칙은 다음과 같다.

첫째, 유치원 회계의 세입은 법령이 정하는 바에 따라 징수 및 수납을 하여야 한다. 둘째, 유치원장은 세입을 징수하고자 할 때 해당 세입에 대하여 법령의 위배 또는 소속 회계연도와 세입과목에 착오가 없는지를 조사한 후 징수 결정을 하여야 한다. 셋째, 유치원장은 징수결정을 한 후 납부의무자에 대하여 납입고지를 하여야 한다. 넷째, 유치원의 모든 세입은 금융회사 또는 체신 관서의 유치원 명의 예금 계좌에 수납하여야 한다. 다섯째, 금액을 초과한 납입이 있는 경우에는 곧바로 과오납금 반환으로 결정하고 이를 반환하여야 한다.

수입의 세부 업무를 살펴보면 [그림 12-1]과 같다.

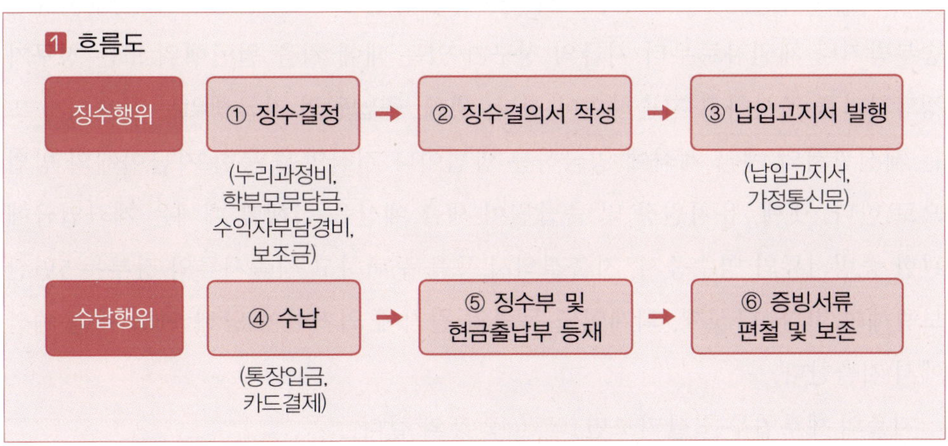

[그림 12-1] **수입의 업무 흐름도**

출처: 서울특별시교육청(2017). 사립유치원 재정업무 매뉴얼, p. 77.

징수결정은 징수 권리의 내용(수입원인 및 금액), 납부 의무자, 납부시기 등을 확정하는 것으로 세입 예산 항목별로 징수결의서를 작성해야 한다.

납입고지란 납부 의무자에게 납부 금액, 납입기한 및 납부 장소 등을 문서로 통지하는 대외적 의사표시이다. 관계법령 또는 해당 계약 등에 의거 납부 기한이 정해진 경우 납부기간이 개시되기 5일 전에 납입 고지서를 발부하여 납부의무자에게 송부하여야 한다.

수납행위는 납무 의무자로부터 고지한 해당 금원을 영수하는 행위로 수납이 되면 수입 일계표를 작성하고 징수부를 정리한 후 증빙서류를 편철하여 보관하도록 한다(교육부, 2017).

❷ 지출

지출이란 예산 집행 품의와 지출 원인행위(계약 등)로 확정된 채무를 이행하기 위하여 채주에게 대가를 지급할 때까지의 일체의 행위를 말한다.

지출의 원칙은 다음과 같다.

첫째, 유치원장이 지출 원인행위를 하는 때에는 예산의 범위 내에서 해당 유치원의 자금 수급을 고려하여야 한다. 둘째, 출납원은 지출 원인행위 관계 서류를 송부받거나 채권자로부터 지급의 청구가 있는 때에 지출 원인행위 또는 청구가 정당한가를 조사하고 지출하여야 한다. 셋째, 출납원의 지급행위는 금융회사 또는 체신관서의 예금 계좌에 입금하는 방법이나 전산망을 통한 자금이체의 방법으로 한다. 넷째, 유치원장 및 출납원이 세출 예산을 집행할 때에는 계좌입금에 관한 증빙서류와 영수증서, 지출결의서 등을 구비하고 지출서류와 장부는 5년간 보관해야 한다. 다섯째, 회계연도 독립의 원칙에 의거하여 당해 연도 세출 예산에서 지출한다.

지출의 세부업무를 살펴보면 [그림 12-2] 와 같다.

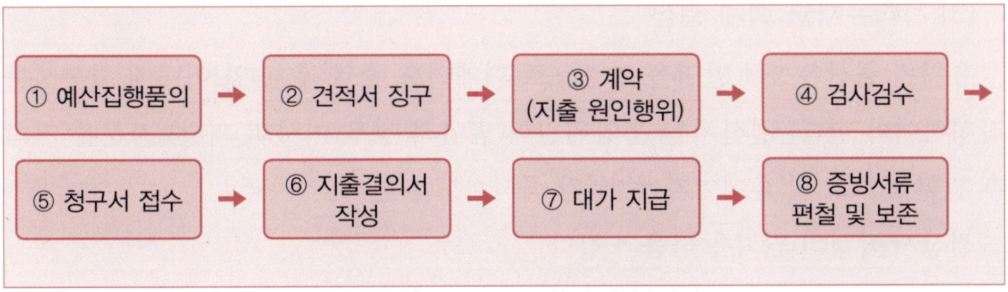

[그림 12-2] **지출의 업무 흐름도**

출처: 서울특별시교육청(2017). 사립유치원 재정업무 매뉴얼, p. 85.

지출을 위해서는 가장 먼저 집행 품의를 작성하는데 사업 내용, 규모, 집행예정액 등 집행의사를 결정하는 행위로 예산 범위 내에서 유치원장의 결재를 받음으로써 완료된다.

견적서 징구는 추정 가격에 따라 1~2인의 사업자로부터 견적서를 징구하되 업체 유형에 따라 부가세 포함 여부를 확인한다. 그러나 2천만 원 이하의 경우 1인 견적서 징구가 가능하고 전기, 가스, 수도 등의 공급 계약을 체결하는 경우 또는 100만 원 미만인 물품을 신용카드로 구매하는 경우, 국가 및 다른 지방자치단체와 수의 계약을 체결하는 경우 견적서 생략이 가능하다.

계약 등 지출 원인행위는 지출의 원인이 되는 계약 및 이미 법령 또는 계약에 따라 발생되는 지출 의무를 이행하기 위해 세출 예산에서 지출하기로 확정하는 행위이다.

검사·검수는 유치원에서 규격, 제품, 손상 및 서류에 따른 수량을 확인하는 행위이며 청구서 접수는 계약 대상자가 구비서류(세금 계산서, 통장사본, 증빙사진 등 기타 필요서류)를 준비하여 대금을 청구하는 것이다. 유치원은 청구일로부터 5일 이내에 지출결의서를 작성하고 그 대가를 지급하여야 한다.

증빙서류는 원본 보존이 원칙이며 장부와 서류는 각각 5년간 보존해야 한다(교육부, 2017).

(3) 사립유치원 회계 결산

유치원 결산은 2월 말일을 기준으로 회계연도 종료 후 40일 이내에 결산서를 작성하여야 한다. 결산서는 운영위원회(법인의 경우 이사회 의결) 자문을 거친 후 관할청 보고 및 홈페이지에 1년간 공시하도록 한다.

결산서 작성의 원칙은 다음과 같다.

첫째, 예산과 달리 결산은 '원' 단위로 작성한다.

둘째, 세입·세출 결산 명세서는 세입·세출 예산 과목과 동일하게 작성하되 수입과 지출에 있어서의 예산·결산액 및 비교 증감 대비액, 불용액에 있어서의 수입 총액, 지출 총액과 차인잔액(불용액)을 명확히 하여야 한다.

셋째, 세입·세출 관·항·목 세입 재원, 징수부, 지출부 및 통장 확인 등을 통해 정확히 작성하여야 하며 임의로 수정하거나 변경하지 않는다.

넷째, 전년도 집행 잔액은 이월금 계상액과 반드시 일치하여야 하며 산출기초는 반드시 집행사업과 지출 내역을 명기해야 한다.

다섯째, 결산액과 예금 잔액증명서 금액이 상이할 경우 예금 잔액 불부합 조서를 작성하고 첨부하여야 한다.

여섯째, 결산 결과 발생된 불용액(집행잔액과 이월금 계상액이 서로 다른 경우) 및 과년도 수입은 다음 연도 추가경정 예산에 반영하여야 한다.

사립유치원 재정업무 매뉴얼(교육부, 2017)에서 제시한 유치원 결산을 위한 업무과정을 살펴보면 〈표 12-5〉와 같다.

〈표 12-5〉 **결산의 업무 흐름도**

단계	내용
① 출납폐쇄(3월 20일) 유치원장	▪ 당해 회계연도 2월 말일까지 징수행위가 된 **세입금 수납** 및 **지출 원인행위가 된 지출 마감**
② 결산서 작성·제출(4월 9일) 유치원장 → 이사장 또는 사립학교경영자	▪ 회계연도 **종료 후 40일 이내**(유치원운영위원회의 자문기간 포함)**에 작성**하여 이사장 또는 사립학교경영자에게 제출 - 세입결산서: 관항목별 재원을 구분하여 예·결산액 및 결산액 산출기초 작성 - 세출결산서: 관항목별 재원을 구분하여 예·결산액 및 결산액 산출기초 작성 ▪ 징수부·지출부·예금 잔고 확인을 통해 정확히 작성
③ 심의의결·확정(4월 24일) 이사장 또는 사립학교경영자	▪ 회계연도 종료 후 **55일까지 심의·확정**(법인은 이사회의 의결을 거쳐야 함)
④ 보고·공개(5월 29일) 및 공시(10월) 이사장 또는 사립학교경영자	▪ 회계연도 종료 후 **3월 이내 관할청 보고** 및 **홈페이지 1년간 공개** ▪ '유치원의 공시정보 범위·공시횟수 및 시기'에 의거 **10월 공시**

※관할청은 제출받은 결산서를 검토하여 **필요한 조치를 명할 수** 있음(「사립학교법」 제48조)

출처: 교육부(2017). 사립유치원 재정업무 매뉴얼, p. 89.

3) 어린이집 재정관리

어린이집의 재정관리는「사회복지법인 및 사회복지시설 재무·회계규칙」의 규정에 따라 운영하며 주요 항목별 기준을 준수하여야 한다. 어린이집 재무회계에 관련된 실무를 육아정책 연구소에서 소개한 매뉴얼을 중심으로 살펴보면 다음과 같다(서울특별시, 서울특별시 육아종합지원센터, 2016).

(1) 예산총칙 및 세입·세출 예산서

- 예산 보고 시에는 예산 총칙 및 세입·세출 예산서를 작성 제출하여야 한다. 이때 당해 예산을 의결한 이사회 및 어린이집 운영위원회 회의록 사본을 함

께 제출해야 한다.

- 세입과 세출 예산은 실행 가능성이 없는 수입을 재원으로 한 지출은 계상하지 않도록 유의하여 작성하여야 한다.
- 회계연도의 모든 수입은 세입으로, 모든 지출은 세출로 하고 예산 내용과 산출기초는 명백하게 표기하여야 하며, 모든 수입금과 지출금은 반드시 예산서에 기재하여야 한다.
- 예산 성립 후에 생긴 사유로 인하여 이미 성립된 예산에 변경을 가할 필요가 있는 경우(기존 예산 금액의 과부족, 예산 목적의 변경, 비목 간 조정 등) 예산편성 절차에 준하여 추가경정예산을 편성, 확정하여 7일 이내에 시, 군, 구에 제출하여야 한다.

어린이집 세입예산 과목구분을 살펴보면 〈표 12-6〉과 같다.

〈표 12-6〉 **어린이집 세입·세출 예산 구분**

세입예산

<table>
<tr><th colspan="6">과목</th><th rowspan="2">내역</th></tr>
<tr><th colspan="2">관</th><th colspan="2">항</th><th colspan="2">목</th></tr>
<tr><td rowspan="2">01</td><td rowspan="2">보육료</td><td rowspan="2">11</td><td rowspan="2">보육료</td><td>111</td><td>정부지원 보육료</td><td>만 0~5세아동, 장애아동, 다문화·맞벌이가구 등에 지원되는 보육료 및 카드수수료 환급금 등</td></tr>
<tr><td>112</td><td>부모부담 보육료</td><td>보호자로부터 받은 보육료</td></tr>
<tr><td rowspan="2">02</td><td rowspan="2">수익자 부담 수입</td><td>21</td><td>선택적 보육 활동비</td><td>211</td><td>특별활동비</td><td>보호자가 부담하는 특별활동 비용</td></tr>
<tr><td>22</td><td>기타 필요경비</td><td>221</td><td>기타 필요경비</td><td>보호자가 부담하는 입학준비금, 현장학습비, 차량운행비, 아침·저녁 급식비, 졸업앨범비 등 기타 필요경비</td></tr>
</table>

과목						내역
관		항		목		
03	보조금 및 지원금	31	인건비 보조금	311	인건비 보조금	국가 및 지방자치단체로부터 받은 인건비(어린이집으로 지원되는 처우개선비 등 포함)
		32	운영 보조금	321	기본보육료	국가 및 지방자치단체가 보육비용의 일정 부분을 어린이집에 지원하는 보조금
				322	공공형 운영비	국가 및 지방자치단체가 공공형 어린이집에 지원하는 운영보조금
				323	기타 지원금	국가 및 지방자치단체가 지원하는 급·간식비 및 냉난방비, 누리과정 운영비 등
		33	자본 보조금	331	자본보조금	신증축비, 개·보수비, 장비비 등
04	전입금	41	전입금	411	전입금	법인, 단체, 개인 등 운영·경영자로부터의 운영지원금
		42	차입금	421	단기차입금	회계연도 내 상환을 원칙으로 시설운영에 필요한 비용을 금융기관 등으로부터 일시 차입한 단기차입금
				422	장기차입금	시설 개·보수 등을 위해 금융기관 등으로부터 차입한 장기차입금
05	기부금	51	기부금	511	지정후원금	국내외 민간단체 및 개인으로부터 후원명목으로 받은 기부금·결연후원금·위문금·찬조금 중 후원목적이 지정된 수입
				512	비지정후원금	국내외 민간단체 및 개인으로부터 후원명목으로 받은 기부금·결연후원금·위문금·찬조금 중 후원목적이 지정되지 않은 수입과 자선행사 등으로 얻어지는 수입
06	적립금	61	적립금	611	적립금 처분수입	적립금 및 퇴직적립금에서 이전받은 금액
07	과년도 수입	71	과년도 수입	711	과년도수입	전년도 출납정리기간 이후에 납입된 수입
08	잡수입	81	잡수입	811	이자수입	금융기관에 예치한 예금의 이자수입
				812	기타 잡수입	차량·물품 등 매각수입, 변상금, 위약금 수입, 교육 외 수입(보증금 수입 등), 보육교사 실습비, 보험료 수령액 등 어린이집 자산매각 수입 포함

<table>
<tr><th colspan="6">과목</th><th rowspan="2">내역</th></tr>
<tr><th colspan="2">관</th><th colspan="2">항</th><th colspan="2">목</th></tr>
<tr><td rowspan="2">09</td><td rowspan="2">전년도 이월액</td><td rowspan="2">91</td><td rowspan="2">전년도 이월액</td><td>911</td><td>전년도 이월금</td><td>전년도 불용으로 이월된 금액</td></tr>
<tr><td>912</td><td>전년도 이월사업비</td><td>전년도에 종료되지 못한 이월사업비</td></tr>
</table>

세출예산

<table>
<tr><th colspan="6">과목</th><th rowspan="2">내역</th></tr>
<tr><th colspan="2">관</th><th colspan="2">항</th><th colspan="2">목</th></tr>
<tr><td rowspan="7">100</td><td rowspan="7">인건비</td><td rowspan="2">110</td><td rowspan="2">원장 인건비</td><td>111</td><td>원장급여</td><td>원장인건비 중 기본급 등</td></tr>
<tr><td>112</td><td>원장수당</td><td>원장에게 지급하는 상여금과 제(諸) 수당</td></tr>
<tr><td rowspan="2">120</td><td rowspan="2">보육 교직원 인건비</td><td>121</td><td>보육교직원 급여</td><td>보육교직원 인건비 중 기본급 등</td></tr>
<tr><td>122</td><td>보육교직원 수당</td><td>보육교직원에게 지급하는 상여금과 제(諸) 수당</td></tr>
<tr><td>130</td><td>기타 인건비</td><td>131</td><td>기타 인건비</td><td>기타 일급 또는 단기 채용 임시·일용직 급여</td></tr>
<tr><td rowspan="2">140</td><td rowspan="2">기관 부담금</td><td>141</td><td>법정부담금</td><td>어린이집에서 부담하는 법정부담금(건강보험, 국민연금, 고용보험, 산업재해보상보험 등)</td></tr>
<tr><td>142</td><td>퇴직금 및 퇴직적립금</td><td>어린이집에서 부담하는 퇴직급여 및 퇴직적립금</td></tr>
</table>

과목						내역
관		항		목		
200	운영비	210	관리 운영비	211	수용비 및 수수료	소모품 및 집기 구입비, 도서구입비, 인쇄비, 홍보물, 각종 사무용 및 교구 비품의 수선비, 수수료, 구급약품, 치료비, 대관·비품대여료, 협회비, 우편료, 광고료 등
				212	공공요금 및 제세공과금	세금 및 공과금, 안전공제회비, 전기료, 상·하수도료, 도시가스료, 자동차세, 각종 보험료(자동차·화재 등), 전신·전화료(통신비) 등
				213	연료비	보일러 및 난방시설 연료비, 취사에 필요한 연료비
				214	여비	국내·외 출장여비
				215	차량비	차량 관련 유류대, 정비유지비, 소모품 등
				216	복리후생비	보육교직원 복리후생을 위한 현물·서비스 지급비(교직원 건강검진비·피복비·치료비·급량비 등)
				217	기타 운영비	그 밖에 운영경비로서 분류되지 않은 경비(건물임대료, 건물융자금 이자 등)
		220	업무 추진비	221	업무추진비	어린이집 운영 및 유관 기관과 업무협의, 종무식 등 공식적인 업무추진에 소요되는 제반경비
				222	직책급	어린이집 원장의 직책수행을 위하여 정기적으로 지급하는 경비
				223	회의비	어린이집운영위원회, 부모회의 등 각종 회의 등에 소요되는 경비

과목						내역
관		항		목		
300	보육 활동비	310	기본 보육 활동비	311	교직원 연수·연구비	교직원에게 지급하는 연수비 및 연구비
				312	교재·교구 구입비	보육 기자재, 도서 등 구입 및 제작비
				313	행사비	아동과 직접 관련되어 발생하는 각종 행사경비
				314	영유아 복리비	영유아 건강 및 안전관련 비용(건강검진 비용 등)
				315	급식비	정규보육시간 내 제공되는 주·부식 재료 구입비 및 간식비
400	수익자 부담 경비	410	선택적 보육 활동비	411	특별활동비 지출	특별활동에 따라 지출하는 비용
		420	기타 필요 경비	421	기타 필요경비 지출	입학준비금, 현장학습비, 차량운행비, 아침·저녁 급식비, 졸업앨범비, 기타 필요경비
500	적립금	510	적립금	511	적립금	어린이집의 안정적인 기관운영 및 완성에 수년을 요하는 공사나 제조 등 특정 목적사업을 위한 적립금
600	상환·반환금	610	차입금 상환	611	단기 차입금 상환	단기 차입금 원금 및 이자 상환액
				612	장기 차입금 상환	장기 차입금 원금 및 이자 상환액
		620	반환금	621	보조금 반환금	정부보조금 미사용분에 대한 반환금
				622	보호자 반환금	보호자 부담비 미사용분에 대한 반환금
				623	법인회계 전출금	법인에서 지원한 전입금과 연계하여 지출하는 법인회계로의 전출금

과목						내역
관		항		목		
700	재산 조성비	710	시설비	711	시설비	시설 신·증축비 및 부대경비, 그 밖에 환경개선을 위한 개·보수비
				712	시설장비 유지비	시설, 장비 및 물품 등의 유지를 위한 수선경비
		720	자산 구입비	721	자산취득비	시설운영에 필요한 비품구입비, 노후 업무용차량 교체 등 차량구입비(차량할부금 포함), 그 외 자산 취득비
800	과년도 지출	810	과년도 지출	811	과년도 지출	과년도 미지급금 및 과년도 사업비의 지출(지출대상 부도 등 부득이한 경우에 한해 제한적으로 인정)
900	잡지출	910	잡지출	911	잡지출	보상금·사례금·소송경비 및 원 단위 절사금 등
1000	예비비	1010	예비비	1011	예비비	예측할 수 없는 불가피한 지출 소요

출처 : 사회복지법인 및 사회복지시설 재무·회계규칙 [별표 7].

(2) 수입·지출

- 수입과 지출이 발생할 경우에는 수입·지출결의서를 작성하여야 하며, 통장 입·출금일 기준으로 작성한다.
- 지출은 계좌 입금, 어린이집 전용 신용(체크)카드를 사용하는 것을 원칙으로 하며 카드 매출 전표, 신용카드 영수증 또는 현금 영수증, 세금계산서, 거래명세서 등의 증빙서류를 함께 첨부하여야 한다.
- 회계장부(수입·지출 증빙서류 포함)는 5년간 보관하고 공사 관련 장부 및 증빙서류를 10년간 보존한다. 이때 100만 원 이상의 시설비 지출의 경우는 공사 전후 사진을 함께 첨부하도록 한다.
- 지출된 세출의 반납금은 각각 지출한 세출의 당해 과목에 여입할 수 있으며, 과오납된 수입금은 수입한 세입에서 직접 반환하여야 한다. 반납이 발생한 경우 반납결의서를 작성하여야 한다.

- 수입과 지출 행위 시에는 수입 · 지출결의를 한 후, 총계정원장에 기록하여야 하며 관련 증빙서는 증빙 번호를 부여하고 그 번호를 장부에 기재하여 항상 대조 확인할 수 있도록 일목요연하게 기재한다.
- 지출결의와 수입결의를 통해 통장의 입·출금이 일어날 경우 현금 출납부를 작성하여야 하며, 현금출납부와 통장 내역이 일치하도록 검토하여 기재한다.

(3) 세입·세출 결산 총괄 설명 및 세입·세출 결산서

- 결산 보고시에는 세입 · 세출 결산 총괄 설명 및 세입 · 세출 결산서를 작성하여 제출하여야 한다. 이때 연도말 잔액증명서, 퇴직 적립금 통장사본, 퇴직 적립금 예금잔액 증명서, 결산관련 보조서류를 첨부하여야 한다.
- 예산서의 항목과 동일하게 과목 및 예산액을 기재하고 예산의 과목별로 세분하여 결산하고 기재한다.
- 어린이집 결산 보고 과정은 [그림 12-3]과 같다.

• 세입·세출 결산 보고서 작성	어린이집 원장	출납완료 시
⬇		
• 어린이집운영위원회 보고	어린이집 원장	해당 어린이집만
⬇		
• 이사회의 결산 보고서 의결	사회복지법인	결산 보고서 작성 시
⬇		
• 시장·군수·구청장에게 결산 보고서 제출	어린이집 원장	다음 년도 5월 31일까지
⬇		
• 세입·세출 결산개요를 당해 어린이집의 게시판이나 홈페이지에 20일 이상 공고	어린이집 원장	결산 보고서 제출 후

[그림 12-3] **어린이집 결산 보고 과정**

출처: 보건복지부(2018). 2018 보육사업 안내, p. 62.

제13장 기독교 유아교육기관 부모교육과 지역사회와의 관계

부모교육의 개념은 부모와 자녀의 관계 속에서 성립된다. 그것은 자녀의 성장을 위해 제공해야 하는 부모의 과업을 의미하기도 하고(Brooks, 1991), 부모가 자녀를 정서적·사회적·지적으로 변화시키는 중요한 인간경험을 의미하기도 하며(Martin & Colbert, 1997), 부모로서 건강한 인격 성숙과 자기 관리를 도모하고 동시에 자녀의 성장과 발달에 대한 정확한 이해와 지식을 바탕으로 부모로서의 전반적인 역량을 키움으로써 궁극적으로 바람직한 부모역할을 수행하도록 지원하는 다양한 교육활동을 의미하기도 한다(김진경, 서주현, 2016).

또한, 부모교육은 부모가 유아교육 프로그램에 직접 참여하여 유아교육기관에서 실시되는 교육 내용을 이해할 수 있도록 하는 가정과 유아교육기관과의 상호작용 기능까지 포함하고 있다(정갑순, 2006). 기독교 부모교육은 이러한 일반 부모교육의 의미를 포함하되 교육의 장과 관계 면에서 더욱 확장되어야 한다. 즉, 기독교교육은 전체로서의 공동체의 영적 형성에 관계되어야 하기 때문에 기독교 유아교육기관에서의 부모교육은 부모-자녀 관계가 하나님을 중심으로 수직적인 면에서 확대되어야 하며, 또한 교회와 지역사회를 포함하는 것으로 수평적인 면에서 확대되어야 한다(정희정, 2009).

1 기독교 유아교육기관의 부모교육

1) 부모교육의 성경적 의의

성경은 자신의 자녀를 가르쳐야 하는 부모의 의무를 구약과 신약 전반에 걸쳐 반복적으로 강조하고 있다. 특히 신명기는 "… 너는 그 일들을 네 아들들과 네 손자들에게 알게 하라(신 4:9)"는 말씀을 반복하고 있는데(신 4:10; 6:6-7; 11:19; 31:13; 32:46), 이는 부모들이 자신의 삶 속에서 경험한 살아계신 하나님에 대해 자녀들에게 지속적으로 알려 주어야 할 필요가 있으며 계속해서 다음 세대로 전달될 수 있도록 체계적으로 가르치는 것이 필요함을 보여 준다(정희정, 2009).

이렇듯 성경은 부모의 역할과 중요성에 대해 말씀을 통해 확증하고 있으며, 이후 역사적으로도 많은 신학자들이 부모 역할의 중요성을 크게 강조하였다. 특히, 종교개혁시대에 이르러 종교개혁자들은 기독교 가정의 의무를 강조하기 시작하였는데, 루터(Luther)는 부모가 가정에서 주는 영향이 아동의 일생을 통해서 지속되기 때문에 부모는 하나님께 대한 경외감을 가지고 하나님의 지식 안에서 자녀를 양육해야 한다고 주장하였다. 칼빈(Calvin)도 가정교육을 강조하였고 자녀교육에 대한 부모의 책임을 강조하였다(정희정, 2009). 특히, 칼빈은 "교회 조직에 관한 규례"에서 아동의 신앙교육에 관한 문제를 중요하게 다루고 있다. 즉, 아동교육과 관련하여 기독교인 부모는 기독교 신앙의 핵심적인 사항을 그들의 자녀들에게 가르침으로써 질서를 세우는 것이 매우 중요하며, 또한 1년 중 특별한 시기에 그들이 목회자 앞에 나와 질문을 받고 점검을 받아 충분히 배웠다고 인정될 때까지 그들 각자의 능력에 맞게 더 많은 설명을 들을 수 있게 해 줘야 한다는 것이다(황성철, 2002). 이처럼 칼빈은 부모들이 하나님께 대한 신실한 경외심을 갖고 그분의 말씀에 순종하도록 자녀들을 가르쳐야 하며, 어린 자녀들도 주님과 연합되어 있는 존재이기 때문에 교회 앞에서 자신의 신앙을 고백해야 한다고 하였다. 이를 위해 부모들은 자녀들을 하나님께 드려 그분의 자녀들 중 한 사람이 되게 하며 또한 교회의 일원이 되게 해야 한다. 또한 그들의 자녀들이 기독교 교리를 배우고 교회 앞에서 자신의 신앙을 고백할 수 있도록 부지런히 노력하며 자녀들의 본이 되는 경건한 삶을 살아야 한다고 하였다. 이러한 맥락에서 그는 교육의 근본적인 목적이 개인의 경건성을 발전시키는 것이라고 하였고, 그러므로 부모들은 스스로의 경건한 삶을 통해 자녀의 경건성을 발전시킬 의무를 지니며 이를 위해 교회의 목사와 장로는 교인의 가정을 방문하여 부모들이 자녀들을 부지런히 가르치고 있는지를 살펴보아야 한다고 하였다(정희정, 2009, 재인용).

기독교 유아교육기관에서의 부모교육은 가정에서 시작된 자녀양육의 확장적 측면이다. 에들린(Edlin, 2004)은 전문적이고 기술 지향적인 우리의 사회 속에서 부모가 의사에게 자녀의 의료 처치를 맡기듯 교육의 어떤 부분을 학교에 맡기는 것은 합법적이고 필요한 일이라고 하였다. 그리고 학교에서 자녀를 양육하는 방식이 정말 기독교적인지를 확인할 책임은 부모의 몫이라고 하였다. 즉, 자녀들은 가정과 교회에서 배운 것을 학교교육을 통해 강화하고 심화하여야 하는데 이는 오직 기독교 학교에서만 일어날 수 있기 때문에 부모들은 이를 유념해야만 한다. 브루멜른(Brummelen, 1996)은 기독교 유아교육기관이란 그리스도 안에서 이미 기초가 세워졌지만 이 세상에서는 궁극적으로 성취되지 못할 그 나라의 시민이 되도록 아이들에게 도전을 주고 그들을 준비시키는 곳이라고 하였다(눅 4:18-21, 17:21; 계 21장, 22장). 따라서 기독교 유아교육기관과 부모는 아이들이 하나님의 세상과 그 안에서의 자신의 위치와 역할에 대해 배울 수 있도록 서로의 권위를 상호존중하며 함께 협력하는 것이 필요하다.

기독교 유아교육기관의 목적을 성취하기 위해서는 기독교 유아교육기관을 구성하는 공동체 일원인 학부모들이 기독교 유아교육기관의 목적을 인식할 필요가 있다. 그러나 기독교 유아교육기관의 구성원일지라도 모든 학부모들이 기독교 유아교육기관의 목적과 비전을 공유하지 못할 수도 있다. 그러므로 기독교 유아교육기관의 목적과 운영에 대한 이해를 학부모들이 인식하도록 도와주어야 한다. 기독교 유아교육기관에서는 원아를 모집하고 홍보할 때부터 오리엔테이션 및 다양한 방법을 통해 기독교 유아교육기관의 교육철학 및 교육목적, 운영방침에 대해 명확하게 알려 주어 부모들이 확신과 신념을 갖고 기독교 유아교육기관과 교회가 진정한 기독교 유아교육의 동역자로서의 역할을 수행할 수 있도록 도와주어야 한다. 아울러 기독교 유아교육기관에서는 유아가 기독교 유아교육기관에 다니는 동안 계속해서 계획적이고 체계적인 부모교육을 실시하여 기독교 유아교육기관의 비전을 성취해 나갈 수 있도록 노력하는 것이 필요하다(김동춘, 2006).

2) 기독교 부모교육의 개념 및 목적

기독교 부모교육이란 부모가 하나님으로부터 부여받은 자신의 존재 의미와 소명을 깨달아 모든 지혜로 자녀를 그리스도 안에서 완전한 자(골 1:28)로 세우도록 성화의 측면에서 이루어지는 신앙 성숙의 과정이며, 이러한 역동적 변화를 위해 하나님의 능력과 은혜를 경험하고 또한 자녀의 교육기관 및 교회와의 협력에 참여하도록 하는 과정을 포함한다(정희정, 2009).

정희정(2009)은 기독교 부모교육의 개념을 구체적으로 다음과 같이 제시하였다. 첫째, 기독교 부모교육은 부모로 하여금 하나님으로부터 부여받은 자신의 존재 의미와 소명을 깨달아 하나님 앞에서 한 인간으로서 그리고 부모로서 자신이 누구인가에 대한 정체성을 인식하도록 돕는 것이다.

둘째, 기독교 부모교육은 부모가 개인으로서의 신앙의 성숙을 향해 나아가도록 돕는 것이다. 모든 인간은 다양하고 복잡한 삶 속에서 스트레스와 갈등을 경험하며 부모 또한 한 인간으로서 그리고 자녀 양육을 하면서 동일한 어려움을 경험하게 된다. 따라서 부모는 이러한 갈등과 어려움을 하나님 안에서 해결하는 경험을 갖고 이를 통해 성화의 과정에 참여해야 한다.

셋째, 기독교 부모교육은 부모로 하여금 자녀를 하나님의 형상으로 지음받은 가치 있는 존재로 인식하여 그들이 하나님의 뜻 가운데서 성장할 수 있도록 돕는 것이다. 즉, 기독교 부모교육은 부모들이 하나님께서 그들에게 위임하신 자녀교육의 명령을 잘 수행할 수 있도록 부모를 교육시키는 것이며, 이때 부모들에게 자녀양육에서 필요한 성경적인 태도와 실제적 기술을 습득시키는 것이 필요하다.

넷째, 기독교 부모교육은 부모들이 자녀들에게 모델링의 역할을 수행할 수 있도록 돕는 것이다. 부모들이 하나님으로부터 받은 가장 중요하고도 첫째 되는 소명은 하나님이 부모들에게 그러하신 것처럼 부모들도 모델링을 통해서 그들의 자녀들에게 하나님과 같은 부모가 되는 것임을 인식시켜야 한다(Meier, 1985).

마지막으로, 기독교 부모교육은 부모로 하여금 자녀양육과 관련되어 있는 교육기관 및 교회를 조력하는 협력자로서의 역할을 감당하게 하는 것이다. 자녀들이 성장해 감에 따라 그들의 사회문화적 환경을 구성하는 교육기관과 교회의 역할은 커져 가며 자녀에게 미치는 영향력 또한 증대된다. 부모와 교육기관은 긴장의 관계가 아닌 상호지지의 관계로서 협력해야 하며, 교회 또한 자녀들이 경건성을 발전시킬 수 있도록 부모들과 협력해야 한다. 이러한 협력을 통해 부모는 자녀에 대해 보다 잘 이해할 수 있게 되며 교육기관 및 교회 또한 영유아들의 다른 모습을 알게 된다. 따라서 기독교 부모교육은 교육의 효과를 극대화시키기 위해 부모들이 교육기관 및 교회의 프로그램을 후원 및 지지할 수 있도록 하는 협력자로서의 역할을 강조해야 한다.

부모교육은 일반적인 관점에서 자녀양육이나 부모교육, 가정생활 개선에 관한 지식 제공을 목적으로 하며, 구체적인 목적 설정 시 유의사항은 다음과 같다(Click, 2000; 김동춘, 2006, 재인용).

① 유아들의 교육과 보호를 위해서 가족과의 유대관계를 이룩한다. 교사의 유대관계 훈련은 중요하다. 이것은 부모가 처음 유치원으로 걸어 들어와 원장과 교사들에게 말할 때부터 시작된다. 이러한 자세가 전해지기 위해서는 신학기 유아들이 유치원 출석에 적응하는 기간에 특히 중요하다.

② 부모가 유아들의 능력을 인지하고 존중할 수 있도록 돕는다. 무엇보다 중요한 것은 유아들이 자신의 힘을 깨닫고 유아들에게 무엇이 옳은가에 대한 그들의 느낌을 믿을 수 있도록 도와주는 것이다.

③ 부모에게 유아발달에 관한 사실적인 자료를 제공한다. 유아발달에 대한 지식은 행동을 발달의 과정으로 보는 관점에 도움을 줄 수 있을 것이다.

④ 유아교육기관의 교과과정과 계획된 활동들을 설명해 준다. 자유놀이의 가치와 그룹 참여를 통하여 무엇이 얻어지는가를 알 수 있도록 도움을 줄 것이다.

⑤ 유아들이 배울 수 있는 방법을 부모들이 이해할 수 있도록 도와준다. 유아들이 놀고 있는 중에도 활발하게 학습하고 있다는 것과 집에서의 경험이 중요한 학습이 된다는 것을 알 수 있도록 도움을 줄 수 있을 것이다.

⑥ 부모에게 넓고 다양한 종류의 교육적인 자료와 경험을 소개한다. 주변에 있는 모든 것들과 유아 연령에 맞는 장난감과 책, 종이 재료, 퍼즐, 게임 등과 같은 것에 대해 소개하면 부모에게 도움을 줄 수 있을 것이다.

이를 토대로 기독교 유아교육기관에서의 부모교육은 부모와 교사가 유아들의 교육과 보호를 위해 하나님의 사명을 받은 자들임을 인식하여 유아들이 하나님의 계획에 따라 자신의 능력을 인지하고 존중할 수 있도록 도움으로써 유아교육기관에 잘 적응하고 이를 부모들이 잘 이해하도록 돕는 것을 목적으로 한다.

3) 부모교육의 운영 형태

기독교 유아교육기관에서 실시할 수 있는 부모교육의 유형은 목적, 주제, 교육여건, 교육대상 등의 특성에 따라 좌우되는데, 이를 살펴보면 다음과 같다.

(1) 부모교육의 유형

❶ 학부모 오리엔테이션

학부모 오리엔테이션은 학기 초에 신입 아동의 학부모에게 교육기관의 교육철학, 운영방법, 교육방법, 교육기관 행사, 아동지도방법 등에 관해 전반적으로 소개하는 시간이다. 또한 오리엔테이션에서 다루는 내용은 교육기관의 교육 프로그램, 교육방침, 일과 및 행사에 대한 안내와 교직원 인사, 반 편성 안내 등이며 비디오나 슬라이드, 홈페이지에 게시된 자료 등을 통해 이루어진다(홍길회 외, 2016).

❷ 부모회

부모회란 유아교육기관과 관계된 부모들의 집단모임을 말한다. 부모회를 통해서 교사와 부모는 공동의 목표를 추구해 갈 수 있으며, 부모가 유아교육기관에 능동적으로 협조할 수 있는 기회를 제공한다(최혜순, 2013). 부모회의 활동이나 방법은 강연회, 좌담회, 소집단 토의, 심포지엄 등 다양한 형태로 진행될 수 있다. 먼저, 강연회는 강사를 초빙하여 강연을 듣게 하는 것으로 부모와 교사 간의 의사전달이 가장 용이하고 큰 준비 없이 진행시킬 수 있으므로 교육기관에서 가장 많이 활용하고 보편화되어 있다. 강연회의 내용은 아동발달 단계에 따른 부모의 역할 등과 같은 다양한 교육 이론을 비롯하여 교육기관의 이해, 아동발달에 대한 지식과 지도방법, 성교육 그 밖의 부모들의 관심사를 다룬다. 좌담회는 부모와 여러 분야의 전문가를 모셔서 교육에 관한 문제나 교육기관 운영 계획에 대한 문제를 다루는 모임이다(홍길회 외, 2016). 소집단 토의는 대집단 모임 도중 또는 끝난 후에 주위에 앉은 사람들끼리 토의하는 형식으로 누구나 다 참여할 수 있고 토의집단을 조성하는 시간이 걸리지 않는 장점이 있다(김영옥, 2009). 심포지엄은 한 주제를 여러 명의 발표자가 여러 가지 측면에서 다루어 발표하며, 발표 후 질의응답 시간이 주어지고 사회자가 중요한 점을 요약하여 결론을 맺는다(홍길회 외, 2016).

❸ 수업참관

수업참관은 부모들에게 유아교육기관에서 일어나는 일상생활 및 교육활동을 관찰할 수 있는 기회를 제공하여 자녀를 보다 객관적으로 이해할 수 있도록 도와준다. 참관 방법에는 별도의 관찰실에서 참관하는 방법과 교실 안에서 직접 참관하는 방법이 있다. 참관 후에는 소감록을 통하여 부모들은 교육활동에 대한 이해를 높일 수 있고 유아교육기관은 부모들의 소감을 교육활동 운영에 반영할 수 있다(김영옥, 2009). 구체적으로 수업참관 시 그날의 교육과정과 참관의 의미, 수칙, 수업참관, 관찰 기록에 관한 인쇄물을 준비하여 부모에게 미리 오리엔테이션을 한 후 입실하도록 한다. 부모는 수업참관 관찰 기록을 잘 정리하여 수업이 끝난 후 원장, 교사와 함께 토의 및 협의한 후 제출하도록 한다(정갑순, 2006).

❹ 부모 참여수업

부모 참여수업은 유아교육기관과 가정과의 연계교육을 활성화시키기 위한 적극적인 부모교육의 형태로 1년에 1~2회 정도 계획된다. 부모 참여수업은 부모가 유아교육기관의 교육 프로그램이 어떤 목표를 가지고 어떻게 표현되고 있는지 유아교육기관 교육과정이 진행되어 가는 과정을 이해하는 최선의 방법이다. 이는 유아와 함께 프로젝트 부분단계 또는 현장견학, 요리 활동, 조형 활동, 게임 활동, 과학 활동, 자유선택 활동 등 다양하게 계획된 활동에 직접 참여하여 경험함으로써 가정에서도 유아교육기관의 교육과정을 어떻게 풍부하게 구성해야 하는지에 대한 생각을 끌어낼 수 있다.

부모 참여수업을 계획하기 위해 부모가 많이 참여할 수 있는 요일을 사전에 설문지를 통하여 조사한 후, 유아교육기관에서 주제와 활동 유형을 정하고 활동 내용과 참여수업에 대한 유의사항 등을 참여수업 일주일 전에 가정으로 안내한다. 참여수업이 끝나면 참관 소견을 작성하도록 하고 함께 평가하는 시간을 갖는다(유은정 외, 2012).

❺ 가정통신문

가정통신문은 교육기관에서 월간, 주간, 일간 교육활동 내용이나 국가, 사회, 기관의 행사, 돌발적인 사건 등에 대하여 중요한 정보나 내용을 각 가정에 통지하는 안내문으로 가정에서 자녀 지도 시 고려하도록 한다. 가정통신문에 들어가는 내용은 다음과 같다(홍길회 외, 2016).

- 월간, 주간, 일간 교육활동에 대한 안내 또는 지도·확인해 주어야 할 내용, 준비물 등을 안내하여 유아지도의 효율성을 도모한다.
- 국가, 사회, 교육기관의 행사와 이에 관련된 내용을 중심으로 편성하여 자녀 지도에 필요한 정보를 제공한다.
- 돌발 사건이나 사안에 대하여 자녀지도에 필요한 내용을 안내한다.
- 유아지도에 따른 아이디어를 제공해 준다.

❻ 면담

면담은 개인 면담과 집단 면담으로 나눌 수 있다.

가. 개인 면담

유아교육기관에서의 개인 면담은 교사와 부모가 일대일로 만나 자녀에 관한 의견을 깊이 있게 나누는 활동이다. 이를 통해 부모는 교사에 대한 파악, 영유아 발달수준, 유아교육기관에의 적응, 영유아의 기본생활습관 지도 및 문제행동 지도 방안에 대한 정보를 얻고자 한다. 한편 교사는 부모에게 영유아에 관한 정보를 주어 부모가 영유아를 새롭게 인식하는 기회를 제공하고, 유아교육기관의 목적이나 프로그램에 대한 정보를 제공하며, 유아교육기관에 대한 협조를 구한다. 그리고 영유아 개인에 영향을 주는 가정환경과 부모의 양육방식을 파악하며 부모와 친밀감을 형성하고 영유아의 지도에 관해 서로 의견을 나누어, 가정과 연계하여 영유아를 지도할 방법을 함께 모색한다(홍길회 외, 2016). 개인 면담을 계획하고 준비하는 데 다음과 같은 몇 가지의 제안들이 있다(Decker & Decker, 2001; 김동춘, 2006, 재인용).

첫째, 부모들이 도움을 줄 수 있는 것은 무엇인지, 면담의 결과로 교사가 얻기를 희망하는 것은 무엇인지를 설명하는 간단한 안내문을 발송한다.

둘째, 면담 시간에 대한 일정을 정확히 잡아야 하는데, 이때 부모들이 면담 시간을 선택할 수 있도록 한다.

셋째, 면담을 주의 깊게 준비한다.

- 부모가 올 때 원아를 데리고 올 것인지 알아놓는다.
- 면담을 위해서 매력적이고 사적인 공간을 준비한다.
- 일찍 기관에 도착한 학부모들에게는 기다릴 수 있는 장소를 제공하고 면담이 시작되기 전까지 다른 부모들과 이야기할 수 있도록 한다.
- 프로그램의 목적과 연관되는 유아의 그림과 작품들을 준비해 둔다. 또한 부모로부터 유아에 대한 정보를 모은다.

넷째, 면담을 계획할 때 다음과 같은 제안들이 도움이 될지도 모른다.

- 진심으로 부모를 맞이한다.
- 포트폴리오를 사용하면서 그들의 자녀들에 대해 설명해 준다.
- 절대 부모들을 방어적으로 대하지 말아야 한다. 부모들은 자신들의 유아가 문제가 있다고 하면 논쟁하려 한다는 것을 교사는 알고 있어야 한다.
- 부모들과 이야기할 때 교육적인 용어나 복잡한 설명을 하고 있지 않은지 조심한다.
- 부모들의 모든 문제에 대해서 대답하려고 하거나 해결하려고 하지 말아야 한다.
- 전문적인 윤리성을 연습해야 한다.
- 학부모들이 조급함을 느끼지 않도록 한다.

나. 집단 면담

집단면담은 부모들의 관심과 요구 그리고 교사의 요구가 대다수 부모들에게 공통된 것일 때 활용할 수 있다. 일반적으로 부모참여가 끝난 후에 각 반별로 집단면담을 실시하거나, 유아교육기관 전체 부모를 대상으로 또는 반별로 하거나 또는 5~10명의 소집단을 대상으로 실시하게 된다. 집단이 너무 클 경우에는 면담의 효과를 기대하기가 어려우므로 가능한 한 소집단을 중심으로 진행하도록 한다. 집단면담에서는 대체로 각 가정에서의 영유아의 행동, 친구관계, 놀이, 습관, 문제점 등에 대해 이야기하고, 영유아에 대한 바람이나 유아교육기관에 대한 건의사항 등에 대해 이야기 나눈다. 그리고 교사는 유아교육기관의 교육방침, 지도방법 등을 이해시킬 수 있는 기회로 삼을 수 있으며, 영유아들의 상황과 생활을 알려 줄 수 있다(유은정 외, 2012).

집단면담의 진행과정은 다음과 같다(정계숙 외, 2007).

- 담임교사는 부모를 반갑게 맞이하고 부모에게 간단한 인사를 한 뒤 면담 취지를 설명한다.
- 부모들끼리 서로 인사를 나눈다.
- 교사는 자신에 대해 간단히 소개한 뒤, 반의 집단 구성에 대해 설명한다.
- 부모들은 영유아가 가지고 있는 질병, 알레르기 등 양육과정에서 건강문제, 영유아 성격의 장·단점, 가정에서 고치지 못한 습관, 가정에서 기관과 교사에게 기대하는 교육적 사항 그리고 걱정스런 부분 등에 대해 정해진 시간을 지켜가며 한 사람씩 말한다.
- 교사는 부모의 이야기를 경청하며 기록한다.
- 교사는 선험자의 경험담을 유도하여 부모들의 고민을 해결할 수도 있다.
- 교사는 기관과 교사의 입장에서 부모들에게 부탁하고자 하는 말을 한 후 면담을 끝낸다. 특별히 도움을 필요로 하는 부모는 별도로 개별면담을 하거나 차후 면담 일정을 약속한다.

⑦ 워크숍

워크숍은 부모들이 실제로 참여하여 배우고 연구하며 실습해 보는 활동이다. 주로 유아교육 자료를 만들어 보는 활동을 많이 하고 있으며, 부모의 능력 및 요구에 따라 취미활동, 특기계발, 독서회 등을 할 수 있다(강문희 외, 2003).

⑧ 홈페이지

대부분의 유아교육기관들은 자체 홈페이지를 운영하고 있으며, 이를 통해 시간이나 장소에 구애받지 않고 교사와 학부모, 학부모 간의 대화가 가능하다. 홈페이지를 통해 학부모는 자체로 운영하는 정보 공유의 장소를 만들 수 있고, 게시판을 통해 유치원에서 이루어지는 교육활동이나 행사 내용에 대한 정보를 습득할 수도 있다. 홈페이지를 통해 활용될 수 있는 방안은 다음과 같다(김동춘, 2006).

가. 인터넷 교육 상담

- 부모가 유아에 대해 궁금한 점, 상담하고 싶은 내용을 E-mail을 통해 전달하면 교사가 내용 확인 후 부모의 질문에 대해 상담해 준다.
  - 유아의 가정생활에서 나타나는 문제점
  - 유치원생활에 대한 질문 사항
  - 유아의 문제 행동
  - 유치원에 결석하게 된 사유 등

나. 교육활동 소개

- 유아들의 교육활동 내용을 유아 개인당 사진과 글로 하나씩 올려 주어 학부모들이 유아들의 발달 단계나 유치원 수업의 참여 정도에 대해 알 수 있게 돕는다. 유아들의 유치원 교육활동이나 결과물들 중 학부모에게 소개할 사진을 선정하여 스캔을 받는다. 교사는 사진에 대한 활동 설명, 교육적 의의, 유

아의 발달 단계 설명 등을 전문적인 해석으로 기록하여 소개한다.

- 교사는 각 유아들의 활동이 고르게 소개될 수 있도록 배려하며 유아 평가 자료를 모아 포트폴리오로 활용한다.

다. 카페

- 카페 공간을 이용하여 같은 또래의 자녀를 키우는 부모들끼리 자녀들에게 일어나는 문제 상황에 대해 의견을 나누고, 유아교육에 대한 정보를 서로 공유한다.

라. 게시판

- 유치원에서 이루어지고 있는 전체 행사나 주교육활동 내용을 게시판에 실어 유치원 운영에 대한 학부모들의 의견을 듣는다. 학부모들의 의견은 다음 운영계획 시 반영한다.
- 매주 금요일에 나가는 가정통신문 내용을 실어 부모가 자유롭게 열람할 수 있게 한다. 학부모가 가정통신문을 읽고 궁금한 내용이나 가정통신문의 내용에 대한 건의사항을 올리면 의견을 수렴하여 프로그램에 반영한다.

출처: 총신대학교 부속유치원. http://csuk.kr

4) 부모교육의 이점

부모교육 및 참여를 통해 유아교육기관은 부모를 다양한 형태의 인력자원으로 활용함으로써 프로그램의 질을 향상시킬 수 있으며, 이를 통해 유아에게 많은 혜택을 줄 수 있다. 또한 잘 계획된 부모교육 프로그램은 부모들이 부모로서뿐만 아니라 성인으로서도 발전할 수 있는 기회를 제공한다. 이를 구체적으로 살펴보면 다음과 같다(이영자, 신동주, 2013).

(1) 유아교육기관에 미치는 영향

① 유아에 대한 중요한 정보를 유아교육기관에 알려 줌으로써 교사가 유아 개개인에 대해 좀 더 잘 이해할 수 있도록 돕는다. 교사들이 유아에 대해 가지고 있는 정보는 대부분의 경우 특정 연령대의 수평적인 특성과 관련된 것인데 비해, 가정에서 제공하는 정보는 개별 유아의 성장과정 전부를 포함하는 수직적인 특성을 가지고 있다. 따라서 유아교육기관과 가정의 연계는 개별 유아의 발달을 도모할 수 있는 좀 더 다양한 측면의 정보를 확보할 수 있게 한다.

② 가정과의 협력을 통해 유아교육기관의 성인 대 유아의 비율을 낮출 수 있다. 학부모들이 자원봉사자로서 교사를 보조하는 역할을 할 수 있으며, 이를 통해 교사는 한 학급을 혼자 통솔할 때는 실행하기 어려웠던 여러 가지 활동들을 실시함으로써 프로그램의 질적 향상을 도모할 수 있다.

③ 부모들을 인력자원으로 활용할 수 있다. 부모들이 수업에 필요한 자료를 제작하거나 정리하는 것을 도움으로써 교사들이 좀 더 교육에 전념할 수 있는 여건을 마련할 수 있다. 또한 다양한 직종에 속해 있거나 여러 가지 재능이 있는 부모들이 기관의 프로그램에 참여함으로써 프로그램의 내용을 풍부하게 할 수 있다.

④ 부모들은 기관을 홍보하는 역할을 하기도 한다. 많은 부모들은 주변의 부

모들에게 지역사회에 속해 있는 유아교육기관에 대한 정보를 얻고자 하며, 이들 정보를 신뢰하는 경향이 있다. 따라서 학부모들에게 기관의 프로그램 철학 및 교육 방침을 잘 이해시키고 이를 지지하도록 하는 것은 매우 중요하다.

⑤ 부모참여를 통해 자신의 자녀와 비슷한 또래 유아들을 관찰할 기회를 가짐으로써 부모들은 자녀의 강점과 약점에 대한 현실적인 시각을 갖게 되고, 이를 통해 유아교육기관에서 이루어지는 프로그램에 대해 좀 더 협력적인 자세를 갖게 된다.

⑥ 유아교육기관의 정책을 결정하는 데 부모들이 참여함으로써 기관의 발전을 위한 새로운 시각 및 비전을 제시할 수 있다.

(2) 유아에게 미치는 영향

① 부모들이 기관에서 제공하는 프로그램을 이해하고, 기관에서 이루어지는 활동과 연계하여 가정에서 자녀들과 상호작용함으로써 유아의 인지적 발달 등 다양한 측면에서 유아 발달을 도모할 수 있다.

② 가정과 기관과의 연계를 통해서 교사는 유아에 대한 다양한 정보를 얻을 수 있고, 이를 통해 유아 개개인의 요구를 정확히 파악하고 이에 즉각적으로 반응함으로써 유아에게 정서적 안정감을 제공할 수 있다.

③ 부모가 가정에서와는 다른 역할을 기관에서 하는 것을 보거나 자신을 위해 교사와 협력하는 것을 봄으로써 유아들이 자신에 대한 긍정적인 자아상을 가지게 되며, 좀 더 생산적으로 사회적 관계를 형성해 나갈 수 있다.

④ 부모 참여는 기관의 프로그램 질을 향상시키고, 이것은 결국 유아에게 혜택을 준다.

(3) 부모에게 미치는 영향

① 부모 참여를 통해 부모들은 자신을 가치 있게 여길 수 있는 기회를 가질 수 있다.

② 부모들이 부모로서 자신감을 가질 수 있게 도와준다. 유아교육기관에서 제공하는 유아교육에 대한 정보 및 실제에 관한 훈련을 통해 부모들은 좀 더 자신감을 가지고 가정에서 자녀를 교육하고 양육할 수 있게 된다.

③ 부모들이 자녀교육 및 양육에 좀 더 자신감을 가지고 참여함에 따라 기관에서의 부모 참여도 좀 더 활발히 이루어지게 된다. 이를 통해 부모들은 자녀교육에 있어 자신들의 중요성을 알게 되며, 기관의 교육적 효과를 극대화할 수 있도록 돕게 된다.

④ 다른 부모들을 도울 수 있게 된다. 예를 들어, 장애아 통합교육을 실시하는 유아교육기관의 경우 비장애아 부모들과 장애아 부모들이 서로를 지원하는 네트워크를 형성할 수 있다.

5) 부모교육 프로그램의 실제

부모교육을 위한 계획은 해당교육기관의 사정과 지역사회의 특수성을 고려하여 그 실정에 맞도록 계획하여야 한다. 부모교육 프로그램의 연중 계획표는 다음 〈표 13-1〉과 같다(김동춘, 2006).

〈표 13-1〉 **부모교육 프로그램의 연중 계획표**

행사명	구체적인 실시계획	비고
가정통신문 (매주 금요일)	매주 1회씩 홈페이지에 기재되며, 형식은 가정통신문 외에 부모님이 그 주에 실시되는 유치원에서의 교육활동과 그에 따른 가정에서의 협조사항, 기타 자녀교육에 필요한 정보 제공 코너를 둔다.	
부모님을 위한 도서 (매달)	유치원 현관 앞에 부모님을 위한 도서 영역을 설치하여 자녀교육에 관련된 여러 서적을 비치한다. 부모님들이 유치원 방문 시 자유롭게 이용하여 부모님 코너에 비치된 책을 대출할 수 있으며 매달 부모에게 도움이 되는 도서목록을 기록해 비치해 둔다. 유치원 홈페이지를 통해 이 달의 도서목록을 참고할 수 있다.	도서목록은 한 달에 한 번 새롭게 제공됨
학부모 오리엔테이션 (2월)	입학을 앞둔 신입생 부모님과 재원생 부모님을 대상으로 자녀들의 유치원 생활에 대한 궁금증과 유치원 소개 및 교사 소개, 유치원 교육활동 전반에 대해 오리엔테이션을 실시한다.	
학부모 면담 (입학 전)	유아의 유치원 적응 및 이해를 돕기 위해 입학 전에 유아에 관해 학부모 면담을 실시한다.	입학 전
학부모 면담 (연 2회)	정규적인 학부모-교사 면담으로 4월, 10월 연 2회 실시하며 유아의 전반적인 생활과 발달에 대한 이해를 돕고 가정과의 연계를 통해 유아의 긍정적인 발달을 도모한다.	
어머니 참여 수업	부모가 유치원 교육활동에 일일교사로 직접 참여함으로써 유치원과 자녀에 대해 이해하는 시간을 가지며 자녀교육의 동반자로서 긍지를 갖는다. 부모님이 참석할 수 있는 시간에 관심 있는 프로그램을 계획하여 진행한다.	
아버지 참여 수업	아버지들이 유치원 교육활동에 대한 이해를 돕고 자녀와의 긴밀한 유대관계를 높일 수 있는 시간으로 5월, 11월(토요일 오후)에 실시한다.	
부모 참여 수업	어린이날 행사에 특별한 재능을 가진 부모님들이 축하 공연을 실시한다(악기연주, 노래 등).	어린이날 축하 행사
건강검진	치과, 안과 등 유아 건강검진을 실시한다.	관련 분야 부모님 참여
소풍 및 견학	일일지원교사로 참여하여 유아들의 활동을 돕는다.	
부모를 위한 강좌	부모님들이 가장 듣고 싶어 하는 주제를 선정하여 강의를 듣는다.	
신입 장애아 부모 면담	장애아동 입학을 위한 면접 시 원장 선생님과 부모님과의 개별 면담을 실시한다.	
성탄 축하예배	악기연주와 특송 등으로 부모님이 직접 행사에 참여한다.	

출처: 총신대학교 부속유치원. http://csukindy.co.kr

2 기독교 유아교육기관과 지역사회와의 관계

유아교육기관과 지역사회는 상호보완적인 협력관계를 형성 및 유지하여 유아들이 지역사회 안에서 안전하게 보호받으며 성장할 수 있는 환경을 구성해야 한다. 유아교육기관은 지역사회의 특성과 요구를 충분히 고려하여 유아교육 프로그램을 운영해야 하며, 지역사회도 유아교육기관이 지역사회의 인적·물적 자원을 활용할 수 있도록 적극 협조하는 것이 필요하다.

누리과정에서도 가정과 지역사회와의 협력과 참여에 기반하여 운영할 것을 다음과 같이 제시하고 있다(교육과학기술부, 보건복지부, 2013). 유치원과 어린이집, 가정, 지역사회 간의 협력적인 관계는 교육·보육 활동뿐 아니라 가정과 지역사회에도 긍정적인 영향을 미친다. 지역의 문화적·지리적 환경과 특성은 교육·보육 활동을 풍부하고 효과적으로 제공하는 자원이 되며, 가정, 지역사회와 연계한 누리과정 운영은 가정이나 지역사회로 하여금 유아의 건강하고 행복한 성장 발달에 기여하는 보람과 사명감을 가질 수 있게 한다. 다양한 직업, 취미 및 특기를 가진 가족구성원과 지역사회 인사들을 누리과정 운영에 적극 활용하고, 가정 및 지역사회와의 교류를 통해 프로그램을 효율적으로 운영한다. 각 기관이 위치하고 있는 지역의 역사나 산업의 특성을 파악하여 교육·보육 활동에 적절히 반영하고 역사적 유적지나 산업시설, 문화시설 및 대학과 같은 지역의 물적 자원을 충분히 활용하여 누리과정 운영 효과를 높인다. 이를 위해 유치원은 교육청 및 유아교육진흥원, 어린이집은 시·군·구청 및 육아종합지원센터로부터 운영 전반에 대한 지원을 받을 수 있다. 따라서 유아교육기관과 지역사회는 다양한 교류를 통해 유아들의 교육을 적극 지원해야 한다.

기독교 유아교육기관은 지역사회 중 특히 교회를 고려해야 한다. 유아기에 올바른 신앙이 형성되도록 돕는 것은 부모의 사명임에도 불구하고 오늘날의 기독교인 부모들은 이러한 책임을 교회에 맡겨버린 상황이다(김정선, 2005). 송윤정

(2007)은 기독교 유아교육기관에 자녀를 보낸 과반수 이상의 학부모가 '기독교 신앙교육' 때문에 기독교 유아교육기관을 선택했다고 하였는데, 따라서 기독교 유아교육기관은 유아들의 신앙교육을 위해 가정 및 교회와 협력하는 것이 필요하다.

1) 부모교육 개념의 변화

현대 사회는 가족과 사회구조에 급속한 변화를 초래하였고, 부모교육을 '부모' 중심에서 '가족' 중심으로 '교육'에서 '지원'으로 바꾸어 가고 있다. 이처럼 '가족지원(family support)'의 개념으로 바뀌고 있는 상황에서 유아교육기관과 지역사회의 협력이 더욱 강조되고 있다. 부모교육에서 가족지원으로의 전환은 다음과 같은 특징을 지니고 있다(유은정 외, 2012).

- 교육의 대상이 아닌 교육의 참여자로서의 능동적 부모역할의 강조이다. 기존에 부모는 기관에서 준비한 특강에 참여하여 강의를 수동적으로 듣기만 하는 학습자였다. 그러나 부모의 양육행동 변화는 한두 번의 강의가 아닌 실제적인 기관 참여와 통합될 때 보다 효과적으로 이루어질 수 있다.
- 부모와 기관과의 일방적 관계에서 벗어나 병원, 교육기관, 기업체, 기타 사회사업기관 등과 같은 지역사회와의 복합적 협력관계의 형성이다.

'부모교육'의 개념에서 '가족지원'의 개념으로 전환을 가져온 1965년 미국의 헤드스타트(Head Start) 운동을 계기로 현재 우리나라에서도 민간단체들을 중심으로 시작된 위스타트(We Start)와 기업에서 운영하고 있는 삼성 포괄적 보육서비스 등 다양한 가족지원 프로그램들이 있다. 위스타트는 저소득층 아동과 가족에게 복지와 교육을 제공하며, 삼성 포괄적 보육서비스는 어린이집에 다니는 영유아와 그 가족을 대상으로 다양한 서비스를 서로 연관되고 통합된 방식으로 제공하는 가족지원 프로그램이다. 이처럼 앞으로의 부모교육은 서로가 함께 권리와 의무를 공유하며 가족의 능력을 더욱 강화하기 위해 지역사회기관과 협력하는 방향으로 나아가고 있다(유은정 외, 2012).

2) 유아교육기관과 지역사회와의 연계 방안

(1) 지역사회 인적 자원을 통한 연계

지역사회의 인적 자원을 통한 연계활동은 지역사회의 다양한 직업을 가진 분들, 도움을 줄 수 있는 지역 인사들을 통해 지역사회와의 연계가 이루어지는 것이다.

❶ 학부모 인적 자원

- 학기 초에 부모자원 활용에 대한 공지를 하고 설문을 실시하여 부모자원을 통하여 지역사회 연계방안을 모색할 수 있다. 일일 학부모 교사, 직업탐방과 같은 활동이 이루어질 수 있다.

❷ 지역사회 인적 자원

- 소방관, 경찰관, 의사 등 다양한 직업을 소개하고 관련 주제를 전개하기 위해 지역사회 인사를 활용할 수 있다. 예를 들면, 지역사회 병원에 방문하면 건강교육이나 건강검진 등의 활동이 이루어질 수 있다.
- 자원봉사자를 활용하면 지역사회의 다양한 사람과 만나게 되고 유아들이 풍부한 경험을 갖는 데 도움을 준다. 그러나 자원봉사자는 아동발달에 대한 기본적인 지식이 부족하고 다양한 동기를 가지므로 각각 다른 지도가 필요하다. 자원봉사자에게 적합한 일을 제공하기 위해 다음의 내용으로 자원봉사자의 특성을 파악한다(김혜경, 2012).
  - 이름, 주소, 연락 전화번호
  - 교육수준
  - 취미 및 특기

- 면허 소지 여부와 종류
- 특별한 기술
- 업무 경험
- 건강기록
- 원하는 자원 작업 분야

자원봉사자에게도 실습생과 동일하게 기관의 기본적인 정보와 유의사항을 알려 준다. 자원봉사자도 교직원과 유아들에게 소개하고 명찰을 패용하게 한다. 기본적인 정보와 유의사항은 간략한 안내서를 제작하여 소개하는 것이 좋으며 반드시 포함되어야 할 내용은 다음과 같다(김혜경, 2012).

- 기관의 규칙
- 출퇴근 시간
- 평가표
- 문제 상황 발생 시 대처 방안
- 함께할 업무의 일정
- 유아에게 하지 말아야 하는 언행의 예시

(2) 지역사회 기관을 통한 연계

지역사회 관련 기관과 유아교육기관이 연계함으로써 협력적인 관계를 형성한다. 지역사회의 도서관, 보건소, 공원, 미술관, 마트나 시장, 경찰서, 소방서, 초등학교, 은행, 체육센터 등의 시설을 직접 방문하거나 기관 프로그램을 활용하여 풍부하고 다양한 활동으로 확장될 수 있다. 현장학습을 통해 기관에 대한 이해를 높이고 다양한 방법으로의 활용방안을 모색하면 공공기관과의 유대감을 높여 다양한 활동을 지원받을 수 있다(이선애 외, 2014).

〈표 13-2〉 지역사회 기관과의 협조체제

지역사회 자원을 이용한 활동	• 부모 자원을 활용할 때에는 신학기 오리엔테이션 진행 시 부모 자원 활용 요청을 위한 설문을 통해 부모 자원을 확보하고 보육활동을 계획하여 진행한다. • 활동의 예 - 지역사회 병원과 연계하여 응급 시 협조 - 병원의 의사나 간호사가 교육시설을 방문하여 영유아에게 건강한 치아에 대해 교육하는 활동 - 지역사회 도서관과 연계하여 책이나 놀잇감 대여 - 인근 노인정과 연계하여 영유아와 노인이 함께 활동
지역사회 기관 활용	• 지역사회 관련 기관이나 시설의 활용을 통해 협력적인 관계를 유지한다. - 현장학습을 위해 공공건물이나 시설을 활용한다. - 다양한 지역사회 기관·시설과의 형식·비형식적 관계를 유지한다. • 지역사회와의 의사소통을 위해 어린이집을 개방한다. - 보육 관련 단체 및 개인의 요청에 따라 보육시설의 참관을 허용한다. - 참관 및 견학을 통해 어린이집에 대한 이해를 높인다. • 공공기관과 연계하여 영유아에게 필요한 서비스를 연결해 준다. • 지역사회 기관 - 시청, 구청, 동사무소, 경찰서, 소방서, 보건소, 의료기관, 어린이교통공원, 시설안전관리공단, 사회복지관, 아동보호전문기관, 자활 후견기관, 노인시니어클럽, 경로당, 초등학교, 사회복지관, 환경단체, 도서관, 문화재, 미술관, 박물관, 문화관, 재래시장, 은행, 대형마트, 농장, 과수원, 공원관리사무소, 예비군 중대본부 등
지역사회 자원활용	• 지역사회의 인적 자원을 시설운영에 참여할 수 있도록 지역사회의 기대나 요구를 시설운영에 반영하고, 지역사회의 다양한 지원을 받는다. • 지역사회와 연계한 보육프로그램 활동 시 지역사회 자원을 활용한다. - 전통에 관한 보육 주제 전개를 위해 지역사회 인사의 참여를 유도한다. - 다양한 직업 관련 보육 주제를 전개하기 위해 소방관, 경찰관, 의사, 도서관 사서, 미술관 큐레이터, 노인정의 어른 등 지역사회의 인적 자원을 적극 활용한다.
자원봉사활동 활용	• 유아들이 지역사회 주민들과 접촉함으로써 영유아들의 대인 경험을 풍부하게 한다. 지역주민과 주변 학교 학생들의 자발적인 참여를 통해 영유아들과의 대인관계가 긍정적으로 유지되도록 도와준다. - 다양한 성인모델의 접촉을 통해 인간관계에 대한 이해를 돕는다. • 육아종합지원센터나 자원봉사센터 등의 외부 기관과의 긴밀한 협력관계를 통해 필요한 자원봉사자를 모집하거나 지원을 받는다. - 어린이집에서의 자원봉사의 의미를 인지하고 체험할 기회를 제공한다.

출처: 이선애 외(2014). 유아교육기관 운영관리, p. 177-178.

3) 지역사회와의 연계를 위한 유아교육기관과 교사의 역할

(1) 지역사회의 이해와 요구 분석

유아교육기관이 지역사회와 원활한 관계를 유지하기 위해서는 지역사회의 요구를 파악하고 이를 반영해야 한다. 구체적으로 지역사회 내의 가정과 영유아의 수, 가정의 사회경제적 수준, 대상 영유아의 연령, 종일제 혹은 반일제 프로그램 등 가정에서 선호하는 서비스의 유형 등을 알아보는 것이 필요하다(Sciarra & Dorsey, 2003). 지역사회의 요구 조사방법으로는 먼저 질문지를 사용할 수 있다. 질문지에는 가족 내 성인의 수, 가족 내 취업자의 수, 가족 내 모든 영유아의 수와 연령, 특별한 요구를 가지고 있는 영유아의 수와 연령, 가족의 수입 평가, 아동 양육에 얼마의 비용을 지출하는지 혹은 얼마를 지출할 수 있는지의 정도, 일별 혹은 시간별로 아동양육이 필요한 정도 등의 내용이 포함되어야 한다. 또한, 전화조사법을 이용하거나 관심을 보이는 부모들과 비공식적인 소그룹 모임을 갖는 것도 지역사회의 요구를 알 수 있는 좋은 방법이다(Sciarra & Dorsey, 2003).

(2) 교사의 역할

유아교육기관과 지역사회의 협력은 교사의 전문성 향상에도 중요한 역할을 한다. 교사는 학부모에게 지역사회의 유아교육 관련 기관, 단체, 협회의 정보를 제공함으로써 유아와 가족을 지원하고 교육활동의 질을 높일 수 있다.

❶ 지역사회 내의 다양한 자원 찾기

- 교사는 유아교육기관과 연계가 잘 이루어질 수 있는 기관 및 단체를 찾아보고 다양한 연계활동 모색을 위해 새로운 정보수집을 열심히 해야 한다. 지역사회에서 진행되는 지역행사나 축제, 문화재나 유적지 등에 관한 정보도 적극적으로 찾아내어 연계할 수 있어야 한다.
- 가정환경이나 발달적 특성 측면에서 동일 연령의 유아들과 달리 특별한 보

호를 필요로 하는 유아가 있다. 교사는 유아와 가족의 다양한 문제를 이해하고 이들의 특수한 요구를 파악할 수 있는 능력을 가지고 있어야 한다. 또한 교사는 유아와 가족의 특수한 문제를 도와줄 전문기관에 대한 정보를 가지고 있어야 하며, 가족이 적절한 전문가를 찾아가 도움을 받도록 격려해 주어야 한다(신화식 외, 2014).

❷ 지속적인 협력관계 유지하기

- 지역사회와 지속적인 협력관계를 유지하기 위해서는 지역사회 연계활동의 효과를 지역주민과 공유하는 기회를 많이 갖도록 하는 것이 필요하다. 즉, 연계활동에 참여한 지역사회 자원이 자긍심이나 성취감을 가질 수 있도록 교육활동 효과 등을 공개하는 것이 요구된다. 또한, 발굴한 전문가 자원과 관계형성을 잘 이루도록 하며 지역사회에서 발견한 다양한 자원과 긴밀한 관계를 맺어야 한다.

❸ 지역사회 연계, 확장 및 자원 공유하기

- 연계활동이 이루어진 후 긍정적 영향에 대해 평가하고 수정·보완하여 다음 계획을 수립하는 것이 필요하다. 또한, 연계해 왔던 기관 이외에 새로운 협력기관에 대한 정보를 수집함으로써 활동이 더 활발히 진행될 수 있도록 해야 한다. 연계활동을 진행한 기관의 경우 연계과정을 면밀하게 기록화하여 이후에 실시할 연계활동에 활용하거나 자료를 공유하여 새롭게 시작하려는 다른 교사에게 도움을 주는 것이 좋다(이선애 외, 2014).

제14장 기독교 유아교육기관 평가관리

1 기독교 유아교육 평가의 성경적 기초

1) 유아교육 평가의 개념

교육평가는 교육이라는 행위의 의미와 가치를 판단하는 활동이다(서울대교육연구소, 2011). 즉 교육 평가는 교육목적에 근거하여 교육이 제대로 수행되었는지 점검하는 필수불가결한 것이다.

교육평가는 크게 학생의 학업 성취도와 향상을 돕는 학습평가, 진행된 특정 프로그램이 목적에 부합되게 잘 운영되고 있는지 살펴보는 프로그램 평가, 교육기관의 사명과 목적에 따른 운영정도를 살펴보는 기관 평가 등으로 그 유형은 다양하다. 최근 학교에서는 교원능력개발평가가 시행됨에 따라 교사 평가도 추가로 시행되고 있어 교육과 관련된 평가의 영역은 더욱 넓어지고 있는 실정이다.

유아교육은 교육목적이 유아 전인발달에 있으므로 유아교육 평가의 개념도 그 목적에 근거를 두어야 한다. 즉 유아교육에서 평가는 유아들의 전인적 성장·발달을 조력하기 위한 교육과정이나 프로그램이 어느 정도 실현되고 달성되었는지 알아보는 과정이며 그 구체적인 내용은 교육 목표 달성도를 알아보는 과정이다. 또한 유아를 이해하는 수단으로 유아의 개인차 변인을 밝히는 도구인 동시에 유아의 행동근거를 객관적으로 수집하는 방법이다. 나아가 유아교육 평가는 유아교육기관 및 교사를 평가하는 과정이 포함된다(이영석 외, 1985).

2) 성경적 기초

평가와 관련된 성경구절에 사용된 헬라어는 크리노(κρίνω), 아나크리노(ἀνακρίνω), 디아크리노(διακρίνω)가 대표적이며 모두 판단 혹은 평가한다는 뜻을 가지고 있다. 특히 구체적인 정보를 근거로 신중하게 평가하고 판단한다, 옳고 그름을 따져 묻고 분별하여 판단한다는 뜻의 아나크리노는 교육 평가에서 말하는 평가(evaluation)의 의미와 가장 가깝다. 또한 아나크리노에서 얻을 수 있는 또 다른 점은 판단 혹은 평가할 때 그 기준이 명확해야 한다는 것이다. '옳고 그름 혹은 가치에 근거하여' 혹은 '구체적인 정보를 근거하여' 평가한다고 할 때 그 기준은 로마서 12장 2절에서 찾을 수 있다. 즉 하나님의 평가는 "너희는 이 세대를 본받지 말고 오직 마음을 새롭게 함으로 변화를 받아 하나님의 선하시고 기뻐하시고 온전하신 뜻이 무엇인지 분별하도록 하라(롬 12:2)"에 나타난 것과 같이 그 뜻을 분별하고 이를 기준으로 우리의 생각과 행동을 판단하고 평가한다는 의미가 있다(이재현, 2017).

평가와 관련된 성경 원어의 의미를 통해 알 수 있는 것은 평가는 구체적인 근거와 자료를 검토하여 옳고 그름과 가치를 판단하며 이 판단은 개선과 발전을 위한 사정의 의미도 포함한다는 것이다. 이제 우리의 책임은 그 판단과 평가의 기준이 되는 하나님의 뜻을 분별하는 것이다(이은실, 2017).

기독교 평가가 일반적인 평가와 다른 점은 다음과 같다.

첫째, 단지 점수를 주는 것에 평가의 목적이 있는 것이 아니라 유아에 대한 관심과 사랑이 포함되어야 한다. 즉 유아의 발달과 성장이 하나님 안에서 얼마만큼 잘 이루어지는지 알아보기 위한 과정으로서 유아가 하나님의 세계관에 합당하게 자라날 수 있도록 도와주는 하나의 과정이라고 할 수 있다.

둘째, 유아를 대할 때는 항상 각각의 유아가 하나님의 계획 안에 독특한 재능과 성격을 부여받고 창조되었음을 인지해야 한다. 모든 유아에게 동일한 방식으로 접근하는 것을 조심해야 하며, 각 유아를 대함에 있어 하나님의 계획을 민감하게 살펴보며 어떠한 달란트를 받고 잠재력이 어떠한지를 파악하여 하나님께서 각 유아에게 섭리하시는 목적과 계획을 항시 주시하며 참작해야 한다.

셋째, 일반적인 성공은 얼마나 좋은 학교에 들어가 얼마나 훌륭한 직업을 갖고 사회적으로 높은 신분을 유지할 수 있는지의 여부에 달려 있다. 그러나 성경에서의 성공은 명철하여 하나님을 아는 것과 하나님께서 어떠한 분이신지를 아는 것이다. "여호와께서 이와 같이 말씀하시되 지혜로운 자는 그의 지혜를 자랑하지 말라 용사는 그의 용맹을 자랑하지 말라 부자는 그의 부함을 자랑하지 말라 자랑하는 자는 이것으로 자랑할지니 곧 명철하여 나를 아는 것과 나 여호와는 사랑과 정의와 공의를 땅에 행하는 자인 줄 깨닫는 것이라 나는 이 일을 기뻐하노라 여호와의 말씀이니라(렘 9:23-24)"는 말씀처럼 성경에서의 성공의 개념은 반드시 동정과 겸손 그리고 정의를 포함해야 한다는 것을 보여 주고 있다(한국기독교유아교육연구회, 1999; 김동춘, 2006, 재인용).

2 기독교 유아교육 평가의 목적

1) 일반적인 유아교육 평가의 목적

유아교육 평가의 목적은 교육과정의 계획에 따른 의사결정에 필요한 정보를 얻기 위함이다. 구체적인 목적을 살펴보면 다음과 같다(이인원 외, 2012).

첫째, 유아의 현재 발달적 수준을 판단하기 위함이다. 유아가 현재 무엇을 알고 있는지, 무엇을 할 수 있는지, 어떤 흥미와 태도, 성향을 가지고 있는지를 파악하여 교육 내용과 수준을 결정하는 데 기초 정보를 제공하는 것이다.

둘째, 교육활동의 결과 유아들이 교육·보육 목표의 성취 여부를 파악하기 위함이다. 교육활동은 설정된 교육 목표를 성취하기 위해서 행해지는 것인 만큼 사후 확인하는 과정이 필요하다. 교육과 보육의 목표가 성취되지 않았다면 달성하지 못한 목표가 무엇인지를 분석하여 유아를 위한 교육 계획을 재구성하는 데 기초 자료로 사용할 수 있다.

셋째, 학급의 역동을 평가하기 위하여 평가를 실시한다. 유아들은 집단 내의 사회적 위치 및 인기도, 또래들과 상호작용에 따라 발달과 학습의 영향을 받는다. 교사는 집단의 역동적 관계에 따라 적절한 교수법을 적용해야 한다.

넷째, 도움이 필요한 유아를 선별해 내기 위해 평가를 실시한다. 발달적으로 어려움이 있는 유아를 조기 발견하여 도움 주는 것은 큰 교육적 효과를 얻을 수 있다.

다섯째, 학부모에게 교육성과를 보고하거나 상담 자료로 활용하기 위해 평가를 실시한다. 학부모들은 교육 서비스의 수요자로서 마땅히 그 결과를 알 권리가 있다.

여섯째, 유아교육 정책을 결정하기 위한 자료로 활용하기 위해 평가를 실시한다. 주요 정책을 결정하기 위해서는 논리적으로 타당한 근거가 있어야 한다. 평가결과는 정책 수립의 논리성을 뒷받침하는 좋은 자료가 될 수 있다.

종합하면 유아교육 평가는 유아들의 전인적 성장과 발달에 도움을 주기 위한 유아교육 프로그램 전체의 효율성을 밝히는 데 목적을 두고 있으나 궁극적으로 유아교육에 참여하는 모든 사람들, 즉 유아, 부모, 교사, 유아교육 기관 종사자, 기타 관계자 등에 도움을 주고 유아 개개인의 발달 수준 및 행동 변화를 평가하는 데 그 목적이 있다(황해익, 2013).

2) 기독교 유아교육 평가의 목적

기독교교육에서 평가를 시행하는 주된 목적은 기독교교육의 목적을 구현하기 위함이다. 기독교교육 연구자들은 기독교의 교육목적에 대해 다양하게 제시하고 있다. 간단히 살펴 보면 브루멜른(Brummelen)은 '그리스도의 책임 있는 제자가 되도록 지식, 능력, 책임을 키우는 것'이라 하였고, 에들린(Edlin)은 '학생들이 하나님께 받은 재능을 보다 잘 활용하고 정하신 곳에서 빛과 소금의 역할을 감당하도록 시간과 힘을 투자 하는 것'이라 하였으며 그레이엄(Graham)은 '하나님의 자녀로 사는 삶을 준비시키는 과정'이라 하여 유사한 정의를 내리고 있다. 그리고 평가는 이러한 교육목적이 이루어지도록 확인하고 점검하며 구체적으로 실천하도록 돕는 수단이라고 하고 있다(이은실, 2017).

교육 평가에 대한 기독교적 해석의 전제는 교육평가 과정 자체가 교육을 통해 추구하고자 하는 인간상 형성의 연장이어야 한다는 것이다. 교육의 과정은 개인적인 성취를 이룰 수 있는 시간이다. 공동체보다는 개인이 강조되는 교육평가 시간이야말로 하나님 나라의 백성으로서 창조 세계에 대한 책임감을 가지는 시간, 하나님 축복에 감사하는 시간, 결국에는 샬롬의 세상을 위해 자신의 소명을 이루는 시간으로 변혁할 수 있는 시간이다(소진희, 강연정, 2013).

알타비스타(Alta Vista) 교육과정에서의 기독교 유아교육의 평가의 목적을 살펴보면 다음과 같다(한국기독교유아교육연구회, 1999).

① 유아의 독특한 능력과 적성을 인식하고 받아들인다.
② 학습자의 장점과 약점의 증거를 수집한다.
③ 유아와 교사가 앞으로 할 미래의 학습목표를 형성할 수 있도록 돕는다.
④ 교사가 가르친 학습과정에 대한 결정을 할 수 있도록 도와준다.
⑤ 교육과정을 계획하고 지도하도록 돕는다.
⑥ 발달적 측면에서 유아의 성장과 발달을 설명할 수 있다.
⑦ 학습자에게 피드백을 줄 수 있다.
⑧ 부모에게 보고할 수 있다.

이상에서 제시한 기독교 유아교육의 평가의 목적을 종합하면, 평가를 통하여 유아의 잘못된 부분을 지적하고 고치려 하기보다는 하나님께서 주신 각 유아의 재능과 성격이 어떠한지를 파악하여 유아가 당면한 현재의 문제를 해결하며, 더 나아가 하나님의 계획에 따른 유아의 성장과 발달을 돕는 것이다(김동춘, 2006).

3 기독교 유아교육 평가의 유형

1) 유아에 대한 평가

영유아평가는 개별 유아들에 대한 이해를 높이고 발달과 학습 수준을 평가하여 이를 교육·보육 활동에 반영함으로 유아의 발달을 돕는 과정이다. 유아는 발달속도가 빠르고 개인차가 크며 영향을 미치는 요소들이 다양해 제대로 평가하는 것은 쉽지 않다. 또한 교사 대 유아의 비율이나 교사 역할의 다양성 등 과다한 교사 업무량과 인식 및 역량 부족 등으로 교사들이 유아평가를 진행하는 데는 많은 어려움이 있다. 그러나 유아교육기관 운영에 있어 유아평가의 중요성을 인식하고 운영의 한 부분으로 인식하여 그 결과를 적용하는 것은 매우 의의 있는 일이다.

(1) 유아 평가의 목적

유아 평가의 목적은 일반적으로 유아의 발달 수준과 교육·보육 목표 성취 여부를 파악하고, 교육·보육 활동의 개선 방안을 모색하며, 부모와의 의사소통을 위해서 실시하지만 궁극적으로 평가를 통해 유아 개인의 전인적인 발달을 도와주는 것을 목적으로 한다(교육과학기술부, 보건복지부, 2012).

첫째, 유아평가는 유아의 개인적 요구와 발달 수준을 파악하기 위해 실시한다. 교사는 유아의 현재 발달 수준, 흥미와 개인적 욕구, 강점과 약점을 파악함으로써 유아를 이해하고 발달에 적합한 유아중심 프로그램을 계획하고 운영해야 한다.

둘째, 유아 평가는 유아의 교육·보육 목표 성취 여부를 파악하기 위해 실시한다. 이를 통해 개별 유아가 목표를 성취하였는지, 달성하지 못한 목표가 무엇인지를 분석하여 유아를 위한 교육·보육 계획을 재구성하는 기초 자료로 사용한다.

셋째, 유아 평가는 교육·보육 활동의 개선 방안을 모색하기 위해 실시한다. 유아 평가는 개별 유아에게 적합한 목표를 설정하고, 경험이나 활동을 제공하고, 환경을 구성하며, 적절한 교수 전략을 세우는 등 교육·보육활동을 개선하기 위해 필요하다.

넷째, 유아 평가는 부모 및 관련 분야 전문가들과의 정보공유를 위해 실시한다. 유아의 발달이나 학습 수준에 대한 객관적인 자료는 유아에 대한 부모의 이해를 높여 주고 가정에서도 유아 발달에 맞는 지도를 실시하도록 도와준다.

(2) 유아평가의 방법

유아 평가의 방법은 유아에 대한 정보를 수집하는 방식을 의미한다. 유아교육기관에서는 유아에 대한 의미 있는 정보를 얻기 위해 다양한 평가 방법을 활용한다. 유치원 현장에서 실시하는 자료수집 방법을 살펴보면 다음과 같다.

❶ 관찰법

관찰법은 유아의 행동을 보다 더 잘 이해하기 위하여 유아가 보여 주는 여러 가지 상황이나 활동을 과학적인 방법으로 자세히 관찰하고 기록 분석함으로써 유아의 발달 및 행동에 대한 정보를 수집하는 유아교육의 대표적인 평가방법이라고 할 수 있다(황해익 외, 2009).

영유아 관찰방법 중에서 일화기록, 시간표집법, 사건표집법, 평정척도법, 행동목록법이 있다.

❷ 표준화 검사

표준화 검사란 검사의 실시와 채점, 그리고 결과의 해석이 누가 하더라도 동일하도록 모든 절차와 방법을 일정하게 만들어 놓은 평가 방법이다. 개인이 지니고 있는 신체적, 심리적 특성의 양과 질을 측정하기 위해 특정 문제나 작업을 부과하여 피험자가 나타내는 반응을 체계적으로 관찰하는 평가방법이다(황해익, 2013).

❸ 면접법

면접법은 언어적 표현이 가능한 유아나 부모 또는 교사로부터 직접 만나서 언어적 반응을 통하여 여러 가지 자료를 수집하는 방법이다. 특히 면접법은 인지적 영역뿐만 아니라 유아나 부모의 태도, 흥미, 인성 등에 관한 정보를 얻는 데 더 많이 활용되고 있다(황해익, 2004).

❹ 포트폴리오

포트폴리오는 유아 수행평가 방법의 하나로 유아의 발달과 학습에 대한 기록과 증거들을 시간의 흐름에 따라 구체적인 목적을 갖고 체계적으로 수집해 놓은 것이다. 즉 유아의 지식, 기능, 태도의 성장·발달을 관찰하고 기록하기 위해 사용되는 유아의 그림, 블록 구성이나 입체작품을 찍은 사진, 유아의 이야기나 읽기를 담은 녹음테이프, 비디오테이프, 체크리스트, 일화기록, 또래 관계에 관한 관찰기록, 교사와 유아 간의 개별 면담과 부모와의 면담을 포함한 종합적인 평가방법이다(김연진, 이상희, 2011).

(3) 평가 기록의 활용

유아평가의 결과는 유아의 발달 및 학습 수준을 파악하여 개별 유아의 변화를 이해하고 이를 교육·보육 과정 및 교수 실제에 적용하며, 부모와의 면담 자료로 활용 가능한데 상세한 내용을 살펴보면 다음과 같다(교육과학기술부, 보건복지부, 2012).

첫째, 유아 평가결과는 유아의 장점과 부족한 점, 발달 수준과 학습 수준의 경향을 파악하여 유아를 이해하는 기초자료로 활용된다. 다양한 방법으로 수집된 평가결과를 통해 유아에 대한 종합적이고 객관적인 판단과 해석이 가능하다.

둘째, 유아 평가결과는 교육과정 운영을 개선하고 교수 실제에 적용한다. 교사는 유아 평가를 통해 파악된 유아의 흥미와 요구, 강점과 약점 등에 기초하여 유아의 동기를 유발시킬 수 있는 교육·보육 과정과 교수방법을 계획해야 한다. 또한 유아의 발달 및 성취 정도의 파악을 통해 유아가 무엇을 알고, 무엇을 할 수 있는지, 어떤 측면에 도움이 필요한지를 알 수 있고, 이를 통해 개별 유아의 발달 수준과 학습 목표가 연계될 수 있도록 활동 목표를 설정해야 한다. 또한 집단 유아의 평가결과를 기초로 대집단이나 소집단 활동을 위한 계획과 수행 등에도 반영할 수 있다.

셋째, 유아 평가결과는 부모와의 면담 자료로 활용한다. 부모와 유아에 대한 정보를 공유하는 것은 부모가 자녀를 더 잘 이해하게 하고 부모가 기관 및 교사에 대한 신뢰를 형성하도록 도와준다.

2) 교사 평가

교육의 질이 교사의 질을 능가할 수 없다는 이야기를 많이 듣는다. 이는 교사의 전문적 지식과 역량이 결국 유아교육의 질적 수준을 좌우하는 중요한 요소임을 말하는 것이다. 최근 평가의 중요성이 대두되며 유아평가와 기관평가, 프로그램 평가 등이 실시되고 나아가 교사평가가 시작되었다.

유아교육 선진화 추진계획(2009) 및 유아교육발전 5개년 계획(2013)에 따라 교원능력개발평가의 단계적 도입이 추진되었고 초·중등 교원능력개발평가 제도를 바탕으로 2011~2016년까지 유치원 교원을 대상으로 교원능력개발평가 시범운영이 진행되었으며(서울특별시교육청, 2017) 2017년 공립 유치원 전체와 7학급 이상의 사립 유치원이, 2018년에는 5학급 이상 사립유치원이 포함되어 교원능력개발평가가 진행되고 있다.

본장에서는 유치원 교원능력개발평가를 중심으로 교사평가에 대한 전반적인 내용을 살펴보고자 한다.

(1) 교원능력개발평가의 목적

교육부에서는 교원능력개발평가의 추진배경을 통해 그 목적을 다음과 같이 정리하고 있다(교육부, 2017b).

첫째, 교원의 전문 역량 진단 및 전문성 향상 지원을 위해 실시한다. 유아를 담당한 교사의 학습 및 생활지도에 대한 전문성을 진단하고 그 결과에 근거한 전문성 향상 지원이 필요하므로 평가를 실시하여 교원 스스로 교육활동을 객관적으로 검토, 분석할 수 있는 기회를 제공하기 위해 실시한다.

둘째, 교육의 질 향상 및 학부모 만족도 제고를 위해 실시한다. 교육부는 교원평가를 통해 평가결과에 따라 개인별 맞춤형 연수를 지원하여 유치원 교육의 질적 수준을 향상시키고 교원과 학부모, 교원 간의 의사소통 증진을 통해 만족도를 높이고 나아가 동료장학 활성화를 통한 교사의 교육력 제고를 위함이다.

셋째, 교원 평가의 모형 개선을 통한 발전적 방향을 모색하기 위함이다. 아직 우리나라의 유치원 교원 평가는 초기 단계로 그 상황을 점검하고 개선 방향을 모색하여 발전적인 평가 모형을 구안하여 단위유치원의 교원 평가가 안정적으로 정착할 수 있도록 하는 데 그 목적이 있다.

결국 교사 평가의 목적은 교원의 전문성 향상과 교육의 질 향상, 학부모 만족도 제고를 통한 유아교육의 발전에 있다고 하겠다.

(2) 교사에 대한 평가의 준거

교원능력평가의 영역 및 지표를 살펴보면 교육활동 전반으로 학습지도와 생활지도영역으로 구분되며 시 · 도 교육청은 업무수행 능력, 교직인성 등의 평가영역을 추가할 수 있도록 하고 있다. 또한 평가 내용도 수석교사, 교사, 원장, 원감 등 업무의 특성에 따라 그 내용을 다르게 하고 있다.

학습지도 요소는 수업준비, 수업실행, 평가 및 활용의 3개 요소로 구성되어 있으며 각 요소에 따라 8개의 세부 내용으로 평가하고 있다. 생활지도 요소는 상담 및 정보 제공, 문제행동 예방 및 지도, 생활습관 및 인성 지도의 3개 요소에 5개의 세부 지표로 이루어져 있다. 교원능력개발평가의 준거에 따른 평가영역, 요소, 지표는 〈표 14-1〉과 같다.

〈표 14-1〉 교원능력개발평가 교사 평가영역·요소·지표

평가영역	평가요소	평가(조사)지표 내용
학습 지도 (3요소, 8개 지표)	수업준비	· 교과 내용 분석 · 수업계획 수립
	수업실행	· 학습환경 조성 · 교사 발문 · 교사-유아 상호작용 · 학습자료 및 매체 활용
	평가 및 활용	· 평가 내용 및 방법 · 평가결과의 활용
생활 지도 (3요소, 5개 지표)	상담 및 정보제공	· 개별유아 특성 파악
	문제행동 예방 및 지도	· 유치원 생활적응지도 · 건강·안전지도
	생활습관 및 인성지도	· 기본생활습관지도 · 인성지도

출처: 교육부(2017b). 2017 교원능력개발평가 매뉴얼, p. 28

원장, 원감의 평가는 유치원 경영에 대한 영역을 다루는데 유치원 교육 계획, 원내 장학, 교원 인사, 시설 및 예산 등 네 개의 요소와 여덟 개 지표(원감의 경우 6개 지표)를 중심으로 평가하도록 하고 있다. 원장 원감의 평가영역, 요소, 지표는 〈표 14-2〉와 같다.

〈표 14-2〉 **교원능력개발평가 원장, 원감 평가영역·요소·지표**

평가 영역	평가 요소	평가(조사) 지표 내용	
		원장	원감
		4요소, 8개 지표	3요소, 6개 지표
유치원 경영	유치원교육계획	· 유치원 경영 목표 관리 · 교육과정 편성·운영 · 창의·인성 원아관리	· 유치원 경영목표관리 지원 · 교육과정 편성·운영 지원 · 학사업무 관리
	원내 장학	· 교실수업 개선 · 자율 장학 운영	· 교실수업 개선 지원 · 자율장학 운영 지원
	교원 인사	· 교원 인사 관리	· 인사업무 수행
	시설 및 예산	· 시설 관리 · 예산편성·집행	

출처: 서울특별시시교육청(2017). 유치원교원능력개발평가 시행계획, p. 10.

(3) 교원능력개발평가의 방법

교원능력개발평가의 방법은 자기 평가, 상급자·동료평가, 학부모 만족도 조사 등이 있다.

자기평가는 유아교사가 일정한 평가 양식에 따라 스스로 자신의 강점과 약점을 발견하여 스스로의 수행을 발전시키는 데 기여한다. 단 주관적인 판단과 과대평가의 경향이 있을 수 있으므로 다른 평가 방법과 함께 사용하는 것이 좋다. 교사의 자기 평가 방법으로는 평정척도, 포트폴리오, 저널쓰기, 수업사례 작성, 멀티미디어를 활용한 수업평가 등이 있다.

교원능력개발평가에서 자기평가는 동료 교원 평가 및 학부모 만족도 조사 실시 전에 교원 스스로 자신에 대한 평가를 실시하도록 하고 있는바 학년 초에 수립한 교육과정 운영계획을 바탕으로 교육활동 자료 실적을 참고하여 스스로 평가하도록 하고 있다. 또한 교원능력개발평가에서는 '교원의 교육활동 소개자료'를 제공할 수 있는데 이는 평가 대상자의 교육활동에 대한 계획과 실적 등을 소개하는 자료로 의무적으로 작성하여야 한다. 평가 대상자인 교원은 객관적인 평가 여건 조성을 위해 평가 참여자에게 자신의 교육활동에 대한 정보를 최대한 제공 해야 한다(교육부, 2017b). 즉 교원능력개발평가에서의 자기 평가는 자신의 수업을 반성하고 분석하여 교육력 향상을 모색하는 첫 번째 단계라고 할 것이다.

상급자·동료평가는 교원의 교육활동에 대한 전문가적인 입장에서의 평가로 가장 세부단위인 평가지표를 중심으로 실시되는 평가이다. 이는 교원 자신의 교육활동에 대한 객관적이고 타당한 결과를 도출하기 위해 실시하는데 주관적인 만족도 조사와 달리 객관적 자세로 평가에 임하여야 한다. 동료 평가는 교원 간 서열화를 목적으로 하는 것이 아니라 해당 교원 스스로 자신의 전문성을 진단하고 상대적으로 부족한 부분에 대한 지속적인 자기 연찬과 전문성을 개발·활용하는 데 그 목적이 있다. 평가 방법은 온라인 평가시스템을 통해 평가지표에 따른 5점 척도에 선택·표시하고 자유 서술식에서 서술형 답변을 입력할 수 있도록 하고 있다.

학부모 만족도 조사는 '자녀의 유치원 생활에 대한 학부모 만족도 조사'로 교원의 교육활동에 대해 학부모가 느끼는 자녀의 유치원 생활에 대한 주관적인 만족도를 표시하는 것으로 유아에게 제공되는 교육활동에 대해 교육 주체로서의 의견을 제시하는 공식적 소통 기제이다. 학부모는 온라인 평가 방식이 원칙이나 사정에 따라 종이설문 평가 방식을 선택할 수 있으며 교사 유아의 상호작용, 학습자료 및 매체 활용, 평가 활용, 유치원 생활 적응 지도 기본생활습관지도 등의 항목에 따라 5점 척도에 선택 표시하고 서술형 답변도 입력할 수 있다(교육부, 2017b).

(4) 평가결과 처리 및 결과 활용

교원능력개발평가결과는 개인별로 통보 되는데 평가 종류별 결과표 양식 및 개인별 합산표 양식은 〈표 14-3〉, 〈표 14-4〉와 같다.

〈표 14-3〉 **평가 종류별 결과표 양식**

평가지표	평가(조사) 문항	응답 수	문항 환산평균	비고
교사발문		120	4.40	나의 환산평균 유치원평균(표준편차)
상호작용		114	3.80	3.88 4.04(0.033)
이하 생략				

〈표 14-4〉 **개인별 합산표 양식**

평가영역	평가요소	일반교사의 평가(조사)지표	동료교원 평가				학부모 만족도조사			
			지표 응답 수	지표 환산 평균	지표 유치원 평균	지표 표준편차	지표 응답 수	지표 환산 평균	지표 유치원 평균	지표 표준편차
학습지도	수업준비	교육과정의 이해 및 교수·학습 방법 개선 노력								
		유아의 발달 및 개별 유아의 특성에 대한 이해								
		교수·학습전략 수립								
		소계(평균)								
	중략									
	합계(평균)									
생활지도	중략									
	사회생활지도	기본생활습관 지도								
		유치원 생활적응 지도								
		소계(평균)								
	합계(평균)									
총계(평균)										

출처: 서울특별시시교육청(2017). 유치원교원능력개발평가 시행계획, p. 16.

유치원은 평가결과와 개별 교원의 평가결과 분석 및 교원능력개발 계획서를 참고하여 교원 컨설팅이나 유치원 맞춤형 연수를 실시하는 등의 평가결과 활용을 지원하며 교육지원청 및 교육 연수원은 평가결과를 분석하여 지원이 필요한 지표에 대한 연수과정을 개설하고 단위유치원 지원 계획을 수립 · 지원하도록 하고 있다.

결국 유치원 교원능력개발평가는 이 모든 과정을 통해 교원의 전문 역량을 진단하고 전문성 향상을 지원하며 나아가 유치원 교육의 질을 향상하고 학부모 만족도를 제고하여 유아교육기관과 교사 개인의 성장을 도모하는 중요한 과정이라 할 것이다.

3) 유아교육 기관평가

기관평가는 유아교육기관의 질적 수준 향상을 위해 국가 수준에서 이루어 지고 있다. 기관 유형에 따라 유치원 평가와 어린이집 평가 인증제로 구분되어 각각의 지표와 운영체계를 가지고 평가를 받았다. 그러나 2017년 국무조정실 유보통합 추진단에서 관계부처 합동 '유치원 · 어린이집 평가체제 통합 방안'이 추진됨에 따라 어린이집과 유치원이 공통된 통합지표가 개발되었다.

본장에서는 통합지표를 중심으로 평가목적, 평가절차, 평가지표, 평가 점수 및 결과 공표 등을 살펴보고자 한다.

(1) 유아교육기관 평가 목적

먼저 교육부에서 제시하고 있는 유치원 평가의 목적은 다음과 같다(교육부, 2017).

첫째, 누리과정을 충실히 운영할 수 있는 유치원 운영체계 구축 및 유치원의 책무성 제고를 통한 유치원 교육서비스의 질적 수준을 제고한다.

둘째, 유치원 운영 전반을 체계적 · 종합적으로 점검하고 평가결과 환류 및 맞춤형 지원을 통해 유치원 운영을 개선하고자 한다.

셋째, 평가결과 공개를 통해 학부모의 알 권리 충족 및 유치원 선택권 보장으로 유치원 교육에 대한 만족도를 제고하고자 한다.

어린이집 평가인증의 목적을 살펴보면 다음과 같다(한국보육진흥원, 2017).

첫째, 보육서비스의 질적 수준을 향상시켜 영유아가 안전한 보육환경에서 건강하게 양육될 권리를 보장할 수 있도록 한다.

둘째, 어린이집이 보육서비스의 질적 수준을 높이고자 준비하고 노력하는 과정을 통해 원장과 보육교직원의 전문성이 증진되도록 한다.

셋째, 보육서비스의 질적 수준에 대한 정보를 제공하여 부모들이 합리적으로 어린이집을 선택할 수 있도록 한다.

넷째, 보육정책 수립의 주체인 정부가 보육현장을 효율적으로 지원하고 관리하는 체계를 확립한다.

결국 기관 평가의 목적은 영유아에게 제공되는 교육·보육 서비스의 질적 수준을 높이고 학부모의 알 권리를 보장하여 교육·보육에 대한 만족도를 높이는 데 있다고 하겠다.

(2) 기관 평가 절차

유치원 평가의 절차는 크게 자체평가, 현장평가, 종합평가의 3단계로 진행되며 [그림 14-1]과 같이 나타낼 수 있다.

자체평가	⇨	현장평가	⇨	종합평가	⇨	평가결과서 송부/심의		결과 공시
유치원		평가위원회		평가위원회		교육청 / 심의위원회		유치원
· 유치원 전체 실시(매년~9월 초까지)		· 관찰 · 면담 등으로 실제 유치원의 운영 실태 평가		· 평가보고서, 기타사항 등을 종합하여 평가		· 유치원 평가 결과서 송부 · 이의제기 등 검토		· 유치원 알리미에 공시 조치

[그림 14-1] **유치원 평가 절차**

출처: 교육부(2017). 제4주기 유치원평가 중앙연수 자료, p. 24.

유치원 자체평가는 유치원 스스로 기관의 현재 수준을 진단하고, 이에 근거하여 개선방안을 모색·실천하여 유치원의 교육력을 제고하고 유치원에 대한 평가위원의 이해를 돕고 객관적인 평가를 받기 위한 기초자료로 활용되기 위해 진행된다. 자체 평가는 원장을 중심으로 자체평가 위원회를 구성하여 실시하고 자체평가 보고서를 서식에 맞춰 작성하여 제출하도록 한다.

현장평가는 평가 대상 유치원을 직접 방문하여 자체평가 결과를 바탕으로 주어진 시간 내에 필요한 자료와 정보를 정확하게 확인하는 데 그 목적이 있으며 평가위원은 현장평가를 통해 지표별 평가 항목과 요소의 충족 여부를 확인하고 평가지표와 영역별 등급을 부여하며 평가 총평 작성 및 유치원 등급을 부여하게 된다.

종합평가는 자체평가와 현장평가, 기타 확인사항 등을 종합하여 평가한 후 최종 종합평가 보고서를 작성하는 것으로 참여기관의 자체평가 보고서와 평가위원별 현장 보고서, 이의제기 사항, 기타 사항(법 위반, 정보공시 정확성 등) 등을 종합하여 평가하는 것이다. 이를 토대로 평가결과 조정 및 확정, 영역별 등급 및 소견, 총평, 유치원 등급이 포함된 최종 평가보고서를 작성하도록 한다.

심의는 평가결과서 통보 후 이의 제기가 가능한 것이며 이의 제기가 인정되는 경우 심의를 통해 해당 평가지표, 평가영역 등에 대해 등급 조정이 가능하다. 결과 공개 및 처리는 영역별 소견과 총평을 공개하는 것으로 모든 유치원은 정보공시를 통해 평가결과를 공개하도록 하고 있다.

어린이집의 평가 인증은 신청, 참여 확정, 현장평가, 종합평가, 결과 공표 순으로 진행된다. 어린이집 평가인증 절차는 [그림 14-2]와 같다.

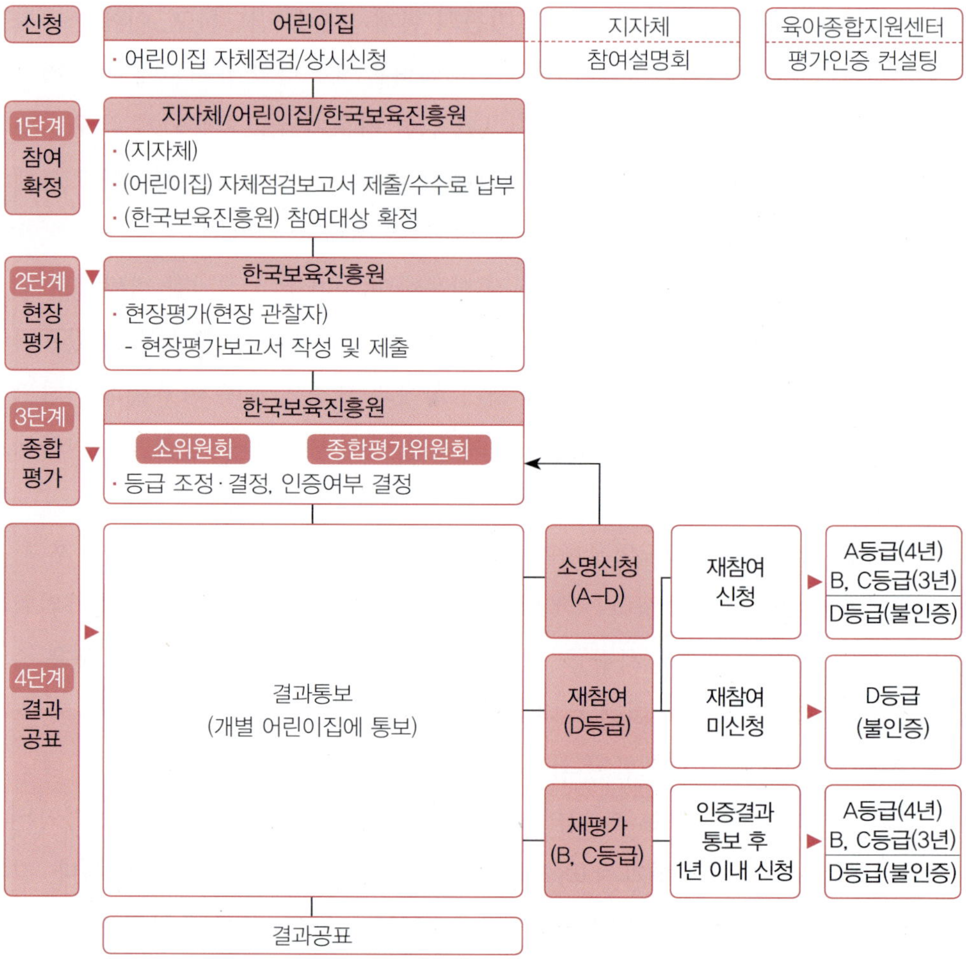

[그림 14-2] **어린이집 평가인증 운영 체계**

출처: 한국보육진흥원(2017). 제3차 어린이집 평가인증 안내(통합지표), p. 49.

자체점검을 실시하여 운영 전반을 점검한 어린이집은 평가지표를 토대로 우수한 영역과 개선이 필요한 영역을 파악한 후 신규 인증 또는 재인증 신청을 해야 한다. 그 시기는 상시 가능하며 신청 방법은 어린이집지원시스템을 통해 진행한다.

참여 확정 단계에서는 신청 어린이집의 기본 사항 확인과 자체 점검보고서 제출 및 참여 수수료 납부가 이루어지며 참여확정 자격 조건에 충족하는 어린이집은 참여 대상으로 확정된다. 한국보육진흥원에서는 기술별 기본 사항 확인 대상, 방법 및 일정을 지자체에 안내하고 지자체에서는 기수별로 해당 어린이집의 기본사항 항목을 확인한다. 기본사항 항목은 총 정원 준수, 예·결산서 및 회계서류 구비, 안전사고에 대한 보험 가입, 영유아 보육법 관련 행정처분, 어린이집의 설치기준, 보육실의 설치기준, 보육교직원 배치기준, 보육교직원의 정기 건강검진, 비상대피시설 설치 등 총 아홉 가지 항목이다. 기본사항 확인 결과 필수 항목이 미준수된 어린이집의 경우는 참여 확정 대상에서 제외되어 평가 인증 진행이 불가능하다. 또한 참여 확정 마감일로부터 직전 1년 이내에 기본항목 위반사항이 발생한 경우 종합평가 시 차하위 등급으로 조정된다. 차하위 등급을 받을 수 있는 기본항목 위반사항은 운영정지 행정처분, 과징금 처분, 보조금 반환명령, 원장 자격정지 또는 자격 취소, 보육교사 자격정지 또는 자격취소, 식품위생법 위반, 아동 복지법 위반 등이다.

한국보육진흥원은 시·군·구로부터 제출받은 기본사항 확인 결과를 확인한 후 필수항목을 준수한 어린이집에 대해 자체점검 보고서 제출을 안내한다. 안내받은 어린이집은 기간 내에 자체점검보고서를 제출하고 참여 수수료를 납부하도록 한다.

현장평가 단계에서는 현장 관찰자가 참여확정 어린이집을 방문하여 평가인증 지표에 따라 어린이집의 질적 수준에 대한 현장평가 및 보고가 이루어진다. 한국보육진흥원에서는 참여확정 어린이집별로 1주간의 현장평가 주간을 지정하여 통보하며, 해당 현장평가 주간 중 현장평가 일을 정하여 사전에 고지 없이 현장관찰자를 어린이집에 파견한다.

종합평가 단계에서는 현장평가가 완료된 어린이집의 기본사항 확인서, 자체점검보고서, 현장평가 보고서 등을 토대로 종합평가가 진행된다. 종합평가는 학계전문가, 현장전문가, 보육담당 공무원으로 구성된 소위원회와 종합평가 위원회에서 진행하며 기본사항 확인서, 자체점검 보고서, 현장평가 보고서 등을 검토한 후 종합평가 기준에 따라 최종 등급을 결정한다. 종합평가 위원회는 검토한 결과를 토대로 어린이집의 질적 개선 방향을 제시하는 평가결과서를 작성하고 현장평가 결과를 바탕으로 인증결정을 진행한다. 어린이집 평가 등급은 4등급(A, B, C, D)으로 하고, 등급에 따라 인증(A, B, C 등급)과 불인증(D등급)으로 구분된다.

결과 공표는 매월 15일 전후에 어린이집 지원시스템 업무연락 등을 통해 통보하고 보건복지부는 평가 인증 어린이집에 대하여 보건복지부 장관 명의의 인증서 및 인증현판을 제작하여 해당 인증 어린이집으로 직접 배부한다. 인증결과는 통보된 달의 15일부터 3년간 인증 유효하며 인증 통과 어린이집 중 A등급은 1년 연장이 가능하다.

(3) 평가지표

어린이집과 유치원에 적용하게 될 통합지표의 평가영역 및 지표, 항목수를 살펴보면 〈표 14-5〉와 같다.

〈표 14-5〉 **어린이집, 유치원 평가영역 및 지표**

유치원 제4주기 평가(2017~2019년)		
평가영역(항목수)	평가지표	항목수
Ⅰ. 교육과정(29)	1-1. 교육 계획 수립 및 실행	4
	1-2. 균형적·통합적 일과 운영	5
	1-3. 교수·학습방법	6
	1-4. 교사-유아 상호작용	6
	1-5. 유아 간 상호작용 시 교사 역할	4
	1-6. 평가	4

어린이집 제3차 평가인증(2017~2019년)		
평가영역(항목수)	평가지표	항목수
Ⅰ. 보육과정 및 상호작용(31)	1-1. 보육계획 수립 및 실행	4
	1-2. 일과 운영	5
	1-3. 교수·학습방법 및 놀이 지원	6
	1-4. 교사-영유아 상호작용	6
	1-5. 영유아 간 상호작용 시 교사 역할	4
	1-6. 평가	4
	1-7. 일상생활	2

유치원 제4주기 평가(2017~2019년)		
평가영역(항목수)	평가지표	항목수
Ⅱ. 교육 환경 및 운영 관리 (20)	2-1. 실내공간 구성	5
	2-2. 실외공간 구성	3
	2-3. 기관 운영	5
	2-4. 가정 및 지역사회와의 연계	5
	2-5. 방과 후 과정	2
Ⅲ. 건강·안전 (15)	3-1. 실내외 공간의 청결 및 안전	4
	3-2. 급·간식	3
	3-3. 건강증진을 위한 교육 및 관리	3
	3-4. 등하원의 안전	2
	3-5. 안전교육 및 사고 대책	3
Ⅳ. 교직원 (13)	4-1. 원장의 리더십	4
	4-2. 교직원의 근무환경	3
	4-3. 교직원의 처우와 복지	3
	4-4. 교직원의 전문성 제고 노력	3
총계	20개	77

어린이집 제3차 평가인증(2017~2019년)		
평가영역(항목수)	평가지표	항목수
Ⅱ. 보육 환경 및 운영 관리 (19)	2-1. 실내공간 구성	5
	2-2. 실외공간 구성	3
	2-3. 기관 운영	4
	2-4. 가정 및 지역사회와의 연계	5
	2-5. 어린이집 이용 보장	2
Ⅲ. 건강·안전 (15)	3-1. 실내외 공간의 청결 및 안전	4
	3-2. 급·간식	3
	3-3. 건강증진을 위한 교육 및 관리	3
	3-4. 등하원의 안전	2
	3-5. 안전교육 및 사고 대책	3
Ⅳ. 교직원 (14)	4-1. 원장의 리더십	4
	4-2. 교직원의 근무환경	3
	4-3. 교직원의 처우와 복지	3
	4-4. 교직원의 전문성 제고	4
총계	20개	79

유치원과 어린이집 평가영역은 동일하게 교육(보육)과정, 교육(보육) 환경 및 운영관리, 건강·안전, 교직원 등 4개의 영역으로 나누어지며 각각의 평가지표도 동일하게 구성되어 있다. 다만 평가지표에서 일상생활 지도가 필요한 어린이집에 관련 지표가 남아 있어 차이가 있으며 나아가 평가 항목에서도 유치원과 어린이집의 특색을 고려해 포함되거나 빠진 부분이 생겨 유치원은 77개 항목, 어린이집은 79개 항목으로 이루어져 있다.

교육부에서 제시한 통합평가지표의 세부 항목을 살펴보면 〈표 14-6〉과 같다.

〈표 14-6〉 통합평가지표 세부항목

영역	평가지표	평가항목
Ⅰ. 교육 과정 (29)	1-1. 교육 계획 수립 및 실행 (4)	1. 국가 수준의 교육과정에 제시된 목표 및 내용을 반영한다.
		2. 유아의 발달 수준 및 학급 특성을 고려하여 연간, 월간, 주간, 일일계획안을 작성한다.
		3. 연간, 월간, 주간, 일일계획안의 목표 및 내용이 적절하며, 연계성이 있다.
		4. 누리과정의 영역을 반영하여 교육활동을 실시한다.
	1-2. 일과 운영 (5)	1. 계획에 따라 유아의 연령에 적합한 놀이, 활동, 일상생활 경험을 균형 있게 통합적으로 운영한다.
		2. 자유선택활동 시간을 매일 충분히 배정하여 운영한다.
		3. 바깥놀이 시간을 매일 충분히 배정하여 운영한다.
		4. 놀이나 활동을 융통성 있게 운영한다.
		5. (특) 특수교육대상 유아를 위한 관련 서비스(치료지원 포함)를 일과 중에 통합적으로 제공한다.
	1-3. 교수-학습 방법 (6)	1. 주제에 적합한 활동계획을 수립하고 그에 적절한 교수-학습방법과 자료를 활용한다.
		2. 교사는 유아가 활동에 대한 흥미나 호기심을 갖도록 한다.
		3. 교사는 다양한 놀이와 활동이 유아의 자발적 선택에 의해 주도적으로 이루어지도록 격려한다.
		4. 교사는 유아의 놀이상황을 관찰하면서 놀이를 지원한다.
		5. 교사는 유아가 다양하게 생각하여 대답할 수 있도록 발문한다.
		6. 교사의 태도가 안정되고 자신감이 있다.
	1-4. 교사-유아 상호작용 (6)	1. 교사는 신체적 특성, 가족 및 민족 배경 등으로 인한 편견 없이 모든 유아를 존중한다.
		2. 교사는 유아의 기질, 정서적 상태, 놀이 선호 등을 파악하여 적절히 반응한다.
		3. 교사는 유아의 개별적 요구나 질문을 주의 깊게 듣고, 적절하게 반응한다.
		4. 교사는 유아가 이해할 수 있는 내용으로 눈을 마주치며 이야기한다.
		5. 교사는 위협, 비난, 조롱 등 부정적 언어를 사용하지 않는다.
		6. 교사는 칭찬과 격려를 통해 유아에게 자신감을 준다.
	1-5. 유아 간 상호작용 시 교사 역할 (4)	1. 교사는 유아가 일상에서 또래와 긍정적 상호작용을 하도록 격려한다.
		2. 교사는 유아가 자신의 의견이나 생각을 또래에게 말로 표현하도록 격려한다.
		3. 교사는 유아가 적절한 약속과 규칙을 알고 지킬 수 있도록 격려한다.
		4. 교사는 유아 간 다툼이나 문제가 발생하지 않도록 환경을 마련하고, 발생 시 적절히 개입한다.

영역	평가지표	평가항목
Ⅰ. 교육 과정 (29)	1-6. 평가 (4)	1. 유아의 행동을 객관적으로 관찰·기록한다.
		2. 교육과정 목표와 내용을 준거로 유아의 발달특성과 변화를 평가한다.
		3. 유아 평가결과를 교육과정 편성 및 운영에 반영하고, 부모면담의 자료로 활용한다.
		4. 교육과정 운영에 대한 평가를 실시하고, 그 결과를 다음 계획안에 반영한다.
Ⅱ. 교육 환경 및 운영 관리 (20)	2-1. 실내공간 구성 (5)	1. 교실 내 흥미영역은 유아의 연령 및 발달 특성을 고려하여 충분한 공간에 구성한다.
		2. 유아의 요구를 충족하는 다양한 공간을 마련하고 있다.
		3. 실내 시설 및 설비가 유아의 발달 수준에 적합하다.
		4. 계획안의 주제와 관련된 교재·교구들을 유아의 연령수준에 맞게 영역별로 다양하게 구비하고 있다.
		5. 비품과 교재·교구를 보관하는 별도의 공간이 있고, 연령별, 주제별 또는 영역별로 정리되어 있다.
	2-2. 실외공간 구성 (3)	1. 실외(옥외) 놀이터 등을 구비하고 있다.
		2. 유아 발달에 적합한 다양한 놀이기구를 구비하고 있다.
		3. 실외공간에 다양한 활동 영역을 제공하고 있다.
	2-3. 기관 운영 (5)	1. 학급을 편성 규정에 맞게 운영하고 있다.
		2. 개별 유아의 생활기록부를 작성·관리하고 있다.
		3. 신입유아 적응을 위한 지원을 하고 있다.
		4. 예·결산서를 대내외적으로 공개한다.
		5. 입학금과 수업료 외의 기타경비 관련 규정을 마련하여 준수하고 있다.
	2-4. 가정 및 지역사회와의 연계 (5)	1. 부모와 상호 협의하에 유치원을 개방한다.
		2. 부모교육을 다양하게 실시하고 있다.
		3. 부모와 개별면담을 하고 가정과의 소통을 다양한 방법으로 실시하고 있다.
		4. 유아와 가족의 문제를 파악하고 지원한다.
		5. 지역사회와 연계한 다양한 활동을 실시하고 있다.
	2-5. 방과 후 과정 (2)	1. 특성화 활동을 운영지침에 따라 실시한다.
		2. 방과 후 과정을 위한 기본 시설·설비를 구비하고 담당인력을 배치하고 있다.

영역	평가지표	평가항목
Ⅲ. 건강·안전 (15)	3-1. 실내외 공간의 청결 및 안전 (4)	1. 실내외 공간을 청결하고 쾌적하게 관리하고 있다.
		2. 실내외 공간을 유아의 안전을 위해 위험요인 없이 관리하고 있다.
		3. 실내외 놀잇감이 안전하고, 위험한 물건을 안전하게 보관·관리하고 있다.
		4. 안전시설 및 설비를 비상시 효율적으로 사용할 수 있도록 관리하고 있다.
	3-2. 급·간식 (3)	1. 영양의 균형을 고려한 급·간식을 제공하고 있다.
		2. 식자재의 구입·보관 및 조리공간을 위생적으로 관리하고 있다.
		3. 조리 및 배식과정을 청결하고 위생적으로 관리하고 있다.
	3-3. 건강증진을 위한 교육 및 관리 (3)	1. 손 닦기, 양치질 등 청결한 위생습관을 실천한다.
		2. 교사는 유아의 건강상태를 살펴보고 적절하게 지원한다.
		3. 유아와 교직원의 건강증진을 위한 예방관리와 교육을 실시한다.
	3-4. 등·하원의 안전 (2)	1. 유아는 등·하원 시 성인의 보호하에 있다.
		2. 통학차량을 운행할 경우 안전요건을 갖추어 관리한다.
	3-5. 안전교육 및 사고 대책 (3)	1. 유아를 대상으로 안전교육을 지속적으로 실시하고 있다.
		2. 교직원은 안전교육을 받고 유아학대예방 지침을 준수한다.
		3. 영유아, 교직원 및 시설 보험에 모두 적합하게 가입하고 있다.
Ⅳ. 교직원 (13)	4-1. 원장의 리더십 (4)	1. 원장은 자신의 전문성 향상을 위해 노력하고 있다.
		2. 원장은 교직원을 존중하고, 교직원의 발전을 위해 지원하며, 면담을 실시한다.
		3. 원장은 정기적인 교사회의 등을 통해 교직원의 의견을 민주적으로 수렴한다.
		4. (사립) 2년 이상 근속한 교사가 전체 교사의 50% 이상이다.
	4-2. 교직원의 근무환경 (3)	1. 교사실과 개인사물함을 별도로 마련하고 있다.
		2. 교사의 업무지원을 위한 자료 및 설비를 충분히 구비하고 있다.
		3. 성인용 화장실/변기를 유아용과 별도로 설치하고 있다.
	4-3. 교직원의 처우와 복지 (3)	1. 교직원 인사와 관련하여 공정한 규정이 있으며, 이를 준수하고 있다.
		2. 교직원의 보수와 관련한 규정이 있으며, 이를 준수하고 있다.
		3. 교직원의 복지를 위해 노력하고 있다.
	4-4. 교직원의 전문성 제고 (3)	1. 신규 교직원에게 업무 관련 오리엔테이션을 실시하고 있다.
		2. 교원의 전문성 제고를 위한 다양한 연수기회를 부여하고 있다.
		3. 교사의 교수-학습방법에 대한 장학을 실시하고 있다.

출처: 교육부(2017). 제4주기 유치원평가 중앙연수 자료, p. 20.

(4) 등급 평정

평가 등급 평정은 유치원과 어린이집이 동일한 방법으로 평정을 하게 된다. 즉 정량 평가 방법을 도입하여 객관성과 예측 가능성을 높이고 평정 방식은 절대평가 방식의 등급제로 진행된다. 각 평가 항목별로 충족 여부에 따라 체크리스트 방식에 의해 '충족(Y)' 또는 '미충족(N)'에 체크하도록 하고 있으며 평가지표 내의 평가항목 '충족' 개수에 따라 3개 등급(우수, 적합, 개선 필요) 중 1개를 부여하도록 하고 있다. 그리고 평가 항목 충족 비율이 '우수'는 75% 이상, '적합'은 50% 이상~75% 미만, '개선 필요'는 50% 미만으로 구간을 설정하였다.

충족 평가 항목의 수에 따른 평가지표의 등급은 〈표 14-7〉과 같다.

〈표 14-7〉 충족 평가 항목 수에 따른 평가지표의 등급

평가항목 수	'충족' 평가항목 수		
2	2개	1개	0개
3	3개	2개	1개 이하
4	3개 이상	2개	1개 이하
5	4개 이상	3개	2개 이하
6	5개 이상	3~4개	2개 이하
	↓ 우수	↓ 적합	↓ 개선 필요

출처: 교육부(2017). 제4주기 유치원평가 중앙연수 자료, p. 23.

평가영역 내 평가지표 중 '우수' 등급 평가지표 수에 따라 3개 등급(우수, 적합, 개선 필요) 중 1개를 부여하도록 하고 있으며 '개선 필요' 등급이 하나라도 있을 경우에는 '개선 필요' 등급을 부여하도록 하였다. '우수' 지표의 수에 따른 영역의 등급은 〈표 14-8〉과 같다.

〈표 14-8〉 **'우수' 지표의 수에 다른 영역의 등급**

평가영역 (지표 수)	'우수' 지표 수		'개선 필요' 지표 수
Ⅰ 영역 (7)	5개 이상	4개 이하	1개 이상
Ⅱ, Ⅳ 영역 (4)	3개 이상	2개 이하	
Ⅲ 영역 (5)	4개 이상	3개 이하	
	↓ 우수	↓ 적합	↓ 개선 필요

출처: 교육부(2017). 제4주기 유치원평가 중앙연수 자료, p. 23.

최종 유치원 평가결과 등급 부여는 4개 평가영역의 '우수' 등급 수에 따라 A, B, C, D 등급 중 1개를 부여하며 평가영역의 등급에 따른 유치원 등급 부여 기준은 〈표 14-9〉와 같다.

〈표 14-9〉 **평가영역의 등급에 따른 등급**

기관등급	등급 부여기준	예시
A	· 모든 영역에서 '우수' 등급인 유치원	· '우수' 영역 4개
B	· 3개 영역 이상 '우수' 등급이고, '개선 필요' 등급이 없는 유치원	· '우수' 3개, '적합' 1개 영역
C	· 2개 영역 이하 '우수' 등급이고, '개선 필요' 등급이 없는 유치원	· '우수' 2개, '적합' 2개 영역 · '우수' 1개, '적합' 3개 영역 · '적합' 4개 영역
D	· 1개 영역 이상 '개선 필요' 등급인 유치원	· '개선 필요' 영역 1개 이상

출처: 교육부(2017). 제4주기 유치원평가 중앙연수 자료, p. 23.

참고문헌

chapter 1

김동춘(2006). 기독교 유아교육기관의 경영관리. 서울: 창지사.

김연진, 이상희, 김종일(2013). 유아교육기관 운영관리. 서울: 태영출판사.

김창걸(1996). 교육행정학 및 교육경영신강. 서울: 형설출판사.

김희보(1982). 구약 학개·말라기 주석. 서울: 총신대학 출판부.

문혁준, 김정희, 김혜연, 서기남, 이성복, 정다운(2015). 어린이집 운영관리. 서울: 창지사.

박성식(1998). 교육행정관리론. 서울: 학지사.

박재환(2002). 유아교육기관의 경영관리. 서울: 양서원.

박창건(2004). 유·초등부 교회지도자의 기독교교육적 과제. 교회교육과 지도자. 기독교교육 연구, 15(1), 62-85.

신화식, 이영미, 윤길근, 이희경, 김지영, 진성애, 심윤희, 김민선(2014). 유아교육기관 운영관리. 경기: 양서원.

양창삼(2000). 기독교 교육행정. 서울: 대한예수교장로회총회.

윤병주(1986). 종교심리학. 서울: 서광사.

윤옥한(2017). 삶은 교육사회학. 경기: 양서원.

이선애, 최현정, 문성희(2014). 유아교육기관운영관리. 경기: 정민사.

이성은(1999). 학교변화와 열린 행정. 서울: 교육과학사.

이영자, 신동주(2013). 유아교육기관 운영관리. 서울: 창지사.

이정근(1994). 기독교교육 개론. 기독교교육 행정(pp. 127-159). 서울신학대학교 기독교교육연구소.

이정근(2000). 기독교교육 신학 연구 논문집 상. 서울: 교육목회 @교육선교연구원.

임재택(2000). 유아교육기관 운영관리. 서울: 양서원.

정희정(2009). 성경적 상담을 활용한 기독교 부모교육 프로그램의 개발 및 효과. 총신대학교 대학원 박사학위논문.

주삼환, 천세영, 명제창, 신붕섭, 이명주, 이석열(2003). 교육행정 및 교육경영. 서울: 학지사.

진요한(2005). 교회경영을 모르면 목회하지 마라. 서울: 수엔터테인먼트.

황성철(2004). 교회 정치 행정학. 서울: 총신대학교 출판부.

Anthony, M. J. (2001). *Christian Education*. Grand Rapid: Baker Book House Company.

Brummelen, H. V. (1996). 교실에서 하나님과 동행하십니까?. 기독교학문연구회 역. 서울: 한국기독학생회 출판부.

Calvin, J. (1997). 기독교강요. 김종흡, 신복윤, 이종성, 한철하 공역. 서울: 생명의말씀사.

Comenius, J. A. (1996). (코메니우스의) 범교육학. 정일웅 역. 서울: 여수룬.

Decker C. A. & Decker J. R. (1997). *Planning and Administering Early Childhood Programs*(6th ed.). New Jersey: Merrill Prentice Hall.

De Jong, N. (1985). 진리에 기초를 둔 교육. 신청기 역. 서울: 생명의말씀사.

Edlin, J. R. (2004). 기독교교육의 기초. 기독교학문연구회 교육학분과 역. 서울: 그리심.

Fayol, H. (1916). *General and Industrial Management*. Institute of Electrical and Electronics Engineering, Paris.

Fennema. (1994). 개혁주의 아동관. 정희영 역. 서울: 총신대학교 출판부.

Gangel, K. O. (1996). 성공적인 경영자로서의 목회자. 황성철 역. 서울: 한국 로고스 연구원.

Greene, A. E. Jr. (2004). 알버트 그린 박사의 기독교세계관으로 가르치기. 현은자, 정희영, 황보영란 역. 서울: 도서출판 CUP.

Guinnss, O. S. (2000). 소명. 홍병룡 역. 서울: IVP.

Jaarsma, C. (1983). 헤르만 바빙크의 기독교교육철학. 정정숙 역. 서울: 총신대학교 출판부.

Johns, B. W. (1994). 목회리더십과 경영. 주상지 역. 서울: 생명의말씀사.

Linde, J. M. (1999). 미래를 가진 하나님의 세계: 코메니우스의 세계 개혁론. 정일웅 역. 서울: 여수룬.

Lindgren, A. J. (1997). 교회개발론. 박근원 역. 서울: 대한기독교출판사.

Parker, J. I. (1983). *Fundamentalism and the Word of God*. Grand Rapids Mich: Wm B. Eerdmans Publishing Co.

Pazmino, W. R. (2002). *Christian Education*. Michigan: Baker Academic.

Sears, J. B. (1950). *Nature of administrative process*. New York: Mcgraw-Hill.

Seymour, J. L. (2001). 기독교교육의 지도그리기. 고용수 역. 서울: 한국장로교출판사.

Van Til, C. (1977). *Essays on Christian Education*. New Jersey: Presbyterian & Reformed.

Van Til, C., & Berkof, L. (2011). 개혁주의 교육학. 이경섭 역. 서울: 개혁주의 신학사.

chapter 2

김동춘, 임희옥(2005). 교사의 참 삶 지원하기: 교사의 참 삶을 위한 조건은 무엇일까요? 유아의 참 삶을 지원하는 워크숍, 교원 워크숍 연수교재, pp. 23-44. 사단법인 새세대육영회 연수원.

김신영(1998). 유아교육기관에서 교사가 인식하는 문제분석. 이화여자대학교 대학원 박사학위논문.

박희석(1996). 기독교와 문화. 신앙과 학문. 총신대학교 동창회, 창간호, 37-56.

양창삼(1996). 교회경영학. 서울: 도서출판 엠마오.

유치원 알리미(2017). http://e-childschoolinfo.moe.go.kr

유형기 편(1980). 성서주해Ⅲ. 서울: 한국기독교문화원.

이윤경(1999). 유치원 교사의 갈등관리 유형과 직무만족과의 관계. 교육학연구, 37(3), 365-383.

차배근(1990). 커뮤니케이션학개론. 서울: 세영사.

한홍(2005). 시간의 마스터. 서울: 비전과 리더십.

황성철(2002). 칼빈의 교육목회. 서울: 도서출판 이레서원.

황성철(2004). 교회정치행정학. 서울: 총신대학교 출판부.

Anthony, M. J. (2001). *Christian Education*. Grand Rapid: Baker Book House Company.

Blackaby H. R. (2003). 영적리더십. 윤종석 역. 서울: 두란노.

Collins, G. R. (2004). 크리스천 코칭. 서울: 한국기독교학생회출판부.

Decker, C. A., & Decker, J. R. (1997). *Planning and Administering Early Childhood programs*(6th ed.). New Jersey: Merrill Prentice Hall.

Dublin, A. J. (1984). *Human relations: A Job-oriented approach*(3rd ed.). Reston Publishing Company, Inc.

Edlin J, R. (2004). 기독교교육의 기초. 기독교학문연구회 교육학분과 역. 서울: 그리심.

Ford, L. (1994). 변화를 일으키는 리더십. 김기찬 역. 서울: 생명의말씀사.

Gangel, K. O. (1996). 성공적인 경영자로서의 목회자. 황성철 역. 서울: 한국로고스 연구원.

Haggai, J. (1996). 세계를 변화시키는 리더십 기법. 권명달 역. 서울: 보이스사.

Harper, N. E. (1995). 현대기독교교육. 이승구 역. 서울: 엠마오서적.

Hoy, W. K., & Miskel, C. G. (1996). 교육행정의 이론탐색과 실제. 송화섭 역. 서울: 학문사.

MacDonald, G. (1996). 내면세계의 질서와 영적 성장. 홍화옥 역. 서울: 한국기독학생회 출판부.

Maxwell, J. (1997). 당신 안에 잠재된 리더십을 키우라. 강준민 역. 서울: 도서출판 두란노.

More, W. F. (1968). *Communication for Churchmen*. New York: Abingdon Press.

Palmer, P. J. (2000). 가르침과 배움의 영성. 이종태 역. 서울: IVP.

Rodd, J. (1994). *Leadership in early childhood: The Pathway to Professionalism*. New York: Teachers College Press.

Sande, K. (2000). 갈등 해결에 대한 성경의 가르침 피스메이커. 국제개발원 역. 서울: 국제개발원.

Seymour J. L. (2001). 기독교교육의 지도그리기. 고용수 역. 서울: 한국장로교출판사.

Sherman, D., & Hendricks, W. (1995). 하나님께서는 당신의 직업을 귀히 여기신다. 소책자 시리즈 50. 서울: 네비게이토 출판사.

Stott, J. R. (1998). 그리스도의 십자가. 황영철, 정옥배 공역. 서울: IVP.

chapter 3

공경혜(2008). 기독교 유아교육과정과 아기학교. 목원대학교 신학대학원 석사학위논문.

교육부(유아교육정책과)(2018. 1.). 2018학년도 유아학비 지원계획.

국민일보(2018년 3월 28일). '어린이들의 교회' 선교원을 아시나요? http://news.kmib.co.kr/article/view.asp?arcid=0923923859&code=23111111&sid1=chr에서 인출.

권미량, 김민정, 이숙희(2016). 기독교세계관에 기초한 한국의 유아교육 현황과 쟁점에 관한 연구. 생태유아교육연구, 15(4), 43-70.

김동춘(2006). 기독교 유아교육기관의 경영관리. 서울: 창지사.

김영옥, 박혜경, 양옥승, 이기숙, 이영자, 이원영, 이윤경, 장영희, 정미라, 주영희(1995). 한국현대유아교육사. 서울: 양서원.

마송희(2000). 기독교 유아교육과 유아교육사상가. 복음과 실천, 26(1), 481-511.

박경자, 황옥경, 문혁준(2013). 우리나라의 보육정책. 한국보육지원학회지, 9(5), 513-538.

박상진(2005. 9.). 기독교학교의 정체성. 교육교회, 338, 4-9.

박상진(2006). 기독교학교 교육론. 서울: 예영커뮤니케이션.

박신경(1998). 한국 유치원 교육의 성립 과정에 있어서 기독교의 역할. 신학과 목회, 12, 343-369.

박신경(2008). 기독교 유아교육. 서울: 기독한교.

보건복지부(2018). 보육사업안내.

서울특별시교육청 학교지원과. 사립유치원 설립인가 공통심사기준 알림. http://buseo.sen.go.kr/web/services/bbs/bbsView.action?bbsBean.bbsCd=94&bbsBean.bbsSeq=4747&ctgCd=212에서 인출.

월간교육(2017. 1. 12.). 만 3-5세 유아 학교 유아 공교육 체제 확립을 제안한다. http://www.eduinnews.co.kr/news/articleView.html?idxno=7679에서 인출.

이강무(1994). 어린이선교원 운영론: 어린이선교학 하편. 서울: 미광.

이상금(1987). 한국 근대유치원 교육사. 서울: 이화여자대학교출판부.

이상금(1995). 해방전 한국의 유치원. 서울: 양서원.

이영옥(2006). 교회부속 유치원과 어린이집을 위한 기독교유아교육과정: 기독교유아교육과정의 필요성. 교육교회, 343, 50-53.

이윤진(2006). 일제하 유아보육사 연구. 서울: 해안출판부.

이화여자대학교 사범대학 부속유치원(2014). 한국 유아교육의 산실 이화유치원 역사 이야기. 서울: 이화여자대학교출판부.

임희옥, 유혜숙, 서광일, 김정준(2010). 기독교 세계관으로 조명한 유아 교육하기. 서울: 창지사.

조복희, 강희경, 김양은, 한유미(2013). 한국 보육의 역사 및 관련법과 현황. 한국보육지원학회지, 9(5), 381-405.

조용선, 임순덕(2010). 아기학교 이렇게 운영하라. 서울: 겨자씨.

조정아, 조은진(2008). 한국 기독교 유아교육기관의 기독교 유아교육과정 운영 실태와 교사의 인식도 조사. 아동학회지, 29(1), 305-324.

조형숙, 김현주, 김명하, 김명정(2018). 유아교육개론. 서울. 학지사.

최윤정(2006). 어린이 선교원의 현황과 기독교유아교육 연구. 연세대학교 교육대학원 석사학위논문.

충신교회 아기학교 소개. http://babyschool.choongshin.or.kr/info/sub01.asp에서 인출.

허광재(1983). 유아 선교원 운영학: 어린이목회자의 지침서. 서울: 선교신학연구회.

Salter, G. E. (2011). 기독교학교가 갖추어야 할 필수 요소들. James Dunk(편). 기독교교육의 새로운 고찰: 19명의 기독교교육 전문가들이 쓴 26개의 에세이 모음. 배길수, 존스연구소(역) (pp. 75-88) 부천: 존스북.

chapter 4

권미량, 김민정, 이숙희(2016). 기독교세계관에 기초한 한국의 유아교육 현황과 쟁점에 관한 연구. 생태유아교육연구, 15(4), 43-70.

김미경(2003). 기독교유아교육기관 교육과정평가를 위한 기초연구. 유아교육학논집, 7(1), 169-203.

김성수(1996). 기독교 유아교육의 원리. 고신대학교 논문집, 23, 55-70.

김윤희(2009). 교회부설 어린이집의 기독교 유아교육 운영 실태에 대한 교사의 인식 조사. 총신대학교 교육대학원 석사학위논문.

마송희(2000). 기독교 유아교육과 유아교육사상가. 복음과 실천, 26, 481-511.

문순애(2010a). 기독교 세계관에 기초한 유아 교육과정: 제7차 유치원교육과정을 중심으로. 백석대학교 기독교전문대학원 박사학위논문.

문순애(2010b). 기독교세계관에 기초한 유아교육과정. 서울: 창지사.

박상진(2006). 기독교학교 교육론. 서울: 예영커뮤니케이션.

박상진(2007). 한국 기독교학교의 자율성 및 정체성 재확립을 위한 과제. 기독교교육논총, 15, 61-96.

박영주(2013). 기독교세계관 통합 교육과정 재구성 모델 개발연구. 기독교교육정보, 37, 31-58.

양금희(2011). 기독교 유아·아동교육. 서울: 대한기독교서회.

양주혜(2015). 기독교유아교육기관의 교육과정 운영 실제에 관한 연구. 총신대학교 교육대학원 석사학위논문.

열방대학교 교육대학(2002a). 학령전 어린이 교육을 위한 성서적 기초 1: 교사를 위한 성서적 원칙과 실제적 기술의 소개. 바브라 니자 편. 구옥모 역. 수원: 도서출판 창조.

열방대학교 교육대학(2002b). 학령전 어린이 교육을 위한 성서적 기초 2: 구약 성서시대가 주는 성서적 원칙들. 바브라 니자 편. 구옥모 역. 수원: 도서출판 창조.

이정미(2010). 기독교적 교육과정. 박상진, 유재봉, 홍은숙, 임희국, 장화선, 김선요, 이숙경, 김재춘, 이정미, 이정기, 이은실, 박은숙, 김재웅, 강영택, 황병준. 학교교육에 대한 기독교적 이해(pp. 255-279). 서울: 교육과학사.

임희옥, 유혜숙, 서광일, 김정준(2010). 기독교 세계관으로 조명한 유아 교육하기. 서울: 창지사.

정갑순(2002). 기독교 유아교육과정의 통합적 접근을 위한 고찰. 유아교육학논집, 6(1), 33-60.

정갑순(2010). 기독교 유아교육기관에 관한 연구. 정갑순 교수 명예퇴임 준비위원회(편). 기독교 영유아교육과 가정사역: 이론과 실천 (pp. 400-435). 서울: 총신대학교 출판부.

정윤, 정희영(2015). 기독교 세계관에 기초한 유아교육과정 실행 경험에 대한 사례연구. 신앙과 학문, 20(3), 171-205.

정희영(2004). 기독교 유아교육론. 서울: 교육과학사.

정희영, 최영해, 박은아(2016). 기독교 세계관에 기초한 누리과정의 재구성. 경기: 공동체.

조정아, 조은진(2008). 한국 기독교 유아교육기관의 기독교 유아교육과정 운영 실태와 교사의 인식도 조사. 아동학회지, 29(1), 305-324.

홍말순(2013). 기독교 유아교육과정 개발을 위한 3-5세 연령별 누리과정과 알타비스타 기독교 유아교육과정의 비교 연구. 한국교육문제연구, 31(4), 159-182.

De Jong, N. (1985). 진리에 기초를 둔 교육. 신청기 역. 서울: 생명의말씀사.

Gaebelein, F. E. (1995). 신본주의 교육. 이창국 역. 서울: 기독교문서선교회.

Green, A. E. (2000). 기독교 세계관으로 가르치기. 현은자, 정희영, 황보영란 공역. 서울: CUP.

Richards, L. O. (1995). 어린이 사역. 김원주 역. 서울: 파이디온선교회.

Salter, G. E. (2011). 기독교학교가 갖추어야 할 필수 요소들. James Dunk(편). 기독교교육의 새로운 고찰: 19명의 기독교교육 전문가들이 쓴 26개의 에세이 모음. 배길수, 존스 연구소(역) (pp. 75-88) 부천: 존스북.

Van Brummelen, H. (1996). 교실에서 하나님과 동행하십니까?. 기학연 교육연구모임 역. 서울: IVP.

Van Brummelen, H. (2006). 기독교적 교육과정 디딤돌. 이부형 역. 서울: IVP.

Van Dyk, J. (2009). 가르침은 예술이다. 김성수 역. 서울: IVP.

chapter 5

강문숙, 황해익(2008). 보육교사의 직무에 대한 인식조사. 부산유아교육학회 유아교육논집, 17(2), 1-23.

김동춘(2006). 기독교 유아교육기관의 경영관리. 서울: 창지사.

김성재(1996). 간추린 기독교교육사(pp. 109-127). 한국기독교교육학회 편. 서울: 대한기독교교육협회.

김수향, 이용주, 이은진(2013). 유아교육기관 운영관리. 서울: 동문사.

김은설, 안재진, 최윤경, 김의향, 양성은, 김문정(2009). 보육시설종사자의 전문성 제고 방안. 서울: 보건복지부·육아정책연구소.

김희자(1998). 기독교학교의 본질과 목적. 기독교학교 왜 필요한가?(pp. 1-21). 제26차 기독교교육연구소 학술세미나.

류윤석(2002). 신 유아교육기관 운영관리. 서울: 교육아카데미.

문혁준, 김정희, 김혜연, 서기남, 이성복, 정다운(2015). 개정 어린이집 운영관리. 서울: 창지사.

문혁준, 안효진, 김경회, 김영심, 김정희, 김혜연, 배지희, 서소정, 이미정, 이희경, 정다운, 조혜정(2014). 개정 보육교사론. 서울: 창지사.

박병량, 주철안(2006). 학교·학급경영. 서울: 학지사.

박창건(2005). 유초등부 교회지도자의 기독교교육적 과제. 교회교육과 지도자. 기독교교육연구, 15(1), 62-85.

이영애, 신은수(2015). 유아교육기관 운영관리. 서울: 한국방송통신대학교출판문화원.

이영자, 신동주(2013). 개정 유아교육기관 운영관리. 서울: 창지사.

정희영(2000). 기독교 유아교육론. 서울: 교육과학사.

Anthony, M. J. (2001). *Christian Education*. Grand Rapid: Baker Book House Company.

Brummelen, H. V. (1996). 교실에서 하나님과 동행하십니까?: 기독교적 교수-학습방법. 기학연교육연구모임 역. 서울: 한국기독학생회 출판부.

Brummelen, H. V. (2006). 기독교적 교육과정 디딤돌. 이부형 역. 서울: 한국기독학생회 출판부. 원전 2002 출판.

Edlin, J. R. (2004). 기독교교육의 기초. 기독교학문연구회 교육학분과 역. 서울: 그리심.

Greene, A. E. Jr. (2000). 알버트 그린 박사의 기독교세계관으로 가르치기. 현은자, 정희영, 황보영란 역. 서울: 도서출판 CUP.

Hendricks, H., Hestenses, R., & Palmer, E. (2004). 동기를 부여하는 교회교육. 이상일 역. 서울: 도서출판 선교횃불.

Katz, L. G. (1970). Teaching in preschools: Roles and goals. *Children*, *17*(2), 42-48.

May, P. R. (1992). 어떤 교사가 될 것인가?. 정애숙 역. 서울: 한국기독교학생회출판부.

May, P. R. (1994). 어떻게 가르칠 것인가?. 최수경 역. 서울: 한국기독학생회출판부.

Palmer, P. J. (2000). 가르침과 배움의 영성. 이종태 역. 서울: 한국기독학생회출판부.

Van Dyk, J. (2003). 가르침은 예술이다. 김성수 역. 서울: 한국기독학생회출판부.

chapter 6

교육부(2015). 2015 특수교육연차보고서. 세종: 교육부 특수교육정책과.

교육부 처음학교로 www.go-firstschool.go.kr

김동춘(2006). 기독교 유아교육기관의 경영관리. 서울: 창지사.

법제처 국가법령정보센터(2018. 7. 11.). 영유아보육법. 보건복지부 보육정책과. http://www.law.go.kr

법제처 국가법령정보센터(2018. 7. 11.). 유아교육법. 교육부 유아교육정책과. http://www.law.go.kr

법제처 국가법령정보센터(2018. 7. 11.). 유아교육법 시행규칙. 교육부 유아교육정책과. http://www.law.go.kr

법제처 국가법령정보센터(2018. 7. 11.). 유아교육법 시행령. 교육부 유아교육정책과. http://www.law.go.kr

법제처 국가법령정보센터(2018. 7. 14.). 영유아보육법 시행령. 보건복지부 보육정책과. http://www.law.go.kr

법제처 국가법령정보센터(2018. 7. 18.). 영유아보육법 시행규칙. 보건복지부 보육정책과. http://ww.law.go.kr

보건복지부(2018). 2018년 보육사업안내.

보건복지부 임신육아종합포털 아이사랑 http://www.childcare.go.kr

신화식, 이영미, 윤길근, 이희경, 김지영, 진성애, 심윤희, 김민선(2014). 유아교육기관 운영관리. 경기: 양서원.

유수옥(2005). 유아특수교육론. 서울: 학지사.

이기숙, 김순환, 조혜진(2014). 유아교육기관 운영관리. 경기: 양서원.

이소현, 박은혜(2001). 장애유아 통합유치원 교육과정. 서울: 교문사.

이영자. 신동주(2017). 유아교육기관 운영관리(제3판). 서울: 창지사.

인천광역시교육청(2017). 유치원 통합교육 가이드북 개발연구. 인천광역시교육청.

임희옥(2004). 장애통합교육의 세계적 추세와 전망. 장애통합보육을 위한 교사교육(pp. 5-14). 한국어린이육영회 보육교사보육원.

총신대학교부속유치원(2002). 유치원 장애아 통합교육 프로그램. 서울: 정민사.

Edlin, R. J. (2004). 기독교교육의 기초. The Cause of Christian Education. 기독교학문연구회교육학분과 역. 서울: 그리심. (원전 1999년 출간).

Heward, W. L., Alber-Morgan, S. R., & Konrad, M. (2017). 최신 특수교육. Exceptional Children. 김진호, 박재국, 방명애, 유은정, 윤치연, 이효신, 한경근 역. 서울: 시그마

프레스. (원전 2017년 출판)

Sciarra, D. J., Dorsey, A. G., Lynch, E., & Adams, S. (2013). *Developing and Administering a Child Care and Education Program* (8th ed.). Wadsworth, OH: Cengage Learning.

chapter 7

교육부(2015). 2015 유치원 시설안전관리 매뉴얼. 세종: 교육부.

김동춘(2006). 기독교 유아교육기관의 경영관리. 서울: 창지사.

법제처 국가법령정보센터(2018. 6. 15.). 영유아보육법. 보건복지부 보육정책과. http://www.law.go.kr.

법제처 국가법령정보센터(2018. 6. 15.). 유아교육법. 교육부 유아교육정책과. http://www.law.go.kr.

법제처 국가법령정보센터(2018. 6. 19.). 영유아보육법 시행규칙. 보건복지부 보육정책과. http://www.law.go.kr.

법제처 국가법령정보센터(2018. 6. 19.). 영유아보육법 시행령. 보건복지부 보육정책과. http://www.law.go.kr.

법제처 국가법령정보센터(2018. 6. 19.). 유아교육법 시행령. 교육부 유아교육정책과. http://www.law.go.kr.

법제처 국가법령정보센터(2018. 6. 22.). 유아교육법 시행규칙. 교육부 유아교육정책과. http://www.law.go.kr.

법제처 국가법령정보센터(2018. 7. 10). 고등학교 이하 각급 학교 설립·운영 규정. 교육부 학교혁신정책과. http://www.law.go.kr.

법제처 국가법령정보센터(2018. 7. 12.). 고등학교 이하 각급 학교 설립·운영 규정 시행규칙. 교육부 학교혁신정책과. http://www.law.go.kr.

법제처 국가법령정보센터(2018. 7. 15.). 국민영양관리법. http://www.law.go.kr.

법제처 국가법령정보센터(2018. 7. 17.). 환경보건법 시행령. 환경부 환경보건정책과. http://www.law.go.kr.

법제처 국가법령정보센터(2018. 7. 28.). 어린이놀이시설 안전관리법. 행정안전부 고시안전개선과. http://www.law.go.kr.

신화식, 이영미, 윤길근, 이희경, 김지영, 진성애, 심윤희, 김민선(2014). 유아교육기관 운영관리. 경기: 양서원.

이경희, 정정옥(2014). 영유아교육기관 운영관리. 서울: 학지사.

이기숙(2013). 유아교육과정(제5판). 경기: 교문사.

이기숙, 김순환, 조혜진(2014). 유아교육기관 운영관리. 경기: 양서원.

이영자. 신동주(2017). 유아교육기관 운영관리(제3판). 서울: 창지사.

최석란(2005). 놀이와 유아발달. 서울: 양서원.

Decker, C. A., & Decker, J. R. (2001). *Planning and Administering Early Childhood Programs*. New Jersey: Prentice-Hall, Inc.

Foster, C. R. (1996). 교회학교교사의 사명. 장로회신학대학교 기독교교육연구회 역. 서울: 성지출판사.

Freeman, N. K., Decker, C. A., & Decker, J. R. (2013). *Planning and Administering Early Childhood Programs*(10th ed.). MA: Pearson.

Frost, J. L. (1992). *Play and playscapes*. New York: Delmar Publishers Inc.

chapter 8

서울특별시교육청(2010). 공립 신설유치원 개원업무 편람.

서울특별시교육청(2012). 서울특별시교육청 고시 제2012-1호, 2012. 2. 23.

Decker, C. A., & Decker, J. R. (2001). Planning and administering early childhood programs. Upper Saddle River, NJ: Prentice Hall.

chapter9

교육부(2018. 2. 9. 시행). 유아교육법.

보건복지부(2017. 12. 19. 시행). 영유아보육법.

이상욱(1998). 기독교 유아교사 발달을 위한 탐색(pp. 123-151). 제3회 98 총신유아교육학술대회: 우리나라 기독교 유아교육기관의 진단과 발전 방향.

서울시교육청(2018). 2019학년도 유치원 교원 및 교육전문직원 인사관리원칙.

황성철(2004). 교회정치행정학. 서울: 총신대학교 출판부.

Harper, N. E. (1995). 현대 기독교교육. 이승구 역. 서울: 엠마오서적.

Morgan, G. (2000). The director as a key to quality, In M. L. Culkin(Ed.), *Managing quality in young children's program: The leader's role*(pp. 40-58). New York: Teachers College Press.

Palmer, P. J. (2000). 가르침과 배움의 영성. 이종태 역. 서울: IVP.

chapter 10

김동춘(2006). 기독교 유아교육기관의 경영관리. 서울: 창지사.

김재성(1997). 칼빈과 개혁신학의 기초. 서울: 합동신학대학원출판부.

문혁준, 권희경, 김명애, 김상희, 김정희, 김혜금, 김혜연, 안효진, 이경옥, 이윤경, 이희선(2016). 영유아 건강교육. 서울: 창지사.

문혁준, 김정희, 김혜연, 서기남, 이성복, 정다운(2015). 개정 어린이집 운영관리. 서울: 창지사.

보건복지부(2018). 보육사업안내. 세종: 보건복지부.

신화식, 이영미, 윤길근, 이희경, 김지영, 진성애, 심윤희, 김민선(2014). 유아교육기관 운영관리. 경기: 양서원.

육아정책연구소(2017). 영유아 건강관리 가이드북: 유치원·어린이집용. 서울: 육아정책연구소.

이경화, 김정원(2012). 영유아교육기관 운영관리. 경기: 공동체.

이영자, 권영례(1997). 유아교육기관의 운영관리. 서울: 창지사.

정미라, 배소연, 이영미(2001). 유아건강교육. 서울: 양서원.

Calvin, J. (1997). 기독교강요. 김종흡, 신복윤, 이종성, 한철하 역. 서울: 생명의말씀사.

Comenius, J. A. (2001). 어머니학교소식. 정일웅 역. 서울: 도서출판 이레서원.

Marotz, L. R., Cross, M. Z., & Rush, J. M. (2003). 영유아를 위한 건강·안전·영양. 이기현, 이은상 역. 서울: 정민사.

WHO(1948). Constitution. Geneva, World Health Organization.

chapter 11

보건복지부(2018). 2018년 보육사업 안내.

행정안전부(2018). 행정업무운영편람.

chapter 12

교육부(2017). 사립유치원 재정업무 매뉴얼.

김동춘(2006). 기독교 유아교육기관의 경영관리. 서울: 창지사.

보건복지부(2018). 2018년도 보육사업 안내.

서울시교육청(2018). 2018학년도 학교회계 예산편성 기본지침.
서울특별시, 서울특별시 육아종합지원센터(2016). 서울시 어린이집 업무 매뉴얼.
서울특별시교육청(2017). 사립유치원 재정업무 매뉴얼.
신혜원(2018). 단위학교 교육재정의 공평성 분석 연구. 고려대학교 교육대학원 석사학위 논문.
이인원, 김호년, 전정희, 김의석, 김영애(2012). 유아교육기관 운영관리. 경기: 양서원.
황성철(2004). 교회 정치 행정학. 서울: 총신대학교 출판부.
황윤세, 임미혜, 이혜원(2011). 유아교육기관 및 보육시설 운영관리. 개정판. 서울: 공동체.

chapter 13

강문희, 정정옥, 이경희, 윤애희, 류진희(2003). 유아교육기관 운영관리. 서울: 학지사.
교육과학기술부, 보건복지부(2013). 3-5세 연령별 누리과정 해설서.
김동춘(2006). 기독교 유아교육기관의 경영관리. 서울: 창지사.
김영옥(2009). 부모교육. 경기: 공동체.
김정선(2005). 교회학교 유치부 부모교육 활용을 위한 기독교 기관의 부모교육 프로그램 내용 연구: 부모학교, 아버지학교, 마더와이즈를 중심으로. 총신대학교 교육대학원 석사학위논문.
김진경, 서주현(2016). 부모교육. 서울: 한국방송통신대학교출판문화원.
김혜경(2012). 영유아교육기관 운영관리. 서울: 창지사.
송윤정(2007). 기독교인 어머니들의 기독교 유아교육에 대한 인식 및 요구 조사. 이화여자대학교 대학원 석사학위논문.
신화식, 이영미, 윤길근, 이희경, 김지영, 진성애, 심윤희, 김민선(2014). 유아교육기관 운영관리. 경기: 양서원.
유은정, 김혜연, 박혜정, 신현정, 이찬숙, 황현주(2012). 부모교육. 경기: 양서원.
이선애, 최현정, 문성희(2014). 유아교육기관운영관리. 경기: 정민사.
이영자, 신동주(2013). 유아교육기관 운영관리. 서울: 창지사.
정갑순(2006). 부모교육론(개정). 서울: 창지사.
정계숙, 김명애, 김혜금, 문혁준, 심희옥, 안효진, 양성은, 이정희, 이희선, 정태회, 제경숙, 한세영 (2007). 부모교육. 서울: 창지사.
정희정(2009). 성경적 상담을 활용한 기독교 부모교육 프로그램의 개발 및 효과. 총신대학교 대학원 박사학위논문.

중앙보육정보센터. http://www.educare.or.kr

총신대학교 부속유치원. http://www.csukindy.co.kr

최혜순(2013). 부모교육. 서울: 동문사.

홍길회, 이혜란, 왕영희, 정미자(2016). 사회·가족 변화에 따른 부모교육. 서울: 창지사.

황성철(2002). 칼빈의 교육 목회. 서울: 도서출판 이레서원.

Brooks, J. B. (1991). *The process of parenting*. CA: Mayfield Publishing Company.

Brummelen, H. V. (1996). 교실에서 하나님과 동행하십니까?: 기독교적 교수-학습방법. 기학연 교육연구모임 역. 서울: 한국기독학생회 출판부.

Click, P. M. (2000). *Administration of Schools for Young Chidren*(5th ed.). New York: Delmar Thomson Learning.

Decker, C. A., & Decker, J. R. (2001). *Planning and Administering Early Child- hood programs*. New Jersey: Prentice-Hall, Inc.

Edlin, R. J. (2004). 기독교교육의 기초. 기독교학문연구회 교육학분과 역. 서울: 도서출판 그리심.

Martin, C. A., & Colbert, K. K. (1997). *Parenting: A life span perspective*. New York: The Mc-Graw-Hill Companies, Inc.

Meier, P. D. (1985). *Christian child-rearing and personality development*. Grand Rapids, Michigan: Baker Book House.

Sciarra, D. J., & Dorsy, A. G. (2003). *Developing and Administering a child care center*. New York: Delmar Learning.

chapter 14

강문희, 정정옥, 이경희, 윤애희, 류진희(2003). 유아교육기관 운영관리. 서울: 학지사.

교육과학기술부, 보건복지부(2012). 5세 누리과정 교사용 지침서.

교육과학기술부, 보건복지부(2013). 3-5세 연령별 누리과정 해설서.

교육부(2017). 제4주기 유치원 평가 중앙연수 자료 .

교육부(2017b). 2017학년도 유치원교원능력개발평가 매뉴얼.

김동춘(2006). 기독교 유아교육기관의 경영관리. 서울: 창지사.

김연진, 이상희(2011). 유아교육기관 운영관리. 서울: 태영출판사.

서울대학교 교육연구소(2011). 교육학대백과사전. 서울: 하우동설.

서울특별시교육청(2017). 유치원교원 전문성 제고를 위한 2017년 교원능력개발평가제 추진계획.

소진희, 강연정(2013). 기독교교육에서의 교육평가에 관한 연구, 기독교교육논총, 33(2013. 3. 30), 1-29.

이영석, 박재환, 김경중(1985). 유아교육개론. 서울: 형설출판사.

이은실(2017). 기독교교육 실천을 위한 성경적 평가의 의미와 원리 탐색. 기독교교육논총, 52(2017. 12. 30.), 39-69.

이인원, 김호년, 전정희, 김의석, 김영애(2012). 유아교육기관 운영관리. 경기: 양서원.

이재현(2017). 바울서신의 '마음' 번역에 대한 제안: 로마서를 중심으로 한 의미론과 신학적 고찰. 성경원문연구(40), 137-161.

한국기독교유아교육연구회(1999). 기독교 유아교육과정. 서울: 다음세대.

한국보육진흥원(2017). 제3차 어린이집 평가인증 안내(통합지표).

황해익(2004). 아동연구방법. 서울: 양서원.

황해익(2013). 유아교육평가의 이해. 서울: 정민사.

황해익, 송연숙, 최혜진, 정혜영, 손원경(2009). 유아포트폴리오평가. 서울: 창지사.

Hestenes, R., Hendricks, H., & Palmer, E. (2004). 동기를 부여하는 교회교육. 이상일 역. 서울: 도서출판 선교횃불.

Rush, M. (1994). 마음을 여는 가르침. 정현 역. 업무평가에 대한 성경적인 시각(pp. 152-159). 브루스 윌킨슨 (편), 서울: 도서출판 디모데.

저자소개

김동춘

이화여자대학교 유아교육 학사
이화여자대학교 교육대학원 유아교육 (교육학 석사)
서울여자대학교 대학원 유아교육 (문학 박사)
총신대학교 유아교육과 명예교수

이선경

총신대학교 유아교육 학사
이화여자대학교 교육대학원 유아교육 (교육학 석사)
총신대학교 대학원 기독교유아교육 (철학 박사)
서울공립유치원 원장
총신대학교 유아교육과 강사

신현정

총신대학교 유아교육과 학사
이화여자대학교 교육대학원 유아교육 (교육학 석사)
덕성여자대학교 대학원 유아교육 (문학 박사)
총신대학교부속유치원 원장
총신대학교산업교육학부 교수

안혜진

총신대학교 유아교육 학사
성균관대학교 교육대학원 유아교육 (교육학 석사)
이화여자대학교 대학원 유아교육 (교육학 박사)
덕수유치원 원장
총신대학교 유아교육과 강사

김정희

총신대학교 유아교육과 학사
총신대학교 교육대학원 유아교육 (교육학 석사)
가톨릭대학교 대학원 아동가족학 (이학 박사)
총신대학교 유아교육과 교수

김성원

총신대학교 유아교육과 학사
총신대학교 신학대학원 (목회학 석사)
총신대학교 대학원 유아교육 (문학 석사)
Southwestern Baptist Seminary 기독교교육 (문학 석사)
Southwestern Baptist Seminary 기독교교육(아동교육 전공) (철학 박사)

정희정

총신대학교 유아교육과 학사
총신대학교 대학원 유아교육 (문학 석사)
총신대학교 대학원 기독교유아교육 (철학 박사)
총신대학교 산업교육학부 교수

기독교 유아교육기관의 운영관리

초판 1쇄 인쇄 2019년 2월 27일
초판 1쇄 발행 2019년 3월 1일

지 은 이 | 김동춘 · 이선경 · 신현정 · 안혜진 · 김정희 · 김성원 · 정희정
펴 낸 이 | 김기섭
편 집 인 | 이초롱
펴 낸 곳 | 창지사 www.changJisa.com
08589 서울시 금천구 가산디지털 1로 83 파트너스타워 1차 9층
전화 (02)719-2211~3
팩스 (02)701-9386
등 록 | 1977년 4월 28일 · 제1-421호

ISBN 978-89-426-1168-3 (93370)

값 23,000원

이 도서의 국립중앙도서관 출판예정도서목록(CIP)은 서지정보유통 지원시스템 홈페이지(http://seoJi.nl.go.kr)와 국가자료공동목록시스템(http://www.nl.go.kr/kolisnet)에서 이용하실 수 있습니다(CIP제어번호: CIP2018038317).